本书系国家社科基金重点项目"美国制裁伊朗问题研究"（16ASS004）的最终成果

西北大学"双一流"建设项目资助
Sponsored by First-class Universities and Academic Programs of Northwest University

美国制裁伊朗问题研究

STUDY ON US SANCTIONS AGAINST IRAN

蒋真 著

社会科学文献出版社
SOCIAL SCIENCES ACADEMIC PRESS (CHINA)

目　录

绪　论 ·· 001

第一章　伊朗人质危机：美国对伊制裁的起源 ························· 011
第一节　伊斯兰革命与美伊关系的变化 ································· 011
第二节　伊朗人质危机下的美国单边制裁 ······························ 023
第三节　失败的联合国提案：多边制裁的尝试 ························ 035
小　结 ·· 039

第二章　《阿尔及尔协定》：取消制裁 ······································ 041
第一节　人质危机下的美伊秘密接触 ····································· 042
第二节　《阿尔及尔协定》与取消制裁的谈判 ························· 050
第三节　《阿尔及尔协定》对制裁的影响 ································ 061
小　结 ·· 069

第三章　反恐问题：美国对伊朗制裁的新领域 ·························· 071
第一节　美国从人权政策向反恐政策的转变 ··························· 071
第二节　基地被袭：里根政府启动对伊朗反恐制裁 ·················· 081
第三节　美国对伊朗单边制裁的推进 ····································· 089
小　结 ·· 096

第四章　"伊朗门"事件：制裁与国家利益的冲突 ······················ 098
第一节　美国武器换人质计划的谋划 ····································· 098
第二节　"伊朗门"事件的曝光与美国制裁的加强 ···················· 110

第三节　制裁与国家利益的冲突 ················· 122
　　小　结 ······································· 130

第五章　双遏政策：全面制裁伊朗的肇始 ············· 132
　　第一节　后冷战时代初期美伊关系的变化 ············ 132
　　第二节　双遏政策的酝酿与出台 ··················· 141
　　第三节　遏制伊朗与全面制裁 ····················· 151
　　小　结 ······································· 158

第六章　《达马托法》：域外制裁的扩散 ··············· 159
　　第一节　从多边制裁向域外制裁的演变 ·············· 160
　　第二节　《达马托法》的出台 ······················ 168
　　第三节　域外制裁的扩散及其对美伊关系的影响 ······ 180
　　小　结 ······································· 189

第七章　伊朗核问题的出现：制裁与反制裁的全面较量 ·· 190
　　第一节　美国对伊朗核问题的单边制裁 ·············· 190
　　第二节　美国压力下的联合国制裁 ·················· 197
　　第三节　美国单边制裁的进一步加剧 ················ 210
　　小　结 ······································· 226

第八章　伊核协议的签订：解除制裁的尝试 ············ 228
　　第一节　伊核协议的谈判 ························· 228
　　第二节　解除制裁与伊核协议的达成 ················ 239
　　第三节　解除制裁与加强制裁并行 ·················· 249
　　小　结 ······································· 257

第九章　退出伊核协议：制裁的回弹与多边协议的破坏 ·· 258
　　第一节　美国退出伊核协议 ······················· 258
　　第二节　美国对伊朗制裁政策的回弹与伊朗的反制裁 ·· 269
　　第三节　美国对伊朗政策的再酝酿 ·················· 283
　　小　结 ······································· 290

结论　制裁与美伊关系 ………………………………… 291
参考文献 …………………………………………………… 295
美国制裁伊朗大事年表 …………………………………… 310
附录一　美国总统颁布对伊朗制裁行政令一览 ………… 319
附录二　美国对伊朗伊斯兰革命卫队制裁摘要 ………… 322
附录三　美国对违反制裁伊朗法案的银行进行惩罚 …… 324
附录四　根据《联合全面行动计划》美国解除对伊朗制裁摘要 ……… 325
后　记 ……………………………………………………… 330

绪 论

制裁越来越成为塑造国家间关系的重要手段。制裁国与被制裁国的斗争既是基于国家利益的考量，也是不同文明之间的交往及其矛盾运动，在某种程度上是研究世界历史与政治演变和体系变化的一个重要视角。在近代国际关系体系形成之前，制裁仅是不同团体之间联盟竞合的零星措施。如在伯罗奔尼撒战争中，雅典首领就曾通过经济制裁的方式惩罚斯巴达的盟国墨伽拉，这一案例通常被国际关系学者称为历史上的第一次制裁。到了近代，威斯特伐利亚体系的建立首次确定了以平等和主权为基础的国际关系准则，国际法的出现与完善更是对违反这些准则进行惩罚的原则进行了界定，制裁成为进行惩罚的重要工具。第二次世界大战后，制裁更是成为一种维护世界和平和避免大国战争的重要选项，国际制裁的频率明显提高，既有大国对小国的制裁，也有小国对大国的制裁，既有不同阵营的相互制裁，也有盟国之间的制裁。制裁在某种程度上体现了冲突的烈度和政策的节制性，即这种冲突的激烈程度不足以发动一场战争，但又不可以用温和的方式轻而处之。正如加利·克莱德·霍夫鲍尔等在《反思经济制裁》中所说："在大多数情况下，制裁表明了发起国想要干涉另一个主权国家的决策过程，但通常是以避免采用军事手段的慎重的方式来补充外交上的批评。"[①]

一

自第一次世界大战以来，制裁就开始成为美国对外政策的重要内容，

[①] 〔美〕加利·克莱德·霍夫鲍尔、杰弗里·J. 斯科特、金伯莉·安·艾略特、芭芭拉·奥格：《反思经济制裁》，杜涛译，上海人民出版社，2011，第6页。

1919年美国总统威尔逊曾指出："一个被制裁的国家，通常被视为投降的国家。如果运用这种经济的，和平的，无声的，致命的手段，那么就没有必要动用武力……（经济制裁）是一个可怕的手段，它不会导致被制裁国外的人员伤亡，但是这会给被制裁国带来巨大的压力，这种压力在我看来是一个现代国家所无法承受的。"① 美国的制裁政策与其国家利益在全世界的急剧扩张密不可分，尤其是经济制裁被广泛应用在美国对外政策的各个方面。第二次世界大战结束以来，美国先后对中东地区国家进行了长达半个多世纪的制裁。美国的制裁机制已经体系化，波及面广，内涵丰富，制裁原因盘根错节，制裁程序复杂、手段多样，既有长期的体系化制裁，也有短期的定向制裁。

美国对伊朗的制裁长达40余年，具有连续性和体系化的特征。美国对伊朗的制裁涉及的领域包括核问题、反恐问题、人权问题、弹道导弹问题以及洗钱问题等，在每一个领域美国国内都有相应的立法支撑其制裁政策。然而，美国对伊朗的制裁问题并不仅仅是制裁本身，更反映了两国对国家利益的不同界定、对国际和地区秩序的深刻分歧，以及对彼此政治、经济、文化、外交等价值观念的不同认知，从而映射在两国关系的变化上。美国对伊朗的制裁主要包括经济制裁、政治制裁、军事制裁、外交制裁和文化制裁等。美国对伊朗的制裁在经济领域表现得比较明显，主要表现为资产冻结、经济封锁、贸易禁运等；政治制裁表现为限制高层接触、拒绝其领导人进入美国境内参加国际会议、支持伊朗的反政府组织和个人等；外交制裁表现为断绝外交关系、降低外交关系的规格、召回驻外使节、驱逐外交官、退出或废除双边条约等；军事制裁包括武器禁运、停止军事交流、进行军事封锁，以及对伊朗的军事机构或组织进行制裁等；文化制裁包括限制旅行、限制高技术产品出口、取消高技术产品出口许可证，以及暂发或取消伊朗学生在美国学习的签证等。

随着美国国力的强大，美国的制裁政策逐步超出国内的范围，域外制裁成为美国塑造国际和地区政治经济秩序的重要手段。域外制裁也被称为次级制裁，指制裁国在对目标国进行制裁的同时，限制第三国的个人和实体与被制裁国的贸易往来，并对违反者实施制裁，从而使其单边制裁获得多边制裁的效果。美国的次级制裁建立在其拥有"域外管辖权"的基础之上。所谓

---

① 〔美〕加利·克莱德·霍夫鲍尔、杰弗里·J. 斯科特、金伯莉·安·艾略特、芭芭拉·奥格：《反思经济制裁》，杜涛译，第1页。

"域外管辖"指一国将其法律的适用范围或司法和行政管辖范围扩展至该国领土以外,包括域外立法管辖权、司法管辖权和执法管辖权。[1] 管辖权是与国家主权、国家平等相关的概念,每个国家在自己的领土上拥有专属管辖权。但美国对"域外管辖权"的解释过于宽泛,认为其对任何与之有一点点联系,如通过美元交易、使用美国的服务器和电子邮件等的人或事均有管辖权。为寻求域外制裁的依据,美国不断颁布各种法律。正如法国学者阿里·拉伊迪在《隐秘战争:美国长臂管辖如何成为经济战的新武器》中所说:"美国用一个像储备齐全的弹药库般庞大的法律体系,使自己立于全球化的道德制高点。""美国借由域外管辖的合法化,让它可以堂而皇之地用政治和军事手段对任何国家施压,无论是它的盟国还是敌对国。"[2]

伊朗人质危机以来,美国和伊朗的关系一直处于相互敌视的状态。为加强对伊朗的孤立和遏制,美国不断颁布针对伊朗的制裁法案。其中,大量法案涉及域外制裁,强制要求其他国家与美国采取一致行动,强化对伊朗的制裁效果。域外制裁作为美国霸权话语体系的一部分,在国际上引起巨大争议。由于伊朗是中东地区的能源大国,与世界大国的经贸联系比较密切,美国与伊朗制裁和反制裁的斗争不仅对两国关系和地区政治产生影响,也影响到世界大国关系。美国和伊朗在制裁问题上与世界大国不断互动,其影响效应已经溢出中东地区。因此,对美国域外制裁的研究也开始成为美国制裁政策研究的一种趋势,不断被国内外学界所关注。

二

英国哲学家卡尔·波普尔曾说:"不可能有这样的历史,如同'真实发生的过去'(the past as it actually happened);只能有对历史的各种解释,而且没有一种解释是终极的;每一代人都有权形成自己的解释。他们不仅有权形成自己的解释,而且有义务这样做,因为的确有一种寻求答案的迫切需要。"[3] 美国

---

[1] 李庆明:《论美国域外管辖:概念、实践及中国因应》,《国际法研究》2019 年第 3 期,第 5 页。
[2] 〔法〕阿里·拉伊迪:《隐秘战争:美国长臂管辖如何成为经济战的新武器》,法意译,中信出版集团,2019,第 2~3 页。
[3] Karl Popper, *The Open Society and Its Enemies*, One - Volume Edition, Princeton, Oxford: Princeton University Press, 2013, p. 473.

和伊朗是现代国际关系中处于敌对状态的典型，两国关系演变极具戏剧性。美国和伊朗曾经有相同的政治价值观，在冷战时期的很长一段时间内双方是亲密盟友，而一场革命的爆发彻底改变了两国关系的发展轨迹，不仅导致两国在意识形态上的对立，也改变了中东地区的政治格局。40多年来两国仍未建立外交关系，在伊拉克战争和阿富汗战争后，美国对伊朗动武的传言不断，但美伊关系仍在可控范围内。为厘清美伊关系的复杂性，有学者从伊朗的国内政治视角探求根源，也有学者从美国的对外战略中探寻蛛丝马迹，还有学者从专题研究中探寻两国关系演变的核心要素，但似乎都未能解释为什么美国和伊朗40多年的对立与敌视既没有将两国推向战争，又没有最终实现和解。制裁作为一项强制性政策，是介于军事干预和外交谈判之间的折中方式，贯穿于美伊关系的各个阶段。本书将以制裁为线索，试图解释制裁如何推动美国和伊朗从盟国关系转变为敌对关系，阐述美国在遏制和孤立伊朗政策中的制裁战略构建，分析制裁与反制裁的斗争在维持美伊对抗并保持其可控性中的作用。当今世界国际制裁和国家间制裁的频率越来越高，本书希望以美国制裁伊朗的微观视角，为学界探讨制裁在国家间关系演变中的作用提供可参考的案例。

相对来说，美伊关系演变的线索较为清晰，通常领导人的更替会相应地带来对外政策的变化，不同的政治偏好会导致两国关系的起伏。这一点在美国方面表现得非常明显，民主党执政时期在对伊朗政策上比共和党更为温和，两国关系也相对缓和。伊朗一方则不然，虽然伊朗总统总是在保守派和改革派之间交替产生，其对美国政策也在敌视和对话中摇摆，但最高领袖的终身制及其作为国家最高领导人的身份使伊朗在对外政策上具有一定的稳定性和持续性。但本书的历史分期并不以双方政治偏好的变化为限，而是以制裁政策的变化、程度的轻重、领域的拓展及其对两国关系产生的影响为节点，从而为观察两国关系演变提供一种新的视角。

美国对伊朗的体系化制裁始于1979年。在这一年，伊朗爆发伊斯兰革命，推翻了亲美的巴列维王朝，建立了带有浓厚宗教色彩的伊斯兰政权。也是在这一年，伊朗学生占领美国大使馆，将美外交官扣押了444天之久。伊朗人质危机发生十天后，美国总统卡特颁布了第一项制裁令，从而开始了长时间的对伊制裁。伊朗人质危机作为美国与伊朗关系史上的重要事件，其演变过程既与伊朗伊斯兰革命密切相关，也与冷战大背景脱不开关系，更是美国自二战以来对外制裁战略不断成熟的重要体现。当美国外交官被蒙住双眼出现在国际媒体上时,美国对伊朗的认识也发生了质的变化,即伊朗已经从昔日盟友变成一个"对美国的国家安全、经济和外交产生非同寻常的威胁"的国家。美国对伊朗威胁的定义促使美国将惩戒伊朗与国内的法律体系联系在一起,成为制裁伊朗的首要理论依据。

美国战略家认为,伊朗在四个方面对美国的国家利益构成巨大威胁:第一,支持世界上的"恐怖活动";第二,试图通过支持真主党和巴勒斯坦伊斯兰抵抗运动(哈马斯)来颠覆美国在巴以和平进程上的努力;第三,通过发展导弹计划来主宰海湾;第四,伊朗正在寻求核能力,并有可能将其提供给该地区的反美势力。[①] 然而,美国对伊朗的制裁远远超出这些领域。1984年美国将伊朗列入"支持恐怖主义国家"(state sponsored terrorism)名单后对其进行反恐制裁,并将制裁的触角伸及伊朗在中东地区的盟友。伊朗核问题出现后,美国不仅推动对伊朗的联合国制裁,还不断实施对伊朗的单边制裁。因为弹道导弹可以携带核弹头,所以该技术也是美国制裁伊朗的重要领域。美国对伊朗人权问题的制裁不仅关涉人权本身,更是对伊朗整体政治制度的不满,尤其表现在谴责伊朗国内政治选举不透明和强制女士佩戴头巾等问题上。伊朗认为,美国在中东地区的军事存在、对巴以冲突的干涉,尤其是对以色列的偏袒,是美向其发难的重要原因,不仅威胁到伊朗的地区利益,也对其民族独立和国家主权原则构成挑战。因此,伊朗对美国的反制裁始终贯穿于两国关系中,不仅成为伊朗凝聚民心一致对外的有效旗帜,还成为其谋求地区地位、扩展对外影响力的重要手段。

美国对伊朗实施制裁的40多年里,从对伊朗人质危机的应急反应到对伊朗的全面制裁经历了一个从单边制裁到多边制裁再到域外制裁的过程,蕴含了美国对外政策的制度设计和价值理念。美国对伊朗制裁在其国内有着深厚的法理基础。《国家紧急状态法》(National Emergencies Act,NEA)和《国际紧急经济权力法》(International Emergency Economic Powers Act,IEEPA)赋予了总统颁布制裁法令的权力,使美国可以在第一时间通过制裁的方式来应对外来危机。国会立法更是将美国对伊朗的制裁推向域外世界,其中以20世纪90年代的《达马托法》为代表,这部法律使美国不仅对辖区内的个人和实体拥有管辖权,而且对美国管辖权外的事务拥有制裁权。它与制裁

---

① Abbas Maleki and John Tirman, *U. S. – Iran Misperception: A Dialogue*, New York, London, New Delhi, Sydney: Bloomsbury, 2014, pp. 91 – 92.

古巴的《赫尔姆斯－伯顿法》一起，成为构建美国霸权话语体系的重要法律。值得注意的是，《达马托法》的核心条款被保留和引用到后来的多项法律中，如《对伊朗制裁法》《全面制裁伊朗、问责和撤资法》等。伊朗核问题的出现更是为美国全面制裁伊朗提供了条件，美国不仅将欧洲盟友拉入其单边制裁的行列，还成功实现了对伊朗的联合国制裁。然而，作为美国制裁重心的核问题的解决并不能真正体现美国制裁的目的，这也是2018年美国退出伊核协议的重要原因。无论是核问题，还是反恐问题、人权问题、弹道导弹问题，都不是独立存在，而是互为联系，它们是横亘在美伊关系间的主要障碍，源自双方的极度不信任。两国制裁与反制裁的斗争正是这种不信任的体现，既来源于历史的纠葛，也有现实的考量。

虽然美国宣称不谋求推翻伊朗现政权，但制裁带来的经济压力和对社会秩序的破坏俨然已经挑战到伊朗政权的合法性，而且对地区局势和世界多极化趋势产生了深远影响。

第一，美国的长期制裁对伊朗国内的经济形态、社会结构、外交理念等产生重要影响。面对美国的孤立和制裁，伊朗对外经济贸易受阻，不得不发展抵抗型经济，国内高通货膨胀和高失业率已成为常态，黑市、洗钱等活动猖獗。与此同时，伊朗国家外交战略的制定也陷入激烈的争论中。受制裁国为维护国家稳定普遍加强社会管控，压抑的社会环境使国内人才大量流失海外，国内中产阶级数量急剧下降，社会结构出现前所未有的变化。

第二，为应对美国制裁压力，伊朗积极与中东地区的反美势力联合，对中东地区格局产生了重要影响。美国的制裁虽然没有带来伊朗政权的更迭和行为的改变，但的确给伊朗政府带来了压力。为了在与美国进行不对称斗争中获得更多的优势，伊朗积极与中东地区的反美势力合作，从而增加了中东地区局势的复杂性。反美主义也成为中东地区政治社会变迁的新因素，是中东地区国际关系史和国别史研究的重要内容。美国的制裁使该地区国家间关系也因与美国的亲疏远近而重新分化组合，中东地区国际关系呈现新的演变趋势。

第三，美国与伊朗的制裁斗争并不仅仅涉及美国与伊朗，还涉及其他世界大国。在美国和伊朗制裁与反制裁的斗争中，美国的绝大多数次级制裁是对国际法上属人、属地原则不合理的扩张，在法律上存在依据不扎实、不充分，甚至与国际法相违背等问题。美国依仗美元在世界金融系统中的特殊地位和自身强大的经济、科技、军事实力，强行使用国内法规制发生在境外的行为。这种做法既不符合国际法，也不符合国际社会的整体利益。为规避制裁和抵抗美国霸权，伊朗与世界其他大国不断开拓新的贸易结算体系，推动使用其他大国货币取代美元，这些做法使国际贸易体系和国际金融体系的发展产生新的变化因素。世界大国与美国、受制裁国之间的互动关系，对世界体系的重构也将产生重要影响，在一定程度上推动着世界多极化的发展。

三

我国著名历史学家彭树智先生认为，世界历史是一部人类文明交往的历史，文明的生命在交往，交往的价值在文明。不同国家、不同民族、不同文明之间的交往，不同性质的文明与野蛮之间的矛盾交往，与不同国家、不同民族、不同水平的生产力和生产关系之间的矛盾一起，推动着历史的进步。[①] 美国对伊朗的制裁，在本质上也是一种交往，是一种带有半阻塞性质的交往，它们之间的交往既体现了不可阻挡的全球化时代大潮，又在全球化进程中过分强调国家利益，导致交往不通畅。这种交往在一定程度上反映了美国对中东地区格局的塑造和对世界体系的自我认知，也体现了发展中国家在世界体系演变中的作用。在对美国制裁伊朗问题的研究中，仍有一些问题值得深思。

第一，制裁的合法性。一国国内的法律制裁问题通常有本国法律可以参照，依法行事即可，无可非议。国际制裁的合法性通常来自《联合国宪章》。《联合国宪章》第七章规定，针对威胁和平、破坏和平或侵略行为，安理会有权采取武力或非武力措施，并可决定采取何种非武力措施以实现其决议。这一条款也成为联合国制裁的理论依据。在实践中，联合国一致通过的对某一国家的制裁不存在合法性缺失问题，更多的是对制裁的执行不一致或存在争议。国家与国家之间制裁的合法性通常是有争议的，因为所实施的制裁是建立在制裁国对本国国家利益的界定基础上。如美国认为伊朗对其国家安全、外交和经济产生"非同寻常的"威胁，从而启动了《国家紧急状态法》和《国际紧急经济权力法》所授权的制裁。尤其是在大国主导下的制裁，大国会利用其在国际机构中的否决权或优势地位，来影响国际机构对被制裁国的评价，从而使其成为制裁的一部分。如美国利用其在世界银行和国际货币

[①] 彭树智：《文明交往论》，陕西人民出版社，2002，第5页。

基金组织的影响力，投票反对这些国际组织向伊朗提供贷款等，从而加强美国单边制裁的效果。

美国和伊朗都是《公民权利和政治权利国际公约》的成员国，该公约第2条规定：本公约的所有缔约国应尊重和保证在其领土内和受其管辖的一切个人享有本公约所承认的权利，各缔约国要保证本公约所宣布的权利应予普遍行使，不能因种族、肤色、性别、语言、宗教、政治或其他见解、国籍、财产等有所区别。公约还鼓励缔约国进行国际合作以确保公约规定的各项义务得到遵守。公约并未授权大国在域外执行其所承担的义务。任何缔约国无权去管辖他国领土内发生的违反公约义务的行为。根据公约的规定，美国无权干预伊朗国内所发生的事情，也无权对第三国进行制裁。

第二，制裁范围的合理性。对于联合国制裁，其范围主要是针对违背国际法的相关个人和实体。在美国对伊朗的制裁中，制裁范围的界定取决于如何最大限度地提升制裁效果，而不管这个范围是否符合国际法。如美国严禁美国人与伊朗进行交易，而美国人的概念并不仅仅是美国境内拥有美国国籍的公民或拥有美国绿卡的人，其范围更为宽泛。在美国制裁法律的条义中，"美国人"还包括长期居留美国的外国人，以及外国企业在美国建立的子公司或附属机构，还有美国人在国外建立的子公司或附属机构。这种宽泛的定义通常会要求境外的美国企业或者与美国有微弱联系的外国企业都要遵守美国的制裁法律。美国既要求境外的美国企业所属国给予其当地国民待遇，又要求其遵守美国的法律，有些制裁法律甚至与所属国的法律不相符合。这种要求使相关个人和实体所拥有的权利和义务不统一，因而经常遭到第三国的抗议。很多国家为此出台了反制裁法，禁止本国境内企业遵守他国的域外制裁法。

美国的技术和服务出口到国外被融入当地产品后，其再出口仍然受到美国技术和服务的限制。根据美国的相关制裁条例，禁止第三国向伊朗出售或提供含有美国技术的任何商品、技术和服务，其在美国境外基本转化为第三国产品后，美国技术或服务的成分应低于产品总价值的10%，否则仍将会被制裁。而且美国财政部制定了一个违反美国制裁法的特别指定国名单（Specially Designated National，SDN），其中既有美国和伊朗，也有第三国，这个清单实时更新，成为美国对外制裁的重要惯例。美国对伊朗的制裁清单上既有伊朗企业和相关个人，也有伊朗的最高领袖哈梅内伊及其政府高官，甚至伊朗的国家军队伊斯兰革命卫队也在美国的制裁清单上。虽然美国宣称并不谋求推翻伊朗的现政权，但美国长期以来以推进民主为借口为伊朗反政府组织提供支持，很显然是对伊朗现政权不满。

第三，制裁措施的适当性。制裁本身是一把双刃剑，具有一定的内在矛盾，其矛盾性表现在它一方面是为了惩罚被制裁国违反国际人权法的行为；另一方面制裁本身又导致了对人权的大规模破坏。通常被制裁者之前的行为被认为是违反了一定的规则，为达到改变被制裁者的行为，制裁措施的制定是否合适也是制裁政策应当考虑的问题。在联合国的制裁中，制裁措施通常会惩罚被制裁国政府特定的个人或实体，尽量减少对民众带来的伤害。但国家与国家之间的制裁，经常以国家利益为出发点，优先考虑的是如何将制裁效果最大化，而措施的适当性则放在其次。在美国对伊朗的制裁中，美国认为伊朗给其国家利益带来威胁，为改变伊朗政府的行为，对其制裁措施更多考虑的是制裁带来的压力是否大到足以让伊朗政府改变其行为。美国对伊朗的政治孤立和经济封锁给伊朗政治经济带来的压力必然转嫁到伊朗人民身上，这在某种程度上是对国际人权法的违背。正如霍夫鲍尔所言："经济制裁通常是向无辜的人民发泄怒火。"① 美国前总统卡特也曾说："我们必须努力去改正这种不公正的经济制裁，它们试图去惩罚那些滥用权力的领导人，结果却常常造成那些本来就受到权力滥用伤害的人受到惩罚。"②

因此，从一开始美国对伊朗制裁的重点就放在两国的进出口贸易上，尤其是石油。到了20世纪90年代中期，第三方与伊朗的能源贸易也要受到制裁。能源是伊朗的国民经济命脉，其国家收入大多来自能源收益，一旦被制裁必然对伊朗的民生产生重要影响。在实际案例中，伊朗政府在制裁压力下提高汽油价格和日用品价格，经常引起民众抗议。如果这种制裁只是属于两国之间关系的范畴，其影响不会太大。但美国将第三国也拉入制裁伊朗的队伍，不仅恶化了伊朗经济，也侵犯了第三国的国家主权和利益。纵观美国对伊朗40多年的制裁，其虽然使伊朗国内民生艰难，高通货膨胀、高失业率成为常态，国内骚乱时有发生，但从目的上来看，制裁并没有带来伊朗政府行为的改变。

第四，制裁效果的可控性。制裁措施的制定通常基于对被制裁国国家状

---

① Gary C. Hufbauer, "Economic Sanctions: America's Folly," in Solveig Singleton & Daniel T. Griswold(eds.), *Economic Casualties: How U. S. Foreign Policy Undermines Trade Growth and Liberty*, Cato Institute, 1999, p. 93.

② 杜涛：《国际经济制裁法律问题研究》，法律出版社，2015，第77页。

态的总体评价，但制裁效果往往会超出制裁国的预期。因为制裁本身是一个动态的过程，制裁国在对被制裁国实施制裁后，被制裁国会作出相应的政策调整，这种调整是一种求生本能，也是制裁博弈动态变化的一部分。在美国对伊朗制裁中，尤其是在反恐问题上，美国将伊朗列入"支持恐怖主义国家"名单，将真主党等与伊朗关系密切的组织列入"恐怖组织"名单。美国通过制裁限制伊朗政府收入，目的是减少伊朗对所谓"恐怖组织"的支持。但多年来的实践证明，制裁的效果刚好相反，伊朗为了打破美国的孤立和制裁，增强与美国抗衡的筹码，反而进一步加强了与那些美国所认为的"恐怖组织"的关系。因此，在伊核问题上，伊朗才有底气宣称，一旦美国对伊朗开战，伊朗将让美国在全世界面临战争。在核问题上，美国不仅长期对伊朗进行单边制裁，还推动联合国对其进行多边制裁，制裁的目的是维护国际核不扩散体制，限制伊朗获取核武器，将其铀浓缩的丰度控制在 3.65% 的安全范围内。但美国为了强化制裁效果单方面退出伊核协议，提出修改条款的要求，最终推动了伊朗在核问题上再次采取强硬政策。2021 年 4 月 14 日，伊朗政府宣称将把铀浓缩的丰度提高到 60%。

当前，世界百年未有之大变局加速演进，世界进入新的动荡变革期。美国利用其经济和科技优势，发起全球范围的贸易战，其单边制裁及"长臂管辖"不仅损害被制裁国的利益，也对其他国家的利益提出挑战。桑德拉·苏赖克在评论美国域外制裁法案时说："如果说美国的这些法案的立法目的是出于强化对古巴、利比亚、伊朗的制裁，那么从整个制裁机制的复杂程度来看，这其实是美国谋求世界霸权的新体现。"[①] 美国对伊朗的次级制裁本身威胁到第三国的经济利益和国家主权，受到国际社会的抵制。事实上，"随着时间的推移，制裁削弱了美国的权力，因为各国正在寻求替代美国主导的金融体系的方案，毕竟美国主导的金融体系使它们面临惩罚"。[②] 为规避制裁和抵抗美国霸权，伊朗与世界大国不断开拓新的贸易结算体系，推动使用其他大国货币取代美元，这些做法使国际贸易体系和国际金融体系产生新的变化因素，在一定程度上推动着世界多极化的发展。

---

① 〔法〕阿里·拉伊迪：《隐秘战争：美国长臂管辖如何成为经济战的新武器》，法意译，第 32 页。
② Daniel Depetris, "Recalibrating Sanctions to Preserve U. S. Financial Hegemony," *Defense Priorities*, February 5, 2021, https://defensepriorities.org/explainers/recalibrating-sanctions-to-preserve-us-financial-hegemony.

第一章
伊朗人质危机：美国对伊制裁的起源

1979年，伊朗爆发伊斯兰革命，这场革命彻底改变了伊朗的政权性质，原有的世俗化王朝被伊斯兰政权所替代，美国和伊朗的关系也因此发生了转折性变化。伊斯兰革命前，伊朗是美国在中东地区"两根支柱"政策的中坚，革命后的伊朗则逐步成为中东地区的反美先锋。1979年底，伊朗大学生占领了美国大使馆，随后美国总统卡特颁布了第一项制裁法令，作为对伊朗扣押美国人质的回应，拉开了美国对伊朗制裁的序幕。人质危机后美国不断对伊朗实施制裁，从总统的制裁行政令到国会制裁立法，再到联合西方盟友的多边制裁等，这些尝试为美国以后对伊朗的体系化制裁提供了经验。第一项制裁行政令为美国制裁伊朗提供了一个范本，也对伊朗的威胁下了一个规范性的定义，即"伊朗对美国的国家安全、外交和经济产生了非同寻常的威胁"。[1] 这一威胁认知随后频繁出现在美国制裁伊朗的法律文本中，成为美国对伊制裁的重要法理依据。此外，制裁也将塑造美国和伊朗关系的关键因素明晰化，对两国关系的评价已不仅仅聚焦不同阶段呈现的不同特征，还有两国关系中清晰可见的冲突领域，如反恐问题、弹道导弹问题和人权问题等。在某种程度上，美国对伊朗的制裁起源于两国关系的变化，同时又在两国关系的塑造中起到了重要作用，因此，制裁也成为观察两国关系的一个重要变量。

第一节 伊斯兰革命与美伊关系的变化

伊斯兰革命的爆发一方面在于巴列维王朝后期仓促的西化改革不符合伊

---

[1] "International Emergency Economic Power Act," *US Code*, Title 50, Chapter 35, https://www.law.cornell.edu/uscode/text/50/1701.

朗国情，另一方面在于伊斯兰教在伊朗根深蒂固的社会影响使以霍梅尼为首的宗教人士可以一呼百应，最终建立了伊斯兰政权。革命不仅导致了国内政权的更迭，在对外关系上也深有体现，"不要东方，不要西方，只要伊斯兰"的口号既表达了伊朗在国家主权独立上的诉求，也反映了伊朗与世界大国关系的变化，伊朗与被其称为"大撒旦"的美国从此走上了对立的道路。尽管美国始终声称不谋求伊朗现政权的变更，只是想改变伊朗政府的行为，但伊斯兰政权的宗教性及其与部分中东反美势力的结盟，使美国要改变伊朗的行为变得异常困难。这也是多年来美国对伊朗政策不具有连续性，在国内争论不断的重要原因。而制裁则成为这种争论的折中措施，这种政策是介于战争和外交之间的温和政策，既不至于让伊朗无所忌惮，又不会让美国颜面扫地。

一 伊朗伊斯兰革命的爆发

伊朗伊斯兰革命的爆发是由多种因素引起的。第一，前巴列维王朝的现代化改革不符合伊朗国情，国内怨声四起。巴列维王朝自建立以来，一直试图通过改革振兴伊朗。尤其是穆罕默德·礼萨·巴列维继位后，随着石油繁荣的到来，伊朗国内掀起了轰轰烈烈的改革运动。1963年1月，在伊朗第一次农业合作社大会上，巴列维国王宣布了"白色革命"的六点计划，其中包括土地改革、森林国有化等。巴列维称："这场革命应该完全改变伊朗社会的基础，使它能同当前世界上最先进的社会媲美，并且成为具有社会正义和个人权利的最进步的原则基础上的社会。"[①] 1962年和1968年，伊朗政府分别制定了第三个、第四个五年计划，投资金额预算为19亿美元和107亿美元，国内生产总值年增长率的目标分别为8.8%和9%。[②] 在进行农业和工业现代化改革的同时，巴列维不忘加强君主专制。其举措之一是加强伊朗的军队和秘密警察建设。1977年的伊朗拥有海湾地区最强大的海军和中东地区最先进的空军，号称世界第五军事强国。秘密警察组织萨瓦克成为"国王的耳目和铁拳"，其成员遍布伊朗国内，一度在伊朗社会引起恐慌。

[①] 〔法〕热拉德·德·维利埃等：《巴列维传》，张许苹、潘庆舲译，商务印书馆，1986，第365页。

[②] 蒋真：《后霍梅尼时代伊朗政治发展研究》，人民出版社，2014，第27页。

第二,巴列维的改革并没有给伊朗人民带来实质性好处。在土地改革方面,并没有更公平地分配土地,土地再分配以不触动大地主的根本经济利益为前提,对农民作出部分让步。尤其是在土地改革中期,政府既想消灭未曾有效解决的租佃关系问题,将所有佃农迅速变为自耕农,又想加速耕作机械化和提高农业生产力,从而采取建立国有农场企业的行动,强迫自耕农加入。这种矛盾的做法使相当一部分农民成为牺牲品,农民刚刚获得的土地又被迫转移给了企业。这种做法实际上是对土地再分配计划的否定,农民不再是土地的所有者,而是退回到原先的农业劳动者。这在一定程度上打击了农民的积极性,使他们产生了怨恨情绪。随着工业现代化的发展,工人阶级的人数急剧增加,政府开始将工人纳入企业分红的行列。但这种做法并没有达到预期的目标,一方面有关工人分红的法令本身存在漏洞,另一方面参加分红的企业与税务机关勾结,虚报企业利润总额。同时,由于物价上涨速度过快,工人应得的利润在年终到手时已经大大贬值。

第三,巴列维王朝的现代化改革侵害了宗教集团的利益。从礼萨·汗的世俗化改革到巴列维的西化改革,王权与宗教势力之间的斗争一直比较激烈,他们时而联合时而竞争。随着巴列维政权的巩固,加上进行资本主义现代化改革的需要,打击和削弱宗教势力成为政府改革的重要内容之一。尽管宗教阶层受到了巴列维政府的压制,但宗教势力在农村地区仍然有着很深的根基。据1966年末伊朗第二次人口普查,伊朗有各种神职人员1.25万名,1973年上升为1.5万名。另据《1974年伊朗年鉴》数据,全国城市有清真寺5400座,其中德黑兰有1000座,库姆有155座,卡尚有97座,中央省各城镇有1500座。此外,农村地区的清真寺既是神职人员讲经布道的场所,在一定条件下也是对什叶派穆斯林进行政治动员的场所。[①] 尽管巴列维的改革导致了少数上层阶级和新兴中产阶级的不断西化,但以农民和城市巴扎商人为主的广大民众继续追随宗教领袖,按伊斯兰方式生活。这一状况为宗教团体与世俗王权的斗争创造了机会,也为霍梅尼政治思想的形成奠定了民意基础。

第四,霍梅尼政治思想的发展及其对什叶派教义的创新,为推翻巴列维王朝奠定了理论基础。霍梅尼政治思想的形成经历了一个漫长的过程,它与反对巴列维统治的斗争进程联系在一起。1943年,霍梅尼出版了第一部涉及

---

① 张振国主编《未成功的现代化——关于巴列维的"白色革命"研究》,北京大学出版社,1993,第188~189页。

伊朗政治的著作《揭露秘密》，书中首次抨击了伊朗社会世俗化和西方化的政策，但霍梅尼同时指出："我们并不是说政府一定要掌握在教法学家手中，我们说的是政府一定要按照真主的律法运行。这一点在宪法中也有规定，它与政府稳定和国家利益不冲突。"① 1944 年 4 月，霍梅尼发表了第一篇政治檄文，公开号召伊斯兰学者和整个伊斯兰社会团结起来进行大规模的斗争。②此时，霍梅尼表达了教士参政的强烈意向，但仅限于要求监督君权，以确保政府遵从神圣律法，并没有排除与政府合作的可能性，在王权面前处于一种防御姿态，其思想在本质上是以君主立宪形式表现的什叶派传统主义。20 世纪 60 年代初，随着"白色革命"的推进，霍梅尼对伊斯兰的维护不再是一种防御姿态，而是以宗教领袖的身份向巴列维政权发起进攻。到了 60 年代末 70 年代初，霍梅尼的思想发生了明显的变化，由原先主张在君主立宪体制内的乌莱玛参政，转而号召推翻君主制，建立伊斯兰神权政体。霍梅尼思想的这一变化集中体现于《伊斯兰政府》一书，该书指出"要确保人类的幸福，仅仅有真主的法律是不够的，还需要法律的实施权和实施者"，主张建立"伊斯兰政府"。③

　　第五，世界民族解放运动的兴起和中东伊斯兰复兴运动的浪潮为伊斯兰革命的爆发提供了历史条件。二战结束后，国际政治舞台上大国力量此消彼长。由于在两次世界大战中的严重消耗，英、法实力全面削弱，两国在中东地区的统治地位受到挑战。美国势力迅速崛起，凭借战争期间积累起来的政治、经济和军事实力独占鳌头。美国总统杜鲁门宣称："胜利已使美国人民有经常而迫切的必要来领导世界了。"④ 为获得在美苏争霸中的优势，美国一方面胁迫英法两国让渡其在中东地区的势力范围和石油权益，另一方面积极支持中东地区的民族解放运动和民主政治改革，希望建立起亲美的政权。此时，中东地区的民族民主革命运动日益高涨，埃及、伊朗、叙利亚、伊拉克、阿尔及利亚、突尼斯等伊斯兰国家先后进行了影响深远的社会和政治变

---

① Imam Khomeini, *Islam and Revolution: Writings and Declarations*, translated and annotated by Hamid Algar, London: Melbourne and Henley, 1981, p. 170.
② 哈米德·安萨里:《伊玛姆霍梅尼生平》，德黑兰：伊玛姆霍梅尼著作整理出版社，2000，第 43~44 页。
③ Imam Khomeini, *Islam and Revolution: Writings and Declarations*, translated and annotated by Hamid Algar, p. 40.
④ 彭树智主编，王铁铮、黄民兴等著《中东史》，人民出版社，2010，第 357 页。

革。巴列维王朝进行的现代化改革取得了一定的成效，经济实现快速增长，但也出现了许多社会问题，如物价飞涨、通货膨胀严重，农民和工人的利益得不到保证，巴列维政权也随之摇摇欲坠。中东国家在政治、经济和外交上的受挫，使穆斯林渴望改变现状，希望从伊斯兰传统信仰中寻求出路。他们强调"正本清源""返璞归真"，要求回归真正的伊斯兰，净化穆斯林的行为，强化伊斯兰信仰，主张严格按照伊斯兰标准规范穆斯林的言行，清除社会腐败，恢复伊斯兰原貌，实现伊斯兰世界的复兴。伊朗的伊斯兰革命便是在这种浪潮中爆发，建立了政治与宗教高度合一的政权，将中东地区的伊斯兰复兴运动推向高潮。

马克·道恩斯在《伊朗未完成的革命》中指出，"革命应当被看成一个过程，而不仅仅是一个当时发生的事件"，"革命是一定政治结构内部重新分配权力的手段"。[1] 伊斯兰政权的建立也经历了一个过程，从取得政权到霍梅尼思想的实践以及权力再分配，这个过程既包含了关于伊朗未来政治前途的争论，也包含了全面伊斯兰化的政治实践。在政治上，霍梅尼的首要任务是稳定革命后的政局。霍梅尼对原有国家机器的改造和双重权力机构的设置，限制了伊朗革命中改革任务的延续，使革命开始沿着新的道路前进。为维护伊斯兰革命成果和政权的伊斯兰特性，霍梅尼开始在军队、行政、立法、司法体系中建立效忠革命的伊斯兰力量。为了保证革命的稳固性和建立自己的军事力量，霍梅尼成立了伊斯兰革命卫队，从而使伊朗的军队系统中出现了两个并列的军事机构，革命卫队与正规军一样拥有海陆空三军。在教育领域，霍梅尼要求大学进行伊斯兰化。在外交上，霍梅尼提出"不要东方，不要西方，只要伊斯兰"的政治主张，在强调伊朗政治独立性的同时，主张输出革命。伊斯兰革命后，西方尤其是被称为"大撒旦"的美国，被视为伊斯兰民族的压迫者和敌人，以苏联为首的东方集团则被视为异己力量。霍梅尼的这一外交主张，一方面是伊朗寻求国家独立的极端反映，另一方面也表现出他对伊斯兰意识形态的自信。

二 美国对伊朗局势的评估失误

20世纪60年代末，英国宣布退出海湾地区，美国积极谋求填补该地区

---

[1] Mark Downes, *Iran's Unresolved Revolution*, Farnham: Ashgate Publishing Limited, 2002, p. 48.

的权力真空。但由于在越南战场受挫,全球扩张负担过重,美国决定实行海外收缩战略,推出"尼克松主义",主张为对美安全利益至关重要的地区提供经济、军事援助,在威胁较少的情况下由这些国家自己承担防务,这种"代理人战略"使美国亟须在海湾地区扶植新的代理国,以便与苏联对抗。伊朗和沙特成为当时美国实行"两根支柱"政策的重要国家。伊朗因在反对苏联的地缘政治上具有优势而成为美国在中东地区的反苏前线。20世纪70年代是美伊关系最为密切的时期。两国的合作使双方各取所需,美国利用伊朗作为反苏前沿,拦截苏联的情报信息,监视苏联的导弹计划,侦察苏联边境;伊朗则凭借美国的支持与武装积极争夺地区事务的话语权。

20世纪70年代,美国的海湾政策更加明朗。1970年2月8日,尼克松发表国情咨文《70年代美国的对外政策:争取和平的新战略》,提出"伙伴关系""实力""谈判"三原则,主张以伙伴关系为核心,将盟国和伙伴国推上一线。1973年,尼克松针对海湾地区指出,"波斯湾最大国家中的两个,伊朗和沙特阿拉伯,已经承担了更大的责任,以协助加强这一地区的稳定,并确保波斯湾的命运将由波斯湾国家自己决定,不受外来的干预"。时任助理国务卿西斯科说:"美国在波斯湾的主要政策之一是:鼓励这个地区的友好国家对该地区的集体安全担负越来越多的责任。在波斯湾,这个责任主要是由伊朗和沙特阿拉伯分担的。"①

1977年,卡特总统上台后,美国的对外政策出现新的变化。卡特主张缓和战略和人权外交,他认为东西方关系虽然是美国对外政策的一个重要问题,但美国更应该关注全人类面临的共同的经济和社会问题,强调对外政策中的道义原则。卡特在就职演讲时说:"我们致力于人权的绝对化,因为我们是自由的,绝不能对其他地方的自由命运漠不关心。"② 1977年5月,卡特在圣母玛利亚大学第一次系统阐述了美国对外政策,他声称"要摒弃对共产主义的过度恐惧","对待东西方关系必须以人道观点和历史感为指导","我们的人道观点使我们谋求同共产党国家进行广泛的合作以造福人类"。③ 因此,卡特执政时期,美国对苏联采取了缓和战略,将关注的重点放到了人权和核武器扩

---

① 张新利、翟晓敏:《20世纪70年代美国对波斯湾的"双柱"政策》,《世界历史》2001年第4期,第24页。
② David Carleton and Michaele Stohl, "The Foreign Policy of Human Rights: Rhetoric and Reality from Jimmy Carter to Ronald Reagan," *Human Rights Quarterly*, Vol. 7, No. 2, 1985, p. 214.
③ 马宏:《"卡特主义"剖析——兼论缓和政策》,《国际政治研究》1990年第4期,第45页。

散问题上。而且卡特政府的两位重要人物国务卿万斯和总统国家安全事务助理布热津斯基经常意见相左,前者强调合作和外交的作用,后者则强调军事并对苏联的战略意图有所怀疑,从而使卡特时期的对外政策经常左右摇摆。

卡特的人权外交是其执政前期的一项重要政策,这项政策对伊朗巴列维王朝造成了困扰,在某种程度上导致了美国对伊朗国内局势的误判。巴列维政府的秘密警察机构萨瓦克为了维护社会稳定,秘密逮捕和审讯了许多反政府主义者。美国的人权鼓吹者对此非常不满,国务院人权司司长帕特里夏·迪里安多次反对美国支持伊朗政府的镇压活动,甚至阻止美国政府向伊朗出售用来镇压的催泪弹。美国驻伊朗大使威廉·沙利文一再提醒巴列维,不要挑起人权鼓吹者的怒火。巴列维为了迎合美国的人权主义政策,减少了很多对违法行为的相关规定,释放了许多未经审讯被监禁的犯人,这种做法反而给了伊朗人民希望,并给了他们蔑视独裁的勇气和力量。对此,伊朗前首相摩萨台的孙子、律师达夫塔里说:"卡特总统在人权问题上的言论唤起了人民的希望……现在,不管说什么,人民都不会再沉默了,他们再也无所畏惧了。"[①] 随后,伊朗反对派举行各种罢课、罢市和罢工,公开谴责国王的"暴政"。对于1978年底伊朗国内的局势,布热津斯基和万斯之间出现分歧。布热津斯基认为,如果美国不竭力支持巴列维,中东地区的盟友可能会降低对美国在该地区的信任度。他认为,巴列维政府应当采取强硬措施恢复秩序,包括必要时建立军政府。事实上,在11月3日,布热津斯基通过伊朗驻美国大使馆与德黑兰通了电话,告诉国王美国会"完全支持"他采取的任何措施。但与此同时,国务卿万斯以及国务院持一种完全不同的态度。他们认为,应当建立文官联合政府,削弱国王的作用或者迫使国王下台才是解决伊朗国内危机的正确方式。布热津斯基反对这一做法,并以他个人的名义致电伊朗国王,表达美国对国王的支持。对这种不通过正常外交途径与伊朗的联系,万斯表示强烈不满。

卡特政府在人权问题上对伊朗施压,在某种程度上是因为美国对巴列维王朝末期革命形势及其亲美态度的判断失误。20世纪70年代末,伊朗国内的反巴列维王朝运动风起云涌,但美国对革命形势的判断与实际情况不相符合。美国中情局有关伊朗反对派的情报大多数来自伊朗的秘密警察组织萨瓦

[①] 王鸿余、陈和丰:《美国卡特政府和伊朗国王关系内幕》,《国际问题资料》1982年第22期,第3页。

克。因为巴列维过于关注左派势力,担心来自苏联的威胁,所以萨瓦克的关注重点是监视学生活动,进而忽视了不满现状的商人和宗教人士之间的反国王联盟。直到1977年11月,美国中情局没有提出过有关宗教反对派内部的情况报告,美国驻伊朗大使馆的政治报告也很少有与反对派接触后所获得的情报。

1977年8月,美国中情局称,任何内部或外部力量都无法挑战国王的权威或他对美国在伊朗的军事存在的支持。① 一年后,中情局进一步判定伊朗"不处于革命,或者甚至是处在革命前的状态"。② 中情局前官员理查德·科塔姆是为数不多见过霍梅尼的美国人,他认为"阿亚图拉没有控制伊朗政治体系的野心,而且霍梅尼根本就是一个关心共产主义威胁的民主党人"。③ 1979年1月的一份情报备忘录称,霍梅尼"似乎对政治战略感到厌倦",而且"允许他的幕僚制定某些详细的外交政策"。④ 美国对霍梅尼建立伊斯兰政府的决心和能力的判断失误,导致美国对伊斯兰革命后伊朗国内政治斗争形势估计不足,对人质危机的判断盲目乐观。

美国对伊朗亲美态度的乐观判断,受到他们对伊朗和苏联关系评估的影响。伊斯兰革命后,美国认为伊朗伊斯兰政权的敌人是苏联,为了对抗苏联,伊朗新政权应该倾向于维持与美国的友好关系。理查德·科塔姆甚至认为霍梅尼"害怕苏联,希望依靠美国来维护伊朗的防御",⑤ 并认为他们不仅寻求正式的防御关系,还希望在美国支持下对抗苏联。美国国务院伊朗事务处的亨利·普雷希特声称,对于伊朗动员苏联边疆地区的穆斯林并使其激进化的能力,苏联也会感受到威胁。⑥ 就在大使馆于11月4日被占领的几个星期前,美国的官员还预测伊朗的神职人员将不得不"妥协其伊斯兰原则,以

---

① CIA Reprot, "Iran in the 1980," August 1, 1977, Declassified Documents Reference System(Hereafter DDRS) CK3100225219.
② Jimmy Carter, *Keeping Faith: Memoirs of a President*, New York: University of Arkansas Press, 1982, p. 438.
③ Christian Emery, "United States Iran Policy 1979 – 1980: The Anatomy and Legacy of American Diplomacy," *Diplomacy & Statecraft*, Vol. 24, No. 4, 2013, p. 624.
④ CIA Intelligence Memorandum, "Iran, Khomeini's Prospects and Views," January 19, 1979, DNSA: IR02131.
⑤ Vance Cable to Embassy Tehran(004510) , "Further Report of Richard Cottam," January 7, 1979, DNSA: IR02021.
⑥ Vance Cable to Embassy Tehran(004510) , "Further Report of Richard Cottam," January 7, 1979, DNSA: IR02021.

满足民众的需要","随着时间的推移,伊朗的现代化发展将不可避免地削弱霍梅尼和神职人员的力量"。助理国务卿哈德罗·桑德斯建议不要"牺牲我们的世俗朋友来拥抱霍梅尼和神职人员"。[1] 美国大使馆最终得到警告,不要寻求与霍梅尼会晤,如果会晤到来,他们应该首先寻求政府的指导。[2] 1979年初,桑德斯向众议院外交事务委员会阐述了美国的目标:"我们希望与一个独立、稳定和安全的伊朗保持密切和友好的关系。我们认为,伊朗和美国的利益密切相关,我们寻求建立一个相互尊重和积极合作的环境。"[3]

而事实上,1979年伊斯兰革命的爆发正处于美苏争霸的冷战时期,伊朗国内政治斗争形势复杂,主要包括三方面势力:以霍梅尼为首的伊斯兰势力、以图德党和"人民圣战者组织"为代表的左派势力和以迈哈迪·巴扎尔甘为代表的民主势力。伊斯兰革命后三种政治势力斗争非常激烈,霍梅尼建立的伊斯兰政府为了巩固政权,一方面建立一系列的伊斯兰权力机构,试图通过颁布新的宪法来巩固新政权,加强政权的伊斯兰因素;另一方面打出各种政治口号,希望主导社会舆论。但国内对革命后伊朗的国家发展道路存在争论。"人民圣战者组织"主张马克思主义与伊斯兰教义相统一,建立社会主义的"伊斯兰民主共和国",主张暴力革命、政教分离,否定霍梅尼的地位。该组织主要由一批反对国王的下级军官和士兵组成,在青年学生、知识分子、中小商人中较有影响。

图德党的前身可追溯到20世纪20年代的伊朗共产党。随着巴列维王朝的建立,伊朗的共产主义运动走向低谷,该党派的许多成员遭到逮捕。1941年8月,苏联和英国军队进入伊朗,礼萨·汗宣布退位,大量的所谓"政治犯"被释放出狱,伊朗的共产主义运动开始复兴。1942年1月,伊朗共产党决定重新成立一个政党,取名为图德党。图德党自建立后在伊朗国内发展迅猛,引起巴列维政府的担心。图德党在试图融入统治集团的努力失败后,成为反巴列维王朝的重要力量,支持霍梅尼在全国范围内建立反巴列维的联盟。但图德党亲苏联的政策与霍梅尼"不要东方,不要西方"的政策不符合,受到霍梅尼的打压。随着两伊战争的爆发,伊朗政府认为,图德党与苏

---

[1] Sanders Memorandum to Vance, "Policy Towards Iran," September 5, 1979, DNSA: IR02996.
[2] Christopher Cable to LAINGEN, 156833, "Guidance," June 18, 1979, DNSA: IR02690.
[3] Christian Emery, "United States Iran Policy 1979 – 1980: The Anatomy and Legacy of American Diplomacy," *Diplomacy & Statecraft*, Vol. 24, No. 4, 2013, p. 626.

联的紧密关系违反了伊朗"不要东方,不要西方"的外交政策,因此逮捕了图德党的多位领导人和成员,并称这些人是"苏联间谍"。伊朗政府提出图德党的六个"失误之处"。第一,图德党践踏了国家"不要东方,不要西方"的外交原则;第二,图德党没有完全上缴在革命时期获得的武器;第三,图德党没有解散它的秘密组织,违反了革命总检察长对政党活动的十点主张;第四,图德党在军官中建立过秘密组织,并将秘密搜集到的信息传送给苏联;第五,该党使政府受挫,因为当政府提出要清除所有与外国有关系的机构时,图德党则告诉它的成员否认与图德党的联系;第六,图德党非法安排其成员出国。[1]

迈哈迪·巴扎尔甘曾留学法国,1941年在德黑兰大学任教。他是世俗的民族主义政党——伊朗党的领导人之一。巴列维倒台后,巴扎尔甘被任命为临时政府总理,他挑选的三位副总统都是世俗主义者。此外,他还任命了温和的卡里姆·赛贾比担任外交部长,这位外交部长曾向美国大使馆许诺将保证美国公民的安全。巴扎尔甘强调对话、缓和与宽容,主张恢复法律和秩序。巴扎尔甘的世俗主义倾向与霍梅尼的政治主张产生冲突,随着一系列伊斯兰革命机构的建立,巴扎尔甘的权力逐步被架空。1979年11月6日,伊朗人质危机后,巴扎尔甘被迫辞职,他领导的伊朗自由运动成为政治反对派。

三 美伊关系由积极向消极的转变

伊斯兰革命结束后初期,美国国内对美伊关系的判断过于积极,对伊朗政策存在争论。由于美国与前巴列维王朝的关系,许多伊朗学生前往美国留学,许多留学生回到伊朗后成为革命精英。伊斯兰革命后,亨利·普雷希特认为,目前美国的关键任务是"通过解救伊朗新的政治精英在德黑兰塑造亲美政权,维持美国在伊地位"。[2] 桑德斯认为,"(伊朗)许多温和派都非常希望美国留在伊朗,因为他们担心苏联的威胁"。[3] 威廉·沙利文在1979年3

---

[1] Dilip Hiro, *Iran Under the Ayatollahs*, London, Melbourne and Henley: Routledge & Kegan Paul, 1985, p. 228.

[2] Donnette Murray, *U. S. Foreign Policy and Iran: American – Iranian Relations Since the Islamic Revolution*, London: Routledge, 2009, pp. 21 – 26.

[3] Harold Sanders, "The Crisis Begins," in Warren Christopher(ed.), *American Hostages in Iran: Conduct of a Crisis*, New Haven and London: Yale University Press, 1985, p. 54.

月中旬向万斯和国务院其他高级官员提出建议："我们应当接受革命，我们知道国王不会回来了，我们应该意识到必须克服历史遗留下来的问题。但我们认为，伊朗和美国的关系如此重要，以至于不能继续维持像现在这样的状态。伊朗对美国很重要，我们相信我们可以为其新政府提供很多东西。我们应该从反对苏联入侵的基本立场出发，与伊朗建立新的关系。"①

伊斯兰革命后，霍梅尼其实并不反对与美国保持友好关系。霍梅尼从巴黎回到德黑兰的时候，他和他的助手们向卡特传递了大量信息，表明如果华盛顿停止对伊朗国王的支持，新的伊朗政府将维持石油贸易的正常流转，并与美国及其欧洲盟友建立正常关系，甚至在革命结束之后霍梅尼也有类似的表述。卡特总统后来回忆说，在伊斯兰革命后，他继续从伊朗的新政府那里得到了积极的信号："1979年3月到10月，我们与伊朗的关系越来越好，甚至霍梅尼曾派代表与国务卿万斯进行对话，说了'你们要支持革命，不要试图推翻新政府'以及'我们之间需要更多的贸易合作'之类的话。他们非常友好。事实上，他们就修复与美国关系的重要性发表了一系列的演说。"② 对于美国来说，伊朗对其反苏战略非常重要，因此美国倾向于保持与伊朗的友好关系。在整个伊朗动荡不安的局势中，白宫不仅敦促国王离开伊朗，而且力促军队与反对派进行谈判，以推动政治过渡有序进行，力图实现伊朗对美国继续保持友好。1979年，美国和伊朗开始共享情报，10月，美国中情局甚至将萨达姆·侯赛因有可能入侵伊朗的意图告知了德黑兰，并提供进一步的情报合作打击伊拉克。

1979年10月22日，伊朗前国王巴列维获准前往美国治病，在伊朗引发了游行示威。据称，由于担心新成立的伊斯兰政府无法对抗美国的阴谋，伊朗学生组织开始收集美国大使馆的信息，计划占领美国大使馆，一些左翼学生组织甚至声称："允许国王入境表明美国正在酝酿针对革命的新阴谋……我们已经在美国的控制下生活了50多年，是时候采取行动了。"③ 11月3日，霍梅尼会见激进的学生代表，称"学生们有义务扩大他们对美国和以色列的

---

① Sullivan to Department of State(003016), "The Barzagan Government One Month Later and Prospects for the Future," March 17, 1979, DNSA: IR02382.
② Mohammad Ayatollahi Tabaar, "Causes of the US Hostage Crisis in Iran: The Untold Account of the Communist Threat," *Security Studies*, Vol. 26, No. 4, 2017, p. 666.
③ David Farber, *Taking Hostage: The Iran Hostage Crisis and America's First Encounter with Radical Islam*, Princeton: Princeton University Press, 2006, p. 129.

攻击，美国必须遣返罪恶的国王巴列维"。① 因此，有伊朗学者认为人质危机并非始于11月4日美国外交官被扣押，而是源于卡特决定接受前伊朗国王巴列维赴美治病，因为巴列维赴美让伊朗人想起了1953年美国政府干预伊朗政治并推翻摩萨台政府。

对于伊朗学生攻占美国大使馆，伊朗时任外交部部长易卜拉欣·亚兹迪声称，霍梅尼最初要求把学生们从美国大使馆赶出去，"他曾私下告诉我，去看看都是些什么人，能否将他们从大使馆赶出去"。② 但危机爆发后，霍梅尼很快意识到人质危机可以作为国内政治斗争的工具。正如赛勒斯·万斯在他的回忆录里指出："很有可能当霍梅尼看到异常兴奋的民众反应，并意识到人质危机可以联合国内各个派系对抗共同仇恨的外国敌人时，他决定利用这一事件的号召力来建立一个新的伊朗。"③ 根据亨利·普雷希特的说法，霍梅尼改变他的想法可能是出于情感的原因，"当一群人说他们要追随阿亚图拉的路线……我想他感到有义务与他们（占领大使馆的学生）站在一起，尤其是为了反对巴列维和美国这两个革命的敌人时"。④

随后，美国官员与伊朗伊斯兰政权之间的接触全部停止，霍梅尼也拒绝会见事先约好的美国官员。穆罕默德·阿亚图拉希·塔巴尔在《伊朗人质危机的原因：未曾提及的共产主义威胁》中指出，精英并不总是领导大众，反而有时要追随大众。在争夺权力的斗争中，他们可能会利用现有的大规模反美主义作为一项重要的政治资产，甚至可能会违背自己的意愿。这样做是为了挤压他们的竞争对手，争取大量盟友，挑战现任者或击败反对派并逐步掌握整个国家。⑤ 伊朗国内的反美情绪急剧上涨，开始成为霍梅尼稳定新政权、打击其他政治派别的有力武器。对此，美国国内出现以布热津斯基为代表的强硬派，主张军事打击伊朗，但大多数人反对军事行动。美国国家安全委员

---

① Massoumeh Ebtekar, *Takeover in Tehran: The Inside Story of the 1979 U. S. Embassy Capture*, Vancouver: Talonbooks, 2000, p. 58.
② 〔英〕戴维·P. 霍顿：《败退德黑兰：吉米·卡特的悲剧外交》，蒋真译，社会科学文献出版社，2018，第63页。
③ Cyrus Vance, *Hard Choice: Four Critical Years in Managing America's Foreign Policy*, New York: Simon and Schuster, 1983, p. 376.
④ 〔英〕戴维·P. 霍顿：《败退德黑兰：吉米·卡特的悲剧外交》，蒋真译，第64页。
⑤ Mohammad Ayatollahi Tabaar, "Causes of the US Hostage Crisis in Iran: The Untold Account of the Communist Threat," *Security Studies*, Vol. 26, No. 4, 2017, p. 671.

会成员保罗·亨兹强调说:"(我们)应当超越当前的混乱局面来进一步思考,不要让它在这个过程中产生情绪,破坏我们在这个地区的长期利益。"①大多数反对军事行动的人认为,军事打击会给美国与盟友关系带来压力,伊朗的不稳定也会给苏联带来机会。

第二节 伊朗人质危机下的美国单边制裁

伊朗人质危机是美国对伊朗进行系统性单边制裁的起因,危机发生后十天美国颁布了第一项制裁法令。此后,美国将伊朗定位为对其国家安全、外交和经济产生"非同寻常"威胁的国家,进而为制裁伊朗提供了理论依据。这一威胁定位一直沿用至今,成为美国制裁伊朗法律文本的经典内容。美国的单边制裁主要包括禁止进口伊朗石油、禁止美伊之间的贸易往来,以及冻结伊朗资产等,这些措施是对伊朗人质危机的回应,也是未来美国制裁伊朗的主要措施。

一 伊朗人质危机的出现

伊朗人质危机的发生对美国评估两国关系产生重要影响。如果说伊斯兰革命爆发后,美国还希望在伊朗不反美的情况下维系美伊友好关系,那么人质危机发生后美国彻底放弃了这种不切实际的想法。对于人质危机的起因有多重说法。第一种观点认为,伊朗劫持人质主要是为了威胁美国遣返在美治病的前国王巴列维。第二种观点认为,劫持人质是伊朗学生理想主义宗教热情的体现。第三种观点认为,劫持人质是有意识的、有目的的政治阴谋,是霍梅尼巩固神权政体的手段,支持这种观点的有布热津斯基、理查德·桑顿等。第三种观点在美国政界被普遍认可,但仍然出现一些争论。持这一观点的主要代表人物是美国国家安全委员会前伊朗问题专家加里·希克,他认为:"霍梅尼至少大体了解伊朗学生攻击美国大使馆的计划,并有意利用这次袭击为他的国内政治目的服务……巴列维的命运从来都不是真正的原因,

---

① Christian Emery, "The Transatlantic and Cold War Dynamics of Iran Sanctions 1979 – 80," *Cold War History*, Vol. 10, No. 3, 2010, p. 372.

真正的原因是霍梅尼建立以及实现他的伊朗共和国的设想。"① 布热津斯基认为："巴列维和他的财产是一个很平常的问题，但可以使伊朗国内政治极端化，人质危机是伊朗国内动乱的外化表现。"② 第四种观点认为，学生采取极端行为是因为他们认为美国即将发动反革命政变以辅助巴列维再次上台，所以劫持人质是一种过激的自卫反击行为。③ 事实上，伊朗人质危机的发生是多重因素共同起作用的结果，既有美国曾干涉伊朗内政的历史阴影，也有伊朗国内政治斗争需求的推动，是历史发展的偶然性与必然性的结合。

在人质危机出现前有许多连续性事件的发生，这些事件对革命后的伊朗人认识当时的美国产生非常重要的影响。1979 年 1 月，巴列维逃出伊朗；2 月，霍梅尼在一片欢呼中回到伊朗。同年 2 月，一群伊朗人冲击了美国驻伊朗大使馆，但最终在伊朗政府的干预下，使馆秩序很快得到恢复。3 月，柯尔米特·罗斯福出版了一本书《反政变：努力控制伊朗》(Contercoup: The Struggle for the Control of Iran)，该书记录了美国中情局、英国军情六处以及伊朗国王如何筹划政变，控制伊朗。碰巧的是这本书的作者是美国中情局在 1953 年推翻伊朗摩萨台民族主义政府的参与者，因此该书的出版在伊朗引起强烈反响，在民间广为传播，尤其是在高校。它勾起了伊朗人对历史的痛苦回忆，更引起他们对现实的担忧。10 月 22 日，伊朗前国王巴列维获准前往美国治病，在伊朗引发大规模抗议活动。伊朗民众在大街小巷游行示威，目标直指美国大使馆。正如《纽约时报》驻德黑兰记者约翰·基夫纳所说："（国王入境后）'阴谋论'充斥着整个城市，几乎没有人相信国王真的病了。"④ 伊朗总理巴扎尔甘曾提议派遣医疗队为巴列维会诊，但遭到了美国的拒绝，这使伊朗民众进一步相信巴列维赴美并不是为了治病，而是与美国密谋推翻新成立的伊斯兰政府。

11 月 1 日，美国和伊朗应邀参加阿尔及利亚国庆典礼，其间美国总统

---

① Gary Sick, *All Fall Down: America's Tragic Encounter with Iran*, New York: Random House, 1986, p. 251.
② Zbigniew Brzezinski, *Power and Principle: Memoirs of the National Security Adviser, 1977 – 1981*, New York: Farrar, Strauss and Giroux, 1983, p. 471.
③ 魏亮：《伊朗人质危机起因再析》，《西亚非洲》2011 年第 1 期，第 67 页。
④ John Kifner, "Bitter Hatred—of the Shah and the US—Re-unities Iran," *The New York Times*, November 18, 1979.

国家安全事务助理布热津斯基和伊朗总理巴尔扎甘以及外交部部长易卜拉欣·亚兹迪进行了私下会面，而伊朗最高领袖霍梅尼并没有授权伊朗方面与美国进行官方接触。这一消息在电视中播放后，激进的伊朗学生很快占领了伊朗电视台。这种秘密会面让伊朗学生认为，美国与其扶持的代理人正在密谋推翻伊朗现政权。11月3日，霍梅尼会见激进的学生代表，称"学生们有义务扩大他们对美国和以色列的攻击，美国必须遣返罪恶的国王巴列维"。①

11月4日，一群伊朗学生开始冲击美国驻伊朗大使馆。曾经的人质汤姆·谢弗回忆说："这时看上去是一群学生路过，我其实并不在意这些路过的学生，直到有人说，'他们正试图进入大门'。老实说我感觉没有什么特别的，只是一群学生而已，他们可能仅仅想与我们交谈。但最终我们发现并非如此，因为他们正在控制楼外的美国员工，蒙住他们的双眼，用枪指着他们的脑袋，那时我意识到这并不是学生参观我们的大使馆，这次事态是严重的。"② 大使馆被占领后，美国人仍不能相信这是真的。代办布鲁斯·兰根曾回忆道："我和我的同事当时都认为，这一事件仅仅只是一次象征性的占领，在几个小时后就会以某种方式结束，一切将回到正轨。"③ 在1979年2月14日发生过同样的事情，一群伊朗人袭击大使馆，并短时间内控制了整个大楼。由于这一天是西方的情人节，这一事件也被戏称为"情人节开放日"。当时的美国大使威廉·沙利文命令保护大使馆的海军陆战队只在自卫时开火，并使用催泪瓦斯使袭击者无法靠近。局势失控后，沙利文让使馆工作人员将自己锁在地下室并销毁文件，同时向伊朗临时政府求助。几个小时后，伊朗外交部部长亚兹迪来到现场，说服武装袭击者离开大使馆，中午12点临时政府的温和派控制了大楼。因此，伊朗人质危机刚发生时，很多人都认为伊朗政府这次也会像上次一样干预，并很快解决危机。

人质危机发生后，美国国内大多数人将危机发生的原因归结于伊朗国内政治变动。加里·希克认为，在巴列维逃离伊朗后，霍梅尼需要在一场混乱中树立他的政治权威，于是他策划了这场占领美国大使馆的行动，以获得政治资本。然而，劳埃德·卡特勒认为："如果我们没有接纳巴列维，无论如

---

① Massoumeh Ebtekar, *Takeover in Tehran: The Inside Story of the 1979 U. S. Embassy Capture*, p. 58.
② 〔英〕戴维·P. 霍顿：《败退德黑兰：吉米·卡特的悲剧外交》，蒋真译，第59页。
③ 〔英〕戴维·P. 霍顿：《败退德黑兰：吉米·卡特的悲剧外交》，蒋真译，第90页。

何大使馆在一个月内还是会被占领，人质仍会被扣押。因为整个事件是基于国内政治环境被用以刺激并联合整个国家来对付美国，如果他们没有这样一个适时的机会，他们也会另找一个。"①

二 资产冻结：美国对伊制裁的肇始

对于紧急外交事件的出现，美国国内通常有一定的法律依据，赋予总统应对危机的权力。虽然美国宪法没有明确规定总统享有发布行政命令的权力，但宪法规定总统拥有保障法律忠实执行的义务，总统可以通过发布行政命令享有一定的立法权。如《国家紧急状态法》和《国际紧急经济权力法》规定，一旦美国面临境外的严重威胁，且这种情形对美国的国家安全、外交和经济构成非同寻常的威胁，总统宣布国家进入紧急状态后，在国会的监督下可以实施制裁。

《国家紧急状态法》和《国际紧急经济权力法》适用于非战争时期，但其很多条款是对《与敌国贸易法》相关规定的延续和进一步规范，如国家紧急状态的定义以及如何规范行使该时期的总统权力等。《国家紧急状态法》颁布于1976年，《国际紧急经济权力法》颁布于1977年，这两部法律通常结合使用。根据《国家紧急状态法》，总统有权宣布国家进入紧急状态，并及时报告给国会，在《联邦公报》（*Federal Register*）公开备案。在国家进入紧急状态后，以国家紧急状态为依据的相关法律就可以实施。《国际紧急经济权力法》授权总统在国家宣布进入紧急状态后，采取制裁措施应对来自美国境外的威胁。在这部法律中，总统被赋予了很大的权力，如总统有权对任何外汇交易、信用转让、支付等进行调查和管制；有权调查，以及调查期间可以冻结、禁止美国辖区内与相关外国财产及其利益有关系的进出口贸易。如果美国遭到袭击，所有资助和参与这些袭击的国家、个人和实体的财产将被没收。此外，总统还被授权谋求对敌对国实行多国经济禁运，扣押其国外的金融资产。在这个法案中，总统虽然被赋予了很大的权力，但其在行使该权力之前必须与国会协商，并提交报告说明必须行使该权力的原因，比如为什么总统认为这些威胁对国家安全、外交和经济构成严重威胁，为什么要向这些国家采取行动，采取什么样的行动，以及这些行动的必要性。而且总

---

① 〔英〕戴维·P. 霍顿：《败退德黑兰：吉米·卡特的悲剧外交》，蒋真译，第60页。

统每六个月要向国会提交自上次报告以来采取的行动及其任何变化。同时，违反本法律将会受到处罚，罚金高达 25 万美元，或者是交易金额的两倍，一旦被认定为有意违反本法律，违者最高将被罚 100 万美元，获刑 20 年。①

人质危机发生后，卡特政府内部出现分歧，主张和平谈判与军事行动的两派各持己见，但对该事件的回应还是达成了一致。作为应对危机的一种手段，制裁成为卡特政府的首选。财政部外资控制办公室（Office of Foreign Assets Control，OFAC）立即行动，其主任萨默菲尔德在助理国务卿的支持下开始草拟制裁法案。法案一开始力求全面，以供后续讨论。萨默菲尔德在财政部外资控制办公室工作了 30 年，参与过二战前的经济战，制裁经验丰富。1979 年 11 月 8 日，根据《武器出口管制法》（Arms Export Control Act）第 2 条的规定，美国暂停运送伊朗已经支付购买的价值 300 万美元的武器零部件。根据《贸易扩展法》（The Trade Expansion Act）第 232 条的规定，如果总统发现美国进口某种产品威胁到国家安全，可以限制该产品进口。12 日，卡特声称："鉴于当前的伊朗形势，进口伊朗石油和石油产品加剧了对美国国家安全的威胁……因此美国取消进口伊朗原油和原油精制产品。"② 对此，伊朗最高领袖霍梅尼回应称："世界需要石油，但世界不需要美国。其他国家会转向我们这些有石油的国家而不是你们的国家。"③ 尽管卡特政府知道美国不进口伊朗石油自然有别的国家替代美国的进口份额，但禁止美国进口伊朗石油是一个态度，是美国对伊朗人质危机的一种回应和报复。

1979 年 11 月 12 日，财政部外资控制办公室开始讨论对伊朗的主要制裁领域、执行机制，以及制裁是否适用于美国银行的海外支行等问题。同一天，卡特政府成立了一个小组，由财政部部长米勒、副部长卡斯威尔，法律顾问罗伯特·蒙德海姆，助理国务卿戴维斯，财政部外资控制办公室主任萨默菲尔德和他的首席顾问丹尼斯·奥康奈尔组成，这个小组再次审议了制裁的范围及其可能实施的资产冻结。13 日，美国移民归化局对伊朗预科

---

① "International Emergency Economic Power Act," US Code, Title 50, Chapter 35, https://www.law.cornell.edu/uscode/text/50/1705.

② Hossein Alikhani, *Sanctioning Iran: Anatomy of a Failed Policy*, London and New York: I. B. Tauris Publishers, 2000, p. 66.

③ Christian Emery, "The Transatlantic and Cold War Dynamics of Iran Sanctions, 1979 – 80," *Cold War History*, Vol. 10, No. 3, 2010, p. 374.

生提出了新的要求，在此之前发放的签证全部取消。

在制裁早期，卡特政府并没有考虑冻结伊朗资产，但随着事态发展，冻结资产成为美国制裁政策的重要内容。卡特的顾问劳埃德·卡特勒后来说："11月12日和13日的晚上我们一直在讨论人质危机，接着伊朗财长巴尼萨德尔宣布伊朗将从美国和欧洲所有的美国银行取空存款，这对美国是一个严重的损伤。因为有8个小时的时差，我们听到这个宣言大约在14日凌晨三四点。这个宣言结束了卡特政府内部所有的争论和疑虑，我们决定必须前进。"[1] 正如时任副国务卿沃伦·克里斯托弗等在《美国人质在伊朗：危机处理》中所说，"巴尼萨德尔的宣言是下冻结令的最后推动力，而不是初始原因。这个决定是建立在政治判断的基础上，美国不能再面对另一国家不断的敌对行为，如劫持人质、袭击金融机构等面前没有任何回应、一直处于被动状态"。[2] 财政部部长米勒用电话告知了总统卡特和国务卿万斯，并交换了意见，随后美国政府很快就做好了冻结伊朗资产的准备。7点，财政部负责金融事务的副部长安东尼·所罗门和负责公共事务的部长助理约瑟夫·莱丁开始征求工作意见和草拟方案。美国主要的国会领导人都被电话咨询了一遍。8点10分美国总统签署了第12170号行政令《冻结伊朗政府资产》（Blocking Iranian Government Property）。该行政令认为"伊朗的形势对美国的经济、外交和国家安全构成了非同寻常的威胁"，因此总统宣布国家进入紧急状态，下令冻结伊朗政府所有在美国辖区内的资产及其权益。10点执行冻结令的法规就公布在《联邦公报》上。随后，财政部副部长卡斯威尔电话通知美国的各大银行冻结伊朗资产。

冻结令颁布后，代表伊朗的律师托马斯·沙克来到财政部讨论美国境内伊朗实体和个人的财产问题，如伊朗驻美国大使馆及其工作人员的资产、伊朗驻联合国工作人员在美国的资产等。对此，美国宣称冻结令不适用于外交目的，他们将遵守外交豁免。许可证也的确发放给了各种伊朗实体，如伊朗国家石油公司、天然气公司、伊朗航空公司和相关银行。但是这些许可证的使用范围非常有限，通常只允许新的资金进入美国而且要有特定的目的。这

---

[1] Hossein Alikhani, *Sanctioning Iran: Anatomy of a Failed Policy*, p. 68. See also Andreas F. Lowenfeld, *Trade Controls for Politics Ends*, New York: Matthew Bender, 1983, p. 540.

[2] Warren Christopher, Harold H. Saunders, Gary Sick, Robert Carswell, Richard J. Davis, John E. Hoffman, Jr., Roberts B. Owen, *American Hostages in Iran: The Conduct of a Crisis*, New Haven, Connecticut: Yale University Press, 1985, p. 177.

种宽松的许可证制度只是为了保持当时美国与伊朗之间的联系不会彻底断掉。尽管美国颁发了许可证，仍然会碰到各种问题，很多银行拒绝为美国境内的伊朗人提供支付服务，他们希望将这些伊朗人的资产作为以后索赔的保证。对此，美国政府虽然反对银行的做法，却禁止不了它们的行为。到1980年4月17日，人质危机的第一阶段谈判失败，美国和伊朗断交，伊朗在美国所有实体的许可证基本都被取消。

许可证制度对于维系美国和伊朗之间的虚弱联系还是有用的。因为在美国约有5万名伊朗留学生，他们每年需要缴纳学费和生活费，所以这些留学生除了个别极端亲霍梅尼的学生外，其财产不受冻结令的限制。但许可证仍然控制得很严，只能用于特定小数量的资金，留学生需要反复申请许可证。美国政府对伊朗留学生的政策一方面是为了让在伊朗的美国人质不要受到虐待，另一方面也可以不断审查和修订许可证制度。与此同时，伊朗人的每一笔资金往来都要上报给财政部，甚至上报给情报机构和出入境部门。

冻结令的具体执行由财政部外资控制办公室负责，有关规划和操作由财政部副部长卡斯威尔领导的一个小型工作组来负责，该小组成员包括：财政部部长助理戴维斯、法律顾问蒙德海姆及其助理罗素·蒙克和莱昂纳多·桑托斯，还有部长助理办公室负责国际事务的杰里·纽曼、财政部情报部门的负责人弗斯特·柯林斯等。财政部部长米勒和负责金融事务的副部长所罗门也参加了这个小组。有关冻结令冻结范围的讨论主要包括两部分。第一部分是伊朗政府及其下辖机构的资产，其中包括伊朗国家石油公司、中央银行等的资产，约有60亿美元。第二部分是美国境外的伊朗资产，约30亿美元，这类美国境外的伊朗资产大多存在美国各大银行在英国的分行。对于第二部分资产的冻结，财政部担心冻结令让投资者认为投资美元在美国政府行为面前太脆弱，会影响到美元的地位以及美国银行的信誉。因此总统及其国家安全事务助理经过讨论后决定仅要求美国银行境外分支机构不能像原来那样与伊朗发展业务。

冻结伊朗资产本身也面临很多问题。第一，冻结令会对美国国内银行业产生重要影响，不仅面临诉讼纠纷，而且对伊朗的贷款很难追回。在20世纪70年代经济繁荣时期，伊朗政府以及伊朗的国有和私营企业从美国银行和其他外国银行大量借款，超过200家银行单独或以国际银行财团的形式向伊朗提供贷款。其中银行财团贷款大部分由大通银行（Chase）和伦敦的伊朗海外投资银行（Iran Overseas Investment Bank）牵头。虽然具体的借款金额不易确定，但伊朗外债约为50亿美元，其中约20亿美元是欠美国银行的。[①] 11月23日，由于美国颁布了冻结令，伊朗总统巴尼萨德尔发表了一份声明，称在前国王巴列维统治下伊朗签订的海外债务将不予偿还。28日，伊朗中央银行通过电报向美国各大银行在英国伦敦的分行发送了小额美元的付款指令，但银行没有遵从。接着伊朗通知银行要求两天内将其资金全部转出，但冻结令阻止了美国各大银行执行这一要求。因此，30日，伊朗中央银行向英国法院起诉了五家美国银行。伊朗中央银行称，它们曾提出在30日使用冻结的资金购买黄金，但持有伊朗资金的银行拒绝了这一要求，因此这些银行应对伊朗的损失进行赔偿。12月，伊朗中央银行在法国法院提起了多起类似的诉讼。

第二，冻结令会降低世界各国对美国的信任度。美国作为当时的超级大国，很多西方国家包括中东产油国将大量资金存放在美国各大银行，而伊朗资产冻结令的颁布让这些国家深感不安。在宣布资产冻结后不久，阿拉伯商会联盟主席布尔汉·达贾尼警告说，"这是一个非常糟糕的先例"。达贾尼的评论得到了科威特政府的回应，科威特政府公开批评美国的举动是"非常危险的先例"。沙特人特别焦虑，因为他们在美国银行的资产与伊朗相当。沙特的一位副部长说，卡特的决定侵蚀了沙特的信心，因为担心巴勒斯坦和以色列之间的冲突会使沙特在某些时候出现与美国对抗的情况，从而导致类似伊朗的资产冻结。意识到沙特的焦虑，美国财政部致电沙特财政部部长穆罕默德·阿巴哈伊尔，并向他保证资产冻结不会在沙特上演。1979年11月，为打消沙特的疑虑，美国财政部部长米勒还是去了一趟中东，澄清冻结令的用意，并向沙特人保证，伊朗的资产冻结不是一种常态。[②]

第三，也是最关键的问题，是如何将冻结令合法化。根据国际法，国家与国家之间是平等的，任何国家不能对其他主权国家实行管辖。主权豁免是一般承认的国际法原则，根据长期的国际实践，各国一般都承认其他国家及

[①] Warren Christopher, Harold H. Saunders, Gary Sick, Robert Carswell, Richard J. Davis, John E. Hoffman, Jr., Roberts B. Owen, *American Hostages in Iran: The Conduct of a Crisis*, p. 237.

[②] Christian Emery, "The Transatlantic and Cold War Dynamics of Iran Sanctions, 1979 – 80," *Cold War History*, Vol. 10, No. 3, 2010, pp. 374 – 375.

其财产的管辖豁免。豁免的一般形式是，一国法院拒绝对涉及外国行为或其财产的案件行使管辖权，而这类案件应由国家行政机关通过外交途径解决。[1] 美国对伊朗的资产冻结遭到伊朗强烈抗议，伊朗称其国家主权遭到侵犯，将美国多家银行告到法院，在欧共体的当地法院有多起案件最终判了伊朗胜诉。而且美国银行在海外分行的驻地国对其冻结令也很不满，认为该命令挑战了本国的国家主权。因此，如何将美国的冻结令合法化成为让美国政府头疼的问题。随后，美国财政部发现，将冻结令与伊朗人质危机联系起来是将冻结令合法化的有效途径。财政部表示，一旦人质被释放，被冻结的伊朗资产将被解冻。

根据12170号行政令，卡特下令冻结伊朗政府在美国辖区内的所有财产，其中包括伊朗政府控制的实体和中央银行的资产。伊朗约120亿美元的资产被冻结，其中包括存在美联储的14.18亿美元的存款和证券、存在美国银行海外分支机构的约55.79亿美元的存款和证券、存在美国国内银行的20.50亿美元的存款，还有美国个人和实体持有的约20亿美元的资产，以及伊朗中央银行存在美联储的约1632917盎司的黄金。[2] 冻结令最初不仅针对美国银行海外分行持有的伊朗美元存款，也包括其他货币存款，比如伊朗在美国银行巴黎分行持有的法郎账户。但很多国家对美国的冻结令表示反对，由于美国银行海外分支机构的非美元账户总额不大，非美元账户最终未被冻结。这一资产冻结是对伊朗宣称要撤回在美国银行资产的回应。事实上，即便是伊朗想要打货币战，其实力也不足以在市场上"攻击"美元，美国可动用的外汇储备充足，且其盟国的央行会提供支持，因此伊朗破坏美元稳定的冒险没有意义。正如罗伯特·卡斯威尔所说："在政治紧张的时刻，伊朗这种天真的言论被接受了，其对美元的威胁被作为采取行动的主要原因……美国不能接受被当作纸老虎，自从伊朗威胁以经济手段反对美国时，快速行动的必要性就具有了合法性，显而易见……很容易作出封锁的决定。"[3] 冻结资产从一开始便具有双重目的，包括释放人质和保护美国个人与实体对伊朗政府的诉讼。

---

[1] 王铁崖主编《国际法》，法律出版社，1995，第93~94页。

[2] Hossein Alikhani, *Sanctioning Iran: Anatomy of a Failed Policy*, p. 68.

[3] Robert Carswell, " Economic Sanctions and the Iran Experience, " *Foreign Affairs*, Vol. 60, No. 2, 1981, pp. 258 - 259.

美国对伊朗进行资产冻结的行为产生了很大影响，其中有利有弊。冻结伊朗资产导致人质危机谈判复杂化，而且还会带来无法全面评估的短期和长期成本，以及银行业务发生重大变化的风险，这可能会严重影响美元作为世界主要储备货币的地位。随着冲突的加剧，被冻结的资产越来越多地面临债权人在美国各地法院提出的索赔。美国不得不投入大量资源来维持对伊朗资产的冻结。美国司法部对国内各地的诉讼进行了监督和干预，并在英国和法国聘请了律师以应对境外诉讼。在伊朗扣押人质期间，美国财政部公布了详细的监管规则，财政部官员同数百家持有被冻结资产的银行和企业进行了磋商。在美国国内，当时美国公司与伊朗新革命政府发生了数百起纠纷，其中包括未完成的建设项目、军民两用产品的未完成合同，以及对石油、天然气和矿产征用或国有化带来的资产没收，这些纠纷涉及数十亿美元的利益。美国银行向伊朗各政府部门提供了超过18亿美元的贷款，索赔前景难以预料。

1980年2月20日，财政部法律顾问罗伯特·蒙德海姆和国务院法律顾问罗伯茨·欧文开始讨论利用冻结的伊朗海外存款清算银行贷款的可能性。他们制定了"A计划"和"B计划"。根据这两个计划，美国将在释放人质的基础上取消对伊朗海外资产的冻结，伊朗欠美国各大银行的债务将通过之前被冻结的伊朗海外存款来支付。

三 断绝外交关系与贸易制裁

1980年4月7日，美国宣布与伊朗断交，并发布第12205号行政令，该命令主要包括以下内容。（1）美国辖区内的任何人严禁向伊朗或伊朗政府机构，或伊朗个人、企业出售、提供和运输任何商品，食物、医疗用品，捐赠用于缓解人道主义危机的衣物除外。（2）严禁美国通过海运、空运或者陆地运输上述物品给伊朗或伊朗的政府机构或个人，以及在伊朗的任何企业。（3）严禁美国辖区的任何人与伊朗或伊朗的政府机构，或伊朗控制的企业进行交易，不向它们提供新的贷款，不能增加伊朗原有的非美元存款，在国际贸易交易中不为伊朗提供支付便利；除了家庭汇款外，禁止向伊朗进行任何支付、信用卡交易，以及资金转移等。（4）严禁美国的任何人与伊朗签署支持其工业项目的协议，除非所签协议早于该行政令，或者用于医疗用途。① 1980年4月17日，美国颁布第12211号行政令，重申了第12205号行政令的内容，同时下令严禁伊朗的货物和服务直接或间接地进口到美国，新闻出版物除外；严禁美国公民和长期居留者与曾经到伊朗旅行的外国个人和实体进行贸易；严禁美国公民和长期居留者支付在伊朗境内的贸易费用。后两条不适用于伊朗公民，也不适用于记者、被新闻机构定期雇用的人，以及到伊朗的目的是进行收集新闻、制作电影等类似活动的人。此外，政府将取消美国辖区内的个人和实体与伊朗国家石油公司和国家天然气公司交易的现有许可证，并限制使用美国护照到伊朗旅行或过境伊朗，限制到伊朗旅行过的美国公民和长期居留者离开或进入美国。②

在美国对伊朗的单边制裁中，出口管制是其主要内容之一。在对伊朗实施的一系列制裁措施中，美国禁止本国人与伊朗交易。政府禁止从伊朗进口石油和天然气，因为美国担心这些收入将会增强伊朗实力，也怀疑伊朗有可能将这些资金用来资助恐怖主义。同时政府禁止任何地方的美国人直接或间接向伊朗出口、再出口、销售、提供商品、服务和技术。美国颁布的一些制裁法令还严禁通过第三国和非美国人通过直接或间接渠道向伊朗出口、销售、提供含有美国技术的商品等。

事实上，出口管制政策最早是美国在战时的一项重要政策，二战后成为美国外交政策的重要内容之一。1949年出台的《出口管制法》（The Export Control Act）是二战后美国对苏争霸的重要政策，尤其是限制向共产主义国家出口两用技术和武器。为了防止美国技术从盟国流失到社会主义国家，1949年美国成立了多边出口管制协调委员会（The Coordinating Committee for Multilateral Export Controls），防止美国的技术和物品从其北约盟国出口到其他国家。20世纪60年代后，随着美苏关系的缓和，美国及其北约盟友国内出现主张松绑出口控制的呼声。1969年，《出口管理法》（The Export Administration Act）在美国国会通过，随后又陆陆续续对一些过于严格的进出口政策进行了修改。1979年，《出口管理法》的出口控制体系基本形成，成为美国后来进行出口控制的法律依据。尽管该法在2001年8月最后终止，并将出口控制的权威条款纳入《国际紧急经济权力法》，但《出口管理法》中完善的出口控制体系一直沿用至今，其中包括许可证的申请和颁发流程等。美国

---

① Executive Order 12205, "Prohibiting Certain Transactions with Iran," April 7, 1980.
② Executive Order 12211, "Prohibiting Certain Transactions with Iran," April 17, 1980.

的出口管制政策认可美国公民从事国际贸易的积极作用，但也指出在促进美国经济稳定和健康增长的同时，需实现其国家安全和外交政策的战略目标。根据该法律，总统有权禁止或减少任何受美国管辖的货物或技术的出口，有权禁止受美国管辖的任何人进行出口活动。此外，商务部还列有出口管制的清单，一旦某个国家被认为对美国国家安全产生威胁，将有可能被列入清单，美国将对向该国的出口进行限制。涉及军事关键技术的管控清单则由国防部负责制定，这些关键技术包括成套的制造技术、尖端军事技术、可能解密或泄露美国军事系统的设计和制造的关键设备等。同时，美国鼓励其盟国参与限制销售可能危害美国安全的商品和技术。所有与美国签署了防务条约或拥有共同战略目标的国家，将有义务共同限制商品和技术的出口，尤其是当这些商品和技术有可能提高个别国家或国家联盟的军事潜力，也可能对美国或是所有与美国签署了防务条约或拥有共同战略目标的国家安全造成不利影响时。[1]

面对突如其来的制裁，伊朗虽然有些措手不及，但美国制裁的效果也确实有限。不可否认，伊朗武装部队中许多装备的零部件都是由美国提供并靠其补给，伊朗的许多关键设施都是由美国承包商建造和维护，特别是石油和天然气部门的设施。这些领域虽然相对比较容易受到美国制裁的影响，但伊朗仍能通过中间商来满足其最关键的需求，只是价格相对较高而已。而且美国的欧洲盟友与伊朗关系历来比较密切，它们与伊朗的贸易活动使得美国制裁效果大打折扣。1978 年，伊朗进口的 45% 来自欧共体，其中一半来自联邦德国。1980 年前三个月，联邦德国大型钢铁公司萨尔茨吉特将约 6 万吨的钢材卖给伊朗，约占其产量的 1/3。当时，联邦德国对伊朗石油的依赖度也是欧洲最高的，从伊朗的进口量占其总需求量的 12.6%。英国是伊朗在欧共体中的第二大贸易伙伴，仅年出口额就高达 16 亿美元。[2] 意大利与伊朗的经济合作比英国的规模小一些，但许多意大利企业都是国有企业，与伊朗的合作主要是建造商业港口和钢铁厂，对伊朗的工业发展非常重要。因此，将盟国拉入制裁行列，成为美国制裁伊朗的重要措施。

---

[1] "The Export Administration Act of 1979," Princeton University, https://www.princeton.edu/~ota/disk3/1979/7918/791814.PDF.

[2] Jimmy Carter, *Keeping Faith: Memoirs of a President*, p. 466.

第三节　失败的联合国提案：多边制裁的尝试

1979年11月9日，美国给联合国安理会写信，要求联合国干预伊朗人质危机。作为回应，安理会轮值主席国声明要求伊朗立即释放人质。12月4日，联合国安理会通过了第457号决议，敦促伊朗立即释放羁押在德黑兰的美国大使馆工作人员，并为他们提供保护，允许他们离开，决议号召美国和伊朗通过和平方式遵循联合国相关原则解决人质危机。

一　早期多边制裁的斡旋

伊朗人质危机爆发后，美国很快冻结了伊朗资产，断绝与伊朗的外交关系和贸易往来。为了加强对伊朗制裁的效果，美国积极与欧洲盟友磋商，结成多边制裁统一战线。1979年12月10~13日，美国国务卿万斯密集访问英国、联邦德国、法国、意大利和位于布鲁塞尔的北约总部，希望其盟友可以和美国一起对伊朗进行制裁。美国向其盟友提出冻结伊朗资产、限制向伊朗出口或从伊朗进口石油、及时要求伊朗偿还债务等要求。美国的欧洲盟友表示，将从外交原则上对美国的制裁政策表示支持。对于欧洲国家来说，它们认为制裁主要是对地缘政治紧张局势升级的一种谴责，不会对人质问题产生有效影响，而且它们担心制裁可能会导致伊朗境内温和派的地位下降，而这些温和人士正在努力释放人质。

12月13日，北约15国外长发布了联合公告，宣称北约无意干涉伊朗内政，但反对伊朗扣押美国人质，人质应当被立即释放。由于这些欧洲国家与伊朗之间的经济利益，美国联合其盟友加入制裁的效果并不明显。英国和联邦德国仍从伊朗大量进口石油。日本是伊朗最大的石油出口国、第三大进口国。日本石油公司每天从伊朗进口60万桶石油，是其石油进口总量的13%。[①] 鉴于美国盟友与伊朗密切的经贸关系以及对美国制裁的不配合，寻求联合国授权下的多边制裁可以使美国制裁伊朗更具有合法性。

---

① Hossein Alikhani, *Sanctioning Iran: Anatomy of a Failed Policy*, pp. 71-72.

二 美国向联合国提交制裁决议

1979年11月29日,美国向国际法庭起诉伊朗,指责伊朗扣押人质违反了《维也纳外交关系公约》、《维也纳领事关系公约》、《关于防止和惩处侵害应受国际保护人员包括外交代表的罪行的公约》、《联合国宪章》以及1955年美国和伊朗签订的《友好、经济关系和领事权利条约》。30日,国际法院院长要求美国和伊朗参加12月10日的开庭会。伊朗决定缺席,其外长萨迪克·戈特布扎德指出,伊朗和美国之间的问题并不是只有美国一种解释,双方之间的冲突源自一个涉及更深层次、更复杂因素的情境。他指责美国在1953年指挥中央情报局在伊朗发动政变,推翻摩萨台合法政府,帮助巴列维复位,并认为这是对伊朗内政的干涉,违反了所有的国际准则。①

国际法院最终判决,伊朗扣押人质违反了国际法,这个定论为美国寻求联合国框架下的多边制裁提供了合法性基础。12月21日,卡特政府提出根据《联合国宪章》第7条,国际社会应该对伊朗进行制裁。31日,联合国安理会通过第461号决议,该决议指出,美国公民在伊朗被拘捕和长期扣留为人质,违背了国际法,造成了伊朗伊斯兰共和国和美利坚合众国之间与日俱增的紧张情况,这种情况将对国际和平与安全可能产生严重后果。决议要求伊朗政府应确保立即释放被扣押的美国人质,并要求美国和伊朗确保不采取可能加剧两国间紧张局势的任何行动。决议同时指出,各国有责任在其国际关系上不对任何国家的领土完整或政治独立进行武力威胁或使用武力,或以任何其他与联合国宗旨不符的方式进行武力威胁或使用武力。② 决议最终以11票对0票通过,苏联、孟加拉国、捷克斯洛伐克和科威特投了弃权票。该决议最后指出,如果伊朗不尽快释放人质,其将面临国际制裁。为了使伊朗尽快释放人质,联合国秘书长库尔特·瓦尔德海姆将亲自前往伊朗。

瓦尔德海姆来到德黑兰,但没有见到伊朗最高领袖霍梅尼。1980年1月7日,在联合国的会议上,他指出伊朗目前并不打算回应释放人质的问题,安理会应"重新审视形势,采取有效措施"。为了使联合国加快推出制裁措

---

① Hossein Alikhani, *Sanctioning Iran: Anatomy of a Failed Policy*, p. 73.
② 联合国安理会第461(1979)号决议,1979年12月31日。

施，10日，美国向联合国提交了制裁伊朗的决议草案。美国主张在人质被释放并安全离开伊朗以前，联合国所有会员国应采取以下措施。(1) 防止其国民向或从其领土向——或其目的在于向——在伊朗的伊朗政府实体或在伊朗的任何其他人或机构，或为在伊朗营业的任何企业使用而向——或其目的在于向——任何其他人或机构，出售或供应无论是产自还是非产自其领土的一切物品、商品或产品，但粮食、药物和医药专用品除外。(2) 应防止在该国或由其国民拥有或租用的船舶、飞机、铁路或其他陆上运输工具，或由陆上运输工具通过其领土运输上述所列由伊朗政府实体或在伊朗的任何人或机构，或在伊朗营业的任何企业商品。(3) 不应向伊朗当局或在伊朗的任何人或伊朗政府实体所控制的企业提供任何新的信贷或贷款；不应向这类个人或企业提供任何新的存款便利，或允许现有的非美元存款大量增加，或允许给予比国际商业交易所通用的更有利的支付条件；应在现有信贷或贷款的偿付逾期时，认真行使一切权利，而且应要求在其管辖内的任何人或实体同样遵守。(4) 应防止在伊朗的船舶或飞机从各国领土运输上述产品和商品。(5) 应将伊朗派驻各国的外交使团人员减至最低限度。(6) 应防止其国民或设在其领土的商号签订支持伊朗工业项目的新劳务合同，但与医疗有关的项目除外。(7) 应防止其国民或领土内的任何人或机构从事规避或意图规避本决议决定的一切活动。此外，决议草案还提出，联合国所有成员国在本决议通过前不论曾签订任何合同还是曾发给任何许可证，均应立即执行本决议的上述决定。[①]

对于美国提交的制裁决议，苏联和民主德国声称，这是美国和伊朗的双边关系问题，因此投了否决票，美国的制裁草案最终流产。美国很愤怒，认为苏联"见利忘义，不负责任地行使否决权"，指责苏联否决的原因是转移国际社会对苏联入侵阿富汗问题的关注。

三 提案被否决后的多边制裁

联合国提案失败后，美国常驻联合国代表唐纳德·麦克亨利说："根据第461号决议，安理会有采取有效措施的义务，根据《联合国宪章》第25条，所有成员国有义务遵守第461号决议的条款。现在苏联的否决试图阻止

---

① S/13735, January 10, 1980, https://undocs.org/zh/S/RES/461(1979).

联合国成员履行它们的义务，因此现在的问题是怎样根据第 461 号决议赋予的义务和《联合国宪章》第 2 条第 2 款来执行这一决议……联合国的大多数成员国仍然有义务审视现在的形势和关注伊朗不遵守联合国宪章的事实，仍然有义务根据宪章采取有效措施执行这一决议。"① 1980 年 4 月 7 日，美国宣布与伊朗断交，并颁布了第 12205 号制裁行政令。8 日，美国要求其盟国正式加入制裁，当时美国驻欧共体十几个国家的大使向各国外交部长提供了详细的制裁清单。欧洲国家开始认真考虑美国对伊朗的制裁。17 日，美国颁布了第 12211 号行政令，加强对伊朗的经济制裁，卡特也向其欧洲盟友表示："如果我今天向你们描述的系列制裁和我们盟友的一致行动不能成功的话，那下一步唯一可行的行动将会是某种形式的军事行动。"②

对于西欧国家来说，它们很担心伊朗国内的政治混乱会使其倒向苏联，也担心美国会对伊朗动武，因此它们开始倾向于支持美国的制裁。4 月 13 日，英国首相撒切尔夫人在下议院投票表决制裁时说："美国人明确表示他们现在不考虑使用武力，我认为美国要求我们进一步参与采取政治和经济措施，旨在避免这方面的任何考虑。"③ 22 日，欧共体九位外长对制裁更加积极主动，发表联合声明称："九国外长深为关切这一局势（伊朗人质危机）的继续可能危及国际和平与安全，决定立即要求本国议会采取必要措施，将根据安理会 1980 年 1 月 10 日被否决的决议对伊朗实施制裁。"④ 欧共体最终在 1980 年 5 月颁布了制裁措施，减少了从伊朗的石油进口。1978 年，荷兰从伊朗购买的石油占本国石油购买量的 55%，到 1980 年第一季度，这一比例下降到 6%。在同一时期，比利时将其从伊朗进口石油的比例从 29% 降至 10%，意大利从 15% 降至 1%，法国从 10% 降至 4%，英国从 13% 降至 3%。即便如此，西欧每天仍然从伊朗进口 65 万桶石油。对此，美国国务院一位不愿透露姓名的分析师总结了华盛顿的挫败感："盟友们的进展缓慢到让人无法相信，有时

---

① Michael Reisman, "The Legal Effect of Vetoed Resolutions," *The American Journal of International Law*, Vol. 74, No. 4, 1980, pp. 904 – 905.

② Christian Emery, "The Transatlantic and Cold War Dynamics of Iran Sanctions, 1979 – 80," *Cold War History*, Vol. 10, No. 3, 2010, p. 384.

③ Russell Leigh Moses, *Freeing the Hostages: Reexamining U. S. – Iranian Negotiations and Soviet Policy, 1979 – 1981*, Pittsburgh: University of Pittsburgh Press, 1996, p. 328.

④ W. Michael Reisman, *The Legal Effect of Vetoed Resolutions*, Cambridge University Press, 1979, p. 905.

甚至让人愤怒。"①

正如欧洲所担心的那样,伊朗确实转向了苏联。1980年6月,两国签署了贸易协议,苏联不仅对伊朗加强了技术援助,而且与伊朗签署了140多个合作项目。伊朗财政部部长甚至吹嘘说,在发生海军封锁的情况下,伊朗已经安排通过苏联运送所需的所有物资。民主德国在伊朗的贸易代表艾哈德·耶赫特在德黑兰也公开宣称,民主德国和其他社会主义国家将向伊朗提供所需的任何粮食供应。②

小 结

伊朗人质危机作为美国与伊朗关系史上的重要事件,其演变过程既与伊朗伊斯兰革命密切相关,也与冷战大背景脱不开关系,更是二战以来美国对外制裁战略不断成熟的重要体现。伊朗的革命情绪推动了国内的反美浪潮,导致美国大使馆被占领;与苏联对抗的冷战背景则让美国对伊朗政策保持了克制,在解决伊朗人质危机上采取了以制裁和谈判为主的策略。伊朗人质危机的发生与其国内政治斗争有着千丝万缕的联系,更与新政权对美国的态度以及美国与前王朝的关系密切相关。1980年2月,霍梅尼提出解决人质危机首先要调查被废黜国王的罪行。即便是巴列维因病去世,伊朗失去了最初扣押人质的理由,其仍坚持美国必须为1953年策划推翻摩萨台政府事件道歉,以此作为释放人质的条件。这一点也的确体现在了1981年美国和伊朗为释放人质而签署的《阿尔及尔协定》的第一份文件中,该文件第一条明确规定,"美国保证,现在和今后都不会直接或间接地在政治或军事上干预伊朗的内部事务"。③虽然美国用"现在和今后"巧妙规避承认干预过伊朗内政,然而伊朗对美国干预其内部事务的历史始终耿耿于怀。伊朗学者迈赫迪·穆罕默德尼亚认为,美国和伊朗之间冲突的根源不是地缘政治或利益冲突,而是意识形态冲突,这种矛盾使两国很难和平共处,尤其在人质危机发生后,美

---

① Christian Emery, "The Transatlantic and Cold War Dynamics of Iran Sanctions, 1979 – 80," *Cold War History*, Vol. 10, No. 3, 2010, pp. 373 – 374.

② Christian Emery, "The Transatlantic and Cold War Dynamics of Iran Sanctions, 1979 – 80," *Cold War History*, Vol. 10, No. 3, 2010, p. 378.

③ *Algiers Accords*, January 19, 1981, http://www.parstimes.com/history/algiers_accords.pdf.

国对伊朗的敌视变得显而易见。①

　　与此同时,当美国外交官被蒙住双眼出现在媒体镜头上时,美国对伊朗的认识也发生了质的变化,即伊朗已经从昔日盟友变成了一个"对美国的国家安全、经济和外交产生非同寻常的威胁"的国家。美国对伊朗威胁的定义促使美国将惩戒伊朗与国内的法律体系联系在一起,成为制裁伊朗的首要理论依据。仓促的资产冻结和贸易禁令虽然在美国国内外产生了诸多争论,但却为后续的制裁提供了经验,也成为未来美国制裁伊朗的标准化措施之一。人质危机期间美国对伊朗的制裁措施虽然在签署《阿尔及尔协定》后被取消,却对后来的美伊关系以及美国的制裁战略产生了深远影响。第一,伊朗对美国构成威胁的认知并没有随着人质危机的化解而结束,并成为后来美国对伊朗进行体系化制裁的重要理论基础。而且美国每年都会延续针对伊朗的国家紧急状态,从而使总统随时有权根据《国际紧急经济权力法》重新对伊朗实施制裁,这也是 20 世纪 80 年代美国重启对伊朗制裁的重要基础,是美国不断在反恐问题、核问题和弹道导弹问题上制裁伊朗的重要法律依据。第二,美国要求其欧洲盟友遵守冻结伊朗资产法令、按照未通过的联合国法案制裁伊朗,这种制裁霸权将美国国内法律国际化,并不断演变为更广范围的强制性多边制裁。20 世纪 90 年代,美国将对外制裁的域外条款强行适用于与被制裁国有贸易往来的所有国家,对国际金融体系和自由贸易体制提出挑战,这一做法尤其表现在美国对伊朗制裁的《达马托法》和对古巴制裁的《赫尔姆斯-伯顿法》中。第三,取消制裁也成为美国对外制裁战略的重要机制之一,只要满足美国提出的条件或与美国达成某种妥协,制裁就可以被取消。这一做法既体现出美国外交政策的灵活性,也是美国危机管理的一种惯例。第四,人质危机不仅开启了美国对伊朗制裁的进程,而且在某种程度上塑造了未来的美伊关系。制裁本身带有政策的不确定性,只是表明一种不满、反对和报复的态度,但同时又避免了采取激烈行为。制裁作为一种温和的对抗,在一定程度上是美国遏制伊朗的重要政策,也成为伊朗推行反美政策和团结一致抵御外侮的理由。制裁与反制裁的斗争,成为 40 多年来美国和伊朗关系的重要特征。

---

① 蒋真:《伊朗人质危机:美国对伊制裁的起源》,《史学集刊》2022 年第 5 期,第 45 页。

第二章
《阿尔及尔协定》：取消制裁

伊朗人质危机发生后，美国国内围绕人质解救的方式发生激烈的争论，既有通过制裁和谈判并行逼迫伊朗释放人质的主张，也有力促通过军事行动武力解救人质的意见。前者以国务卿万斯为代表，后者以总统国家安全事务助理布热津斯基为代表，两者意见的不一致使卡特政府在解救人质的政策上摇摆不定。随着伊朗国内政局日趋稳定，卡特连任危机重重，里根在人质问题上采取强硬态度，美伊接触成为必然。作为制裁主体之一的银行业在这种秘密接触中起到了媒介的作用，它们将取消制裁与释放人质联系起来，积极为两国官方就人质释放谈判牵线搭桥。两伊战争的爆发和伊朗国内政治日趋稳定给解救人质的谈判带来曙光，最终在阿尔及利亚的斡旋下，美国和伊朗签署了《阿尔及尔协定》。协定以美国解除对伊朗的所有制裁换取伊朗释放人质。然而该协定首先要求美国承诺不干涉伊朗内政，这体现出长期以来伊朗对美国曾干涉伊朗内政的耿耿于怀。该协定虽然承诺取消对伊朗的制裁和解封伊朗资产，但最终并没有完全兑现。释放人质和解冻资产的挂钩，反而使冻结资产成为后来美国制裁伊朗的一项强有力措施。此外，美国国内为履行《阿尔及尔协定》禁止本国国民就人质危机起诉伊朗政府的行为，在其国内引起了关于总统权力的争论。里根总统多次被起诉干预司法权力，被指责违背了美国宪法。里根上台后虽然没有纠结于是否执行《阿尔及尔协定》，但始终认为人质危机是伊朗对美国的国家利益产生威胁的历史明证，这也是 20 世纪 80 年代里根政府对伊朗进行反恐制裁的理论依据。

第一节　人质危机下的美伊秘密接触

1979年伊斯兰革命后，美国和伊朗之间的秘密接触一直不断。美国希望通过与伊朗的接触，与新的伊朗政权保持友好关系，进而将伊朗留在反苏阵营中。伊朗人质危机爆发后，为营救美国人质，卡特政府通过多种渠道不断地与伊朗接触，既有民间渠道，也有官方渠道，既有政治谈判的努力，也有武力营救的尝试，但最终都以失败告终。尽管如此，美国和伊朗之间的秘密接触仍在继续。随着伊朗国内政治斗争趋于平稳，双方都存在谈判的需求，以花旗银行为代表的金融机构成为谈判的先锋，美伊之间的接触逐渐从非正式的接触转为正式的外交接触，最终为《阿尔及尔协定》的达成铺平了道路。

一　美国国内在解救人质上的分歧

人质危机爆发后，关于如何营救人质以及如何发展对伊朗关系，在卡特政府内部出现分歧。以国务卿赛勒斯·万斯为代表的一派主张通过谈判来解决危机，他认为，"一旦伊朗人达到了政治目的，人质将被安全释放"。[①] 因此，万斯从一开始就主张通过谈判来解决危机，提出可以通过鼓励伊朗国王离开美国、与霍梅尼进行谈判来缓和危机。总统国家安全事务助理布热津斯基则主张采取军事行动，甚至发起恩德培式救援行动[②]。对于武力营救美国人质，万斯认为："将军们通常不会告诉你他们有什么事情做不了。这是一个相当复杂的行动，我记得我还在国防部工作时的一句格言，'凡事只要有可能出错，那就一定会出错'。只要在释放人质上还有谈判的机会，我就反

---

① Cyrus Vance, *Hard Choice: Four Critical Years in Managing America's Foreign Policy*, pp. 408 – 409.
② 1976年6月27日，一架从以色列飞往法国的客机被恐怖分子劫持到乌干达的恩德培机场。7月4日，由以色列军方和摩萨德策划，在恩德培机场发起营救行动并取得成功。这次行动被誉为最有名、最成功的一次营救行动，为以色列在国内外赢得声誉。布热津斯基在整个伊朗人质危机期间经常提起这个事件进行类比。

对使用武力营救的想法。"① 布热津斯基则认为万斯是受到越南事件②的影响，他认为不同的人从同一事件吸取的教训是不一样的。万斯经过越南事件认为武力营救不可取，但布热津斯基认为，"我从这件事情中吸取的教训是，如果你要使用武力来达到可实现的目标，使用武力的信念要坚定，要保持一致性"。③ 他希望卡特政府能够放弃人权外交，趁机向伊朗发动军事行动。而总统卡特则认为，"作为总统，不管我正在履行什么职责，此时人质的安全与健康是我不断关注的焦点……我阻止使用先发制人的军事打击，因为我知道伊朗的狂热分子一定会以杀死人质作为回应"。④ 卡特政府下台后，布热津斯基曾指出，"如果在伊朗人质危机时，他（吉米·卡特）不是关注人质的生命，而是愿意将这件事定性为事关国家荣誉和国家安全的大事……在某个时候，把德黑兰炸成地狱，让人质被杀，我认为他仍将是总统"。⑤

事实上，在人质危机发生后，卡特政府一直在积极寻找多种途径来营救人质。美国先是希望通过制裁向伊朗施加压力，国务卿万斯为此出访欧洲，希望美国的欧洲盟友能够与美国一起制裁伊朗，但收效甚微。随后美国请求联合国秘书长瓦尔德海姆去德黑兰谈判解决人质危机，但霍梅尼拒绝接见瓦尔德海姆。在瓦尔德海姆到达伊朗之前，伊朗媒体公布了一些图片，显示他曾与前国王巴列维交谈甚欢。因此，当瓦尔德海姆到达伊朗时，街头到处都在游行示威，他只能在游行队伍中艰难地开辟出一条路，而且伊朗不允许他与人质对话。最终他带着震惊返回纽约，在到达美国后，他说，"很高兴能回来，尤其是活着回来"。⑥

当瓦尔德海姆的尝试失败后，美国又尝试了科塔姆渠道和法国渠道等，但都未能奏效。理查德·科塔姆是美国匹兹堡大学研究伊朗问题的专家，也曾为美国中情局工作，20世纪50年代在美国驻伊朗大使馆工作。霍梅尼在巴黎流放时，科塔姆与霍梅尼见过面，而且他还是时任伊朗外交部部长萨迪

---

① Hamiltom Jordan, *Crisis: The Last Year of the Carter Presidency*, New York: Berkley, 1983, p. 246.
② 尼克松时期，美军深入越南北部营救被关押的美国战俘，当营救团队到达目的地的时候，发现人质已经被转移到其他地方。
③ 〔英〕戴维·P. 霍顿：《败退德黑兰：吉米·卡特的悲剧外交》，蒋真译，第150页。
④ Jimmy Carter, *Keeping Faith: Memoirs of a President*, p. 468.
⑤ Turner Stansfield, *Terrorism and Democracy*, Boston: Houghton Mifflin Company, 1991, p. 82.
⑥ Gary Sick, *All Fall Down: America's Tragic Encounter with Iran*, pp. 291-292.

格·格特卜赞德的朋友，也是伊朗前外长易卜拉欣·亚兹迪的朋友。① 1979年12月，科塔姆到伊朗旅行，与格特卜赞德进行了直接对话，但他与格特卜赞德的对话没有任何结果，卡塔姆也逐渐不再是美国政府与伊朗之间的联系人。1980年1月底，卡特政府开始尝试其他渠道。白宫办公厅主任汉密尔顿·乔丹通过两名中间人与伊朗进行谈判，其中一位是法国律师克里斯提·布尔盖，另一位是阿根廷商人赫克托耳·维拉龙。这两个人被时任伊朗外交部部长巴尼萨德尔以及后来接替他的格特卜赞德授权，代表伊朗政府进行释放人质的谈判。由于布尔盖和维拉龙都在法国，这个渠道被称为"法国渠道"。他们跟乔丹制定了一个计划，按照这个计划美国需要同意建立一个联合国特别调查团，调查巴列维国王统治伊朗时所犯下的罪行。在这个调查团建立后，其成员可以被允许去探望那些人质。但实际上这个调查团的成员从来没有被允许探望人质，而且在3月初这个计划就破产了。

随着谈判的失败，伊朗人质危机逐渐超出总统的控制范围，卡特在国内的民众支持率不断下降。人质被劫持初期，卡特的支持率从原来的30%左右上升到了60%，这是"团结在国旗下"效应产生的结果。随着人质危机迟迟不能解决，民众开始质疑总统掌控危机的能力。1980年4月，卡特的支持率已降至40%，而且还在持续下降。卡特在人质危机上的耐性越来越少，态度越来越强硬，军事营救方案成为优先的选项，布热津斯基的主张占据上风。

其实营救计划早在1980年初便一直在很小的范围内秘密筹划。原计划8架直升机从美国航空母舰尼米兹号出发飞往伊朗沙漠，一架大力神运输机从阿曼的马西拉岛起飞，该运输机将被用来给直升机补给燃料，然后营救队伍被转移到补给完燃料的直升机上。4月11日关于武力营救人质的会议再次召开，出席这次会议的有副总统沃尔特·蒙代尔、国防部部长哈罗德·布朗、总统国家安全事务助理布热津斯基、副国务卿沃伦·克里斯托弗、中情局局长斯坦菲尔德·特纳、美国参谋长联席会议主席戴维·琼斯、白宫办公厅主任汉密尔顿·乔丹等，国务卿万斯缺席了这次会议。这次会议最终决定使用

---

① 伊朗人质危机期间，伊国内政局不稳，政府高层变动频繁。易卜拉欣·亚兹迪曾在巴扎尔甘临时政府担任副总理兼外交部部长，1979年11月因抗议伊朗人质危机而辞职。11月12日，巴尼萨德尔接替易卜拉欣·亚兹迪担任临时外交部部长。11月30日，萨迪格·格特卜赞德成为新一任外交部部长。

武力营救人质。

4月15日，万斯再次表达了他对使用武力营救人质的担心，他担心直升机是否能保证在毫发无损的情况下到达指定地点；美国人进入伊朗后很有可能使用炸弹，一旦爆破是否会发生不可控的事情；美国在不知会盟国的情况下行动是否会产生负面影响；苏联是否会作出回应以及是否会带来不良影响；行动期间天气如何；中东整体局势复杂且脆弱，武力营救人质是否会带来一场真正的战争。① 万斯非常生气在他缺席会议的时候通过这一外交决策，他找到总统卡特表达了他的不同看法，在万斯的回忆录中，他说："我告诉他，我非常担心目前采取任何军事行动会把我们的人置于非常危险的境地。我认为如果我们不采取行动结果也未可知，将人质救出来是需要时间的。我认为时间已经到来，他们即将被释放。已经有迹象表明事情即将发生，这种事情之前也发生过。"② 万斯相信人质对霍梅尼没有政治用途后就会被释放。万斯试图说服其他人来支持他，但最终失败。一周后万斯提出辞呈，卡特接受了万斯的辞呈，但并没有对外宣布。

4月24日，武力营救人质的计划开始。早上6点，美国C-130大力神运输机载着营救团队从阿曼的马西拉岛起飞，7点，8架直升机从美国的尼米兹号航母起飞，飞往指定地点"沙漠一号"。但行动准备并不充分，对很多问题的评估不准确，原计划C-130大力神运输机要在夜色的掩护下进入伊朗境内，由于对飞行时间没有估计准确，运输机到达伊朗时仍是白天。由于着陆点靠近主路，他们不得不劫持一辆路过的伊朗汽车，并将乘客作为人质。天气预报也不准确，早上10点左右直升机群遭遇了沙尘暴。而且为了整个行动的高度保密性，参与营救的队员之前并没有进行协同作战的训练，因此执行任务时不能很好地配合，导致一架直升机撞上大力神运输机，8名营救成员在大火中丧生。

对于营救行动的失败，多年后菲利普·凯斯林说："从制定营救任务的军事过程来看，失败是必然的，行动规划有很多缺陷，人员挑选也有问题。军方完全忽视或是低估了情报的重要性，情报显示行动不是不可能成功，但完成任务的困难性仍然存在。营救计划违反了军事战略的基本信条，计划的

---

① 〔英〕戴维·P. 霍顿：《败退德黑兰：吉米·卡特的悲剧外交》，蒋真译，第151页。
② 〔英〕戴维·P. 霍顿：《败退德黑兰：吉米·卡特的悲剧外交》，蒋真译，第148页。

复杂性和规模之大增加了失败的可能性。"① 事实上，在卡特时期，他对秘密情报工作一直不太认可。卡特认为中情局总是从事一些秘密行动，是"不光彩的"。卡特时期政府对情报部门进行了改革，限制其行动，并大量裁员，行动部门约 800 个职位被裁减，并提出在招聘新人时更应提高对其道德标准的要求。② 在伊朗人质危机中，中情局的作用的确是有限的，当时的中情局局长特纳甚至被排除在秘密会议之外。除非总统直接问他，特纳在危机期间一直避免发挥"支持"的作用。正如当时特纳的副官弗兰克·卡卢奇所说："试图进行救援……不是我（或是斯坦菲尔德·特纳）能够支持或反对的，因为在卡特政府中，中央情报局在某种程度上被局限于一个非政策角色；我们从来没有被问到是赞成还是反对某一特定的政策决定。"③

营救计划中营救人员的混编也是受到诟病最多的。爱德华·卢特瓦克指出，营救行动涉及四个部门的人员，每一个部门都想在行动中分一杯羹，陆军、空军、海军和海军陆战队都出现在营救队伍中。当时在国防部担任军事助理的科林·鲍威尔指出，"沙漠一号行动错误地依赖从四个部门临时凑成的营救小组来执行这次任务，一个部门的成员驾驶着另一个部门的直升机"，而且"这次任务需要的人和装备远远超过 8 架直升机"。④

二 释放人质与解冻资金的挂钩

伊朗人质危机爆发后，美伊关系急转直下，卡特政府内部在如何营救人质问题上分歧重重，尤其希望人质危机不要影响卡特总统的连任选举。而此时伊朗国内政治斗争纷乱复杂，美国人质危机引起的反美情绪在塑造伊朗伊斯兰革命后的政治局势中起到重要作用。虽然美国和伊朗在 1980 年断交，但围绕解救人质，美伊秘密接触仍然不断。受美国制裁伊朗牵连的金融机构在美伊秘密接触中起到了先锋作用。

1979 年伊斯兰革命前，巴列维王朝统治下的伊朗是美国的盟友，是美国中东战略中"两根支柱"政策的中坚，也是其反对苏联的前哨国。美国和伊

---

① 〔英〕戴维·P. 霍顿：《败退德黑兰：吉米·卡特的悲剧外交》，蒋真译，第 156 页。
② Donna G. Starr-Deelen, *Presidential Policies on Terrorism: From Ronald Reagan to Barack Obama*, New York: Palgrave Macmillan, 2014, p. 7.
③ 〔英〕戴维·P. 霍顿：《败退德黑兰：吉米·卡特的悲剧外交》，蒋真译，第 118 页。
④ 〔英〕戴维·P. 霍顿：《败退德黑兰：吉米·卡特的悲剧外交》，蒋真译，第 156 页。

朗之间的贸易关系非常密切。也正是在巴列维时期，大量的美国银行向伊朗政府及其实体贷款，伊朗政府包括巴列维皇室的大量资产也存放在美国国内银行及其在欧洲的分行。截至1979年伊朗人质危机发生时，美国金融机构持有的伊朗资产主要包括三类：美国银行海外分支机构拥有伊朗包括利息在内约56亿美元的存款；伊朗中央银行在美国联邦储备银行（简称"美联储"）约24亿美元的资产；美国国内商业银行持有的超过20亿美元的伊朗资产。[1]人质危机发生后，美国发布对伊朗资产的冻结令，美国的银行机构站在了对抗伊朗的前沿阵地。对于冻结伊朗资产，美国政府有两个主要目的，一是用作与伊朗谈判释放人质的筹码，二是维护美国索赔人的利益。在第二点上，美国政府和银行的利益是一致的。美国发布资产冻结令后，制裁法令使伊朗在美国和欧洲面临一系列的法律诉讼，超过450家美国的银行和公司要求伊朗政府对其所有公共实体的债务负责。

对于被冻结的伊朗资产，美国银行和公司更倾向于将其作为支付伊朗所欠的债务。但冻结令本身就是一个问题，因为伊朗的许多资产存放在美国银行的海外支行，很多支行是在欧洲国家。对于美国的冻结令，欧洲国家认为它是美国国内法律，在欧洲国家不具有适用性，其治外法权的要求是对本国国内事务的干预。因此，在美国银行海外支行冻结伊朗资产后，伊朗很快在欧洲相关国家提出诉讼，指责美国没有权力冻结伊朗在他国的资产，伊朗的诉讼在很多欧洲国家胜诉。美国与欧洲国家之间的关系也因冻结令的适用性受到影响。

花旗银行的代表约翰·E.霍夫曼是参与伊朗资产诉讼的纽约顶级律师之一。1980年2月，霍夫曼就曾制定一项计划，把释放美国人质和解除对伊朗资产的冻结联系起来。2月20日，霍夫曼与花旗银行高级执行副总裁汉斯·安格尔穆勒、美国财政部副部长鲍勃·卡斯威尔、财政部法律顾问罗伯特·蒙德海姆和国务院法律顾问罗伯特·欧文开会讨论了这个计划。根据这个计划，美国将在人质被释放后解除对伊朗海外资产的冻结，伊朗欠美国银行的债务将用之前被冻结的存款偿还。3月，霍夫曼在巴黎出席了一场有关伊朗中央银行起诉花旗银行的听证会，他希望伊朗中央银行的代表可以与他商谈庭外和解，但最终没有结果。

---

[1] Mahvash Alerassool, *Freezing Assets: The USA and the Most Effective Economic Sanction*, New York: St. Martin's Press, 1993, p. 105.

5月，两位代表伊朗的联邦德国律师赫伯特·瓦根多夫和皮特·海纳曼联系霍夫曼，向他询问纽约的银行家们是否愿意讨论以经济方式解决伊朗人质危机，他们提出了一项与花旗银行达成和解的建议。据称，代表伊朗的联邦德国律师与霍夫曼的会面得到了伊朗总统巴尼萨德尔和伊朗央行行长阿里·礼萨·诺巴里的授权。他们几乎同时联系了美国银行和摩根信用担保公司，并提出了类似的建议。

但根据美国的《洛根法案》（Logan Act），任何美国公民在没有得到美国政府行政部门明确授权的情况下，与外国政府谈判或试图影响外交政策都是犯罪。因此霍夫曼立即通知了安格尔穆勒，告诉他伊朗的代表律师建议开会讨论与花旗银行和解的事情。随后，霍夫曼和安格尔穆勒在华盛顿与卡斯威尔和欧文会面。5月13日，卡斯威尔通知霍夫曼，白宫已经允许其继续谈判，但必须将他与伊朗代表律师的讨论报告财政部。15日，霍夫曼和代表伊朗的联邦德国律师在法兰克福见了一次面，双方分别就和解表明了态度。伊朗提出解冻伊朗中央银行的资金，因为人质危机与伊朗中央银行无关。霍夫曼则提出，只要人质还在伊朗，美国政府就不可能同意任何涉及冻结资产的协议，而且要求双方的谈判并不是要与某一家银行达成交易，而是要达成一个全面解决伊朗被冻结资产的方案。很显然，霍夫曼提出的条件是受到了美国政府的指示。此次接触虽然没有最终达成协议，但预示着双方的官方接触即将开始。随后，霍夫曼与伊朗的代表律师在欧洲和美国展开了一系列秘密谈判。

1980年9月9日，联邦德国驻美国大使馆告诉美国国务卿，霍梅尼的助手萨迪克·塔巴塔巴伊希望与美国代表会面。塔巴塔巴伊给美国带来一条消息，即霍梅尼即将发表重要讲话。12日，霍梅尼发表演讲，提出释放美国人质的四个条件：美国归还伊朗前国王的资产；撤回因绑架人质而对伊朗提出的索赔要求；美国保证不干预伊朗事务；解冻伊朗资产。[①] 中旬，塔巴塔巴伊在联邦德国与沃伦·克里斯托弗举行秘密会谈，联邦德国外长汉斯·迪特里希应邀出席。与塔巴塔巴伊的会谈让美国官员看到了人质在11月初美国总统选举之前获释的希望。但22日，两伊战争爆发，美国和伊朗的接触被迫中断。

---

① Mahvash Alerassool, *Freezing Assets: The USA and the Most Effective Economic Sanction*, p. 110.

三 阿尔及利亚的介入与调停

伊朗和伊拉克之间的矛盾由来已久，两国领土接壤且共同边界线较长，都是中东地区的大国，都有着辉煌的历史。伊朗以波斯人为主体民族，信仰伊斯兰教什叶派。而伊拉克则以阿拉伯人为主体民族，信仰伊斯兰教逊尼派，但国内仍有大量的什叶派教徒。两国之间不仅存在边界纠纷，而且相互支持对方国家的库尔德人叛乱，宿怨极深。1980 年 9 月 22 日，伊拉克总统萨达姆以双方的领土争端为由发出"向伊朗发动全面战争"的指令，两伊战争爆发。

10 月 17 日，伊朗总理穆罕默德·阿里·拉贾维来到联合国参加第 2251 次大会，控诉伊拉克入侵伊朗，指责美国趁火打劫逼迫伊朗释放人质。他指出，伊拉克的侵略战争虽然是针对伊朗伊斯兰革命，但两伊战争并不只是伊朗和伊拉克之间的战争，是不断的国际侵略企图的重要组成部分，是各种邪恶势力的侵略。他质问道，如果两伊战争是关于领土的争端，为何伊拉克在主持两国间和解事务的阿尔及利亚进行斡旋以前，就先向伊朗发动大规模军事进攻。除了军事进攻，为何伊拉克开战后超出了变更国界的目的，而转变为侵略伊朗各省，尤其是盛产石油的胡齐斯坦，而且伊朗国外的反革命分子都跑到了伊拉克。在联合国大会上，拉贾维指出，美国将两伊战争作为解决人质危机的最佳时机，趁机颠覆伊朗政权，并指出为何向伊拉克提供援助的国家都是一些依赖美国的政权，如约旦、埃及、摩洛哥。他指责约旦的亚喀巴港已经成为伊拉克的首要港口，约旦的机场停驻着伊拉克的飞机，约旦的许多军队也在伊拉克驻扎。因此，拉贾维指出两伊战争并不是一场纯粹的领土争端，而是超级大国反对伊斯兰革命的战争的一部分。美国对此进行了反驳，提出"伊朗代表对美国进行了毫无根据和不符合事实的指控，美国从来没有将有关一方的军事行动传递给另一方"。美国认为，各国在谈论两伊战争的时候，必然会关注伊朗人质危机，"人质必须释放，他们的释放将使国际社会充满力量"。[1] 令拉贾维震惊的是，他发现联合国安理会的大多数成员包括友好的伊斯兰国家并不关心两伊战争，相比之下更关心伊朗人质危机。

---

[1] 联合国安理会第 2251 次大会，1980 年 10 月 17 日，第 S/PV.2251 文件。

拉贾维在联合国安理会就伊拉克入侵伊朗问题发表讲话后，在华盛顿与阿尔及利亚大使举行了会晤。在返回伊朗的途中，他在阿尔及利亚做了停留，看望了阿斯南地震的受害者，并与阿尔及利亚当局就人质危机进行了讨论。事实上，自 1980 年初美国与伊朗断绝外交关系以来，阿尔及利亚驻美国大使馆一直代表伊朗在美国的利益。9 月 13 日，伊朗外交部部长曾告诉阿尔及利亚驻美国大使雷德哈·马利克，"现在占领大使馆已经帮助我们奠定了伊斯兰共和国的根基……我们对保有人质不再感兴趣"。伊朗内政部负责行政事务的官员贝赫扎德·纳巴维说，现在的人质就像榨出所有果汁的水果一样。[①] 16 日，美国副国务卿沃伦·克里斯托弗和霍梅尼的亲信萨迪克·塔巴塔巴伊在波恩进行了会面，伊朗要求美国最迟于 12 月 17 日将 140 亿美元的伊朗资产解冻，并给伊朗 100 亿美元保证金，保证巴列维的财产回归伊朗，并向伊朗道歉，美国拒绝了这些谈判条件。9 月 12 日，霍梅尼指出："如果美国将去世的巴列维国王的资产归还给伊朗，取消对伊朗的所有指控，保证不对伊朗进行军事和政治干涉，解冻我们的资产，他们（美国人质）可以被释放。"[②] 11 月 3 日，雷德哈·马利克向美国国务院递交了一份外交照会，其中列出了伊朗议会批准的关于释放人质的四个条件，并知会美国阿尔及利亚政府将是伊朗唯一授权与美就人质危机进行谈判的代表。

第二节　《阿尔及尔协定》与取消制裁的谈判

随着阿尔及利亚的介入，美国和伊朗之间有关人质危机的谈判迅速推进，各国由政府官员以及法律、金融、语言等各领域专家组成的谈判团队迅速建立。有关谈判细节的各种分歧也开始不断出现，并不断被克服，随着英格兰银行的加入，释放美国人质和解冻伊朗资产成为可能。由于美国和伊朗之间不直接对话，阿尔及利亚与有关各方的谈判经历了一个非常艰难的过程。每一个文本要点都要翻译四次，从英语到法语，再从法语到阿拉伯语，然后从阿拉伯语到波斯语，再翻译回来，才能到达另一边。

---

① Hossein Alikhani, *Sanctioning Iran: Anatomy of a Failed Policy*, p. 91.
② Hossein Alikhani, *Sanctioning Iran: Anatomy of a Failed Policy*, p. 91.

一 三方谈判团队的建立与分歧

为了更快地推进释放美国人质的谈判，有关各方积极准备建立谈判代表团。伊朗的首席谈判代表是贝赫扎德·纳巴维，在他的领导下建立了一个委员会，协调伊朗方面的谈判。伊朗议会授权纳巴维代表伊朗签署释放人质的协议。在阿尔及利亚，由外交部部长穆罕默德·本·叶海亚率领，谈判成员包括阿尔及利亚驻美国和伊朗大使雷德哈·马利克和阿卜杜拉·卡里姆·盖莱布，以及阿尔及利亚央行行长塞吉尔·莫斯特法伊，他们组成了一个阿尔及利亚谈判小组。在美国，由于国务卿万斯辞职，卡特总统指派副国务卿沃伦·克里斯托弗协调谈判。美国谈判小组的成员主要来自白宫、国家安全委员会、国务院、财政部和司法部。1980 年 11 月 11 日，美国谈判小组的成员前往阿尔及利亚。在与阿尔及利亚代表团进行了两天的谈判后，克里斯托弗前往德黑兰，向与伊朗代表团谈判的阿尔及利亚外长递交了一份书面建议。此后的两个月里，阿尔及利亚的谈判代表往返于德黑兰、阿尔及尔和华盛顿之间，与伊朗代表团进行谈判后，向阿尔及利亚外交部部长本·叶海亚汇报情况，然后返回华盛顿与克里斯托弗的代表团进行谈判。

美国的谈判团队主要由律师组成，他们起草了一份协议草案，这份协议草案吸收了霍夫曼和代表伊朗的律师独立完成的协议。协议草案整理好后向阿尔及利亚代表团解释，阿尔及利亚代表团再把草案带到德黑兰，向伊朗代表团解释，并带回伊朗的回应。而代表伊朗的律师则必须分别协调与美国银行、美国政府和伊朗政府的谈判。

对于美国与伊朗之间就释放人质与解冻资产进行的谈判，伊朗国内存在反对意见。总统巴尼萨德尔及其助手反对《阿尔及尔协定》，时任伊朗中央银行行长的阿利雷扎·诺巴里（Alireza Nobari）在给议会代表的信中写道："《阿尔及尔协定》严重损害了伊斯兰共和国的经济利益，对伊朗的国家主权产生了不利影响。"贝赫扎德·纳巴维说："《伊斯兰共和国报》批评《阿尔及尔协定》中的任何内容都不利于伊朗，伊朗政府已经被推到了一个困难的境地。"[①] 实际上，伊朗参与谈判一方面是因为国内政治环境的变化，另一方面是对美国新总统态度的不确定。贝赫扎德·纳巴维在回应对《阿尔及尔协

---

① Hossein Alikhani, *Sanctioning Iran: Anatomy of a Failed Policy*, p. 92.

定》的批评时承认:"卡特在民调中失利,他即将被里根取代,里根曾将伊朗称为野蛮人和敲诈者……因此不一定能让新总统同意按照之前起草的方式达成协议。"他补充说:"如果在卡特总统任期内人质危机没有得到解决,美国很可能在里根任期内会像对待伊拉克一样对待伊斯兰共和国。"① 事实上,里根当选总统后的确宣布,在人质获释前,他的政府不会进行任何谈判,也不会与伊朗达成任何协议,美国新政府的态度对促进《阿尔及尔协定》的达成发挥了重要作用。伊朗议会于1981年1月14日批准了这项协定,并做了两项修正。首先,规定在伊朗法院专属管辖下的合同将被排除在索赔解决法庭之外;其次,仲裁不应涵盖因占领大使馆而引起的索赔,也不应包括伊朗革命本身引起的索赔。

二 解冻资产的艰难谈判

1981年1月7日,克里斯托弗与他的团队来到阿尔及利亚推动谈判进程,其中包括国务院的法律顾问罗伯特·欧文、负责东亚和南亚事务的助理国务卿哈罗德·桑德斯、国务卿高级助理阿诺德·拉斐尔。这个进程为期14天,有关各方夜以继日地工作以维持谈判工作的连续性,其中包括起草不同当事方之间的协定文件。阿尔及利亚代表团与纳巴维领导的伊朗代表团一起在阿尔及利亚驻伊朗大使馆工作。

罗伯特·欧文对阿尔及利亚的工作做了如下描述:"因为是我们草拟的宣言,所以,几乎所有新提议都来自伊朗方面,每一个提议都是纳巴维委员会先传达给德黑兰的阿尔及利亚代表团,后者再发电报给阿尔及利亚外交部部长,阿外交部部长又转给在阿尔及尔的美国团队,他们再翻译和发电报给华盛顿。通常,美国在阿尔及利亚的团队提出回应建议后,发电报给华盛顿供他们修改和批准,然后华盛顿给我们在阿尔及尔的大使馆进行电报或电话回应,再把达成的回应翻译成法语,最后与阿外交部部长本·叶海亚讨论。他接着会将回应发电报给阿尔及利亚驻德黑兰大使馆。"②

在美国,国务院、财政部、美联储和白宫都有团队就协议的不同内容进行讨论。当时,蒙德海姆和帕特里基斯在美国驻伦敦大使馆工作,与英国央

---

① Hossein Alikhani, *Sanctioning Iran: Anatomy of a Failed Policy*, p. 95.
② Mahvash Alerassool, *Freezing Assets: The USA and the Most Effective Economic Sanction*, p. 117.

行谈判，并向美国财政部和美联储委员会汇报工作。他们得到了美国驻伦敦大使的协助，大使安排他们与英国首相和财政部官员会面。代表伊朗政府和中央银行的英国、联邦德国和美国律师在伦敦、法兰克福和纽约工作，与霍夫曼和其他美国银行的律师保持着联系。

在银行方面，经过几个月的谈判，霍夫曼最初的"A计划"被发展为"D计划"。根据"D计划"，伊朗实体欠美国银行的未偿债务将通过海外存款支付给美国银行，而伊朗央行将在贷款到期时为剩余的长期贷款提供不可撤销的担保。在此之前是"C计划"，其中包括加速贷款和用离岸存款偿还贷款。伊朗谈判代表拒绝了"C计划"，指出他们希望保持与美国银行的商业关系。1981年1月11日，伊朗代理律师通知美国银行在纽约的代表，"D计划"伊朗也不能接受。但时间的确不多了，20日美国新总统里根即将就职，届时代表卡特政府进行谈判的官员将不能继续工作，因此卡特总统将16日定为达成最终协议的最后期限，他希望在他担任总统期间这些人质能够被释放。

15日，当美国开始对达成协议失去信心时，德黑兰传来消息说，伊朗愿意立即偿还所有贷款，而不只是为贷款提供担保。这个决定让美国人非常吃惊，很难相信伊朗的这一行为。在收到伊朗的新提议后，所有的谈判团队立即重新开始工作，起草新文件。

根据正在准备的协议，伊朗在美国海外银行的财产和伊朗中央银行在纽约联邦储备银行的资产在人质被释放前一起被转移到阿尔及利亚中央银行（Banque Centrale d'Algérie, BCA）的一个托管账户。在BCA确认收到资产后，伊朗政府将安排释放人质。随后，阿尔及利亚政府宣布释放人质，阿尔及利亚中央银行将把部分资金转移到纽约联邦储备银行账户，这些资金用来抵消伊朗银行的贷款。同时将应该返回给伊朗的部分资金打入伊朗中央银行的账户。为了实施这一操作，需要有一个中央银行账户充当阿尔及利亚中央银行的托管账户。

在谈判开始时，阿尔及利亚人希望这笔资金能直接转到阿尔及利亚中央银行。但是，考虑到操作的复杂性和涉及的巨大金额，他们意识到需要另一家央行。美国官员考虑过德意志银行（Deutsche Bundesbank，即冷战时期的联邦德国央行）、荷兰央行、奥地利央行、瑞士央行、英国央行以及国际清算银行。国际清算银行虽然是最合适的选择，但该银行的董事会不同意，因为这项交易复杂多变，而且涉及人员太多，很难保密。美国官员更倾向于联邦德国央行,因为它更灵活,也更能接受美国的条件。但伊朗中央银行的英国律师建议伊朗官员选择英国央行,因为伊朗大部分资产都存放在美国银行的伦敦分行,而且伊朗中央银行与英国央行的关系非常好。

1981年1月8日,代表美国财政部的蒙德海姆和代表美联储委员会的帕特里基斯抵达伦敦,与英国央行的高层进行谈判。第一次会议后,英国央行官员将相关谈判报告给了英国财政大臣,并通过他联系了首相撒切尔夫人。英国首相和财政部均支持英国央行帮助美国,但明确表示英国央行是独立参与此事,英国政府绝不会承担任何金融或法律责任。事实上,美国并不喜欢英国央行,因为从美国发布冻结令开始,英国央行就拒不执行这一命令,认为这与英国法律相违背,坚决反对冻结令适用于美国银行在英国分行的伊朗账户。

英国央行的参与将包括三个活动周期。第一个阶段是调集资金期。美国总统卡特发布行政令,解除对这些资产的冻结,然后将其移交给英国央行。第二个阶段是托管期,在人质获释期间,资产将存入阿尔及利亚中央银行的托管账户。第三个阶段是在人质获释之后的核证阶段。根据协定,在人质被释放后,英国央行里的伊朗资产将被转移。

对于英国央行官员来说,他们也非常担心会涉及巨大的政治、法律和金融风险。因为在这期间随时可能出现各种问题,如其中一名人质中枪,或者发生了事故,美国政府可能会试图进一步冻结这些资产。而且美国索赔人也会盯上这些伊朗资产,银行会面临被诉讼的风险。与大多数央行不同,英国央行不持有英国政府的黄金和货币的外部储备。在解决人质危机方面,该银行起到桥梁作用,一边人质将获得自由,另一边资金将被转移。这项交易是在美国与伊朗两国之间进行,但双方又互不信任,需要在没有直接对话的情况下达成交易。这是有史以来规模最大的一次资金、证券和黄金的转移。该交易在任何阶段被取消,英国央行都将面临财务风险。[①] 因此英国央行官员提出了自己的条件,希望尽可能地将程序简单化,将整个过程控制在银行业务的范围内,不涉及任何政治和法律问题。他们希望严格与各央行打交道,不问资金的来源,也不管资金的解冻条件,更不想知道如何分配资金,只是履行一个纯粹的银行业务。他们将持有从纽约联邦储备银行转移来的资金,

---

① Mahvash Alerassool, *Freezing Assets: The USA and the Most Effective Economic Sanction*, pp. 114–117.

在阿尔及利亚中央银行开设账户，然后根据阿尔及利亚中央银行的指令，将资金转移到伊朗中央银行和美联储的不同账户。英国央行官员担心这些资金在整个过程中被潜在的诉讼人盯上，或者再次受到美国冻结令的影响，决定将这些存款存放在英国的各个商业银行，其中包括国民威斯敏斯特银行、巴克莱银行、劳埃德银行、米德兰银行、威廉姆斯银行以及渣打银行。

1月16日，两位美国特使蒙德海姆和帕特里基斯与英国央行副行长基特·麦克马洪、首席财务官戴维·萨默赛特和法律顾问彼得·帕迪一起离开伦敦，前往阿尔及利亚完成协议的最终敲定。陪同他们的还有大通曼哈顿银行的律师弗兰克·洛根和美国银行的法律顾问索恩·科斯。

在美国，持有伊朗离岸资产的12家美国主要银行的代表及其律师在国务院召开会议，国务卿和财政部向他们解释了协议条款。银行集团随后被分成三个小组：第一个小组在财政部；第二个小组在纽约花旗银行的代理律师谢尔曼和斯特林的办公室；第三个小组前往伦敦，加入了一个先遣小组，并且已经在代表部分美国银行的伦敦律师事务所科沃德·钱斯的办公室建立了一个行动基地。所有这些团队几乎是昼夜不停地工作，直到1月19日《阿尔及尔协定》签署。该协定由5个文件组成。前两项是阿尔及利亚政府的声明，因为伊朗不想与美国签署直接协定，所以该声明指出宣言的前提是"在伊朗和美国正式遵守"的基础上。

三 《阿尔及尔协定》的最终签署

1981年1月19日，《阿尔及尔协定》最终签署，该协定包括5个文件。第一个文件是《阿尔及利亚民主人民共和国宣言》（Declaration of the Government of the Democratic and Popular Republic of Algeria）即总宣言，涉及伊朗和美国都同意的一般原则。它概述了两国政府为解决危机所做的承诺。该宣言有两个基本准则。第一，美国尽可能恢复伊朗在1979年11月14日以前的财政状况，承诺按照宣言规定确保其管辖范围内所有伊朗资产的流动和自由转让。第二，终止诉讼，制定具有约束力的仲裁方案解决索赔问题。美国同意终止美国法院中涉及美国个人和机构对伊朗及其国有企业提出索赔的所有法律程序，撤销相关的所有判决，禁止基于此类索赔的所有进一步诉讼，并通过具有约束力的仲裁终止此类索赔。在《阿尔及利亚民主人民共和国宣言》中，第一点明确规定，"美国保证，现在和今后都不会直接或间接地在政治或军事上干预伊朗的内部事务"。① 对于美国允许伊朗前国王巴列维入境美国，伊朗人耿耿于怀。"（美国）中情局1953年参与推翻首相穆罕默德·摩萨台在伊朗人的脑海里留下了巨大的阴影……伊朗人在这一时期总是怀疑美国的动机和诚信，一直在寻找美国意图重复1953年政变的迹象。当美国允许巴列维进入美国以及布热津斯基与巴扎尔甘在阿尔及尔会面时，这一迹象似乎出现了。"② 关于这一点，在三方谈判中，伊朗一直希望美国不能像巴列维时代一样干预伊朗内政，因此要求将这一点写入协议中。而美国则任用国内顶级律师团队和外交团队，竭力避免在协议中透露出任何美国曾经干预过伊朗内政的意思，而是强调"现在"和"今后"。尽管在《阿尔及尔协定》中美国承诺了不干涉伊朗内政，但实际上对美国并没有约束力。

第二点和第三点是关于归还伊朗资产和解决美国索赔问题的总体原则。美国和伊朗将选择一个双方都同意的中央银行（在这里指的是英格兰银行）在阿尔及利亚政府和阿尔及利亚中央银行的指导下进行托管，所有被冻结的伊朗资金将存入在阿尔及利亚中央银行名下开立的托管账户。根据托管安排，如果阿尔及利亚政府向阿尔及利亚中央银行证明，52名美国人质已安全离开伊朗，阿尔及利亚中央银行将立即按照协议转移托管账户里面的资金。在阿尔及利亚政府作出此类证明之前的任何时候，伊朗和美国均有权在提前72小时通知后终止其在本声明中的承诺。如果美国发出此类通知，并且阿尔及利亚政府在72小时通知期内作出上述证明，阿尔及利亚中央银行将立即转移这些资金和资产。如果美国发出的72小时通知期限已过，但未出具此类证明，或如果终止通知由伊朗发出，阿尔及利亚中央银行将立即将所有此类资金和资产归还美国，此后宣言所反映的承诺不再具有效力。③

转移的这些资产包括伊朗在美联储的资产、在美国银行海外分行的资产、在美国国内银行的资产，以及在美国海外银行的其他资产。对不同地方的伊朗资产，处置稍有不同。对于在美联储的伊朗资产，只要托管安排妥当，所有资产将被转移至托管银行。对于国内美国银行的资产，美国将在协议达成后6个月内，将伊朗在美国银行机构的所有存款和证券及其利息转移

---

① "Algiers Accords," January 19, 1981, http://www.parstimes.com/history/algiers_accords.pdf.
② William Daugherty, *Held Hostage in Iran: A First Tour Like No Other*, 1996, p. 13, https://www.cia.gov/static/3fb48b929994c19d259ca8a10ddaed03/First-Tour-Like-no.pdf.
③ "Algiers Accords," January 19, 1981, http://www.parstimes.com/history/algiers_accords.pdf.

给英格兰银行托管。对于英格兰银行收到的资金，阿尔及利亚中央银行应指示该银行将每一笔收到款项的一半转给伊朗，另一半存入中央银行的一个特别有息安全账户，直到安全账户的余额达到10亿美元。在获得10亿美元余额后，阿尔及利亚中央银行应指示将根据第6款收到的所有资金转给伊朗。安全账户中的所有资金仅用于根据《理赔声明》（见下文第二份文件）支付针对伊朗的索赔。此后，每当阿尔及利亚中央银行通知伊朗安全账户余额低于5亿美元时，伊朗应立即存入足够的资金，以维持该账户至少5亿美元的余额。在根据《理赔声明》设立的仲裁庭庭长向阿尔及利亚中央银行证明针对伊朗的所有仲裁均已根据《理赔声明》得到履行之前，该账户应一直保持下去，之后安全账户中的任何剩余金额应转给伊朗。[①]

与此同时，《阿尔及利亚民主人民共和国宣言》第10条规定，人质离开伊朗，托管账户的资金按照协议要求转移后，美国将撤销1979年11月4日以来对伊朗的所有贸易制裁，美国还将立即撤回在国际法庭对伊朗提出的所有未决索赔。此后将禁止美国或美国国民现在或未来对伊朗提起与下列情形相关的诉讼：（1）1979年11月4日扣押了52名美国国民；（2）随后对他们进行的拘留；（3）1979年11月3日之后在德黑兰的美国大使馆内对美国财产或美国国民的财产造成的损害；（4）在伊朗伊斯兰革命过程中，非伊朗政府行为的民众运动对美国国民及其财产造成的伤害。美国还将禁止美国国民以外的人因上述事件而提出的任何未决或未来的索赔在美国法院起诉伊朗。[②]

在第四点关于归还前国王家族的资产，在阿尔及利亚政府出具上述证明后，美国将冻结并禁止转让伊朗前国王及其近亲在美国的任何资产，在伊朗为收回属于伊朗的财产和资产而提起的美国诉讼中，前国王及其任何近亲在美国控制下的财产和资产将成为被告。对于任何此类被告，包括伊朗前国王的遗产，冻结令将继续有效，直至此类诉讼最终终止。违反冻结令将受到美国法律规定的民事和刑事处罚。第13条规定，在阿尔及利亚政府作出上述证明后，美国将命令其管辖范围内的所有人在30天内向美国财政部报告自1979年11月3日起至该命令发布之日他们所知道的所有关于文件所述的财产和资产的信息，以便转交给伊朗。违反要求将受到美国法律规定的民事和

---

① "Algiers Accords," January 19, 1981, http://www.parstimes.com/history/algiers_accords.pdf.
② "Algiers Accords," January 19, 1981, http://www.parstimes.com/history/algiers_accords.pdf.

刑事处罚。第15条规定，对于美国法院要求将任何财产或资产转让给伊朗的任何判决，美国在此保证在该财产或资产存在于美国境内的情况下执行最终判决。对于双方之间的争端，第17条规定，如果双方对本声明任何条款的解释或履行产生任何其他争议，任何一方均可将争议提交由《理赔声明》设立的仲裁法庭进行有约束力的仲裁。仲裁法庭就此类争议作出的任何裁决，包括赔偿因违反本声明或《理赔声明》而造成的损失的任何裁决，可由胜诉方根据其法律在任何国家的法院强制执行。①

第二份文件是《阿尔及利亚民主人民共和国关于美利坚合众国政府和伊朗伊斯兰共和国政府解决索赔要求的政府声明》（Declaration of the Government of the Democratic and Popular Republic of Algeria concerning the Settlement of Claims by the Government of the United States of America and the Government of the Islamic Republic of Iran），通常被简称为《理赔声明》，它为仲裁法庭对这些索赔作出裁决提供了框架。该声明设立了一个国际仲裁法庭（即伊朗—美国索赔仲裁法庭），以裁定美国国民对伊朗的索赔和伊朗国民对美国的索赔，以及由同一合同引起的任何反索赔、构成国民索赔标的的交易或事件等。

法庭由九名法官组成，在本协定生效后九十天内，每一政府应任命三分之一的成员。获此委任的法官须在获委任后三十天内，经双方协商选出余下三分之一的法官，并在余下三分之一的法官中委任一名庭长。索偿要求可由合议庭或由庭长决定的由法庭三名成员组成的小组裁决。每一小组应由主席出面组成，并根据上述三种方法各任命一名成员。法庭的所有决定和裁决都是终审的，具有约束力。审裁处对任何一国政府作出的任何裁决，均应根据其法律在任何国家的法院对该政府强制执行。法庭所在地应为荷兰海牙，也可以是伊朗和美国商定的任何其他地点。各国政府应在法庭所在地指定一名代理人代表其出庭，并接收向该国或其国民、机构或实体发出的与法庭诉讼有关的通知或其他函件。而且法庭的费用应由两国政府平均负担。这份文件中，"伊朗"是指伊朗政府、伊朗的任何政治分支机构，以及由伊朗政府或其任何政治分支机构控制的任何代理处、机构或实体。"美国"是指美国政府、美国的任何政治分支机构以及由美国政府或其任何政治分支机构控制的任何代理处、机构或实体。

第三份文件是《美利坚合众国政府和伊朗伊斯兰共和国政府关于阿尔及

---

① "Algiers Accords," January 19, 1981, http://www.parstimes.com/history/algiers_accords.pdf.

利亚民主人民共和国宣言的承诺》(Undertakings of the Government of the United States of America and the Government of the Islamic Republic of Iran with Respect to the Declaration of the Government of the Democratic and Popular Republic of Algeria),该文件涉及伊朗被冻结资产的转移。文件指出,当阿尔及利亚中央银行通知阿尔及利亚、伊朗和美国政府,英格兰银行已收到托管的美元、金条和证券账户的相关资金(其中包括1632917.779盎司黄金,估价约为9.397亿美元)后,伊朗应立即让被扣留的52名美国国民安全离境。伊朗已声明打算偿还其所有债务及其控制机构的债务,阿尔及利亚中央银行将向英格兰银行发出以下指示。第一,向纽约联邦储备银行转账36.67亿美元,以支付截至1980年12月31日的未付本金和利息,其中包括美国银行参与的银行财团向伊朗政府及其机构、受控实体提供的所有贷款和信贷的未付本金和利息,以及此类财团提供的所有贷款和信贷由伊朗政府或其任何机构或受控实体担保的未付本金和利息。第二,在36.67亿美元转账完成后,将14.18亿美元保留在托管账户内,用于支付上述贷款和信贷所欠利息的未付本金,以及所有其他债务(由伊朗政府及其政治机构或受控实体担保的,或由美国银行机构持有的债务)的利息本金;或者用于支付美国银行欠伊朗的、存在争议的存款、资产和利息。[①] 如果在30天内任何美国银行机构和伊朗中央银行无法就所欠金额达成一致,任何一方均可将此类争议提交具有约束力的、由双方同意的国际仲裁小组进行仲裁,或在提交后30天内未能达成一致,则由伊朗—美国索赔仲裁法庭进行仲裁。此类专家组或法庭的主审官应向阿尔及利亚中央银行证明其确定的应付金额,阿尔及利亚中央银行应指示英格兰银行将该金额贷记到伊朗央行或在纽约联邦储备银行的账户中,以便支付给适当的银行机构。在通过协议或仲裁裁决解决所有争议并支付适当款项后,资金余额应支付给伊朗央行。第三,立即将托管账户中超过第一项和第二项所述金额的所有资产转移给伊朗央行,或根据伊朗央行的命令转移。

第四份文件是《托管协议》(The Escrow Agreement),由美国政府银行、作为美国财政代理的纽约联邦储备银行、伊朗中央银行和作为托管代理的阿尔及利亚中央银行共同签署。它涉及总宣言关于设立代管账户以转让伊朗资产的执行情况,以及随后根据人质获释后的承诺转移这些资金的情况。协议

---

① "Algiers Accords," January 19, 1981, http://www.parstimes.com/history/algiers_accords.pdf.

生效后，美国政府敦促美联储以出售前三个营业日的市场中间价的平均价格，出售伊朗政府及其代理、机构或受控实体持有的美国政府证券。将所有证券（上述美国政府证券除外）、资金（包括出售上述美国政府证券的收益）和黄金转入英格兰银行在阿尔及利亚中央银行开立的账户，金条的纯度和质量不低于最初由伊朗政府或其代理机构、受控实体存放的金条。这些属于伊朗的金条由美联储保管，并由伊朗政府或其代理机构、受控实体拥有。当美联储将上述伊朗财产转让给英格兰银行时，美联储将立即向阿尔及利亚中央银行发送一份文件，其中包含确定伊朗财产（类型、来源、本金或利息等）所需的所有信息。

根据总宣言第5、第6、第8条规定的义务，美国政府将把伊朗在美国银行外国分行的存款和证券、在美国国内银行的伊朗存款和证券，以及其他由受美国管辖的个人或机构持有的伊朗资产（指基金或证券）转让给美联储，然后存入由美联储向英格兰银行申请开立的账户。

在英格兰银行根据该协议从美联储收到伊朗上述存款、证券和基金等（统称为"伊朗财产"）后，伊朗财产将由英格兰银行持有，托管代理人阿尔及利亚中央银行将进行以下操作。（1）根据协议，这些证券将存放于英格兰银行在阿尔及利亚中央银行开立的一个或多个证券托管账户中。（2）存款和资金将存放在英格兰银行在阿尔及利亚中央银行开立的一个或多个美元账户中。这些存款和基金将以美国以外货币市场的现行利率计息。（3）金条将存放在英格兰银行的金条托管账户中。同时规定，阿尔及利亚中央银行对英格兰银行持有的证券、金条和资金的价值减少不承担任何责任。

一旦阿尔及利亚政府以书面形式向阿尔及利亚中央银行证明，美国政府于1980年11月向阿尔及利亚政府提供的被关押在伊朗的52名美国人质已安全离开伊朗，阿尔及利亚中央银行将立即向英格兰银行发出指示，根据协议规定转移资金。在该协定签署之日，阿尔及利亚中央银行和美联储将与英格兰银行签订技术协议，以执行协议的规定。根据美联储、英格兰银行和阿尔及利亚中央银行之间的技术安排，美联储应按照规定向英格兰银行支付一定的费用，而美联储不会向阿尔及利亚中央银行收取与执行协议有关的任何费用或支出。在整个协议有效期内，只有得到所有四个签署方的书面同意，才能对协议进行修改、取消或撤销。总宣言第8条规定，协议的任何规定均不得影响阿尔及利亚中央银行享有的任何豁免权。

第五份文件是《技术安排》（The Technical Arrangement），该文件是关于作为托管代理的阿尔及利亚中央银行、英格兰银行和纽约联邦储备银行之间的技术安排。该协议涉及由美联储将伊朗资产（指的是由美联储持有的伊朗资产，以及伊朗在美国离岸银行的存款）转至英格兰银行托管账户，以及对这些资产的持有、投资和分配进行管理。英格兰银行作为伊朗财产的保管人，将开设两个债券托管账户、三个美元托管账户、一个金条托管账户，这些资产将在美国之外投资与再投资，除了从美元账户中扣除维持账户运作的合理支出外，还将为美元账户支付利息。所有债券托管账户收取的利息将存入美元账户。英格兰银行将托管账户的任何收益都存入美元账户。与此同时，英格兰银行不对保管的债券委托账户和金条委托账户中的债券价值和金条价值的减少负责。英格兰银行不会倾向于此次协议中的任何一方，仅仅作为托管代理机构。

将伊朗议会释放人质的四个条件与《阿尔及尔协定》的条款进行比较，可以看出《阿尔及尔协定》并没有完全满足伊朗的要求。第一，该协定在总宣言中并没有实现美国对伊朗的政治让步。伊朗要求美国以后不能干预伊朗内政，而且还要为摩萨台时代干预伊朗内政道歉，而总宣言中的措辞则是"美国保证，现在和今后都不会直接或间接地在政治或军事上干预伊朗的内部事务"。美国没有承认曾经干涉过伊朗内政，当然美国的承诺也没有任何实际价值。事实上，在两伊战争的最后阶段，上述承诺并没有阻止美国对伊拉克的支持。第二，《阿尔及尔协定》没有实际保障帮助伊朗收回巴列维及其家人在美国的资产，而且冻结的伊朗资产也没有完全归还伊朗，部分资产被用于偿还美国对伊朗的索赔，规模之大史无前例。第三，终止美国境内的诉讼看似满足了伊朗要求停止与伊朗人质危机相关的索赔的诉求，但伊朗—美国索赔仲裁法庭的建立实际上有助于美国银行和其他索赔人解决它们在美国境内外法院面临的问题。美国银行则是最大的赢家，因为随着伊朗人质危机解决的每一次拖延，伊朗贷款的利息将从冻结的资金中支付，在资产冻结期间，持有伊朗资产的美国银行无须为伊朗账户支付利息。

第三节 《阿尔及尔协定》对制裁的影响

根据《阿尔及尔协定》的规定，协定签署后伊朗释放美国人质，美国则解除对伊朗的制裁。1981年1月20日，在里根总统就职之际，人质离开伊朗。作为释放美国人质的回应，美国同意尽可能将伊朗的财政状况恢复到危机前的水平。尽管《阿尔及尔协定》文本主要是由美国最好的金融律师团队起草，每一句话都受到了美国财政部、司法部、白宫、美联储等不同律师团队的审查，但协定的签署仍对美国国内政治产生了重要影响。

一 引起对美国总统制裁权力的争论

为执行《阿尔及尔协定》，卡特总统于1981年1月19日发布了一系列行政令，如第12276号行政令"关于建立托管账户的指示"、第12277号行政令"有关伊朗政府资产转移的指示"、第12278号行政令"向海外转移伊朗政府资产的有关指示"、第12279号行政令"有关转让国内银行持有的伊朗政府资产的指示"、第12280号行政令"关于转让非银行机构持有的伊朗政府金融资产的指示"、第12281号行政令"关于某些伊朗政府资产的转让指示"、第12282号行政令"撤销对涉及伊朗交易的禁令"、第12283号行政令"不起诉对人质的索偿以及在美国大使馆和其他地方采取的行动"、第12284号行政令"伊朗前国王财产转让限制"，还有第12285号行政令规定建立"总统人质赔偿委员会"。

人质危机爆发后，美国总统利用国家紧急状态法赋予的权力冻结了伊朗在美国的资产，并对其进行贸易制裁。为确保人质被释放，美国总统又发布行政令，取消对伊朗的资产冻结，而且不顾人质的索赔权益，签署的《阿尔及尔协定》禁止人质就伊朗人质危机进行索赔。卡特政府下台后，里根政府决定执行该命令，再次颁布行政令，根据协定中止所有美国国内法院针对伊朗及其附属机构的所有诉讼，撤回美国国民向国际法庭提交的索赔案件。这一做法在美国国内引起对总统制裁权力的争论。

由于协定禁止人质对伊朗提起任何法律诉讼，那些试图起诉伊朗的人以不同的理由败诉。这些人质及其家属曾经起诉伊朗，结果被法院驳回诉讼，理由是缺乏管辖权。上诉人要求将案件发回重审，以确定总统就释放人质谈判达成的协定是否导致美国人在没有公正赔偿的情况下被"夺走"财产，最终他们的诉讼请求被驳回。

而且不同法院对不同诉讼的裁决也有所不同，依据也相互矛盾。在美国电子数据系统公司（Electronic Data Systems Corporation）诉伊朗政府社会保障组织案件中，法院认为根据IEEPA，总统无权对资产进行保管和控制，总统可以"冻结但不能扣押"这些资产，而且根据《国际环境保护法》，国会没有授予总统撤销判决的权力。在马斯卓克公司（Marschalk Co.）诉伊朗国家航空公司一案中，法官达菲指出："人质危机是通过协议解决的，而不是……原告的索赔……我知道除了目前局势引发的那些案件外，没有任何一个案件认为总统有宪法赋予的权力剥夺私人财产，并与其讨价还价，以确保美国人质获释或实行任何其他外交政策。"① 然而，在查尔斯·马丁国际有限公司（Chas T. Main International Inc.）诉美国案中，法院得出结论认为，总统确实得到了宪法和 IEEPA 的授权，可以与外国政府达成协议，要求撤销在美国法院待决的民事诉讼。

戴姆斯穆尔国际有限公司（Dames & Moore，简称"DM 公司"）的案例最为典型。该公司于 1979 年 12 月 19 日在美国加州中区法院对伊朗政府、伊朗原子能组织和一些伊朗银行提起诉讼，提出与伊朗原子能组织曾签订书面合同，但伊朗原子能组织于 1979 年 6 月 30 日单方面终止了该合同。因此，DM 公司要求伊朗支付在合同终止前合同履行的服务费及利息约 350 万美元。对此，法院直接发布了扣押被告财产的命令，以确保可能出现的对它们的判决。1981 年 1 月 27 日，DM 公司向法院申请简易判决，法院受理了并向原告给予了根据合同索赔的数额。但当 DM 公司试图要求执行判决的时候，由于美国要执行《阿尔及尔协定》，法院下令撤销对被告的所有判决书。4 月 28 日，DM 公司再次向地方法院提出诉讼，起诉美国总统和财政部部长，指出总统和财政部部长执行与伊朗的协议行为超出了其法定的权力，认为总统的行为没有宪法授权，侵犯了该公司在起诉伊朗政府和伊朗原子能组织上的宪法权利。5 月 28 日，地方法院驳回了原告的申诉，但判定禁止美国转移任何与 DM 公司有关的伊朗资产出境。DM 公司的起诉向美国法院提出了两大问题：第一，当总统卡特下令冻结伊朗资产并将其转移出美国时，他是否在宪法限度内行使他的制裁权力；第二，里根总统是否享有宪法权力去中止美国境内法院所有针对伊朗的诉讼。②

这个案件在美国司法界引起对总统制裁权力的激烈争论。争论的焦点在于《国际紧急经济权力法》是否授予总统额外的法律补救权力，是否有权取

---

① Hossein Alikhani, *Sanctioning Iran: Anatomy of a Failed Policy*, p. 105.
② David F. Forte, "The Foreign Affairs Power: The Dames & Moore Case," *Cleveland State Law Review*, Vol. 31, No. 1, 1982, p. 47.

消美国公民持有的外国资产的权益。反对者认为,《国际紧急经济权力法》和《人质法》都不构成对总统延缓索赔行动的具体授权的条件。DM 公司也认为,1976 年颁布的《外国主权豁免法》剥夺了总统解决索赔事务的权力,根据《外国主权豁免法》,总统和国务院没有权力冻结其他主权国家的资产、中止诉讼。而且《外国主权豁免法》颁布的主要目的是将这些与外国事务有关的商业诉讼去政治化,行政部门面临外国政府的压力时,可以通过豁免权来逃避责任,并将其置于法院的专属司法管辖之下。因此,原告认为总统通过暂缓索赔,限制了美国法院的司法管辖权,违反了美国宪法第 3 条。[①] 根据美国宪法第 3 条,只有国会有这个权力。因此总统在这个问题上犯了两个错误:一是做了国会禁止的事情;二是侵犯了美国宪法赋予国会的权力,并干预司法权。1981 年 1 月 19 日,美国司法部部长 B. R. 西维莱蒂在给卡特总统的一封信中阐述了这一点。在这封信中,西维莱蒂声称,《外国主权豁免法》明确规定,外国中央银行为其自身账户持有的财产应免于扣押和执行,除非明确放弃该豁免权。[②] 支持者则认为,总统并未剥夺联邦法院的司法管辖权,冻结资产是总统在与敌对国家打交道时适用的议价筹码。第 12294 号行政令只是延缓索赔,不是剥夺。支持者还认为伊朗签署了《阿尔及尔协定》,同意建立仲裁法庭,就表明伊朗放弃了主权豁免权,《外国主权豁免法》的目的是消除一个特定的障碍,即主权豁免,它不能被解读为禁止总统解决美国国民对外国政府的索赔主张。

二 制裁未完全解除反而让伊朗面临大量诉讼

《阿尔及尔协定》签署后,美国承诺取消对伊朗的制裁,伊朗释放人质。卡特虽然颁布了取消冻结的行政令,但事实上对伊朗资产的冻结并未停止,而且在后来还适用于对伊朗的反恐制裁和大规模杀伤性武器制裁。根据第 12282 号行政令,美国取消了 1979 年 11 月 12 日、1980 年 4 月 7 日和 4 月 17 日对伊朗实施的贸易制裁,签发了一份一般许可证,授权所有贸易和金融交易,但并没有终止对伊朗的国家紧急状态。只要美国仍然认为伊朗对美国的国家安全、外交和经济产生"非同寻常的"威胁,美国总统就可以再次利用

---

① Hossein Alikhani, *Sanctioning Iran: Anatomy of a Failed Policy*, pp. 148 – 149.
② Mahvash Alerassool, *Freezing Assets: The USA and the Most Effective Economic Sanction*, p. 156.

《国家紧急状态法》和《国际经济紧急权力法》的授权随时对伊朗实施制裁。事实上，《出口管理法》《武器控制法》中的制裁条款仍然适用伊朗，而这些内容在《阿尔及尔协定》中并不涉及。

《阿尔及尔协定》签署后，伊朗虽然获得了一些解冻资产，但还有大量资产未解冻。在美国被冻结的伊朗资产有三类：第一，伊朗中央银行的资产以证券、黄金和美国联邦储备银行的存款形式存在；第二，伊朗在美国商业银行的存款；第三，其他资产和财产，包括伊朗购买但未转让的军事和其他设备、为美国公司购买的石油签发的信用证收益，加上价值约 40 亿美元的其他资产，这些资产中的大多数尚未移交给伊朗。① 在 120 亿美元被冻结的资产中，只有不到 30 亿美元被归还给伊朗，伊朗国王的所有财富都没有被追回，其中一些资金还被作为赔付美国索赔人的准备金。

由于在谈判中伊朗要求美国禁止和撤回境内所有与伊朗人质危机相关的起诉和赔偿，最终在海牙国际法庭成立了伊朗—美国索赔仲裁法庭，这在某种程度上是对美国索赔人权利的一种保护。正如 1981 年 3 月 4 日美国国务院负责政治事务的副部长沃尔特·J. 斯托塞尔在参议院辩护时说："在劫持人质之前，获取伊朗资产和满足美国合同索赔的权利绝没有得到法律上的保证……我们认为，协议（《阿尔及尔协定》）规定了比我们以前更确切的对索赔人利益的保护。"② 伊朗之所以同意建立仲裁法庭，是因为美国法院的诉讼给伊朗政府带来了很大压力。新成立的政权没有足够的信息和经验，又不信任前一届政府的官员，而且巴列维时期的许多政府官员以及被国有化的私营公司的高层都带着重要文件逃离了伊朗。在这种情况下，伊朗为美国数百个法庭案件进行辩护并不容易。当时美伊关系处于敌对状态，伊朗政府对美国法院的公正性表示怀疑。因此，在《阿尔及尔协定》谈判中，伊朗要求终止在美国的诉讼，同意建立国际仲裁法庭，这也是霍梅尼要求释放美国人质的四个条件之一。

根据协定，伊朗在美国商业银行的 10 亿美元在岸存款未被冻结，被重新锁定在一个安全账户中，用于支付仲裁法庭给予美国索赔人的赔偿金。这些存款被转移到安全账户后性质出现变化，如果这些存款被冻结，它们就属于账户持有人，其中许多资金属于伊朗中央银行。一旦这些资金被转入安全

---

① Mahvash Alerassool, *Freezing Assets: The USA and the Most Effective Economic Sanction*, p. 153.
② Hossein Alikhani, *Sanctioning Iran: Anatomy of a Failed Policy*, p. 96.

账户，它们就不再受伊朗控制，因为法庭有可能根据庭长的命令，将其从安全账户自动支付给索赔人。而且《理赔声明》第 4 条规定："仲裁法庭的所有裁决均为最终裁决，具有约束力。"① 伊朗不能反对或上诉法庭的任何裁决。根据协定，每当安全账户余额低于 5 亿美元时，伊朗将对该账户进行补充，以保持账户的最低余额 5 亿美元。因此，在某种程度上可以说这是一个无底账户，美国索赔人得到了 10 亿美元的最低金额保险。为了确保伊朗遵守对该账户的补充，《理赔声明》第 4 条规定，法庭作出的任何裁决均应在任何国家的法院根据其法律强制执行。一旦伊朗拒绝补充该账户，美国政府将以违反协议为由在法庭上起诉伊朗，法庭的裁决将在全世界对伊朗政府强制执行。到 1986 年 1 月底，法庭为美国索赔人作出的裁决价值超过 5 亿美元，伊朗必须补充安全账户。1986 年 9 月和 11 月，该账户第二次和第三次得到补充。自那时起，该账户一直在不断补充，以维持最低余额。因此，在卡特总统签署协议一个月后，里根总统的新政府宣布将履行这些协议，因为这符合美国人的利益。

  1979 年 2 月至 11 月，美国法院对伊朗提起的诉讼并不多，主要是基于伊朗伊斯兰革命引起的索赔。虽然伊斯兰革命爆发后，许多美国公司不得不离开伊朗，但仍有一些公司希望继续与伊朗合作。伊斯兰革命后，伊朗的进出口也只是暂时性的削减，除了 1979 年 1 月巴赫蒂亚尔政府期间取消了一些巨额武器采购协议外，伊朗购买零部件和武器的国防合同仍然在履行。"在美国有价值数亿美元的军事装备由伊朗支付，随时可以转运。这些美国公司没有试图将伊朗实体告上法庭或申请扣押伊朗在美国的资产，原因有二：一是，这些美国公司希望恢复与伊朗的商业关系；二是，它们意识到通过在美国法院采取法律行动，它们收回对伊朗实体的索赔的机会微乎其微。"② 尤其是伊朗中央银行和国家石油公司仍然将大量存款存放在美国银行，他们也希望与美国银行、石油公司等保持良好的交往。但是随着美国和伊朗的断交、冻结令的颁布以及《阿尔及尔协定》的签署，美国国民对伊朗的诉讼大幅度增加。

  伊斯兰革命引起的索赔可分为两类：第一类是在项目停止的情况下提出的违约索赔；第二类是协定签署前对银行征收、没收财产或国有化的赔偿要

---

① "Algiers Accords," January 19, 1981, http://www.parstimes.com/history/algiers_accords.pdf.
② Mahvash Alerassool, *Freezing Assets: The USA and the Most Effective Economic Sanction*, p. 134.

求，此外，还有人就未付款项和被国有化的私营公司债务提出索赔。美国国民提交法庭的案件可分为两类：第一类是在签署《阿尔及尔协定》之前索赔人就向美国法院提交的案件；第二类是没有向任何法院提交审理的案件。根据《理赔声明》，法庭将1982年1月19日定为私人索赔人提交索赔的最后一天。当时，法庭收到了3315起美国国民对伊朗实体的索赔。在这些索赔中，520起索赔额达到或超过25万美元，2795起索赔额为25万美元以下。此外，还有20起针对伊朗政府的官方索赔，以及420起银行纠纷。其中230起是伊朗银行就备用信用证收益向美国银行提出的索赔，金额达8亿美元，但被法庭驳回。[1]

还有一些索赔属于小额索赔，索赔人是在伊朗出生并获得美国国籍的人，或是与伊朗人结婚并获得伊朗国籍的美国人，即所谓的双重国籍。他们要求赔偿革命后留在伊朗的资产和财产，因为有些属于他们的资产被没收或国有化。他们作为美国公民在法庭上对伊朗政府提出索赔。伊朗强烈反对这些索赔，伊朗法律不接受双重国籍，也不允许放弃伊朗国籍，因此，伊朗法律不承认索赔人的美国国籍，同时伊朗不能在国际法庭上对本国公民负责，要求法庭宣布其对双重国籍国民的索赔没有管辖权。美国则认为索赔人是美国国籍也是伊朗人，有权利索赔。

与此同时，伊朗实体也向仲裁法庭提出了1400起针对美国国民的索赔。法庭根据其1981年12月19日第A/2号决定驳回，原因是根据《理赔声明》，仲裁法庭就一国国民对另一国国民提出的索赔没有管辖权。

三　为美国在反恐问题上制裁伊朗埋下伏笔

《阿尔及尔协定》签署后数年，时任美国副国务卿也是人质危机后期首席谈判者的沃伦·克里斯托弗，联合曾参与伊朗人质危机谈判的部分决策者于1985年出版了一本解读伊朗人质危机的著作《美国人质在伊朗：危机处理》。每个人对自己参与伊朗人质危机和《阿尔及尔协定》谈判的主要工作做了回忆录式的叙述。前言由克里斯托弗撰写，负责近东和南亚事务的助理国务卿哈罗德·桑德斯撰写了第一章"危机开始"以及第二章"外交与压

---

[1] Mahvash Alerassool, *Freezing Assets: The USA and the Most Effective Economic Sanction*, pp. 162–163.

力,1979 年 11 月至 1980 年 5 月",对伊朗人质危机发生后卡特政府面临的内外压力及其艰难决策进行了详细阐述。国家安全委员会成员、负责伊朗事务的加里·希克撰写了第三章"军事选择及其限制",他也是整个危机期间美国总统国家安全事务助理的伊朗问题顾问,还是福特基金会美国对外政策项目处的官员,他对当时发动军事行动解救人质的行为持保留意见。财政部副部长、主管危机期间所有与危机相关的经济问题的罗伯特·卡斯威尔以及负责经济和金融制裁的财政部部长助理理查德·D. 戴维斯分别写了第四章"经济和金融压力:冻结与制裁"和第五章"制定金融协议",对当时冻结伊朗资产和初期谈判进行了阐述。花旗银行的首席法律顾问,也是在美国银行和伊朗银行之间谈判的主要银行代表约翰·E. 霍夫曼撰写了第六章"银行家的渠道"。第七章"结束的开始"也由助理国务卿桑德斯撰写。国务院的法律顾问、谈判后期的主要参与者罗伯特·欧文撰写了第八章"阿尔及尔的最后谈判与人质释放",对阿尔及尔谈判的始末以及如何将解除制裁与释放人质联系在一起的谈判进程做了梳理。这部纪实性的著述认为,伊朗人质危机直接触及美国的民族价值观,并引发了深刻的甚至是哲学意义上的问题,如一个民族或其领导人如何协调保护无辜民众的生命和维护国家荣誉之间的矛盾,一个伟大国家在多大程度上准备为了它自己都不确定的长期战略目标而接受短期内的羞辱。[1]

对于该协定的签署,美国总统卡特和他的继任者里根的态度是不一样的。《阿尔及尔协定》签署后,美国总统卡特于 1981 年 1 月 19 日颁布了一系列行政令。直到 22 日,这些行政令都没有生效。2 月 18 日,美国国务院才发表声明称:"我们到目前为止的立场是,美国当然会履行国际法规定的义务。由于这些协定的复杂性和谈判这些协定的特殊条件,我们进行了一次审查,以确切地确定我们在这些协定下的义务。审查已经完成,我们仔细考虑了所有情况,决定严格按照协定条款批准执行协定。"[2] 里根政府审查协定的重点与卡特政府有所不同,其对美国索赔人的权利、美国的反恐政策、美国的国家利益、美国在海湾地区的长期利益进行了审查。美国新政府声称,即便里根政府批准执行这个协定,也并不代表美国政府今后碰见类似情况会采

---

[1] Warren Christopher, Harold H. Saunders, Gary Sick, Robert Carswell, Richard J. Davis, John E. Hoffman, Jr., Roberts B. Owen, *American Hostages in Iran: The Conduct of a Crisis*, p. 172.

[2] Hossein Alikhani, *Sanctioning Iran: Anatomy of a Failed Policy*, p. 96.

取类似的行动，未来针对美国的恐怖主义行为将受到惩罚。24 日，里根颁布了第 12294 号行政令，批准了卡特的行政令并规定根据该协定，如果伊朗—美国索赔仲裁法庭确定它没有管辖权，索赔人可以在美国法院重新启动其索赔；伊朗—美国索赔仲裁法庭的决定，无论是接受还是撤销索赔，都应是最终决定。

关于执行该协定，沃尔特·J. 斯托塞尔于 3 月 4 日在参议院外交关系委员会发表声明，介绍了里根政府对有关人质的协议的看法，并说明了为什么执行协议符合美国的利益。"我们严格按照协定条款执行，是考虑到美国索赔者的合法权利和我们对付恐怖主义的政策。我们在审查这些协议时没有谈到危机是否可以得到更好的处理，或者是否可以谈判出一套更好的协议。然而，这些协定是一个已经完成的事实，是由美国总统在其职权范围内授权的。我们确信我们在这些条款下的义务不违反美国法律……伊朗没有从这些协议中获益，事实上，伊朗在对它的制裁和政治孤立中付出了相当大的经济代价……我要强调，我们执行《阿尔及尔协定》的决定本身并不包含与伊朗关系的正常化。"①

很显然，伊朗人质危机对于里根政府来说就是恐怖主义行为，对里根政府的反恐理念和反恐政策产生了重要影响，这为后来美国将伊朗定性为"支持恐怖主义国家"，并实施严厉制裁埋下了伏笔。1982 年 6 月 21 日，美国国会参议员萨瑟提交了一份提案《反恐怖主义石油获取法》(Anti – Terrorist Petroleum Acquisition Act of 1982)，该法案提出的背景之一就是 1979 年伊朗人质危机，法案将 52 名美国人被伊朗扣押了 444 天定性为恐怖主义行为，要求美国不要再从伊朗进口石油。随着中东局势的变化和美伊关系的持续恶化，里根政府开始在反恐问题上加大对伊朗的关注。

小　结

《阿尔及尔协定》的签署最终结束了伊朗人质危机，美国通过解除制裁换取伊朗释放人质。但作为一个新生政权，伊朗政府所担心的问题仍然没有解决，《阿尔及尔协定》并不能阻止美国干涉其内政。虽然美国政府从来不

---

① Hossein Alikhani, *Sanctioning Iran: Anatomy of a Failed Policy*, pp. 98 – 99.

承认其对伊朗政策目的是要更迭其现政权,但实际上美国历届政府都在支持伊朗反政府人士,希望通过所谓的民主计划来改变伊朗现政权,从而彻底消除它给美国带来的威胁。此外,制裁的贸易禁令虽然被取消了,财政部外资控制办公室也再次发放许可证,但前国王及其亲属的资产仍然被冻结,并没有归还给伊朗,财政部外资控制办公室制定的资产冻结的新法规一直延续到现在。而且里根政府很快在反恐问题上对伊朗发难,进行了新的制裁。与此同时,《阿尔及尔协定》的签署带来了不少争论,许多问题仍值得深思。第一,人质危机期间,美国国内法院收到很多对伊朗的诉讼,这些诉讼带来对一些理论问题的争论。如伊朗是否拥有主权豁免,这种豁免权是否有限,美国冻结或扣押伊朗资产是否具有合法性等。第二,由于部分伊朗资金存放在美国银行在欧洲国家的分行,美国国内的冻结令是否适用于域外也成为影响欧美关系的一个重要问题。对于美国冻结令的域外适用问题,欧洲国家明确表示反对,认为其侵犯了本国的主权。第三,美国国内对总统是否有权力取消本国国民索赔的权利,这种做法是否干预了司法权、是否违反美国宪法等存在争论。总统有权在外交事务上代表国家签订协议,但对于他是否有权签署人质不能索赔的协议仍然存在争论。这些问题并没有随着人质被释放、《阿尔及尔协定》的签署而解决,反而成为伴随美伊关系的重要问题。要求美国对干预摩萨台政府道歉、归还前国王巴列维的资产,仍是多年来伊朗对美国提出的和解条件。美国国内关于总统权力的范围及其与国会、司法机构的关系,仍是美国问题研究的重要内容。

第三章
反恐问题：美国对伊朗制裁的新领域

《阿尔及尔协定》签署后，美国人质虽然被释放，但美伊关系并没有因此得到缓解，两国断交状态延续到里根政府时期。伊朗人质危机虽然并不是发生在里根执政时期，但是被里根政府视为针对美国的"恐怖主义"袭击。而且美国针对伊朗的国家紧急状态并没有取消，里根政府对伊朗制裁的法律依据仍然存在，总统可以根据《国家紧急状态法》和《国际紧急经济权力法》的授权随时对伊朗展开制裁。尤其是伊朗伊斯兰政权建立后，为了巩固新政权，采取了输出革命的政策，不仅在该地区号召建立伊朗式革命政权，且积极与伊斯兰激进势力结盟，抗衡美国和以色列在该地区的影响力。一些激进组织将美国在中东地区的军事基地作为打击对象，美国指责伊朗是幕后主使，因此将伊朗列入美国国务院"支持恐怖主义国家"名单，从而开启了美国对伊朗的反恐制裁。反恐制裁本身反映了双方在反恐理念上的分歧，对于什么是恐怖主义、谁是恐怖分子和谁应当对中东地区恐怖主义活动蔓延负责，美国和伊朗各执一词且立场不同。美国认为的恐怖主义行为，有可能被伊朗视为民族主义行为。为了应对美国在反恐问题上的制裁，伊朗进一步加强与伊斯兰激进势力的关系，打击美国和以色列利益，反而引起美国在制裁上的加码，从而形成一种恶性循环。这也是美国对伊朗的反恐制裁一直延续的重要原因，这种制裁在根本上仍是国家利益的冲突。

第一节　美国从人权政策向反恐政策的转变

里根总统上台后，一改卡特时期的缓和战略和人权外交，提出对苏联采取强势态度，实行所谓的"里根主义"，将"国际恐怖主义"与人权挂钩，目标指向苏联。对于中东地区，里根认为该地区动荡的根源在于苏联的扩张。冷战思维在一定程度上推动了里根对恐怖主义的新认识。尤其是伊朗人质危机后，美国和伊朗在反恐问题上的冲突愈演愈烈。

一 里根政府外交政策的转向

里根继任美国总统后将遏制苏联作为对外政策的重要内容，里根政府认为，苏联是"世界一切动乱的根源"，苏联要控制世界的每一个角落，不论苏联在哪里采取行动，必然是针对美国的，因此美国应该在与美国利益相关的区域同苏联进行直接的对抗，把苏联的力量"推回去"。[①] 里根执政时期虽然没有明确提出某种主义，但其施政方针仍被归纳为"里根主义"，主要内容是要在第三世界向苏联发起挑战，扩大美国在第三世界的影响力。自1981年开始，里根政府开始制定和执行"低烈度战争"的战略，其手段包括加强对亲美国家反政府势力的镇压，增强对反抗苏联及其代理人的势力的援助，对涉及美国利益的地区进行直接的军事干涉。

为了对抗苏联的扩张，美国在里根政府初期一改卡特时期的缓和战略和人权外交，试图将反恐政策与遏制苏联以及新的人权政策相结合。1981年1月20日，里根宣誓就职。一周后，新总统为其反恐政策定下了基调："让恐怖主义者知道，当他们违反行为规则时，我们的政策将是迅速有效的报复。"[②] 里根政府宣称，"国际恐怖主义将取代人权成为美国的首要问题"。在遏制苏联的大战略中，里根政府将苏联与世界范围内的恐怖主义联系起来，认为"国际恐怖主义是苏联统治世界努力的一部分，这种看法可能使里根政府中的许多人相信，国际恐怖主义更像是战争，而不是犯罪活动，这种看法具有重要的政策意义"。[③] 1月，即将就任的国务卿亚历山大·黑格称，苏联正在向全世界培训、资助、控制、装备所谓的解放力量或恐怖分子，"莫斯科正在继续通过其代理人来援助恐怖主义和战争……使国际恐怖主义

[①] 罗会钧：《里根主义、人权外交与里根政府对第三世界的政策》，《湘潭大学社会科学学报》2002年第5期，第58页。

[②] David C. Wills, *The First War on Terrorism: Counter-Terrorism Policy During the Reagan Administration*, Lanham, Boulder, New York, Oxford: Rowman & Littlefield Publishers, Inc., 2003, p. 1.

[③] Donna G. Starr-Deelen, *Presidential Policies on Terrorism: From Ronald Reagan to Barack Obama*, p. 47.

活动的数量日渐增长","苏联应该对今天国际恐怖主义活动的增多和血腥行为负更多的责任"。① 时任国务卿乔治·舒尔茨将恐怖主义等同于战争,他曾在其著作《动荡与胜利》中解释说,"美国必须对恐怖主义采取更强硬的态度,以武力回应,以便让恐怖分子知道恐怖主义行为是行不通的。"1984年10月,舒尔茨在纽约市公园大道犹太会堂发表演讲,宣称"美国必须准备好使用军事力量打击恐怖主义,并对恐怖袭击进行报复,甚至在所有的事实都被知道之前"。② 时任中情局局长威廉·凯西也支持舒尔茨的观点,认为恐怖主义是战争,主张武力打击。里根在其两届任期内把苏联描绘成了一个"邪恶帝国",在其卫星国的帮助下,致力于毁灭性的扩张主义,并经常采取恐怖主义策略。温克勒认为里根改变了有关反恐的政治辩论,使"恐怖主义不再是关于个人犯罪,而是更多地关于苏联及其庇护国允许和鼓励恐怖主义,将其作为深化意识形态观点的手段"。③

反恐问题是冷战时期里根政府的重要议题,苏联被里根政府刻画为"恐怖主义的老巢"。里根政府认为,20世纪80年代国际恐怖主义泛滥,美国则是首要目标,尤其是其海外的外交官和公民经常遭到袭击。在七八十年代,全球有记录的恐怖主义事件超过一半指向了美国人员和设施,针对美国的袭击在1980年为34起,到1981年增加到57起,1982年增加到67起。④ 为此,美国曾在1972年9月成立反恐内阁委员会和工作小组,研究和应对国际恐怖主义的泛滥。反恐内阁委员会成员包括担任委员会主席的国务卿以及国防部部长、财政部部长、中情局局长、联邦调查局局长、总统国家安全事务助理等。1972~1977年,在反恐内阁委员会存在的五年里,其工作都是由工作小组处理。1974年又有11个部门加入工作小组,机构工作效率越来越低。为改变这种状态,1974年国务院、国防部和财政部等部门组成了一个执行委员会,但情况并没有好转,最终该机构在卡特时期被解散。伊朗人质危机后,美国的反恐政策出现重要变化,里根政府对反恐机构进行了调整,

---

① 李治国:《美国反恐政策的演变》,《现代国际关系》2001年第12期,第9页。
② Donna G. Starr-Deelen, *Presidential Policies on Terrorism: From Ronald Reagan to Barack Obama*, p. 47.
③ Donna G. Starr-Deelen, *Presidential Policies on Terrorism: From Ronald Reagan to Barack Obama*, p. 51.
④ "Report of The DOD Commission on Beirut International Airport Terrorist Act, October 23, 1983," December 20, 1983, p. 124, https://irp.fas.org/threat/beirut-1983.pdf.

将其交给国务院下属的外交政策高级部际小组负责，代替国家安全委员会所属的特别协调委员会的功能，保留了恐怖主义事件应对组和反恐怖计划协调政策制定组，解散了没有效率的前政策审查委员会。此外还成立了四个工作小组：负责与反恐有关的技术研究与发展的技术支持小组、对各部和各级政府进行危机管理训练的训练小组、培训援助小组以及公共外交政策小组。[1] 国务院法律顾问亚伯拉罕·索费尔为政府使用武力打击恐怖分子提供了明确的法律支持。里根外交政策团队是最重要的参与者，负责制定和执行里根政府的反恐政策，其中包括索费尔、麦克法兰、波因德克斯特、舒尔茨、温伯格、鲍威尔和凯西。

为扩大美国在第三世界的影响力，里根对卡特时期的人权外交进行了修正，一方面是为了迎合第三世界的民主运动浪潮，借机输出美国式民主，另一方面可以减少第三世界对美国干预的怀疑。同时，里根对卡特的人权政策进行了批判，认为卡特时期的人权政策在道义上是不健全的、无效的，降低了美国在目标国家的影响，而且威胁到美国的安全利益，他试图制定一种新的、务实的人权政策，新政策将更完善，也更有效。[2] 里根批评卡特的人权政策无视东西方冲突的重要性，违背了美国的政治和经济利益，提出人权政策应具有双重标准。1981年10月，里根政府在人权备忘录中明确提出，人权政策应有双重标准，即"积极标准"和"消极标准"。所谓"积极标准"指的是"美国要将民主发扬光大，并使苏联陷入困境"。所谓"消极标准"指的是"对于美国盟国侵犯人权的行为不必采取行动，只要批评一下即可，否则用一个更坏的政权取代一个坏政权，或者用一个狂热的共产主义政权取代一个腐败的独裁者，均无济于人权事业"。对于里根政府的人权政策，人权问题学者戴维·福塞希认为，"美国人权政策已经蜕变成战略政策，或被作为它的一个附属品，因为里根政府压倒一切的考虑是与苏联势力进行争夺"。[3]

总体来看，里根重构美国的人权政策基于两大信条：第一，将"国际恐怖主义"与人权挂钩，目标指向苏联；第二，"威权主义政权"比"极权主义政权"在人权上具有相对的道义优势，因为美国认为其盟友多为"威权主

---

[1] 李治国：《美国反恐政策的演变》，《现代国际关系》2001年第12期，第8页。

[2] David Carleton and Michael Stohl, "The Foreign Policy of Human Rights: Rhetoric and Reality from Jimmy Carter to Ronald Reagan," *Human Rights Quarterly*, Vol. 7, No. 2, May 1985, p. 205.

[3] 罗会钧：《里根主义、人权外交与里根政府对第三世界的政策》，《湘潭大学社会科学学报》2002年第5期，第61页。

义国家",而苏联的盟友多为"极权主义国家"。① 里根政府认为,"威权主义政权"只是对政治感兴趣,对其他领域控制不严,不是全面控制,而"极权主义政权"对政治、社会、宗教、经济、贸易等进行全方位的控制,因此"威权主义国家"人权状态要好于"极权主义国家"。国务卿黑格在国务院的一次新闻发布会上称,"国际恐怖主义将代替人权成为我们的关注点,因为它是人权的终极滥用",他谴责苏联向"国际恐怖主义者"提供资金、装备和训练。② 由此可见,美国试图在苏联和"国际恐怖主义"之间建立一种联系,认为"国际恐怖主义"是对人权最大的威胁,而苏联是"国际恐怖主义"的主要来源,里根政府按照这个逻辑将人权、国家安全和"国际恐怖主义"捆绑在一起,从而配合美国与苏联进行全球对抗。

二 里根政府对中东反恐问题的新认识

里根政府不仅把"国际恐怖主义"与冷战格局相结合,也试图将中东地区的所谓"恐怖主义"与苏联联系起来。里根政府对中东地区"恐怖主义"的政策被认为是"全球主义"的表现,即依靠冷战的全球框架来理解地区事件。尤其是在里根政府执政前期,他倾向于把中东地区发生的事件归咎于超级大国的棋局,而不是强调地区本身的政治发展趋势。

黑格试图在阿拉伯盟国和以色列达成一种反苏联的"战略共识",同时将"国际恐怖主义"的兴起归咎于苏联。20世纪80年代初,以色列总理梅纳赫姆·贝京在入侵黎巴嫩几天后会见里根,提出苏联支持"巴勒斯坦恐怖分子",他指出,"毫无疑问,苏联不仅仅是简单地武装巴勒斯坦解放组织(简称'巴解组织'),还让黎巴嫩成为苏联在中东地区活动的中心……根据(以色列人)截获的文件,很明显,一个由苏联赞助的恐怖网络包括匈牙利、保加利亚、也门人民民主共和国、巴基斯坦、印度、民主德国和奥地利,它们都参与了协助巴解组织的行动"。③ 事实上,虽然巴勒斯坦民族解放运动在

---

① David Carleton and Michael Stohl, "The Foreign Policy of Human Rights: Rhetoric and Reality from Jimmy Carter to Ronald Reagan," *Human Rights Quarterly*, Vol. 7, No. 2, May 1985, p. 211.

② David Carleton and Michael Stohl, "The Foreign Policy of Human Rights: Rhetoric and Reality from Jimmy Carter to Ronald Reagan," *Human Rights Quarterly*, Vol. 7, No. 2, May 1985, p. 208 – 219.

③ Mattia Toaldo, "The Reagan Administration and the Origins of the War on Terror: Lebanon and Libya as Case Studies," *New Middle Eastern Studies*, Vol. 2, 2012, p. 9.

其早期得到了苏联和社会主义阵营的支持，但并没有直接的证据证明20世纪80年代黎巴嫩的巴解组织是苏联的代理人，相反巴解组织的对手曾在民主德国接受训练。尽管如此，贝京将巴勒斯坦解放运动与苏联联系起来，对获得美国的支持是很有用的，因为美国本身就很担心苏联在第三世界的扩张，用冷战的术语来描述其行为将有助于说服美国里根政府不反对以色列入侵黎巴嫩。

1982年6月，以色列军队在总理贝京和国防部部长阿里埃勒·沙龙的指挥下入侵黎巴嫩。美国国内对此意见不一。国防部部长温伯格认为，以色列的行为将影响美国与阿拉伯国家关系。国务卿黑格认为，以色列的入侵有可能为陷入僵局的戴维营和平进程打开新局面，有利于美国在中东地区的长远利益。① 一些批评人士一开始指责黑格默许以色列对黎巴嫩的政策，但很快政治风向变成了"将所有外国军队撤出黎巴嫩，保证一个主权独立的黎巴嫩，保证以色列北部边界的安全"。1982年夏天，美国国家安全委员会开会讨论如何应对以色列对贝鲁特的猛烈轰炸，根据会议记录记载，"（以色列驻美国大使）柯克·帕特里克说，不应忽视这样一个事实，即巴解组织不是一群土地改革者。他们是国际恐怖分子，在苏联的支持下，在全世界从事与美国利益背道而驰的暴力活动。我们希望他们下台，美国不应放弃通过对以色列采取措施摆脱巴解组织的可能性……显然，一旦我们把巴解组织从黎巴嫩赶走，我们就能在和平进程中取得迅速进展"。②

对于中东地区，里根政府认为该地区是"受苏联威胁最大的地区"，防御也是最薄弱的，而且认为中东地区的动荡根源在于苏联的扩张。为了建立抗苏统一战线，美国继续采取偏袒以色列的政策，加强与中东地区温和阿拉伯国家的关系，遏制苏联在中东地区的进一步扩张。在苏联入侵阿富汗后，卡特曾称，"用包括军事手段在内的一切手段包围波斯湾"。里根上台后进一步采取各种措施加强美国在中东地区的军事存在，如在中东地区加快军队部署，筹建独立的司令部，扩建海军，酝酿建立常驻的印度洋舰队。1981年9月，美国和以色列达成"战略合作"协议，就两国武装联合演习、预存武器和加强情报合作等进行磋商，并促成对沙特的一揽子武器交易。1984年，美

---

① Camille Mansour, *Beyond Alliance, Israel in US Foreign Policy*, Columbia University Press, 1994, pp. 160–169.

② Mattia Toaldo, "The Reagan Administration and The Origins of the War on Terror: Lebanon and Libya as Case Studies," *New Middle Eastern Studies*, Vol. 2, 2012, p. 10.

国国务卿乔治·舒尔茨在公园大道犹太会堂发表讲话称："我们必须在这个国家达成一个共识，即我们的应对措施应该超越被动防御，考虑采取主动预防、先发制人和报复的手段……公众必须了解这样一个事实，即他们的政府必须在知道每一个事实之前采取行动。打击恐怖主义将不是一场干净和愉快的竞赛……我们有权捍卫一种为所有国家带来和平、进步和尊严的生活方式，对此我们没有任何内疚或自我怀疑的余地。"①

因此，在某种程度上可以说，冷战逻辑帮助构建了里根政府在20世纪80年代对中东恐怖主义的理解框架。美国认为，"恐怖主义是苏联及其盟国用来破坏西方稳定的新工具"，正是在这一概念框架下，里根政府的一些成员将他们对冷战的许多想法转移到了中东恐怖主义。1979年，乔纳森研究所（Jonathan Institute）在耶路撒冷召开会议阐述了这一观点，与会者得出结论认为，"苏联隐藏在一个庞大恐怖网络的背后"，这个网络是由"新改头换面的伊朗、利比亚、伊拉克、叙利亚、南也门、巴解组织、解放亚美尼亚秘密军、巴德尔和迈因霍夫团伙以及红色旅组成的"。②

事实上，美国政府很清楚，中东地区的恐怖主义活动具有一定的原生性。黑格在担任国务卿时，因冷战的需要，他希望将苏联和恐怖主义直接联系起来。1981年初，他曾试图起草一份能够证明这一点的特别国家评估报告。为达到这一目标，他起草了好几份报告草案，其中一份题为"苏联对国际恐怖主义和革命暴力的支持"。但报告并没有证明存在一个由苏联支持的世界性恐怖网络。报告明确指出，即使苏联的支持"完全撤出"也不会结束"国际恐怖主义"，因为"利比亚和巴勒斯坦激进组织都拥有充足的独立资源"。③

随着中东地区局势的恶化，美国政界开始逐步关注中东地区国家在恐怖主义问题上的独立性。1985年初，理查德·尼克松为第二届里根政府提出了一份文件，其中包括一些建议。他提出，"未来十年战争的主要危险不在欧洲，而在第三世界。最关键的地区是中东和波斯湾……即使没有苏联的援助，霍梅尼和卡扎菲也将继续试图输出他们的革命……我们可能拥有全面的

---

① Mattia Toaldo, "The Reagan Administration and The Origins of the War on Terror: Lebanon and Libya as Case Studies," *New Middle Eastern Studies*, Vol. 2, 2012, p. 1.

② Mattia Toaldo, "The Reagan Administration and The Origins of the War on Terror: Lebanon and Libya as Case Studies," *New Middle Eastern Studies*, Vol. 2, 2012, p. 12.

③ Mattia Toaldo, "The Reagan Administration and The Origins of the War on Terror: Lebanon and Libya as Case Studies," *New Middle Eastern Studies*, Vol. 2, 2012, p. 13.

军事优势,但仍然会失败。"[1]

当然,里根政府将冷战与"国际恐怖主义"结合在一起对中东地区格局的发展产生了重要影响。正如马尔科姆·亚普所说,"(中东冷战)的主要特点是区域大国操纵国际力量,冷战范式是这种操纵的主要工具之一"。[2] 但同时里根政府的行为也受到一定的批评,批评者认为,伊朗伊斯兰革命后,该地区越来越脱离冷战,伊朗提出"不要东方,不要西方"即是一种证明,但美国的决策者仍然依赖冷战模式。然而不能不承认的是,正是在里根时期,"恐怖主义"不仅逐步被美国定义为犯罪,而且"支持恐怖主义国家"的概念逐渐由模糊变得清晰,由此对所谓"恐怖主义"和"支持恐怖主义国家"的打击和制裁越来越具有"合法性"。因此,有学者认为,里根的政策并不仅仅是冷战时期中东政策的延续,他的政府确实产生了新的想法和概念,这些新的想法和概念在小布什政府宣布的反恐战争中获得了新生,甚至里根时代所列"支持恐怖主义国家"名单也与小布什时代的名单相似。

三 伊朗输出革命与美国反恐政策的挑战

1979 年伊斯兰革命后,在外交上,霍梅尼提出"不要东方,不要西方,只要伊斯兰"的政治主张,在强调伊朗政治独立性的同时,主张输出革命。伊朗1979 年宪法第11 条规定,"所有穆斯林都属于一个社团,伊朗伊斯兰共和国政府有责任把伊朗的总政策置于各伊斯兰民族的联合和团结的基础上"。对于输出伊斯兰革命的重要性,霍梅尼指出:"我们应当努力向这个世界输出革命,我们应当抛弃不输出革命的想法,因为伊斯兰教不会将各种各样的伊斯兰国家看成是不一样的,伊斯兰教支持世界所有被压迫者的利益,所有的超级大国和强国试图摧毁我们,如果我们在一个封闭的环境中,我们将不得不面对失败。"[3] 他认为,民族主义是帝国主义的阴谋,用来在穆

---

[1] Mattia Toaldo, "The Reagan Administration and The Origins of the War on Terror: Lebanon and Libya as Case Studies," *New Middle Eastern Studies*, Vol. 2, 2012, p. 16.

[2] Mattia Toaldo, "The Reagan Administration and The Origins of the War on Terror: Lebanon and Libya as Case Studies," *New Middle Eastern Studies*, Vol. 2, 2012, p. 15. See also Malcolm E. Yapp, *The Near East Since the First World War: A History to 1995*, London: Routledge 1996, p. 438.

[3] R. K. Ramazani, "Iran's Export of the Revolution: Its Politics, Ends and Means," *Journal of South Asian and Middle Eastern Studies*, Vol. XIII, No. 1&2, 1989, p. 81.

斯林中播种分歧。

对于输出革命这一伊朗外交政策的重要内容，伊朗高层尽管在实现的方式上有不同看法，但在目标上有着一定的共识。时任伊朗外长韦拉亚提指出："我们将继续以文化的方式输出革命，西方国家也在做着这样的事情，它们利用大众传媒和外国留学生输出它们的文化、思维方式和价值观。"拉夫桑贾尼曾经表示，"从革命成功的初期开始，我们就认识到这场革命不是仅限于我们边界内的一种现象"，"在目前条件下，如果我们能设法创立一个可以接受的社会典范，建立一种合适的、进步的、逐步演变的模式和恰当的世界伊斯兰准则，那么我们就将达到令世界恐惧的目标，而那就是输出伊斯兰革命"。蒙塔泽里主张充分利用朝觐的机会来输出革命，他指出，"在朝觐期间，伊朗朝觐者应将伊朗伊斯兰革命胜利的秘密告知被压迫民族。正如我们所看到的，沙特官方经常阻止伊朗朝觐者与其他国家的兄弟姊妹接触，因为他们害怕我们的革命经验和成果被世界受压迫和受剥削的人民所接受……伊斯兰国家的领导人应该认识到，不管他们乐意与否，各民族正在觉醒……如果他们希望保持权力并统治国家，他们应依靠伊斯兰教和他们自己的人民，而不是美国和苏联"。在一次有来自 40 个国家的宗教人士参加的会议上，时任伊朗总统哈梅内伊公开号召将清真寺变为"祈祷、文化和军事基地……为在所有国家建立伊斯兰政府打下基础"。[1]

1981 年，伊朗成立了伊斯兰宣传组织（The Organization for the Propagation of Islam），其主要任务是"输出革命文化"，该组织提出："输出革命是社团领导人和伊斯兰共和国的目标之一，这一神圣的活动不能用剑也不能用其他武器来完成，而是使用笔、语言、宣传和艺术的手段。"[2] 该组织还使用阿拉伯语、英语、土耳其语、库尔德语等多种语言出版书籍，介绍伊斯兰教的基本信条，强调维护穆斯林团结，并在伊斯兰革命周年纪念日期间，就伊斯兰世界的重大问题召开国际会议。

在霍梅尼输出革命的过程中，以美国为首的西方大国和海湾君主制国家成为伊朗攻击的重要目标。伊朗号召海湾各国人民效仿伊朗革命推翻统治当局，实现人民主权。伊朗采纳了蒙塔泽里的主张，将朝觐作为宣传伊朗革命

---

[1] 陈安全：《伊朗伊斯兰革命及其世界影响》，复旦大学出版社，2007，第 343～378 页。
[2] Farhang Rajaee, "Iranian Ideology and Worldview: The Cultural Export of Revolution," John L. Esposito (ed.), *The Iranian Revolution: Its Global Impact*, Florida International University Press, 1990, p. 74.

的有利时机，从而导致伊朗朝觐者与沙特政府军之间冲突不断。1979年11月，400名全副武装的伊斯兰主义者占领了麦加清真寺，与沙特政府军发生冲突，并在沙特什叶派地区引发了亲霍梅尼的游行示威。1981年9月，7万名伊朗朝觐者决定利用朝觐之际宣扬霍梅尼的伊斯兰政治行动主义主张。25日，伊朗朝觐者与沙特的安全部队发生冲突，22名朝觐者和6名沙特士兵受伤。此外，伊朗指责部分海湾国家是美国的代理人，是压迫人民的专制政府。1971年，在英国撤出中东时，巴林政府与美国签订了秘密条约，允许美国在巴林阿里贾法尔建立军事基地，巴林也因此成为美国中东部队的重要据点。1977年6月，条约到期后，双方又秘密续约，为美国海空军提供方便。1980年4月，美国飞机在前往土耳其之前降落在巴林空军基地加油。此次事件的曝光，在巴林和科威特引起了大规模的游行示威。伊朗对此深为不满，号召海湾国家人民团结起来反对本国的亲美政府。1982年，霍梅尼号召海湾国家的人民不要再对美国和其他剥削者卑躬屈膝，因为"这些大国想攫取你们的黑色黄金——石油，伊朗政府和人民希望将你们从超级大国的奴役中解放出来"。在接受本部设在伊朗的海湾广播之声的采访时，霍梅尼指出："伊斯兰的伊朗已经做好了准备，将该地区的国家从傲慢的统治势力中解放出来。……我们相信美国领导的超级大国正试图阻止我们伊斯兰国家的统一，尤其是在世界上的一些敏感地区。"①

为抵御伊朗输出革命的威胁和伊拉克的挑战，海湾阿拉伯国家合作委员会（简称海湾合作委员会或海合会，GCC）成立。面对伊朗输出革命的挑衅态势，1981年12月，在巴林召开的GCC内政部长会议上，沙特内政部部长纳伊夫·伊本·阿卜杜勒·阿齐兹说："伊朗人曾经说，革命后他们不想成为海湾警察，但他们现在已经成为海湾的恐怖主义者。"之前，巴林政府曾逮捕了60名试图发动政变的人。对此，纳伊夫在拜访巴林内政部部长时称，"这一阴谋受到了伊朗的支持，目标是针对沙特"。两位部长随后签署了安全协定，巴林首相哈里发称，"对海湾国家来说，外部威胁是伊朗和德黑兰的当局，伊朗政府正在挑唆巴林和海湾各国的什叶派，让他们会聚到伊斯兰革命的口号下……伊朗帮助他们训练使用武器，策划谋反，然后将他们送回母国煽动暴乱，威胁国家安全。"科威特的一位高官说："伊朗人的革命看上去并不能接受我们政府体系的合法性，他们在泛伊斯兰主义的掩饰下输

---

① Dilip Hiro, *Iran Under the Ayatollahs*, p. 340.

出他们的什叶主义。"①

自 1979 年伊斯兰革命推翻巴列维王朝以来，恐怖主义问题开始成为伊朗和美国关系中的一个重要因素。伊朗输出革命的政策与美国的反恐政策产生冲突，美国认为伊朗向美国的国家安全和盟国安全提出挑战。一方面人质危机本身就被美国看作"恐怖主义"袭击，另一方面伊朗与被美国认定为"恐怖组织"的伊斯兰组织建立联盟，被认为试图在与美国的不对称斗争中获得优势，因此制裁成为美国对伊政策的重要组成部分。

第二节　基地被袭：里根政府启动对伊朗反恐制裁

美国和伊朗在反恐问题上的冲突源自它们对恐怖主义概念本身的不同认知、对中东地区格局的不同理解，以及对伊斯兰激进势力的不同看法。伊朗为摆脱被美国及其中东地区盟友的孤立，积极发展与中东反美势力的关系，增加抗衡美国和以色列的筹码。在黎巴嫩的军事基地被袭后，美国政府展开了深入调查，中情局经过调查得出结论，认为"10 月 23 日美国和法国多国部队总部的爆炸事件是由叙利亚和伊朗武装、训练和指挥的什叶派激进分子实施的"。② 因此，伊朗被列入美国国务院的"支持恐怖主义国家"名单，从而开启了美国对伊朗的反恐制裁。

一　美国和伊朗对恐怖主义的不同认识

1979 年伊斯兰革命后，伊朗建立了一个政治与宗教高度结合的伊斯兰政权，宣称"不要东方，不要西方，只要伊斯兰"，"不要宪法，不要法律，只要《古兰经》"，这与美国倡导的所谓西方自由民主制度格格不入。伊朗为谋求在中东地区事务的发言权，将反对美国和以色列作为其外交政策的重要内容。随着美苏对峙的发展，反恐成为美国在全球范围内维护美国利益的新议题。而美国和伊朗在恐怖主义问题上的冲突表现在它们对恐怖主义的定义和

---

① Dilip Hiro, *Iran Under the Ayatollahs*, pp. 337–341.
② Donna G. Starr-Deelen, *Presidential Policies on Terrorism: From Ronald Reagan to Barack Obama*, p. 50.

解释各有不同，体现了它们的国家利益和战略分歧。

事实上，恐怖主义是一个复杂而有争议的问题，具有强烈的意识形态色彩。联合国自成立以来一直试图界定一个普遍意义上的恐怖主义，然而很难找到一个让所有人都满意的定义。伊朗和美国根据各自的国家利益和政治价值观，对恐怖主义有各自的理解。这些不同的定义导致了它们对对方行为的不同看法。首先，美国和伊朗对恐怖主义的定义各有特点。美国对恐怖主义行为的界定有明确的标准，强调这些活动的特点，而不是引发这些行动的原因和逻辑。伊朗则强调道德评价和宗教原则。因此，对于同样的行为，美国认为是恐怖主义，伊朗可能认为是民族主义。美国联邦法律将"国际恐怖主义"定义为任何"涉及暴力行为或危害人类生命并违反美国刑法的行为或活动"，例如"恐吓或胁迫平民，通过恐吓或胁迫影响政府的政策，通过大规模的破坏、暗杀或绑架影响政府的行为"。① 伊朗对恐怖主义的看法则与西方不同。1987 年，伊朗伊斯兰传播组织的阿亚图拉穆罕默德·阿里·塔斯基里（Muhammad Ali Taskhiri）提出了恐怖主义的具体定义。他认为："恐怖主义是为了实现一个不人道和腐败的目标而采取的行动，涉及任何形式的安全威胁，侵犯宗教和人类公认的权利。"② 因此，伊朗在恐怖主义定义中更强调宗教性，而且将巴勒斯坦反以色列的袭击看作民族主义，而不是恐怖主义。

其次，美国和伊朗在恐怖主义上的分歧还表现为关于谁是恐怖分子的问题。这是一个道德评判问题，与恐怖分子的身份有关。正如戴维·C. 拉波波特所述："恐怖主义所引发的道德问题是最重要的。"③ 美国对恐怖主义的定义中最重要的因素是这些活动威胁到美国的安全，包括国防、外交和经济利益，因此美国将有关团体和国家指认为"恐怖组织"和"支持恐怖主义国家"，并对其进行制裁，以保护美国的国家利益。伊朗对恐怖主义有不同的看法。塔斯基里指出，有些行为不应被视为恐怖主义，如"对占领者、殖民者和篡夺者进行的民族抵抗行为，人民对武力强加给他们的集团的抵抗，反对独裁和其他形式的专制以及破坏其体制的行为，反对种族歧视和对歧视者

---

① Title 18, 2331, "United States Code Annotated," Thomson Reuters, 2015.
② Muhammad Ali Taskhiri, "Toward a Definition of Terrorism," http://www.al-islam.org/al-tawhid/definition-terrorism.htm.
③ David C. Rapoport and Yonah Alexander(eds.), *The Morality of Terrorism: Religious and Secular Justifications*, 2nd ed., New York, NY: Columbia University Press, 1989, p. xvi.

据点的攻击，没有其他选择的情况下对任何侵略的报复"等。①

最后一个分歧是关于谁应该对中东地区发生的恐怖主义行为负责。美国认为，伊朗是解决巴以冲突的障碍，因为它支持主张反对以色列的真主党、哈马斯和巴勒斯坦伊斯兰圣战组织（杰哈德），通过赞助伊拉克民兵在伊拉克制造混乱和分裂，并通过培养亲伊朗的极端分子扩大对整个中东地区的影响力。而伊朗指责美国的中东政策是该地区恐怖主义活动蔓延的重要原因，比如美国支持以色列并在该地区扶植亲美的逊尼派国家。伊朗认为，恐怖主义滋生于帝国主义和西方殖民主义造成的"贫困、失业、歧视、耻辱和不公"之中，并批评美国在定义恐怖主义时使用双重标准。

伊朗对恐怖主义的定义侧重于宗教和人性的原则。伊朗认为，判断一项活动是恐怖主义袭击还是殉难行为，伊斯兰教应该是最重要的原则；"伊斯兰教认真谋求保护各种真正的人类自由，捍卫个人和社会的尊严，以及社会凝聚力和家庭的完整"，"伊斯兰教认为任何对无辜人民的攻击都是一项重大罪行"。②同时，伊朗强调行为人的意图，同情"弱者、谦卑者和被压迫者"。这就是为什么伊朗坚持哈马斯、杰哈德和真主党不是恐怖分子，而是为争取穆斯林权利而斗争的战士。但美国却认为这些组织是"恐怖组织"，它们的袭击活动造成了大量的平民伤亡。根据伊朗对恐怖主义的定义，"一切殖民主义行动，包括战争和军事考察、针对人民的一切独裁行为、一切违反人类实践的军事政策、旨在粉碎各国解放和独立决心的阴谋行为，以及所有破坏国际或国家经济状况的行动"，都应被视为恐怖主义。③

美国和伊朗在恐怖主义问题上分歧的一个典型例子是两国对"人民圣战者组织"的不同态度。该组织被伊朗认为是"恐怖组织"，但在美国看来是否为恐怖组织基于美伊关系的变化。"人民圣战者组织"成立于1965年，最早是由伊朗德黑兰大学的激进青年组成，他们主张通过武力暴动来反对巴列维王朝。这个组织推崇的思想是马克思主义与伊斯兰价值观的结合，这种思想也反映在该组织的命名上——"人民"和"圣战"。1971年，该组织秘密

---

① William Sammi, "Tehran, Washington, and Terror: No Agreement to Differ," *Middle East Review of International Affairs*, Vol. 6, No. 3, 2002, pp. 54 – 55.

② Muhammad Ali Taskhiri, "Toward a Definition of Terrorism," http://www.al-islam.org/al-tawhid/definition-terrorism.htm.

③ Muhammad Ali Taskhiri, "Toward a Definition of Terrorism," http://www.al-islam.org/al-tawhid/definition-terrorism.htm.

计划摧毁德黑兰的电网，但被巴列维的秘密警察侦破，最终导致该组织的很多成员被杀害，其中包括三名元老级成员。随后，"人民圣战者组织"继续坚持暴力袭击的方式，并将巴列维政府和西方人作为攻击目标。20 世纪 70 年代，他们发动了一系列针对外国人的袭击，其中包括 1973 年暗杀美国军官路易斯·霍金斯中校、1975 年暗杀保罗·沙弗上校和杰克·特纳中校。1976 年 8 月 28 日，"人民圣战者组织"还杀害了三位美国平民。因此，该组织被列入美国国务院的"恐怖组织"名单。

1979 年，"人民圣战者组织"的领导人马苏德·拉贾维与霍梅尼合作，加入了反巴列维的全国浪潮。由于该组织的政治思想中含有马克思主义元素，与霍梅尼"不要东方，不要西方"的政治主张不相符，"人民圣战者组织"一直不能进入霍梅尼的权力核心。"人民圣战者组织"在青年学生、知识分子、中小商人中较有影响，主张建立社会主义的"伊斯兰民主共和国"，主张暴力革命、政教分离，否定霍梅尼的地位。该组织曾在官方公报中称："霍梅尼先生太相信他的神圣性，认为所有对他的反对都是对真主的反对、对伊斯兰教的反对、对神圣《古兰经》的反对。尽管他认为他代表着十二伊玛目，但我们从来没有承认过他有这样的地位。"[①]

随着拉贾维竞选专家委员会成员失败，总统巴尼萨德尔与霍梅尼的对立加剧，"人民圣战者组织"开始与巴尼萨德尔联合，走向霍梅尼的对立面。1981 年 6 月 21 日，霍梅尼下令解除巴尼萨德尔的总统职务，关闭"人民圣战者组织"的办公室和媒体机构。"人民圣战者组织"随之提出武装斗争的口号，从此推翻伊斯兰政权成为该组织的首要政治目标。28 日，该组织用两枚定时炸弹将伊斯兰共和党总部炸成碎片，造成 72 名参会者死亡，其中包括伊斯兰共和党书记、最高法院院长贝赫希提，还有 4 名内阁部长、6 名内阁副部长、27 名议员。8 月 30 日，总理府又发生爆炸，新上任的总统和总理被炸死。9 月 15 日，总检察长科杜西被炸死。该组织随后又制造了多起爆炸事件，严重挫伤了伊斯兰政权的统治集团。针对"人民圣战者组织"的行为，伊朗政府进行了报复，大肆逮捕"人民圣战者组织"成员，巴尼萨德尔和拉贾维逃亡巴黎。"人民圣战者组织"的残余势力一部分逃到了欧洲，一部分逃到了库尔德斯坦地区，还有一部分跨越边界进入伊拉克，少量组织成员留在了伊朗，从事地下秘密活动，试图推翻伊朗现政权。巴尼萨德尔和拉

---

① Dilip Hiro, *Iran Under the Ayatollahs*, p. 189.

贾维流亡巴黎后，建立了伊朗全国抵抗委员会，该组织成为境外反伊朗势力的重要基地，它们试图模仿巴解组织。与此同时，伊朗全国抵抗委员会的政治主张也逐渐改变了"人民圣战者组织"的路线，不再坚持暴力革命，转而赞成西方的民主政治，提出建立世俗政府，举行民主选举，主张言论自由、男女平等、建立自由市场、尊重人权等。部分人仍然坚持马克思主义与伊斯兰相结合的思想，主张伊朗库尔德人自治。该组织因为反对伊朗现政府，受到美国的支持，逐渐不再被美国视为"恐怖组织"。但随着美伊关系的和解，该组织再次被美国称为"恐怖组织"。1986年，作为伊朗帮助西方国家解决黎巴嫩人质事件的回报，法国也决定驱逐"人民圣战者组织"的领导人，结束"人民圣战者组织"把巴黎作为西方基地的时代。

二 真主党的崛起与美国军事基地被袭

1983年4月18日，一辆载有大约400千克炸药的面包车在美国驻贝鲁特大使馆附近爆炸，造成63人死亡、120人受伤。10月23日，一辆卡车在美国驻贝鲁特国际机场海军陆战队总部爆炸，造成241人死亡、80人受伤。美国海军陆战队司令凯利将军说："这是美国历史上最大的恐怖袭击……1983年10月23日的恐怖袭击甚至超过了美国在越南战争和朝鲜战争期间最血腥的日子。"[①] 这两起事件都被美国认为是真主党在伊朗的支持下实施的。

事实上，真主党的崛起在某种程度上是美国亲以色列政策的产物。巴以问题产生以来，美国一方面支持巴以和谈，另一方面对以色列进行军事援助，使多次中东战争都以阿拉伯国家的失败而告终。美国支持下的以色列在巴以冲突中始终处于优势地位，巴勒斯坦和阿拉伯国家对此耿耿于怀。1982年，为了清剿巴解组织在黎巴嫩的据点，以色列向南黎巴嫩发动进攻，真主党由此崛起。正如时任领导人纳斯鲁拉称："要不是敌人走这一步（入侵），我不知道真主党是否会成立。"[②] 真主党诞生于黎巴嫩南部，是黎巴嫩什叶派抵抗武装的一部分。1969年，"阿迈勒运动"创始人穆萨·萨德尔（Musa Al

---

① Shaul Shay, *The Axis of Evil: Iran, Hizballah, and The Palestinian Terror*, New Brunswick, NJ: Transaction Publishers, 2005, p. 92.

② Amal Saad-Ghorayeb, Azza Karam and Ziauddin Sardar, *Hizbu'llah: Politics and Religion*, London: Pluto Press, 2002, p. 11.

Sadr）公开提出在黎巴嫩开展伊斯兰运动，希望与当局合作，扩大黎巴嫩什叶派民众的权利。由于当局不予理睬，1974 年他成立了"黎巴嫩抵抗集团－被剥削者运动"，该组织简称"阿迈勒运动"。在阿拉伯文中"阿迈勒"意为"希望"，该组织也被称为"希望运动"。1982 年，沙德尔的继任者纳比·贝里主张与黎巴嫩政府的主要领导人以及国内各派合作成立"民族拯救委员会"，共同反对以色列，但"阿迈勒运动"的副司令侯赛因·穆萨维对此表示反对，并带领一批人离开"阿迈勒运动"，成立了新的组织真主党。1982 年以色列入侵南黎巴嫩后，叙利亚驻黎巴嫩军队受到重创，据称在战争爆发的前三天里，叙利亚就损失了 102 架飞机和 61 名飞行员，其重要的地对空导弹防御系统也受到严重破坏，致使叙利亚军队退回叙黎边境。伊朗在经过叙利亚允许后立即派遣了 1500 名伊斯兰革命卫队成员来到贝卡谷地，其中既有实战经验丰富的军事指挥官和战士，还有长期从事宗教教导的高级教士，他们一方面提升了黎巴嫩什叶派武装力量的作战能力，另一方面向其灌输霍梅尼思想，对黎巴嫩什叶派激进势力的成长产生了重要影响。真主党建立后，"其首要目标是在黎巴嫩消灭殖民主义，赶走以色列，建立伊斯兰共和国。其最终目标是在整个中东建立一个伊斯兰国家，使伊斯兰教风行全世界"。① 该组织主张推翻黎巴嫩现政权，建立伊朗式的伊斯兰共和国，甚至希望与伊朗合并。

1982 年 6 月 6 日，以色列入侵黎巴嫩，三天内推进到贝鲁特郊区。8 月，800 名美国海军陆战队队员被派往黎巴嫩，与法国和意大利组成国际联合部队。9 月 10 日，随着局势缓和，国际联合部队撤出，美国海军陆战队也离开黎巴嫩，回到地中海的美国战舰上。16 日至 18 日，随着以色列占领西贝鲁特，屠杀巴勒斯坦和黎巴嫩平民，法国、意大利和美国再次组成国际联合部队。

刚开始，多国部队受到了当地民众的欢迎，但到了 1983 年春天，氛围出现变化。4 月 18 日，美国驻黎巴嫩大使馆被炸，造成 63 人死亡，其中 17 人是美国人，美国将使馆业务转移到英国使馆。随后针对多国部队的袭击开始变得频繁，贝鲁特的政治军事形势进一步恶化。8 月 10 日和 11 日，约有 35 轮迫击炮和火箭弹射向美国驻地，一名海军士兵受伤。19 日，4 名海军士兵

---

① 彭树智主编，王新中、冀开运著《中东国家通史·伊朗卷》，商务印书馆，2002，第 380 页。

受伤,当时一支美国军队被汽车炸弹袭击。法国军队总部也受到卡车炸弹袭击。美国国防部调查报告显示,1983年3月至5月,超过100份情报警告驻扎在贝鲁特的美军将受到汽车炸弹袭击,但缺少何时袭击、怎样袭击等关键信息。8月到10月,美国收到洪水般的袭击警告。①

三 伊朗被列入"支持恐怖主义国家"名单

1983年11月,美国总统任命拉姆斯菲尔德代替大使麦克法兰作为总统特使出使中东。同时,美国国防部成立了针对1983年10月23日贝鲁特国际机场恐怖袭击调查委员会,委员会到黎巴嫩、以色列、西班牙、联邦德国、意大利和英国采访了超过125位目击者,这些目击者既有国家政策的制定者,也有黎巴嫩武装部队人员,并查阅了华盛顿相关机构的档案,这些档案涉及国务院、国家安全委员会、中情局、联邦调查局的相关行动。委员会的成员包括:担任主席的海军上将罗伯特·L.J. 朗(退休)、海军部前副部长罗伯特·J. 默里、海军陆战队的陆军中将劳伦斯·斯诺登(退休)、空军中将尤金·F. 泰伊、陆军中将约瑟夫·T. 帕拉斯特拉。

1983年12月20日,贝鲁特国际机场恐怖袭击调查委员会发布报告。该报告提出了五点意见。第一,10月23日事件发出了一个政治信号,即反对美国在黎巴嫩的存在。美国海军陆战队总部大楼之所以成为袭击目标,一方面是因为总部大楼的象征意义,另一方面是美国的军事人员在此地非常集中。第二,在黎巴嫩,传统形式的战争非常少,战争与和平之间的界限越来越模糊,暴力在改变政治对手的境况中扮演重要角色。恐怖主义为暴力提供了一种权宜之计,可以以最小代价改变政治形势。② 黎巴嫩境内有各派系的正规军队、游击队、私人武装和各种各样的恐怖组织。这些恐怖组织公开或秘密地受到一些国家、政治宗教派别或其他恐怖组织的支持。第三,很多国家在黎巴嫩的政治斗争中有巨大利益,这些国家使用恐怖主义作为获取政治目的的工具,"支持恐怖主义国家"正在大量增加,尤其是在中东地区。美

---

① "Report of The DOD Commission on Beirut International Airport Terrorist Act, October 23, 1983," December 20, 1983, p. 3, https://irp.fas.org/threat/beirut-1983.pdf.

② "Report of The DOD Commission on Beirut International Airport Terrorist Act, October 23, 1983," December 20, 1983, p. 127, https://irp.fas.org/threat/beirut-1983.pdf.

国国务院指出,"1972~1982年,有140个恐怖主义事件是由民族国家政府直接指挥,其中90%发生在1980~1982年,更重要的是85%涉及中东恐怖主义者"。① 因此,调查委员会认为,流行于中东地区的国际恐怖主义活动是一种在世界范围引起恐慌的现象,它对美国人员和设施的威胁进一步增加。第四,冲突表现在三个层面——常规战争、游击战争、恐怖袭击,恐怖主义是有明确政治和军事目标战略的。恐怖主义者本身可以成为一些国家的代理人,但这些国家可以轻易地否认其与恐怖主义者的关联性。"支持恐怖主义国家"对美国政策、人员、设施的安全构成严重威胁,因此应该引起军事政策制定者的关注。国防部需要意识到"支持恐怖主义国家"的重要性,必须采取适当措施来应对。第五,"支持恐怖主义国家"是战争的重要组成部分,对这一威胁不断上升的充分回应,需要一项积极的国家政策,这项政策将寻求阻止袭击或减少袭击的有效性。报告认为,这项政策需要得到政治和外交行动的支持,以及广泛、及时的军事回应。②

美国国防部调查委员会的最终结论是:"10月23日的袭击是一起恐怖主义事件,受到主权国家或有组织政治实体的支持,目的是击败美国在黎巴嫩的目标。"调查委员会认为,"之前的恐怖主义定义不包括主权国家,在这次袭击中,叙利亚和伊朗间接卷入,事实上恐怖主义应该包括使用代理人直接或间接卷入恐怖袭击的行动。"③

1983年10月23日事件使"支持恐怖主义国家"的概念越来越清晰。1984年1月19日,伊朗被美国国务院正式认定为"支持恐怖主义国家"。此外,里根政府颁布了一系列针对恐怖主义的积极政策。4月3日,美国发布第138号国家安全令(National Security Decision Directive 138,NSDD 138),使美国对恐怖主义的报复性惩罚进一步升级。该令主张进行国际合作共同反对恐怖主义,同时提高支持或利用恐怖主义国家的成本和风险,预防恐怖主义的发生。第138号国家安全令颁布后,美国对恐怖主义采取了更为积极的预防性措施和先发制人战略。1984年,舒尔茨指出:"我们必须在这个国家

---

① "Report of The DOD Commission on Beirut International Airport Terrorist Act, October 23, 1983," December 20, 1983, p. 127, https://irp.fas.org/threat/beirut-1983.pdf.

② "Report of The DOD Commission on Beirut International Airport Terrorist Act, October 23, 1983," December 20, 1983, pp. 125-129, https://irp.fas.org/threat/beirut-1983.pdf.

③ "Report of The DOD Commission on Beirut International Airport Terrorist Act, October 23, 1983," 20 December 20, 1983, pp. 122-125, https://irp.fas.org/threat/beirut-1983.pdf.

达成共识，即我们对恐怖主义的反应应该超越被动防御，考虑采取积极的预防、先发制人和报复手段。"① 舒尔茨因此被《华尔街日报》的一位编辑称为"布什主义之父"，因为他在"9·11"事件之前就主张先发制人，使用武力对付恐怖分子，而且还主张用武力对付支持、训练或庇护恐怖分子的国家。在发布第 138 号国家安全令后，美国政府的反恐立场更加强硬，国内主张用军事手段应对恐怖主义的呼声也越来越高。第 138 号国家安全令被形容为"政府官方对恐怖主义采取制裁路径的重要转变"。②

第三节　美国对伊朗单边制裁的推进

20 世纪 70 年代和 80 年代，美国反恐政策的重要内容之一是打击"支持恐怖主义国家"。在 80 年代和 90 年代，伊朗被认为应对一系列爆炸、绑架和暗杀事件负责。美国认为，从贝鲁特到布宜诺斯艾利斯，从黎巴嫩到阿根廷，真主党的秘密活动针对的是世界各地的西方和以色列目标，而背后的主使正是伊朗。随着伊朗被列入"支持恐怖主义国家"名单，美国启动了对伊朗的反恐制裁。由于当时正值两伊战争时期，为了防止伊朗获胜，美国放松了对伊拉克的制裁并将其从"支持恐怖主义国家"名单上去掉，同时加强对伊朗的制裁。美国不仅根据国内的相关法律启动了对伊朗的反恐制裁，而且为了加强制裁效果发动了"坚定行动"，呼吁其盟友一起对伊朗进行武器禁运，进一步推动对伊朗的制裁。

一　对伊朗实施反恐管制

伊朗人质危机结束后，美国和伊朗的关系仍然处于断交状态。《阿尔及尔协定》虽然取消了美伊贸易禁令，但美国国内反对从伊朗购买石油的呼声仍然很强烈。1982 年 6 月 21 日，参议员塞瑟向美国国会提交了《反恐怖主

---

① Donna G. Starr-Deelen, *Presidential Policies on Terrorism: From Ronald Reagan to Barack Obama*, p. 47.

② Donna G. Starr-Deelen, *Presidential Policies on Terrorism: From Ronald Reagan to Barack Obama*, p. 55.

义石油获取法》，该法案要求美国不要从伊朗和利比亚进口石油。法案提出的背景一方面是1979年伊朗人质危机；另一方面是美国最近通过第三方购买了180万桶石油，伊朗从美国获得约5310万美元的石油收益。对此，塞瑟指出这是违反原则的事情，因为伊朗用美国购买石油的钱来与伊拉克开战、拒不讲和，而且对美国盟友以色列产生威胁。[1]

1984年1月13日，美国国务卿乔治·舒尔茨指责伊朗参与了1983年10月对美国驻黎巴嫩贝鲁特国际机场海军陆战队军营的轰炸。1月19日，伊朗被列入"支持恐怖主义国家"名单，因此其自动适用于反恐制裁的条款。该名单由美国国务院制定，由财政部对外资产办公室负责实施。制裁内容包括禁止向伊朗提供外国援助赠款、农业赠款和贸易信贷；限制向伊朗转让弹药，并禁止伊朗使用美国的信贷担保或其他财政援助来获得弹药；指示国际银行和其他金融机构的美国董事投票反对向伊朗提供贷款或其他计划。3月30日，美国商务部对伊朗实施了反恐管制，禁止出口所有飞机，包括超音速飞机和滑翔机、直升机、有关零部件，以及为国家安全目的而受管制的所有货物和技术数据；如果是用于军事用途，即使有有效许可证，被拒绝的概率也非常高。

美国对伊朗的反恐制裁主要是依据国内通过的几个重要法律，其中之一为1979年《出口管理法》，该法主张通过出口管制来鼓励其他国家采取措施，防止其援助、鼓励或庇护指挥、支持或参与国际恐怖主义的个人和实体。出口管制政策最早是美国在战时的一项重要政策，二战后成为美国外交政策的重要内容之一。根据《出口管理法》的规定，对于"支持国际恐怖主义国家"，如果美国国务院发现这些国家向国际恐怖主义活动反复提供支持，或者向这些国家出口会大大增强其军事能力，或者提高它们支持恐怖主义活动的能力，国务院和国务卿在向这些国家签发出口的货物和技术价值超过700万美元的许可证时，应当报告众议院外交委员会和参议院银行、住房和城市事务委员会。

美国对伊朗实施反恐制裁的另一法律依据是1976年《武器出口管制法》，该法是对1961年《对外援助法》（The Foreign Assistance Act）和《对外军售法》（The Foreign Military Sales Act）（由前总统福特于1976年6月30日签署成为法律）的修订。该法主要是为了授权外国军事拨款而制定，其中

---

[1] "Anti Terrorist Petroleum Acquisition Act of 1982," *Congressional Record – Senate*, June 21, 1982.

4项条款规定了国会对武器销售的监督，并终止了军事援助补助。该法限制美国向一些国家出售武器，如果这些国家由于种族、宗教、性别或国籍歧视美国人，向国际恐怖分子提供庇护，违反与美国的军事援助协议等，还禁止向否认人权的国家出售武器。在1976年《武器出口管制法》颁布之前，所有出售价值2500万美元以上的国防物品或服务的交易都必须由总统报告给国会。国会随后有20天时间决定通过或否决出售计划，不过在紧急情况下总统可以放弃或拒绝这段等待时间，但总统会被要求提交季度报告帮助国会作出这些决定。①

此外还有1977年《国际金融机构法》（The International Financial Institutions Act）和1974年《贸易法》（The Trade Act）。金融制裁一直是美国维护其国家利益、打击和遏制敌对势力的重要手段，力图使被制裁者在短时间和最大范围内丧失对美元等金融资产的控制，且无法获得相关金融服务，陷入经济困境和孤立。其主要表现为对金融资产和金融交易的冻结、限制甚至剥夺，使被制裁者丧失活动资金，削弱其经济实力，迫使其停止有关活动接受制裁条件。② 根据1977年《国际金融机构法》，美国政府在国际复兴开发银行、国际开发协会、国际金融公司、美洲开发银行、非洲开发基金和亚洲开发银行拥有一定的发言权和投票权，可以支持向一些国家提供援助，同时反对向为一些实施国际恐怖主义行为的个人提供庇护的国家和政府进行援助。③ 根据1974年《贸易法》，美国商务部对伊朗的反恐管制包括：禁止外国或国际机构向伊朗提供援助；指示美国在国际金融机构的董事反对向伊朗提供贷款。

二 "坚定行动"与武器禁运

自两伊战争以来，美国担心伊朗获得胜利，对伊拉克不断进行情报援助。1983年美国军事基地被袭后，两伊战争也进入了新的阶段。1983年2月6日，伊朗动员30万大军发动了"曙光"行动，向伊拉克推进，这也是两国发生战争以来最大的一次军事行动。伊朗很快夺回了被伊拉克占领的苏布

---

① Cristy Passman, "International Security Assistance and Arms Export Control Act of 1976," *The International Trade Law Journal*, Vol. 2, No. 2, 1977, pp. 169–177.
② 黄风：《金融制裁法律制度研究》，中国法制出版社，2014，第81页。
③ "The International Financial Institutions Act of 1977," Public Law 95–118, October 3, 1977.

拉、萨法里亚和拉希迪亚三个边境哨所，三天内收复失地达 300 平方公里，同时还进入伊拉克境内，占领了伊拉克的三个哨所。4 月 10 日到 14 日，伊朗又占领了伊拉克 30 平方公里的土地。16 日，伊朗宣布"曙光"行动获得了胜利。20 日，伊拉克新闻部部长拉蒂夫·贾西姆对外发表讲话，提出停火的四点建议：立即停火；两国武装部队分别撤回各自的边界线以内；在边界上部署一支伊斯兰国际部队监督停火；由伊斯兰会议组织、不结盟运动和联合国单独或共同派出一个仲裁委员会来研究双方之间的冲突。① 但伊拉克的建议遭到伊朗拒绝。7 月 22 日，伊朗发动了"曙光"2 号行动，很快其先头部队向伊拉克境内推进了 15 公里。28 日，伊朗在中部战线发动了"曙光"3 号行动，利用战场上夺回来的坦克以及能够买到的武器，不断向伊拉克腹地进发。

为了防止伊朗战胜伊拉克，阻止伊朗获取武器，美国从 1983 年春开始采取"坚定行动"（Operation Staunch）。在两伊战争中，由于西方国家向伊拉克售卖武器，伊朗多次宣称将封锁霍尔木兹海峡以示抗议。伊拉克袭击运输伊朗原油的船只后，伊朗开始采取报复行动，袭击科威特、沙特的船只，因为它们在两伊战争中支持伊拉克。袭击船只影响到海湾的所有航运，因此美国主张采取多边行动，联合他国阻止伊朗获得武器、有关零部件和任何双重用途物品，防止伊朗在两伊战争中获胜，保护海湾正常的石油航运。"坚定行动"是美国为阻止其他国家向伊朗出售武器而采取的为期三年的外交政策。美国认为："伊朗很显然想继续获取武器装备……和伊拉克从苏联、法国和其他国家购买的武器相比，伊朗购买的武器很大一部分是过时的，质量也很差。伊朗购买武器来源也不稳定，经常会停止交易，这使伊朗的武器计划更复杂……伊朗很难弄到想要的高品质武器，也没有稳定的来源，这影响到它能否在战争中获胜……它不能保证它的防卫能力，因为它经常缺少武器装备，不像伊拉克……我们可以通过这种努力（"坚定行动"），限制伊朗在战场获胜的能力。"② 为了限制武器流向伊朗，美国每月都有两三次"官方抗议活动"，试图阻止外界向伊朗运送武器。时任驻欧洲大使的理查德·费尔班克斯（Richard Firbanks）曾在一周内专程前往欧洲多个国家，试图阻止其

---

① 吴成：《两伊战争》，线装书局，2009，第 118 页。
② Michael Eisenstadt, "Can the United States Influence the WMD Policy of Iraq and Iran?" *The Nonproliferation Review*, Vol. 7, No. 2, 2000, p. 67.

对伊朗的军售。此外，舒尔茨等人还直接呼吁伊拉克的主要供应商苏联官员向东欧国家和朝鲜施压，让它们停止与伊朗的贸易。该行动取得了几次成功，也经历了许多挫折。美国曾阻止韩国、意大利、葡萄牙、西班牙和阿根廷向伊朗军售的计划。接受美国外援的韩国被劝说不再与伊朗签署重大武器合同；1985年意大利放弃了向伊朗出售海雷和大炮的计划；葡萄牙停止向伊朗出售弹药；西班牙取消向伊朗出售驱逐舰；阿根廷也在1984年取消了向伊朗出售两艘驱逐舰的计划。

对于美国的"坚定行动"，英国的态度是：（1）应该坚持拒绝向任何一方（伊朗或伊拉克）提供任何致命装备；（2）在这一前提下，应当努力履行现有的合同和义务；（3）今后不应批准任何国防设备的订单，因为这些订单将大大提高双方延长或加剧冲突的能力；（4）根据这一政策，应继续严格审查所有向伊朗和伊拉克提供防御设备的出口许可证申请。① 尽管如此，英国与伊朗的武器交易并没有受到太大影响，因为这些态度是"宣言性的"，而不是"行动政策"，旨在保护和提高英国在海湾地区的地位，在保持外交和贸易联系的同时不与任何一方对立。在两伊战争期间，尽管美国采取了"坚定行动"，要求其他国家不要向伊朗出售武器，但英国的武器仍然流向伊朗，其中位于威斯敏斯特市中心的伊朗军事采购办公室（Iranian Military Procurement Offices，IMPO）在购买武器过程中起了很大作用。该办公室位于维多利亚街4号的一栋大楼里，这栋楼毗邻英国贸易与工业部，离威斯敏斯特大教堂、议会大厦和英国政府中心都很近。据称，伊朗军事采购办公室曾策划与世界各地的中间商和供应商达成数百万美元，有时甚至数十亿美元的军火交易。事实上，英国在德黑兰一直有一个国际军事服务办公室（International Military Services，IMS），这是一个由英国政府拥有的私人武器公司。在两伊战争时期，该办公室称其工作是解决与伊朗伊斯兰革命前的合同问题，而不是寻求新的业务。②

由于后来"伊朗门"事件被揭露，美国限制盟国向伊朗出售武器的国际

---

① Daniel Salisbury, "Arming Iran from the Heart of Westminster? The Iranian Military Procurement Offices, Rumours and Intelligence, 1981 – 1987," *Intelligence and National Security*, Vol. 35, No. 7, 2020, p. 1042.

② Daniel Salisbury, "Arming Iran from the Heart of Westminster? The Iranian Military Procurement Offices, Rumours and Intelligence, 1981 – 1987," *Intelligence and National Security*, Vol. 35, No. 7, 2020, p. 1043.

公信力下降。1987年8月19日，为维持对伊朗的武器禁运，美国国家安全委员会专门召开了一次关于"坚定行动"的会议，会议决定将由国务院负责重振"坚定行动"。具体事务由副国务卿德温斯基负责，建议立即建立跨机构的"坚定行动"委员会（The Operation Staunch Committee）。其目的是：(1) 搜集、整理、评估和提供所有关于伊朗武器获取的可靠情报；(2) 制定一种有效的方案，帮助甄别外国政府应该拒绝向伊朗出售什么武器及材料；(3) 在情报机构内以最快的方式确认这些材料，以便为政府对他国劝说提供足够的信息。"坚定行动"委员会的成员来自国务院、国防部、中情局、司法部、财政部和国家安全委员会的代表。他们每两周开一次会，由德温斯基主持。该委员会的讨论如果不能达成一致，需要将各种意见包括反对意见一起上报给总统国家安全事务助理，从而形成最后的决议并执行。①

三 对化学物品的出口管制

随着伊朗在两伊战争中逐步占据优势，伊拉克为了改变战局，开始对伊朗军队使用化学武器。据英国报纸《观察家》披露，伊拉克于1976年开始在鲁巴特以东5公里的阿卡沙特设计并建造了秘密地下化学毒剂工厂，该厂于1978年正式投产。20世纪80年代初，伊拉克又从英、美等国大量进口既可以用来制造有机磷杀虫剂又可制造神经性毒剂的中间体。据一项调查报告，有27家西方公司直接或间接地帮助了伊拉克发展化学武器。伊拉克军队从1983年开始进入有计划地频繁使用化学武器的阶段。1983年全年，伊拉克用毒共34次。1~3月，伊拉克军队陆续对塞兰木兹、库尔德斯坦、沙尔哈尼、法克、木斯莱姆、沙马拉等伊朗阵地发射毒剂炮弹和毒剂迫击炮弹。8月开始，伊拉克除继续以炮兵进行化学袭击外，又频繁地出动飞机投掷毒剂炸弹，共10余次。如伊拉克8月8日在塔马琴、西维瑞斯、哈吉乌姆兰，8月9日在皮朗沙赫尔，10月25日在沙尔达斯特，11月7日在伊尔麦布、潘杰温等地均投掷了糜烂性毒剂炸弹，造成伊朗士兵500余人中毒。伊拉克于8月14日对库木塔奇高地的伊朗军队使用糜烂性毒剂袭击，造成伊朗士兵203人中毒，其中2人死亡。11月13日，伊拉克对北部阵线的潘杰温

---

① "Operation Staunch," National Security Council, August 19, 1987, Declassified NLS F97-107/1#24.

附近及戈尔麦布的伊朗部队实施化学袭击，造成 117 人中毒，其中 17 人死亡。1984 年 2~3 月，在两伊战场，伊拉克多次对伊朗较大规模地使用了化学武器。2 月 22 日，伊朗发动了"曙光"5 号行动，突然袭击伊拉克第三、四军防线的接合部。2 月 29 日到 3 月 1 日，行动进入第二阶段，其间伊拉克多次组织反击并用飞机接连洒下糜烂性毒剂芥子气，造成伊朗士兵 1816 人中毒。据外电报道，此次行动中，伊朗部队伤亡人数超过 2700 人。3 月 15~21 日，伊拉克军队又在约费尔、阿勒贝扎等地用飞机投放神经性毒剂，仅 21 日一次袭击即造成伊朗士兵 370 余人中毒。据称，16 日以前，伊拉克使用的是芥子气，17 日使用的是塔崩毒剂。据伊朗统计，1986 年至 1988 年 3 月，伊拉克军队用毒达 125 次，造成千人中毒伤亡。1988 年 3 月，伊拉克空军继续对伊朗边境的乡镇使用化学武器。16 日和 18 日，伊拉克对阿拉卜贾镇的化学攻击是两伊战争中规模最大的一次。伊拉克轰炸机向该地区大量投掷神经性毒剂、芥子气、氰化物毒剂炸弹，造成 5000 余人死亡、1 万余人中毒。①

1983 年 11 月 3 日，伊朗政府致函联合国，指控伊拉克使用化学武器。1984 年 1 月 30 日，伊朗常驻联合国代表又致函裁军谈判会议主席，递交了一份伊拉克在伊朗皮朗沙赫尔使用化学武器的报告，该报告对 1983 年 8 月 9 日伊拉克使用化学武器的情况做了描述，并附有毒伤者的照片。1984 年 3 月初，由于外电连续报道伊拉克使用化学武器的情况，联合国秘书长决定派出调查小组去伊朗调查。该小组由瑞典、西班牙、澳大利亚和瑞士的 4 位专家组成，于 13 日抵达伊朗进行现场调查。19 日，调查小组返回后提交了调查报告，证实了伊拉克使用化学武器的事实。1985 年 3 月，伊拉克大规模使用化学武器后，伊朗政府再次邀请外国记者访问德黑兰医院的伤员，并将其中的 70 名伤员送往欧洲各国的医院就医，以扩大政治影响力。4 月 25 日，在进一步调查证实后，联合国安理会发表了一项声明，强烈谴责伊拉克使用化学武器。除此之外，国际社会并没有因伊拉克使用化学武器而对其采取任何有效行动。

此时，美国仍在谋求与伊拉克改善关系，但在国际社会的压力下美国不得不明确表示，"美国不会允许自己在知情的情况下成为化学武器元素的来源"，"除了重申我们要求伊拉克禁止使用化学武器的紧急请求外，还应该告诉伊拉克人，我们坚决反对伊拉克试图从美国获得原材料、设备或专门知

---

① 康磊：《两伊战争：二战后最惨烈的化学战》，《环球军事》2004 年第 17 期，第 48~50 页。

识"。① 美国政府发表声明称，美国已停止向伊拉克运送违禁品，并限制向伊拉克销售化学前体。乔治·舒尔茨在其回忆录中提到，1983 年春开始的阻止武器流入伊朗的"坚定行动"也适用于伊拉克的化学武器问题。他指出，在"坚定行动"下，美国于 1984 年 6 月说服意大利人停止向伊拉克运送武器，华盛顿承诺在此期间停止与化学武器有关的物品的流动。总统里根在签署的一份文件中声明："美国政府谴责在两伊战争中使用化学武器弹药的政策是明确的，符合 1925 年《日内瓦议定书》。我们对交战国使用化学武器进行谴责，同样也反对伊朗在最近的进攻中所采取的残忍和不人道的战术。"② 美国商务部于 7 月 31 日限制向这两个国家出口 13 种化学品，这些化学品可用于制造芥子气和其他致命物质。

在两伊战争中，伊拉克的化学武器攻击对伊朗产生了重要影响。正如丘斯特·希特曼评价说："如果伊朗有一个积极的大规模杀伤性武器计划，即便是处于休眠状态，（国际社会的冷淡反应）也会使其成为这种冷漠无可争议的遗产……原因在于伊朗建立在两伊战争中被抛弃的认知，这种认知是：在面对伊拉克的大规模杀伤性武器时，没有人会保护你，除非你拥有同样的威慑力。"③ 国际社会的漠然也让伊朗耿耿于怀，拉夫桑贾尼说："生化武器是穷人的原子弹，也很容易制造，我们应考虑用它来加强国防。尽管使用这些武器不人道，但战争教我们认识到国际法庭仅是一纸空言。"④ 也正是在两伊战争后，伊朗开始了加强国防实力的努力，其中包括发展大规模杀伤性武器和寻求核技术。

小　结

美国与伊朗在反恐问题上的冲突是世界大国与地区大国之间的不对称斗

---

① David M. Walker, "'An Agonizing Death': 1980s U. S. Policy on Iraqi Chemical Weapons During the Iran – Iraq War," *The Journal of the Middle East and Africa*, Vol. 8, No. 2, 2017, p. 188.

② Max McCarthy, "Iraqi Irresponsibility," *New York Times*, April 5, 1984.

③ Joost R. Hiltermann, "Outsiders as Enablers: Consequences and Lessons from International Silence on Iraq's Use of Chemical Weapons During the Iran – Iraq War," Lawrence G. Potter and Gary G. Sick(eds.), *Iran, Iraq, and the Legacies of War*, New York: Palgrave Macmillan, 2004, p. 159.

④ Anthony H. Cordesman, "Threats and Non-Threats from Iran," in Jamal S. Al-suwaidi, *Iran and the Gulf: A Search for Stability*, The Emirates Center for Strategic Studies and Research, 1996, p. 276.

争，在深层次上反映的是两国对世界和地区秩序的不同理解和对国家利益的维护，其中制裁扮演了重要的角色。丹尼尔·拜曼认为，出于威慑原因，伊朗长期以来重视与"恐怖分子"的联系，伊朗"包围"了世界各地的美国大使馆，此举可能是为了确保在美国攻击时有能力反击。也有一些观察家认为，伊朗试图用其扣押的"基地"组织高级成员来换取美国在"人民圣战者组织"问题上的让步。① 事实上，美国对伊朗的反恐制裁不仅没有阻止伊朗对这些组织的支持，发展与这些组织的联盟关系，反而成为其抗衡美国的战略。为进一步遏制伊朗与这些组织的联盟，美国通过制裁立法加大对伊朗的制裁。虽然美国的制裁法案明确指出，只需满足几个条件即可将伊朗从"支持恐怖主义国家"名单上去除。然而，长期以来的美伊敌视已经让两国极度缺乏信任。美伊即使在反恐问题上互相让步，也不能在双方之间建立真正的信任，因为还有核问题、弹道导弹问题、人权问题等，美国在这些领域的制裁立法与其反恐制裁一起成为美伊之间建立互信的障碍。因此，任何一个问题的单独解决都不可能实现美伊关系的突破。正如阿巴斯·马利克和约翰·泰尔曼在《美国—伊朗的误解：对话》中所说："历史表明，只有当地区问题成为解决伊朗与美国之间战略分歧（如伊朗核僵局）的全面协议的一部分时，它才能被视为伊朗与美国关系的一个契合点。"②

对于制裁，一旦伊朗认为美国的目的在于颠覆其政权，伊朗与外部反美势力的联合就会越来越紧密。事实上，伊朗的反制裁宣传一直强调美国制裁的目的正在于此。在这种情况下，制裁与反制裁的斗争只会愈演愈烈，在反恐问题上的冲突也会随之加剧。而伊朗最高领袖"不要东方，不要西方，只要伊斯兰"的外交原则是其对世界秩序的最好诠释，有民族主义的独立原则，也有伊斯兰主义的坚持，还有来自第三世界反对大国霸权的历史悲情。阿里·法斯拉赫-内贾德认为："这与全球发展中国家的其他人民一样，第三世界主义是由伊朗人对侵犯其政治和经济自决权的外部影响的集体记忆所孕育的。"③

---

① Daniel Byman, *The Changing Nature of State Sponsorship of Terrorism*, Washington, D. C. : The Saban Center at The Brookings Institution, 2008, p. 25.
② Abbas Maleki and John Tirman, *U. S. – Iran Misperception: A Dialogue*, p. 105.
③ Ali Fathollah-Nejad, *Iran in an Emerging New World Order: From Ahmadinejad to Rouhani*, Singapore: Palgrave MacMillan, 2021, p. 94.

第四章
"伊朗门"事件：制裁与国家利益的冲突

自美国国务院将伊朗列入"支持恐怖主义国家"名单后，美国便开启了针对伊朗的反恐制裁。但随着两伊战争的进行，美国和以色列在对伊朗和伊拉克的政策上出现了变化。伊朗人质危机后，美国倾向于改善与伊拉克的关系，而以色列更倾向于发展与伊朗的关系，希望将两国关系恢复到巴列维王朝时期的状态。此时，由于美国人在黎巴嫩不断被绑架，在以色列的撮合下美国将武器出售给急需战略物资的伊朗，以换取伊朗帮助释放美国人质。美国出售武器的收益最终被转移到尼加拉瓜反政府组织，以推翻苏联支持下的桑迪诺政府。这一事件被称为"伊朗门"事件，该事件的发生在美国国内引起了震动。因为美国制裁的依据是美国认为伊朗支持"国际恐怖主义"威胁到本国利益，但为了解救被困在黎巴嫩的人质，美国无视曾经对伊朗的指认和武器禁运的禁令。美国对伊朗的制裁在国会也有立法基础，如《出口管理法》《对外援助法》《武器出口管制法》等。美国政府为了顺利向伊朗出售武器绕过了国会，并在调查中做伪证，干预司法，被反对者认为是违反了国家宪法体系。这在一定程度上反映了美国国会和行政机构在外交政策上的分歧。事实上，制裁伊朗本身是美国对伊政策分歧的一种折中，而且制裁本身并不能代表整体国家利益，在某种程度上仍需服务于国家大战略，如美国对苏联的冷战。

第一节 美国武器换人质计划的谋划

20世纪80年代，美国海外军事基地和人员频繁遭到激进势力的袭击，在美国驻黎巴嫩军事基地被炸后，美国人再次成为被绑架的对象。其原因之一在于 80 年代美国采取了偏袒以色列的政策，并默许以色列入侵黎巴嫩。阿拉伯人为了报复美国和以色列，不断绑架在黎巴嫩的美国人。时值两伊战争，伊朗急需先进的武器及其零配件，在以色列的撮合下美国通过向伊朗出售武器换取伊朗帮助解救人质。

一 黎巴嫩人质事件

1982 年 6 月 6 日，以色列以巴勒斯坦激进分子企图暗杀以色列驻英国大使施莫罗·阿尔戈夫为由入侵黎巴嫩，希望一举消灭在那里的巴解组织。这次入侵造成 2 万黎巴嫩民众丧生，45 万人流离失所。9 月，一支黎巴嫩基督教民兵部队进入贝鲁特的巴勒斯坦难民营，在以色列的默许下，数千名平民难民被杀害，难民中大多数是什叶派。也正是在这一背景下，伊朗支持下的黎巴嫩真主党成立。"面对强大的以色列对手，什叶派迫切需要一个外部盟友，德黑兰更愿意扮演这个角色，与其说是为了表现其反以色列情绪，不如说是为了在阿拉伯国家找到一个据点。"① 真主党成立后于 1983 年先后对在黎巴嫩的西方多国部队驻地发动炸弹袭击。在随后几年里，真主党绑架了几名美国和其他西方国家公民作为人质。

1982 年，伊朗四名高级官员被基督教方阵武装（Christian Phalanges Militia）绑架。伊朗认为绑架背后有美国的支持，1982 年 7 月，贝鲁特美国大学校长戴维·道奇被绑架。一开始这件事被认为只是一个孤立事件，事实上这正是系列绑架事件的开始。1983 年 12 月，基地设在伊朗的伊拉克达瓦党在科威特策划了一系列袭击，尤其是对美国和法国大使馆的袭击。随后，21 名嫌犯被逮捕，其中 17 名是黎巴嫩达瓦党成员，而且在这些被捕人员中有两位是真主党高级领导人的近亲。为了帮他们获得自由，1984 年 2 月、3 月和 5 月，真主党先后绑架了 5 名西方国家公民作为人质。其中，3 月 7 日美国有线新闻网贝鲁特分社社长杰里米·莱文被绑架；3 月 16 日美国中情局驻黎巴嫩站站长威廉·巴克利被绑架；5 月 8 日在黎巴嫩首都居住了 30 年的长老会牧师本杰明·威尔被绑架。巴克利的被绑架引起了美国中情局局长凯西的特别关注。当时有人怀疑，巴克利正在遭受酷

---

① Trita Parsi, *Treacherous Alliance: The Secret Dealings of Israel, Iran, and the United States*, New Haven and London: Yale University, 2008, p. 111.

刑,凯西不遗余力地想救他回来,事实上他于1985年6月3日在伊朗去世。1984年3月,被捕的黎巴嫩籍嫌犯有5名被判处死刑。12月4日,为了报复,4名达瓦党成员劫持了一架科威特客机。随后法国、英国、德国和美国公民不断被伊斯兰吉哈德组织和真主党绑架,其目的也是争取释放被逮捕的达瓦党成员和其他被捕的嫌犯。

1984年9月,美国国务院指责伊朗继续支持恐怖主义的行为,对向伊朗出口飞机、飞机零部件和大功率舷外发动机实施新的限制。国防部还禁止向伊朗提供所有旨在"军事最终用途或最终用户"的商品和技术。美国政府在对付恐怖分子方面采取了越来越强硬的公开立场。10月25日,国务卿舒尔茨在纽约呼吁对恐怖分子采取"迅速而可靠的措施",既要防止恐怖袭击,又要对恐怖分子进行报复。然而,劫持人质事件仍在继续。1985年,4名美国人被绑架:1月8日贝鲁特天主教救济服务主任劳伦斯·马丁·詹科神父被绑架;3月16日美联社中东首席通讯员特里·安德森被绑架;5月28日和6月9日,贝鲁特美国大学医院院长大卫·雅各布森和贝鲁特美国大学农学院院长托马斯·P. 萨瑟兰分别被绑架。在这段时间里,关于解救人质的唯一积极进展是2月13日杰里米·莱文获得了自由。在莱文获释前后,国家安全委员会与参谋长联席会议成立了一个跨部门的人质定位工作队。

1985年6月14日,两名什叶派黎巴嫩武装分子劫持了从雅典飞往罗马的环球航空公司847航班。机上共有153名乘客,其中包括135名美国人。劫机者杀害了美国海军潜水员罗伯特·斯特森,要求以色列监狱释放700多名黎巴嫩什叶派穆斯林,还要求科威特、西班牙和塞浦路斯监狱释放更多什叶派穆斯林。被劫持的飞机从阿尔及利亚飞到黎巴嫩,然后又飞回。很快,美国电视台播放了对人质家属及遇难者家属的采访。家属表示,他们对里根政府对劫机事件的反应感到失望,要求解决此事而不发生更多流血事件。在幕后,里根政府试图让以色列加快释放在黎巴嫩抓捕的什叶派穆斯林。以色列虽然不想向黎巴嫩武装分子屈服,但最终还是释放了被关押在以色列的735名什叶派穆斯林。以色列政府声称,这两者之间没有联系,释放行动是在劫机事件之前就计划好的。被劫持航班的部分乘客在阿尔及尔被释放,其余的仍被囚禁在贝鲁特的不同地方。美国政府下令对其反恐政策进行审查,还成立了由副总统领导的反恐特别工作组。总统国家安全事务助理罗伯特·麦克法兰公开表示:"我的目的是提醒恐怖分子,让他们时刻注意,任何针对美国人的暴力行为都要付代价。"① 国务卿舒尔茨和国家安全委员会主张美国应该对劫机事件进行武力报复，但这一建议没有被采纳，可能是因为 7 名美国人仍被囚禁在贝鲁特。1985 年 6 月 30 日，里根总统发表了讲话："美国对恐怖分子不给予任何保护和保证，我们不做任何让步，我们不做交易。"② 然而 7 个月后，他授权向伊朗出售武器。

二 以色列促成美国与伊朗的武器交易

两伊战争时期，美国的"坚定行动"要求国际社会禁止向伊朗出售武器。对于伊拉克，美国则是另一种态度，更倾向于发展与伊拉克的关系。1981 年 4 月，里根政府刚刚组建，国务卿黑格就派遣副助理国务卿莫里斯·德雷珀前往巴格达。这次访问打破了自 1967 年以来两国关系的僵局。双方就地区问题和贸易关系等交换了意见，美国保证其武器不会流向伊朗。伊拉克刚开始并不信任美国，但 1981 年 4 月伊朗空军出人意料地向伊拉克西部发动远程空袭，炸毁了伊拉克地面上的许多飞机。伊朗的暂时胜利促使伊拉克开始向美国倾斜。1982 年 2 月，为向伊拉克示好，美国宣布将把伊拉克从"支持恐怖主义国家"名单中剔除。3 月，美国中情局局长凯西密访巴格达，评估两伊战争局势，为美国向伊拉克进行军事援助和分享卫星情报铺平了道路。1983 年 10 月，美国在两伊政策上不再持中立态度，不仅向伊拉克直接提供武器，而且还向伊拉克提供伊朗军事活动的情报。12 月 19 日，总统特使唐纳德·拉姆斯菲尔德会见了伊拉克副总理兼外交部长塔里克·阿齐兹。拉姆斯菲尔德指出，美国与伊拉克"相似之处多于不同之处"。1984 年，两国建立全面外交关系。

相比于伊拉克，以色列则更倾向于发展与伊朗的关系，希望将两国关系恢复到巴列维时期的状态。在"伊朗门"事件中，以色列起到了重要作用，它积极地在美国与伊朗之间穿针引线，促成了美国向伊朗出售武器。以色列

---

① Daniel K. Inouye and Lee H. Hamilton, "Report of the Congressional Committees Investigating the Iran – Contra Affair with Supplemental, Minority, and Additional Views," Committee of the Whole House on the State of the Union, November 17, 1987, p. 160.

② Daniel K. Inouye and Lee H. Hamilton, "Report of the Congressional Committees Investigating the Iran – Contra Affair with Supplemental, Minority, and Additional Views," Committee of the Whole House on the State of the Union, November 17, 1987, p. 157.

对伊朗的倾向性是主要是基于政治和战略的考虑。

第一，以色列庞大的军工企业是其经济与国防发展不可或缺的组成部分，而伊朗是以色列重要的武器输出国。以色列自独立后与中东地区的阿拉伯国家发生了四次大规模战争，为了保持对埃及、叙利亚、约旦和伊拉克的国防优势，不得不在国防上花费巨大。以色列的军工企业是一个非常庞大的行业，是以色列对身处阿拉伯国家包围中的危机反应。自 1948 年以来，以色列的国防开支稳步增长，其占国内生产总值的比重从 1954 年的 6% 上升到 1963 年的 11%，再上升到 1980 年的 25%。以色列 25% 的工业工人受雇于国防相关的行业，如果将军工辅助行业也包括在内，这个比例接近 40%，从业人数近十万人。到 1979 年，以色列在国防开支上花费约 42.5 亿美元，而埃及、叙利亚和约旦在国防开支上的总和才约 50 亿美元。[1]

为了保持对阿拉伯人的军事优势，以色列维持高额的军费预算。高额军费预算将占用国家经济发展所需的大部分资金，从而导致国防负担过重和经济疲软并存的局面。正如以色列银行的副行长谢弗尔所说，"问题是一旦国防开支超过一定的水平，就会出现当前国防开支和经济投资之间不平衡的问题，必须要牢记只有当前的投资才能保证未来的经济增长"。[2] 为了寻求国家安全与经济健康发展，国防产业开始在以色列经济中占据重要位置，军事装备和武器也成为以色列的主要出口产品，从而将国防负担转化为优势，并成为经济增长的基础。据称，以色列国防出口额占工业出口总额的比重较大，增长也很快。1967 年，除了钻石外，以色列工业出口产品中只有 6% 与国防相关，国防出口总值为 1400 万美元。1974 年国防出口占工业出口的 17%，出口总值为 1.7 亿美元。1978 年，国防出口占工业出口的 28%，为以色列带来了 5.5 亿美元的收入。[3]

虽然伊朗爆发了伊斯兰革命，建立了伊斯兰政权，但以色列从未停止向伊朗出售武器。法国《世界报》曾称，在两伊战争初期，伊朗进口武器的 80% 来自以色列，而且以色列军事技术人员帮助培训伊朗同行，以色列军事

---

[1] Mark Tessler, "Israel, Arms Exports, and Iran: Some Aspects of Israeli Strategic Thinking," *Arab Studies Quarterly*, Vol. 11, No. 1, 2016, p. 103.

[2] Mark Tessler, "Israel, Arms Exports, and Iran: Some Aspects of Israeli Strategic Thinking," *Arab Studies Quarterly*, Vol. 11, No. 1, 2016, p. 107.

[3] Mark Tessler, "Israel, Arms Exports, and Iran: Some Aspects of Israeli Strategic Thinking," *Arab Studies Quarterly*, Vol. 11, No. 1, 2016, p. 103.

顾问还经常去伊朗，甚至前往两伊战争前线获取战争的第一手资料，对伊朗的军事能力和武器装备作出评估，以便向伊朗提供所需武器。① 以色列政府一开始否认这一点，但时任国防部部长阿里埃勒·沙龙在1982年春天访问美国时公开承认了这一事实。有学者认为，以色列向伊朗出售武器不仅是为了获利，也是为了向其他地方的客户发出信号，表明它是一个可靠的供应商，不会对其出售武器的政权作出政治判断。② 因此，也有以色列学者，如伊斯雷尔·沙哈克认为，以色列有意向霍梅尼政权出售武器的根本原因是经济考虑，而不是战略考虑。

第二，以色列希望恢复与伊朗的友好关系，将其拉回到西方阵营，从而打破自己被阿拉伯人包围和孤立的状态。以色列前高级外交官迪恩·拉斐尔曾说："当以色列决策者意识到打破阿拉伯敌对之墙的努力注定要失败时，他们将目光转向别处，在墙外，以色列可以进入中东和非洲的一些重要国家，其中最重要的两个国家是伊朗和土耳其。"③ 不仅以色列国内的很多政治家和专家都视伊朗为"天然盟友"，而且他们相信，伊朗现政权只是暂时的，一个更加温和、适当的波斯政权最终将在伊朗重新上台，保持其与伊朗军事和商业界的长期联系符合以色列的利益。甚至有人认为，"我们应该小心不要切断与伊朗的联系，尤其是与伊朗军方的联系，事实上我们的一些专家认为伊朗军队可能很快就会掌权"。④ 而且，通过向伊朗出售武器来延长战争可以进一步激起伊朗国内的反战情绪，甚至内部骚乱，对伊朗国内政治产生影响，甚至出现政权更迭，从而将伊朗重新拉回西方的怀抱。1987年以色列国防部部长拉宾在一次记者招待会上说："伊朗是以色列最好的朋友，我们不打算改变我们对德黑兰的立场，因为霍梅尼政权不会永远存在。"⑤ 正如特里塔·帕尔斯引用以色列分析家的话："以色列和伊朗需要对方，一直都需要，而且

---

① 何志龙：《20世纪伊朗与以色列关系评析》，《世界历史》2007年第4期，第96页。
② Mark Tessler, "Israel, Arms Exports, and Iran: Some Aspects of Israeli Strategic Thinking," *Arab Studies Quarterly*, Vol. 11, No. 1, 2016, p. 114.
③ Mark Tessler, "Israel, Arms Exports, and Iran: Some Aspects of Israeli Strategic Thinking," *Arab Studies Quarterly*, Vol. 11, No. 1, 2016, p. 115.
④ Mark Tessler, "Israel, Arms Exports, and Iran: Some Aspects of Israeli Strategic Thinking," *Arab Studies Quarterly*, Vol. 11, No. 1, 2016, p. 119.
⑤ Trita Parsi, *Treacherous Alliance: The Secret Dealings of Israel, Iran, and the United States*, p. 128. See also Behrouz Souresrafil, *Khomeini and Israel*, London: Satrap Publishing, 1989, p. 114.

将永远保持不变。"①

此外，以色列在能源领域对伊朗仍有需求。1975年魏因鲍姆写道，"伊朗—以色列关系大多被石油经济和需求所掩盖"，"以色列不仅无法获得阿拉伯石油，这个犹太国家也很难从西方石油公司获得石油，因为许多西方石油公司害怕得罪阿拉伯人，而阿拉伯人控制了它们的大部分石油供应"。②而伊朗作为以波斯人为主体民族的国家，其与以色列的阿拉伯邻国在民族构成和宗教信仰上有所不同。此外，以色列还希望救出伊斯兰革命后滞留伊朗的犹太人，因为他们被禁止到"被占领的巴勒斯坦"旅行。在1967年第三次中东战争阿拉伯国家惨败后，伊朗虽然减少了对以色列的石油出口，但出口仍在继续，使以色列还有多余的石油出口。1973年，以色列向欧洲再出口伊朗石油2000万吨。20世纪70年代，伊朗仍是以色列的主要石油供应国之一。1989年11月，以色列外交部通知美国国务院，以色列恢复购买伊朗石油，以色列同意以3600万美元购买200万桶石油，作为确保伊朗帮助释放被关押在黎巴嫩的3名以色列战俘协议的一部分。尽管伊朗外交部否认参与此事，但很显然伊朗和以色列的秘密接触一直都存在。

第三，在两伊战争中，伊朗战败不符合以色列的利益。伊拉克和伊朗在以色列眼中是具有很大差别的：伊拉克是阿拉伯人统治的国家，信仰伊斯兰教逊尼派；伊朗是波斯人的国家，信仰伊斯兰教什叶派。一方面伊朗不是阿拉伯国家，另一方面什叶派与逊尼派自古以来存在一定的竞争性。而且伊朗在1979年以前是以色列的亲密盟友。伊拉克人从族缘和信仰上都与中东阿拉伯国家更亲近，在巴以冲突上也很自然倾向于巴勒斯坦的阿拉伯人。萨达姆上台后，伊拉克拒绝与以色列进行政治和解，1979年以色列和埃及和解后，伊拉克在阿拉伯国家中地位上升，以色列认为伊拉克对其产生了威胁，如以色列伊朗问题专家梅纳舍·阿米尔所说："伊拉克的彻底胜利将使萨达姆·侯赛因实现胜利的、扩张主义的、泛阿拉伯政权的领导，这是对以色列的直接军事威胁。"③

对以色列人来说，伊拉克获胜有可能加剧中东地区的反以色列主义，以

---

① Trita Parsi, *Treacherous Alliance: The Secret Dealings of Israel, Iran, and the United States*, p. 110.

② Mark Tessler, "Israel, Arms Exports, and Iran: Some Aspects of Israeli Strategic Thinking," *Arab Studies Quarterly*, Vol. 11, No. 1, 2016, p. 114.

③ Mark Tessler, "Israel, Arms Exports, and Iran: Some Aspects of Israeli Strategic Thinking," *Arab Studies Quarterly*, Vol. 11, No. 1, 2016, p. 119.

及引起巴勒斯坦的民族主义。他们认为如果伊朗在以色列的援助下获胜，那么伊拉克战败有可能使中东阿拉伯国家将注意力从巴以冲突转移到信仰什叶派的波斯人与信仰逊尼派的阿拉伯人的斗争上。因此，以色列向伊朗出售武器的政策，在某种程度上是对两伊战争、巴勒斯坦问题以及对整个阿拉伯世界影响进行评估后的结果。当然，以色列更希望看到伊朗和伊拉克两国都不断削弱。时任以色列外交部部长大卫·金奇曾说："我们最大的希望是，双方（伊朗和伊拉克）将相互削弱，以至于它们两个都不会对我们构成威胁。"①

第四，以色列希望向美国证明，以色列不是美国的"战略包袱"，而是美国的"战略资源"。为了维持中东地区的战略平衡，美国一方面与以色列保持一种特殊关系，另一方面也在积极发展与中东地区其他国家的关系，在阿拉伯国家中寻找盟友，建立军事同盟。而阿拉伯国家在某种程度上也想破坏美国和以色列之间存在的特殊关系。法国在1967年第三次中东战争之前是以色列的主要武器供应商，但战争后选择了一种亲阿拉伯的路线，美国是否会走同样的路线，抛弃以色列，也未可知。美国国内一些人对美以特殊关系持批评态度，认为以色列是美国的"战略包袱"。因此，维持与美国的特殊关系一直是以色列外交的重要内容。为了证明以色列对美国是一种"战略资源"，以色列在追求自身地区利益的同时，希望在与伊朗的交往中向美国展示其战略效用，如以色列可以从中斡旋，帮助美国和伊朗恢复关系，以及协助伊朗释放被扣押在黎巴嫩的美国人质，从而提升以色列在里根政府心目中的地位。

三 美国与伊朗进行武器交易

伊斯兰革命后，伊朗采取了"不要东方，不要西方"的外交政策，将苏联称为"侵略的东方"，与"罪恶的西方"并列。由于俄国在历史上曾占领伊朗北部，伊朗对苏联始终保持警惕。1983年，伊朗外交部驱逐了18名苏联外交官。随着美国在两伊战争中对伊拉克进行援助，伊朗与苏联的关系开始升温。1984年以后，"打倒苏联"的口号在伊朗已不常见。在两伊战争时期，虽然美国宣称保持中立，但早在1982年3月，美国就开始向萨达姆·侯赛因提供情报和军事支持。1983年底，里根派拉姆斯菲尔德作为特使前往巴

---

① Trita Parsi, *Treacherous Alliance: The Secret Dealings of Israel, Iran, and the United States*, p. 112.

格达会见萨达姆,并通过在两伊战争中支持伊拉克来为改善美国和伊拉克关系铺平道路。对以色列来说,许多分析人士认为霍梅尼建立的伊斯兰政权只是一种暂时现象,最终会发生改变。

在以色列、伊朗和美国之间起到催化作用的是戈尔巴尼法尔。此人在1979年伊斯兰革命后逃离伊朗,一直希望成为伊朗与西方关系的中间人,主要在法国巴黎活动,被美国情报机构所熟知。1984年1月,戈尔巴尼法尔联系了在联邦德国的美国军队的情报部门,向他们讲述了一个关于"伊朗恐怖主义组织、计划和活动"的故事。3月中旬,美国中情局的一名官员会见了他,本来是为了求证此人讲述信息的真实性,但他说他掌握了在贝鲁特被绑架的美国中情局黎巴嫩站站长威廉·巴克利的信息,并说伊朗试图暗杀美国总统。虽然美国中情局多次对他进行测谎都显示他在撒谎,但他仍然在后来的"伊朗门"事件中扮演了重要角色。

事实上,自1984年秋天以来,美国国家安全委员会的工作人员就敦促政府相关部门制订计划,缓和与伊朗的关系。美国中情局认为如果要缓和与伊朗的关系,伊朗必须停止支持恐怖主义,而且让真主党释放扣押在黎巴嫩的7名美国人质。1984年11月,戈尔巴尼法尔遇到了从美国中情局退休的西奥多·沙克利,沙克利与沙特关系密切。戈尔巴尼法尔希望通过沙特与美国建立联系,提出他可以与伊朗沟通,帮助美国以交赎金的方式解救在黎巴嫩的人质。但美国对他的提议并不认可。1985年1月,他与纽约商人罗伊·福尔马克在欧洲会面,商量共同开展与伊朗的武器交易。由于在1979年伊斯兰革命以前,伊朗是美国的盟友,其大量武器来自美国,两伊战争中伊朗希望继续使用美国的武器和零配件。在福尔马克的介绍下,戈尔巴尼法尔认识了以色列军火商施维默和曾在20世纪六七十年代担任以色列驻伊朗大使馆武官的雅各布·尼姆罗德。戈尔巴尼法尔向以色列承诺:"如果伊朗赢得这场战争,我们不会忘记感谢那些帮助我们的人,你会看到德黑兰对以色列的立场发生戏剧性的变化。"[①] 同时,美国方面也在寻求与伊朗发展关系的新途径,国家安全委员会顾问迈克尔·莱丁说服了总统国家安全事务助理麦克法兰将以色列作为获取有关伊朗情报的非正式渠道。1985年5月3日,莱丁会见了以色列总理佩雷斯和以色列国防部的一名前高级官员,双方并没有提到黎巴嫩的人质,但据一位以色列官员称,莱丁曾告诉他伊朗人愿意帮助解救人

---

① Trita Parsi, *Treacherous Alliance: The Secret Dealings of Israel, Iran, and the United States*, p. 115.

质。6月14日,环球航空公司从雅典飞往罗马的847航班被黎巴嫩武装分子劫持,劫机者要求释放关押在科威特、以色列和西班牙的什叶派穆斯林以换取人质,人质中有几名美国人。以色列截获了拉夫桑贾尼与伊朗驻叙利亚大使阿里·阿克巴尔·穆哈沙米普尔的通信,后者是伊朗与真主党联系的重要人物。拉夫桑贾尼指示穆哈沙米普尔向真主党施压释放人质。因此,以色列认为伊朗在人质释放问题上拥有一定的发言权。

1985年6月3日,麦克法兰批准莱丁第二次访问以色列。国务卿舒尔茨对此并不知情,在从美国驻以色列大使那里听说后,他向麦克法兰提出异议,认为美国和以色列在伊朗问题上有不同利益。莱丁的访问也因此被迫推迟。随后,麦克法兰指示国家安全委员会提出了一个国家安全决策草案,建议鼓励美国盟友和友好国家帮助伊朗满足进口要求,其中包括军事装备。中情局局长凯西表示支持,国防部部长温伯格表示反对。

尽管国内政府高层意见不一,但以色列收到的信息是确定的。后来莱丁在做证时称,麦克法兰授权他告诉以色列总理佩雷斯,以色列可以向伊朗一次性出售炮弹。[①] 6月初,以色列正在考虑向伊朗出售武器,但没有美国的明确同意以色列不敢出售。19日,戈尔巴尼法尔在福尔马克的陪同下会见了以色列代表团,提议可以通过他向伊朗出售100枚陶式导弹。

7月8日,以色列代表团在汉堡会见了戈尔巴尼法尔,此人告诉以色列向伊朗出售100枚陶式导弹可以提高其在伊朗的信誉,而且还可以释放美国人质。对此,麦克法兰建议可以暂时表现出兴趣,而舒尔茨的回应非常谨慎,认为应该是在"没有承诺的情况下"暂时表现出兴趣。18日,麦克法兰在医院会见了总统里根。在听证会上,麦克法兰做证说,以色列被告知总统不愿意美国直接向伊朗提供武器,而莱丁做证说,根据麦克法兰的指示,他通知以色列称总统"原则上"批准以色列出售陶式导弹,但需进一步审查细节。[②] 但根据美国的《出口管理法》,美国出售给以色列的武器没有美国的批准不能再出口给其制裁清单上的国家。8月6日,白宫日志记录了麦克法兰与总统里

[①] Daniel K. Inouye and Lee H. Hamilton, "Report of the Congressional Committees Investigating the Iran–Contra Affair with Supplemental, Minority, and Additional Views," Committee of the Whole House on the State of the Union, November 17, 1987, p. 166.

[②] Daniel K. Inouye and Lee H. Hamilton, "Report of the Congressional Committees Investigating the Iran–Contra Affair with Supplemental, Minority, and Additional Views," Committee of the Whole House on the State of the Union, November 17, 1987, p. 167.

根、国务卿舒尔茨以及国防部长温伯格的会面,麦克法兰曾指出伊朗希望直接与美国进行对话,并从以色列购买100枚陶式导弹,作为交换,将释放4名人质。舒尔茨和温伯格表示反对出售,因为一方面伊朗在美国的制裁清单上,根据美国制裁法令,不能将美国的武器出售给伊朗,需要特别豁免,但程序会很复杂,且需要得到国会的同意;另一方面,在两伊战争时期,美国曾要求其盟友都不要向伊朗出售武器,如果美国私下向伊朗出售武器,在盟国中会失去信誉。根据麦克法兰的回忆,几天后总统给麦克法兰打电话,授权以色列尽可能少地向伊朗出售武器和零配件,并且不能影响两伊战争的平衡且不能用于恐怖活动。①

1985年7月9日,戈尔巴尼法尔安排美国人与哈桑·卡鲁比面会,此人是霍梅尼的亲信,主张与华盛顿改善关系。在会谈中,卡鲁比并不否认伊朗目前面临的困境,他指出在两伊战争中失败将使伊朗变成苏联的卫星国,除非美国和以色列介入,并表示"我们有兴趣与西方合作,我们有共同的利益,也希望成为西方的一部分","伊朗和西方有共同的敌人苏联","我们的地区,以及你们的地区,都可能会受到苏联的实际威胁,我们担心苏联和我们国内的左派","伊朗国内的左派势力必须被打败"。②

8月,总统里根决定允许美国向伊朗出售武器,这一决定标志着美国反对向伊朗出售武器的政策发生了逆转,为了保密一开始甚至没有通知国务卿和国防部部长,这项交易持续了15个月。8月20日,96枚导弹从以色列被运往伊朗。9月14日,以色列向伊朗运出408枚陶式导弹,15日人质本杰明·威尔牧师被释放。尽管只有1名人质释放,与预期的4名有差距,但相关谈判仍在继续。10月,麦克法兰授权莱丁前往日内瓦,一方面与以色列协调再次向伊朗输送武器,另一方面考虑从地缘政治的角度改善美伊关系,在伊朗国内培养"可信的军事和政治领导人"。到了11月下旬,美国人和以色列人都相信,他们与戈尔巴尼法尔和伊朗已经达成协议,向伊朗出售一批武器,以换取释放所有人质。11月,以色列向伊朗运输导弹的飞机在欧洲机场被拒绝着陆,这些导弹要在那里转换飞机运出。据美国国家安全委员会工作

---

① Daniel K. Inouye and Lee H. Hamilton, "Report of the Congressional Committees Investigating the Iran – Contra Affair with Supplemental, Minority, and Additional Views," Committee of the Whole House on the State of the Union, November 17, 1987, p. 167.

② Trita Parsi, *Treacherous Alliance: The Secret Dealings of Israel, Iran, and the United States*, p. 118.

人员也是伊朗人质危机的重要参与者奥利弗·诺斯中校回忆,他与麦克法兰沟通,后者指示按照美国直接参与的精神去办,并保证这是总统同意的。以前美国只是对以色列向伊朗出售武器表示默许并监视,现在则是直接参与。这年秋天,诺斯从中情局和联邦航空局渠道得到一份报告,一架属于以色列私人航空公司的飞机装满了武器飞往德黑兰,并计划在返回以色列途中获准飞越土耳其上空。由于伊朗的航空管理员疏忽,没有通知土耳其,土耳其的航空管理人员在雷达上发现了这架未登记的飞机,并派飞机截击。以色列飞行员采取逃避的做法,在地中海上空呼叫,最终在特拉维夫着陆。美国情报部门对此展开调查,才知道以色列的飞机并不是空载而归,飞机载有60名伊朗籍犹太人。很显然伊斯兰革命后以色列和伊朗一直在进行交易:以色列以武器赎回被扣的犹太人。11月25日,美国中情局副局长麦克马洪说,没有总统的直接授权,中情局不会采取进一步的秘密行动。12月5日,里根总统签署了一项有追溯力的命令,授权这项行动,同时继续向伊朗输送武器。

1986年1月17日,里根签署了一份情报调查结果,授权向伊朗出售美国武器而不是以色列的武器,事先并没有通知国务院和国防部。2月20日美国和伊朗直接接触,讨论释放人质以换取3000枚陶式导弹。3月,伊朗要求美国提供更多的武器,而美国认为这些要求是不可接受的。

5月25日,麦克法兰启程前往伊朗,同行的有美国中情局退休官员乔治·凯夫、国家安全委员会的工作人员霍华德·泰歇尔,还有一名通信官。他们在以色列做了短暂停留,在那里会见了美国国家安全委员会的诺斯、以色列总理的私人代表尼尔和美国空军退役少将理查德·塞科德。诺斯说服麦克法兰允许尼尔陪同他们前往伊朗。26日上午9点,他们乘坐一架载有导弹和武器的美国私人飞机抵达德黑兰迈赫拉巴德机场。随后,在以色列的撮合下,麦克法兰带着四个助手,持伪造的爱尔兰护照,装扮成飞机的机组人员,带着大量武器来到伊朗。他们带来的礼物是手枪和做成钥匙形状的蛋糕,据称手枪表示提供武器,钥匙形状的蛋糕则是"打开美伊关系的钥匙"。另外,他们还带了一本里根亲笔签名的《圣经》,据称签名那一页说的是不同宗教的信徒要和睦相处。但据"伊朗门"事件的参与者诺斯所说,这个蛋糕并不是一开始就是钥匙形状的,也不是送给伊朗的,而是尼尔送给戈尔巴尼法尔在德黑兰守寡的年迈母亲,是他和以色列总理佩雷斯的代表尼尔在以色列特拉维夫一家面包店买的。上飞机后,由于蛋糕盖子没有盖好,一把钥匙掉在蛋糕上。这件事被披露后引起美国欧洲盟友的反对，对此里根对其欧洲盟友解释说，美国行为的目的在于改变美国与伊朗关系的现状，尽早促成两伊战争的结束，消除恐怖主义和释放人质，而且认为伊朗战略位置重要，希望帮助伊朗摆脱苏联控制。

麦克法兰一行到达伊朗后本以为可以见到总统哈梅内伊和总理穆萨维，甚至如伊朗商人所许诺的，可以见到温和派的议长拉夫桑贾尼。但两天内美国代表团并没有见到任何伊朗高级官员，这与诺斯和戈尔巴尼法尔的承诺截然不同。到了第三天，伊朗议会外交委员会主席、拉夫桑贾尼的顾问穆罕默德·阿里哈迪纳·贾法巴迪出现，他与麦克法兰讨论了各自政府对地区局势的看法。麦克法兰向其表达了美国对一系列问题的关切，包括苏联对伊朗的威胁、苏联对阿富汗的战争以及苏联在海湾获取不冻港的野心等。同时麦克法兰表示，除非所有人质都被释放，否则拒绝交付任何带到德黑兰的武器。他的这一立场没有得到尼尔的支持，让其苦恼的是尼尔在酒店走廊与伊朗人进行自己的谈判，并且将麦克法兰释放人质的谈判底线告诉了伊朗人。① 伊朗最终提议释放其中两个，而不是全部。在诺斯的努力下，美国和伊朗都意识到直接打交道的必要性。9月中旬，伊朗官员秘密访问华盛顿，目的是逐步改善美伊关系，并告诉美国人伊朗希望与华盛顿进行对话，不仅是为了武器，还有"更广泛的理由"。为此，伊朗倡议成立一个秘密委员会，该委员会于10月在联邦德国举行会议，伊朗确保释放人质大卫·雅各布森，美国则向伊朗运送500枚导弹。

"伊朗门"事件被披露后，佩雷斯称向伊朗出售武器是美国的想法，以色列应华盛顿的要求才参与进来。伊朗方面则强烈否认曾与以色列进行任何谈判，拉夫桑贾尼称，"如果我们发现我们手中的武器是通过以色列运来的，我们甚至不会在前线使用"，但如果华盛顿交付的是已故前国王购买的武器，伊朗仍然愿意帮助解救在黎巴嫩的美国人质。②

第二节 "伊朗门"事件的曝光与美国制裁的加强

"伊朗门"事件被曝光后，在美国和伊朗国内引起一片哗然。伊朗国内

---

① Trita Parsi, *Treacherous Alliance: The Secret Dealings of Israel, Iran, and the United States*, p. 123.
② Trita Parsi, *Treacherous Alliance: The Secret Dealings of Israel, Iran, and the United States*, p. 125.

保守势力对此深为不满，学生游行示威活动不断，但在领袖权威的压力下此事不了了之。美国则为此成立了调查委员会彻查此事，也引起了国内关于制裁与国家利益之间关系的争论。为了缓解"伊朗门"事件产生的负面影响，美国进一步加强了对伊朗的制裁。

一 伊朗国内政治斗争与武器交易事件被曝光

1986年11月3日，黎巴嫩报纸《帆船》发表了一篇文章，揭露了麦克法兰访问德黑兰一事，还报道了伊朗激进分子迈赫迪·哈希米及其十几个支持者被捕，从而揭开了伊朗与美国之间的秘密武器交易。4日，《纽约时报》在头版刊登了一篇报道，披露了"伊朗门"事件的部分内容。25日，美国总检察长宣布，其工作人员发现从该事件中获得的资金被转用于支持尼加拉瓜反政府组织。麦克法兰访问德黑兰一周后，德黑兰大学贴出传单，谴责武器交易，据称这些传单是由伊朗领袖继承人蒙塔泽里办公室印制并散发。

"伊朗门"事件被曝光后，迈赫迪·哈希米被认为是这件事的主要人物。哈希米于1944年出生于伊斯法罕附近的小镇库达里扬，他的家族与蒙塔泽里家族关系密切。他的父亲是蒙塔泽里的老师，他的哥哥哈迪娶了蒙塔泽里的女儿，而且哈希米与蒙塔泽里的长子穆罕默德是密友。1963年，哈希米在库姆神学院学习的时候与哈迪和穆罕默德参与了反对巴列维国王的斗争，深受激进左派思想的影响。后来他们在蒙塔泽里的支持下在伊斯兰革命卫队成立了一个组织，这个组织被称为"伊斯兰解放运动办公室"（Office for Islamic Liberation Movements，OILM），主要进行意识形态训练，输出革命。OILM一开始由穆罕默德领导，穆罕默德在1981年伊斯兰共和党总部爆炸中去世后，这个组织由哈希米领导。OILM在很多国家都很活跃，其中包括在黎巴嫩。伊朗与黎巴嫩的什叶派社区保持着密切的文化和宗教联系。1982年6月，以色列入侵黎巴嫩南部，伊朗政府号召进行"圣战"，解放耶路撒冷，派出伊斯兰革命卫队成员来到贝卡谷地。革命卫队没有参与战争，而是向当地什叶派组织提供军事和意识形态训练帮助。正是在OILM的帮助下，1982年秋真主党确立了新运动章程，主张按照伊朗的政治体系建立伊斯兰共和国。1981年，穆赫辛·雷扎伊成为伊斯兰革命卫队总司令，他准备加强对伊斯兰革命卫队的控制，剥夺哈希米对OILM的领导权。在蒙塔泽里的支持下，哈希米将他的组织带出伊斯兰革命卫队，成为一个独立机构，总部设在库姆。该组织活跃在中东地区的很多国家，尤其与黎巴嫩的真主党关系密切。尽管OILM在绑架和袭击事件中到底扮演什么角色不能被准确评估，但OILM与真主党之间的关系和协调行动表明它在黎巴嫩人质事件中扮演了重要角色。[1]

对于哈希米与"伊朗门"事件被曝光的关系有多种说法。第一种说法认为，哈希米被捕并被判处死刑，是因为他泄露了伊朗与美国的秘密谈判。第一个版本出现在许多西方媒体的报道和书籍中。第二种说法认为，哈希米被捕是因为一系列的谋杀、绑架以及非法建立武装组织，他的被捕是基于犯罪，而不是政治原因。这个版本由时任伊朗情报部长穆罕默德·谢哈里、议长拉夫桑贾尼和霍梅尼的儿子艾哈迈德提出，据称这个版本来自哈希米本人的供词。第三种说法认为，哈希米被逮捕是伊朗国内政治斗争的结果，这个说法由蒙塔泽里的支持者提出，他们认为哈希米是原定的领袖继承人蒙塔泽里的首要支持者，逮捕哈希米可以削弱蒙塔泽里的实力，从而将未来权力控制在穆罕默德·谢哈里、拉夫桑贾尼和霍梅尼的儿子艾哈迈德的手中。对于这三种说法，《迈赫迪·哈希米与伊朗门事件》一文的作者乌尔里希·冯·施韦林认为，第一种说法从时间上看是错的，因为美国和伊朗武器交易被曝光是在1986年11月，而哈希米被捕是在1986年10月12日；第二种说法则是对哈希米严刑逼供的供词，不可信；第三种说法则相对可信，但缺少关键要素即哈希米与美伊秘密谈判的直接关系。[2] 这篇文章认为，逮捕哈希米不仅表现出主流政治派别要将未来领导人蒙塔泽里控制在手中，还表现出其要排除异己清除反对派，尤其是那些反对他们的外交政策、破坏武器换人质计划的人。

事实上，"伊朗门"事件被曝光与伊朗国内的政治斗争的确关系密切。伊斯兰革命后，伊朗国内出现了很多派别，有官方的也有非官方的，既有伊斯兰体制内的派别，也有体制外的，即便是体制内的政党，其政治主张也存在一定的分歧，挑战着新生政权的稳定性。如持激进观点的派别主张输出革命、对伊拉克进行长期战争，支持没收流亡者的财产等。在继承人问题上，激进派希望由蒙塔泽里作为霍梅尼的继承人。持保守态度的派别则反对输出

---

[1] Ulrich von Schwerin, "Mehdi Hashemi and the Iran – Contra – Affair," *British Journal of Middle Eastern Studies*, Vol. 42, No. 4, 2015, p. 526.

[2] Ulrich von Schwerin, "Mehdi Hashemi and the Iran – Contra – Affair," *British Journal of Middle Eastern Studies*, Vol. 42, No. 4, 2015, p. 521.

革命，支持戈尔帕甘尼担任宗教领袖。对于伊朗国内的派系之争，很多西方学者将其分为保守派和激进派。尽管名称的分类不一定完全科学，但这种做法在一定程度上可以帮助将伊朗政坛的不同观点和不同的政治倾向进行分类，以利于人们理解伊朗政治的发展和演变。美国中东问题专家加里·希克在《外交季刊》中称，试图区分"激进分子"和"温和派"是一种误导，因为充其量，它只适用于国内问题，而不适用于外交政策。[1]

在霍梅尼提出"不要东方，不要西方"的政策后，伊朗在对外政策上相对具有一致性，在对内政策上因各自利益常有分歧。在霍梅尼时期，这种派系之争主要分为两方面。一部分人主张在国家发展道路上持保守和务实的态度，不主张输出革命，希望限制沙里亚法在文化领域的实践，主张私有财产神圣不可侵犯，反对政府向私有部门征税等。这部分人大多数是来自库姆神学院的阿亚图拉，他们被称为保守派。其代表人物是穆罕默德·礼萨·迈哈达维卡尼、艾哈迈德·杰拉提、穆罕默德·伊玛米·卡沙尼、艾哈迈德·阿扎里·库米、罗特弗·拉萨菲、阿布勒卡塞姆·哈扎里、纳特格·努里。另一派则主张输出革命，支持由国家公平地进行财富分配，其代表人物包括侯赛因·穆萨维、贝赫扎德·纳巴维、穆罕默德·穆萨维·霍梅尼哈、迈哈迪·卡鲁比、阿里阿克巴尔·莫塔沙米、阿亚图拉卡里姆·穆萨维·阿尔达比里、穆罕默德·贝赫希提，还有蒙塔泽里，他们被称为激进派。此外，很多追随霍梅尼的激进派成员来自伊斯兰共和党。但伊斯兰共和党本身也是一个大熔炉，里面既有保守派也有激进派，这也是导致伊斯兰共和党最终解体的原因之一。在伊斯兰共和党中，其初创时的成员包括该党总书记贝赫希提、哈梅内伊、拉夫桑贾尼、穆萨维·阿尔达比里和穆罕默德·贾瓦德·巴赫纳尔，此外在伊斯兰共和党的中央委员会中也是既有保守派也有激进派。保守派人士包括阿萨杜拉·巴达姆齐安、阿卜杜拉·贾斯比、礼萨·扎瓦雷、哈比布拉·阿斯戈尔乌拉迪、哈桑·格弗里法尔德、贾拉罗丁·法尔斯、穆斯塔法·米尔萨利姆·迈哈迪·阿拉齐，激进派人士包括哈桑·阿亚特、阿布勒卡塞姆·萨尔哈迪扎德、迈哈迪·哈希米、侯赛因·穆萨维、哈迪·戈法里。贝赫希提去世后，保守派和激进派的斗争更加激烈。1983年9月，接替贝赫希提的哈梅内伊公开承认在伊斯兰共和党内存在意识形态的冲突。他指出："很多人都在说这个政党属于某一个群体……有时候他们说这

---

[1] Gary G. Sick, "Iran's Quest for Superpower Status," *Foreign Affairs*, Vol. 65, No. 4, 1987, p. 708.

是一个巴扎们的政党，有人说这是总统、总理和议长的政党……在中央委员会的成员中存在不同的观点，但他们都遵循伊玛目的道路，在很多问题上可以达成一致。"① 1987 年，拉夫桑贾尼和哈梅内伊向霍梅尼提出解散伊斯兰共和党的要求，他们指出，该党的建立是为了应对向法基赫体制提出挑战的许多因素，现在它的任务已经完成，没有存在的必要了。

蒙塔泽里作为霍梅尼的原定继承人，在 20 世纪 80 年代末被取消了继承资格，他的政治起伏在一定程度上反映了伊朗国内激烈的政治斗争。出生于宗教世家的蒙塔泽里从小就被送入伊斯法罕的一所宗教学校学习，后来在库姆神学院拜霍梅尼为师，继续深造。在五六十年代，蒙塔泽里曾积极参加霍梅尼反对巴列维国王的"伊斯兰运动"，霍梅尼被政府逮捕后，蒙塔泽里多次发表营救演讲，反对当局暴行，当时在纳贾夫巴德市掀起了为期一周的罢工。蒙塔泽里因反国王活动于 1963 年被捕入狱，获释后他去伊拉克秘密会见了流亡中的霍梅尼。1974 年，他在巴列维实施的一次大镇压中再次被捕入狱，并被处以十年有期徒刑。1978 年 10 月 27 日，因反国王的群众运动高涨，他被提前释放。12 月，在巴列维国王倒台的前夕，他到巴黎会见了霍梅尼。霍梅尼授权他作为自己在国内的全权代表。伊朗伊斯兰革命胜利后，蒙塔泽里担任了革命委员会委员、宪法专家委员会主席等职务。作为霍梅尼的得意门生之一，霍梅尼曾说，蒙塔泽里是他的"生命结晶"。霍梅尼的儿子艾哈迈德对他也极为称赞，说蒙塔泽里在反对巴列维国王的长期斗争中，"事迹要比其他宗教领袖突出得多"，"将来肯定会接任革命领导的职务"。早在 1981 年，霍梅尼就开始为蒙塔泽里的接班做准备，蒙塔泽里获得了"大阿亚图拉"的头衔，而且霍梅尼和蒙塔泽里二人的画像还在许多公共场合并列悬挂。尽管蒙塔泽里是霍梅尼的忠实信徒，但外报认为蒙塔泽里是比较"温和"的宗教领导人。因为他主张调整伊朗的对内对外政策，倾向于"实现政权民主化"和通过谈判结束两伊战争，主张独立自主，警惕"两霸"，加强同第三世界国家的联系和合作。他曾表示，"仅仅在前政权统治下从事自己事业的高级专业人员"，"只要他们现在不是反革命分子，就可以任用"。② 据说他很关心下层群众，经常在演讲中表示要维护农民和小商人的利益。

---

① 蒋真：《后霍梅尼时代伊朗政治发展研究》，第 157 页。
② 钟友文：《霍梅尼的接班人蒙塔泽里》，《世界知识》1986 年第 3 期，第 14 页。

在伊斯兰革命胜利后初期，蒙塔泽里是霍梅尼教法学家治国理念的积极追随者。他认为教法学家的领导权应当是一种独立的权力，凌驾于行政、立法和司法等权力之上。他甚至提出，"如果教法学家能够兼任总统就更好，不然总统就应当在领袖的指导下履行他的职责"。蒙塔泽里在外交上比较激进，主张输出革命；在内政上温和，批评政府的政策。蒙塔泽里自成为领袖继承人后，树敌颇多，打击哈希米成为削弱蒙塔泽里势力的一个选择。此时，两伊战争吃紧，伊朗急缺西方的武器，尽管美国呼吁国际社会不向伊朗输送武器，但欧洲国家仍是伊朗武器进口的重要来源。对于黎巴嫩人质危机，伊朗国内有不同意见，激进势力认为扣押人质有利于对抗美国，务实派则认为扣押人质不利于发展与西方国家的关系。1985年6月，霍梅尼指示拉夫桑贾尼改变外交政策，结束国家被孤立的状态，缓和与西方国家的关系，也因此在拉夫桑贾尼的施压下，真主党劫持的环球航空公司航班被放行。蒙塔泽里坚持输出革命，在某种程度上破坏了伊朗缓和与西方关系的政策。

在"伊朗门"事件中，在拉夫桑贾尼的侄子阿里·哈希米和哈桑·卡鲁比的帮助下，美国和伊朗建立了直接渠道。武器供应商则对此表示不满，害怕收不回未支付的款项。1986年7月10日，戈尔巴尼法尔给坎加鲁写信抱怨未支付的大额款项，并对未来的美伊密谈提出建议。绝望中的戈尔巴尼法尔将信件通过奥米德·纳贾法达比转交给了蒙塔泽里。至此，蒙塔泽里和哈希米才知道麦克法兰访问德黑兰以及美伊进行武器交易。蒙塔泽里认为，用以色列的武器打击穆斯林兄弟是一个丑闻。

8月9日，从伊朗伊斯法罕起飞前往沙特朝觐的飞机被沙特当局扣押，据称飞机行李中藏有武器。随后，哈希米被指控走私武器，试图在麦加发动袭击。9月9日和12日，真主党在黎巴嫩绑架了另外两名美国人，这一行为被认为是反对美国和伊朗的密谈。9月11日，伊斯兰革命卫队决定对OILM下手，突袭它在德黑兰开设的一个训练营，缴获了很多武器弹药和爆炸装置、假护照等。

10月2日，哈希米被捕，随后几天哈希米的很多同事都被逮捕，他们大多是蒙塔泽里的支持者。17日，蒙塔泽里拒绝撇清与哈希米的关系，也拒绝将哈希米的同党从他的办公室中除名。对此，霍梅尼很生气，蒙塔泽里则拒绝再做领袖继承人。到了10月中旬，关于伊朗和美国秘密谈判的消息开始扩散，德黑兰大学的一些激进学生到处散发传单，警告不要和美国及欧洲国家谈判。事实上，黎巴嫩贝卡谷地的一家小报社也报道了美国和伊朗的一些接触，但新闻中并没有提及名字和细节，因此没有引起公众的关注。此时伊朗国内对蒙塔泽里支持者的逮捕仍在继续。蒙塔泽里在黎巴嫩的私人代表谢赫·伊斯特尔·哈利克找到黎巴嫩的报纸《帆船》的编辑哈桑·撒卜拉，告诉他关于哈希米被捕和麦克法兰访问德黑兰的消息。11月3日，该报纸发表了一篇文章，第一次揭示了伊朗国内的政治斗争，详细描述了蒙塔泽里和哈希米建立的OILM，以及该组织在伊朗输出革命中的作用，还有它与伊朗其他部门如外交部、情报部和伊斯兰革命卫队之间的冲突。[1]

对于美伊之间的秘密接触，拉夫桑贾尼予以否认。他指出，美国希望与伊朗建立联系，但伊朗拒绝了，美国代表团在伊朗停留五天后不得不离开。拉夫桑贾尼说："世界各国君王的荣耀是会见美国的一位领导人，但是伊斯兰共和国因为它自力更生、有真主庇佑，拥有强大的力量，他们（美国人）未经允许来到伊朗，寻求接触，并希望引起我们的同情……但是伊斯兰共和国说不，我们不能与罪行在世界各地随处可见的人谈判。"[2] 对于"伊朗门"事件，伊朗国内8位议员要求政府作出解释。霍梅尼对此很生气，并表示他对这个事件在美国国内引起的乱局非常满意，要求不予追究。随后，美伊之间的武器交易在伊朗国内引起的风波逐渐平息。1987年8月19日，哈希米被特别教士法庭审判，哈希米被指控的罪行包括："（1）在革命前后建立和指挥专门从事恐怖主义和绑架的团体；（2）企图在伊斯兰革命卫队建立和指挥一个独立的组织，并持有一定的武器装备，导致与地方革命委员会发生冲突，造成数十人死伤；（3）藏匿属于伊斯兰革命卫队的250多件武器和大量弹药；（4）向不同的机构和办公室渗透，窃取秘密和机密文件。"[3] 在蒙塔泽里的努力下，哈希米的哥哥哈迪被释放。据称，霍梅尼本来希望将哈希米永久流放，但等指令到的时候，哈希米已被秘密处死。因此，有分析人士称，蒙塔泽里激进的输出革命政策与拉夫桑贾尼的务实外交产生冲突，才导致了他们之间的斗争。1989年3月26日，霍梅尼解除了蒙塔泽里的职务，并正式取消他作为领袖继承人的资格。

---

[1] Ulrich von Schwerin, "Mehdi Hashemi and the Iran‐Contra‐Affair," *British Journal of Middle Eastern Studies*, Vol. 42, No. 4, 2015, p. 534.

[2] Ulrich von Schwerin, "Mehdi Hashemi and the Iran‐Contra‐Affair," *British Journal of Middle Eastern Studies*, Vol. 42, No. 4, 2015, p. 535.

[3] Ulrich von Schwerin, "Mehdi Hashemi and the Iran‐Contra‐Affair," *British Journal of Middle Eastern Studies*, Vol. 42, No. 4, 2015, p. 536.

二 "伊朗门"事件被曝光在美国国内引起政治动荡

尼加拉瓜革命后,桑迪诺政府越来越反美,转向古巴和苏联寻求政治、军事和经济援助。1981年12月,美国开始支持尼加拉瓜反政府武装,反对桑迪诺政府。美国中情局利用国会拨款对当地反政府势力进行武装。但美国国内民意测试表明大多数民众并不支持总统支持尼加拉瓜反政府势力,害怕美国会陷入另一个"越南战争的泥沼"。1983年,国会禁止以推翻桑迪诺政府为目的的反政府援助,并将1984财年对其所有援助限制在2400万美元。1984年3月和4月,美国中情局在没有通知国会的情况下,参与了尼加拉瓜港口的业务,在国内引起大量批评,国会行使宪法规定的拨款权,切断了对尼加拉瓜反政府势力的所有资金援助。此后,总统开始转向第三国和私人捐款。从1984年6月到1986年初,总统和他的国家安全事务助理,以及国家安全委员会的工作人员秘密从其他国家为尼加拉瓜反政府武装筹集了3400万美元的资金。在1985年和1986年,通过私人捐款为尼加拉瓜反政府势力提供了270万美元的额外经费。[①] 1986年10月5日,一架载有给尼加拉瓜反政府提供的武装弹药、制服和药品的C-123飞机在尼加拉瓜上空被击落,其中一名机组人员尤金·哈森福斯幸存下来,被桑迪诺政府俘虏。飞机上的文件将其与南方航空运输公司关联起来,后者是美国中情局在佛罗里达州迈阿密的专有航空公司。再加上11月黎巴嫩报纸对美伊武器交易的曝光,"伊朗门"事件被彻底揭开面纱。

美国行政部门在没有报告国会的情况下秘密向伊朗出售武器,然后将出售武器的收入转入尼加拉瓜反政府组织的账户。这件事本身就体现了美国行政机构与立法机构在国家外交上的分歧。该事件发生在两伊战争时期,美国曾宣称保持中立,不干预战争,当时美国正采取"坚定行动",呼吁国际社会不要向伊朗出售武器,而美国自己却秘密向伊朗出售武器。该事件曝光后美国国内一片哗然,司法部门迅速展开调查。

1986年11月6日,里根总统在面对该问题的第一次公开声明中称,有

---

① Daniel K. Inouye and Lee H. Hamilton, "Report of the Congressional Committees Investigating the Iran-Contra Affair with Supplemental, Minority, and Additional Views," Committee of the Whole House on the State of the Union, November 17, 1987, p. 4.

关军售的报道"没有根据"。13 日,总统公开承认向伊朗出售武器,但称这是"完全错误"的指控,因为目的是释放人质。里根承认与伊朗的外交行动进行了大约 18 个月,但其目的是与伊朗建立新的关系、光荣地结束两伊战争、消除国家支持的恐怖主义、作为新关系的一部分促进被关押在黎巴嫩的美国人质安全返回。① 里根表示,美国向伊朗出售的武器非常有限,不会改变两伊战争的局势,而且没有证据表明伊朗参与了针对美国的恐怖主义行动。

在麦克法兰的帮助下,诺斯于 1986 年 11 月 19 日和 20 日改写了国家安全委员会的工作人员年表,将 1985 年 11 月以色列政府向伊朗运送的"武器"改为"石油钻探设备"。21 日,麦克法兰告诉司法部门,以色列人说他们在 1985 年 11 月运送的是"石油钻探设备"一事,他后来才知晓。在得知司法部部长的调查后不久,诺斯和波因德克斯特销毁了文件。诺斯还修改了与国家安全委员会工作人员反政府武器志愿行动有关的文件,并向波因德克斯特保证所有与使用伊朗军事收益支持尼加拉瓜反政府武装有关的文件都已销毁。随着调查的深入,司法部发现了一份转移资金的备忘录,显示诺斯在承认转移资金的同时隐瞒了塞科德公司和瑞士银行账户的相关信息。23 日,他告诉总检察长,伊朗军售收入从以色列人那里直接打入尼加拉瓜反政府武装的账户。②

"伊朗门"事件中的欺骗行为使美国政府的公信力受损,国会与总统之间的关系再次紧张。在美国的外交惯例中,国会和总统都有外交权力。美国宪法赋予了总统和国会制定外交政策的重要权力。美国利用伊朗军售的资金支持尼加拉瓜反政府派的行为没有知会国会,被认为是避开了宪法对行政权力的约束。国会认为,向伊朗出售武器是一项"预期的重大情报活动",这种活动必须根据《美国国家安全法》第 501 节"及时"向国会报告。而且国会曾颁布《博兰修正案》切断对尼加拉瓜反政府势力的资金援助,虽然美国政府从其他来源为其筹措资金,但军售的款项都是政府资金,向伊朗军售的资

---

① Daniel K. Inouye and Lee H. Hamilton, "Report of the Congressional Committees Investigating the Iran – Contra Affair with Supplemental, Minority, and Additional Views," Committee of the Whole House on the State of the Union, November 17, 1987, p. 296.
② Daniel K. Inouye and Lee H. Hamilton, "Report of the Congressional Committees Investigating the Iran – Contra Affair with Supplemental, Minority, and Additional Views," Committee of the Whole House on the State of the Union, November 17, 1987, pp. 285 – 286.

金在没有知会国会的情况下拨给尼加拉瓜反政府组织,仍是挪用美国财产、转让政府所得资金,违反了宪法的拨款条款。国会认为,所谓"伊朗门"事件中的秘密计划是对《博兰修正案》精神的逃避。波因德克斯特做证说,《博兰修正案》不适用于国家安全委员会的工作人员,"我认为我们的确遵守了《波兰修正案》的文字和精神,但这不是说我们没有帮助反对派"。[①]

1986年11月25日,里根总统解雇了诺斯。1987年3月4日,里根总统在全国发表讲话,承认他的政府在他不知情的情况下参与了人质换武器计划。8月12日,里根总统再次向全国发表讲话,指出他应该为伊朗和尼加拉瓜发生的事情承担责任,但强调他对这些事情一无所知。11月16日,"伊朗门"事件的国会报告发布。多数派报告没有指责里根,但称政府的行为不道德。少数派报告声称,总统及其政府采取的行动属于行政部门的权力范围。1989年2月21日,对诺斯的审判开始。5月4日,诺斯三项罪名成立,被判缓刑两年,罚款15万美元,被要求执行1200小时的社区服务。

调查报告称,在整个调查过程中,不管是向伊朗输送武器还是支持尼加拉瓜反政府组织,都具有保密、欺骗和蔑视法律的共同点。当事件曝光后,涉事者销毁了官方文件,并对内阁官员、公众和国会撒谎。报告称,美国同时奉行两种相互矛盾的外交政策——公开的和秘密的。(1)公共政策是在绑架人质方面不做任何让步,以免这种让步鼓励更多的人质被劫持;与此同时美国在进行秘密武器交易,试图把人质救回来。(2)公共政策是禁止向伊朗出售武器,并敦促其他国家政府遵守这一禁运规则;与此同时,美国正秘密向伊朗出售尖端导弹,并承诺提供更多。(3)公共政策是改善与伊拉克的关系,与此同时,美国与伊朗秘密分享了有关伊拉克的军事情报。(4)公共政策是敦促各国政府惩罚恐怖主义,支持甚至鼓励科威特拒绝释放被判犯有恐怖主义罪行的达瓦党囚犯;与此同时,高级官员秘密批准了一项允许伊朗获得被释放的达瓦党囚犯的计划。(5)公共政策是遵守《博兰修正案》禁止向反政府武装提供军事或准军事援助的"文字和精神";与此同时,国家安全委员会的工作人员正在秘密地为反对派的军事行动提供指导和资金。(6)在凯西局长签署的协议中体现的公共政策是政府以"坦诚合作的新精神"就秘

---

① Daniel K. Inouye and Lee H. Hamilton, "Report of the Congressional Committees Investigating the Iran-Contra Affair with Supplemental, Minority, and Additional Views," Committee of the Whole House on the State of the Union, November 17, 1987, p. 141.

密活动与国会监督委员会进行磋商；与此同时，中情局和白宫向这些委员会隐瞒了有关伊朗倡议和反政府组织支持网络的所有信息。(7) 在第 12333 号行政令中体现的公共政策是仅通过中情局或总统特别授权的情报机构进行秘密行动；与此同时，虽然国家安全委员会没有得到这样的授权，但其工作人员秘密开始运作，并利用私人的、不负责任的代理人从事秘密活动。[1] 报告指出，美国的这些行为没有产生积极作用，美国武装了伊朗及其最激进的势力，但并没有与伊朗建立起联系，也没有培植起伊朗国内的温和派，还使美国在其盟友面前信誉扫地。

三 里根政府加强对伊朗的制裁

"伊朗门"事件中，里根总统在黎巴嫩人质问题上同意与伊朗的武器交易，显示出总统对伊政策的软弱性，为了改变这一形象，里根不断加大对伊朗的制裁力度。1986 年美国修订了 1979 年的《出口管理法》，禁止将美国弹药清单上的任何物品出口到从事或支持国际恐怖主义的国家。除非拥有经确认的出口许可证，否则禁止向"支持恐怖主义国家"出口任何对该国的军事潜力作出重大贡献，或增强该国支持国际恐怖主义能力的商品和技术。1987 年 2 月 28 日，里根总统根据 1961 年《对外援助法》第 481 节的要求，发布了一项总统决议，将伊朗列为未能采取适当措施控制毒品生产、贩运和洗钱的国家，因此禁止进出口银行和海外私人投资公司对伊朗进行援助，美国在国际多边银行的代表被指示投票反对对伊朗的贷款或其他金融援助。此时，两伊战争进入后期。

1987 年，联合国安理会颁布了第 598 号决议，号召两伊停战。其主要内容包括：(1) 要求伊朗和伊拉克立即停火，停止陆上、海上和空中的一切军事行动，立即把所有军队撤到国际公认的边界内，通过谈判解决两国争端；(2) 请联合国秘书长派遣联合国观察员，核查、证实和监督停火与撤军，并就此向安理会提交报告；(3) 敦促伊朗和伊拉克双方与联合国秘书长合作，协助秘书长执行本决议和进行调解的努力，以期按照《联合国宪章》所述的

---

[1] Daniel K. Inouye and Lee H. Hamilton, "Report of the Congressional Committees Investigating the Iran – Contra Affair with Supplemental, Minority, and Additional Views," Committee of the Whole House on the State of the Union, November 17, 1987, pp. 11 – 12.

各项原则，就一切有待解决的问题达成双方都能接受的全面、公正和体面的方案；（4）促请其他所有国家尽力克制，不采取可能导致冲突进一步升级和扩大的任何行动，从而促进本决议的执行；（5）请秘书长与伊朗和伊拉克协商，探讨委托一个公正的机构去调查冲突责任问题，并尽快向安理会提交报告；（6）确认这场冲突造成的重大破坏，冲突结束后需要在国际援助下进行重建，请秘书长派遣专家进行研究，并向安理会提交报告；（7）秘书长与伊朗、伊拉克及该地区其他国家进行协商，审查加强该地区安全与稳定的措施。[1] 对于这一决议，伊拉克外长阿齐兹表示欢迎，决定暂停袭击伊朗海上目标，以示伊拉克的诚意，但要求伊朗也同时遵守这一决议。伊朗则提出，只有宣布伊拉克是战争发起者，伊朗才愿意接受这一决议。为了让两伊早日停战，国际社会不断进行斡旋。

里根政府对伊朗袭击美国商船、拒绝执行联合国安理会第 598 号决议提出批评，甚至将 1985 年劫机事件与伊朗直接联系起来，指责伊朗支持世界各地的恐怖主义活动，因此决定对伊朗加强制裁。1987 年 9 月 23 日，里根政府指责伊朗在和平解决两伊战争过程中没有采取积极态度且继续支持恐怖主义活动，对美国的国家利益构成威胁，尤其是伊朗针对海湾中立国船只的敌对行为加剧了这种威胁，因此决定加强对伊朗的进出口管制。10 月 23 日，里根扩大了对伊朗的出口管控，禁止多项高科技产品出口到伊朗，其中包括：移动通信设备、船只（包括充气船）、非公路用轮式拖拉机、400 马力以上柴油发动机、非战略飞机零部件、便携式发电机、其他海军设备（水面效应和水翼船以及声学水下探测设备）、水下摄影器材、潜水器系统、加压飞机呼吸设备、声呐导航设备、水下声波探测设备、电子测试设备、加密设备等。[2] 对于一些需要许可证才能出口伊朗的商品，美国加强了对出口伊朗商品许可证的管控，而且出口伊朗的许可证在这段时间通常会被拒绝。

1987 年 10 月 6 日，刚刚控制国会的民主党人通过了禁止从伊朗进口石油的决议，以回应美国能源部为了美国战略石油储备购买伊朗石油的举动。29 日，里根政府颁布了第 12613 号行政令，对伊朗的商品和服务实施进口禁令。行政令称，美国发现伊朗政府仍在积极支持恐怖主义，并将其作为国家政策。此外，伊朗还对悬挂美国国旗的船只和其他非交战国的商船采取了侵

---

[1] 参见联合国安理会第 598 决议，1987 年 7 月 20 日。
[2] Hossein Alikhani, *Sanctioning Iran: Anatomy of a Failed Policy*, p. 156.

略性和非法的军事行动,而这些国家只是在海湾国际水域和该区域非交战国领海从事合法与和平的贸易。为确保美国从伊朗进口的货物和服务不会为恐怖主义或对非交战商船的侵略行动提供财政支持,该行政令严禁将原产地为伊朗的商品进口到美国。有三种情形除外:(1)为新闻出版物或新闻广播传播而进口的伊朗来源的出版物和材料;(2)在第三国从伊朗原油中提炼的石油产品;(3)该命令生效之前从伊朗直接进口到美国的物品。[①] 该命令于1987年10月29日美国东部时间12:01生效。这项命令也强调,其所采取的措施是对1981年《阿尔及尔协定》缔结后伊朗政府所采取的上述行动作出的回应。

第三节　制裁与国家利益的冲突

美国和伊朗的武器交易不仅在美国国内引起支持者和反对者对总统行为的大讨论,也引起了关于国家利益的争论。虽然里根政府在后期坚称武器交易是尝试性与伊朗建立新的关系,武器交易符合国家利益,但面对美国对伊朗反恐制裁的各项法律条款及其在两伊战争中保持中立的承诺,制裁与国家利益之间的冲突在一定程度上反映了美国行政机构和立法机构在外交政策上的分歧。伊朗国内对武器交易的争论凭借霍梅尼的权威平息了下去,但"伊朗门"事件对20世纪80年代末90年代初的伊朗外交政策产生了一定的影响。然而,不管武器交易是否符合国家利益,美国对伊朗的制裁仍在不断强化。

一　美国制裁伊朗与武器出口的争论

"伊朗门"事件本身包含了很多相互矛盾的地方。从法律条款的角度来看,美国与伊朗的武器交易违背了美国对伊朗制裁的初衷,以及对伊朗挑战美国利益的威胁评估。从交易的实际操作来看,美国行政机构绕过立法机构,又在司法调查中做伪证,挑战了美国三权分立的宪法体系。但从解救人质的角度以及后来里根政府提出有意缓解美伊关系来看,与伊朗的武器交易与美国国家利益具有一定的一致性。然而这一事件的确在美国国内引起了巨

---

① Executive Order 12613, "Prohibiting Imports from Iran," October 30, 1987.

大的争论，使各种矛盾进一步凸显。

第一，美国通过以色列向伊朗出售武器与国内法律相违背。在"伊朗门"事件中，美国直接或间接将武器出售给受其制裁的伊朗与美国国内的多项法律相悖。1985年，以色列向伊朗出售以色列从美国购买的武器，美国总统口头同意出售这些武器，并向以色列保证从美国的库存中补充，这违反了美国的《武器出口管制法》。根据该法，美国出口到国外的武器再出口需要得到美国的同意，尤其是要报告美国国会。如果美国要把武器卖给伊朗，需要得到特别豁免。根据《武器出口管制法》和《对外援助法》，总统确实可以将美国武器出口到第三国，但有一些前提条件：（1）美国必须能够直接向第三国出售武器；（2）第三国受让方必须书面同意，未经美国允许不得再转让武器；（3）必须通知国会。

第二，美国向伊朗出口武器与制裁伊朗的政策相违背。自伊朗人质危机后，美国与伊朗处于断交状态，由于20世纪80年代初美国在黎巴嫩的军事基地被袭，伊朗被指责为背后主使，被美国列入了"支持恐怖主义国家"名单，并对其进行反恐制裁，制裁的内容包括了武器禁运。而且在两伊战争时期，美国声称将保持中立，对伊朗采取了"坚定行动"，呼吁国际社会不要向伊朗出售武器。而事实上美国采取了两面手法，一边与伊朗进行秘密武器交易，提高伊朗的战斗力；另一边与伊拉克达成秘密协议，向其提供美国侦察卫星拍摄的有关伊朗地面设施情况，使伊拉克对伊朗的空袭行动频频得手。因此，美国向伊朗出售武器既与其对伊朗实施的反恐制裁相违背，也严重损害了其国际公信力。

第三，"伊朗门"事件本身将美国对国家利益的分歧扩大化。1979年伊朗人质危机以来，伊朗一直被美国视为对其国家安全和外交产生重大威胁的国家，因此制裁和遏制也一直是美国对伊朗政策的重要内容。但在"伊朗门"事件中，关于美国违背国内法律对伊朗出售武器是否符合国家利益存在重大分歧。如果出售武器符合美国国家利益，又如何去解释为应对伊朗对美国国家利益的挑战而采取的制裁行动。这种分歧在"伊朗门"事件中体现得非常明显，尤其是美国在向伊朗出售武器的时候有意避开国会，依靠国家安全委员会和一些外国情报机构以及军火商人来完成。这说明，美国国内对国家利益的认识是存在分歧的，"伊朗门"事件只是将这一分歧扩大化而已。

对于"伊朗门"事件中出现的总统行为是否违背宪法以及国家利益，美国国会存在争议。反对总统行为者认为，根据出口管制的相关规定，从美国获取武器的以色列向另一个国家出售武器是有限制的。支持总统行为者认为，武器销售可以根据《美国国家安全法》秘密进行，价格可以根据《经济法》的条款确定，交易金额不超过1400万美元，不需要遵守《武器出口管制法》和《对外援助法》。《美国国家安全法》确实包含了通知国会的规定，但1986年的军售没有违反《美国国家安全法》通知国会的规定。《美国国家安全法》要求参与情报活动的机构向国会情报委员会"充分和及时地通报所有情报活动"。然而，该法特别考虑了通知适当的国会议员可能过于危险。该法要求，在总统没有事先通知情报行动的情况下，他必须以"及时"的方式通知情报委员会，但不通知的决定由总统酌情决定。《美国国家安全法》要求不能限制总统在特殊情况下不事先通知国会的宪法权力。在这起事件中，人质的生命危在旦夕，提前通知对美国公民的生命是极其危险的。因此，在这种情况下，总统必须有决定何时"及时"发出通知的自由裁量权。如果国会事后不同意总统行使自由裁量权的方式，适当的补救办法应是政治而不是法律途径。①

1987年，由民主党控制的国会建立了一个众议院和参议院联合委员会调查"伊朗门"事件，并在当年11月发布报告。多数派报告指出，"'伊朗门'事件的发生源于个人没有遵守法律，而不是现存法律存在瑕疵"。少数派报告认为，里根政府对尼加拉瓜反对派的政策和向伊朗出口武器的行为是合法的，"里根总统对尼加拉瓜和伊朗的政策行为中很多是受法律保护的，是总统的固有权力"。②

二 制裁下伊朗的反美政策与武器交易的冲突

在伊斯兰革命后，尤其是人质危机后，伊朗秉承霍梅尼"不要东方，不要西方，只要伊斯兰"、"战斗，战斗，直到最后胜利"和输出革命等主张，采取了反美政策。在伊朗被美国列入"支持恐怖主义国家"名单之后，美国实施了多轮制裁，以减少伊朗对其认为的恐怖组织的财政支持。为增强与美

---

① Daniel K. Inouye and Lee H. Hamilton, "Report of the Congressional Committees Investigating the Iran–Contra Affair with Supplemental, Minority, and Additional Views," Committee of the Whole House on the State of the Union, November 17, 1987, pp. 545–546.

② Donna G. Starr-Deelen, *Presidential Policies on Terrorism: From Ronald Reagan to Barack Obama*, pp. 64–65.

国抗衡的能力，伊朗加强了与中东激进国家和组织的关系。20 世纪 80 年代初，伊斯兰革命卫队的三名成员在霍梅尼的伊斯兰革命启发下抵达黎巴嫩，帮助建立了真主党。1988 年，杰哈德的主要领导人阿卜杜·阿齐兹·阿瓦达和法特希·西卡齐被驱逐到黎巴嫩，这为伊朗通过真主党参与杰哈德的活动提供了机会。杰哈德批评阿拉法特手里没有任何东西，只能用笔签字，认为伊朗革命不仅是穆斯林的理想榜样，而且标志着整个地区伊斯兰化进程的开始。①

伊朗同意与美国达成武器交易与两伊战争的发展有一定的关系。在两伊战争初期，霍梅尼指出："伊斯兰有两种战争：一种是圣战，这是扩张的战争……另一种是防卫战，是为了保卫我们的独立而战。圣战意味着扩张和占领别的国家，这种战争由伊玛目自己或在其命令之下开展。在这种情况下，将伊斯兰教法传向世界就成为每一个人的义务……第二种战争我们称为防卫战，这是保卫自身独立的战争，它无须伊玛目或在其命令下就可以进行。"对于两伊战争，霍梅尼指出："我们没有进攻任何伊斯兰或非伊斯兰国家的企图，我们希望所有国家之间和平相处。迄今为止，我们所进行的战争只是自卫，这是真主赐予的，也是人类自身的权利，我们从来没有企图去侵犯其他国家。"在两伊战争中，对于兄弟相残的事实，霍梅尼对他的泛伊斯兰主义进行了辩证的解释，"伊拉克人民是穆斯林，但复兴社会党的伊拉克政权的意识形态是非伊斯兰的"，两伊战争"并不是两个政府之间的争端问题，这是复兴社会党的非穆斯林的伊拉克对一个伊斯兰政府的侵略；是多神主义反对伊斯兰的一次叛乱"。②

到了 80 年代中期，霍梅尼的观点出现了一些变化。1984 年 10 月，在对伊朗外交官的训话中，霍梅尼指出："我们应当像早期伊斯兰教时期先知所做的那样，派遣大使们去世界各个地方建立适当的外交关系。我们不能懒散地坐在那里说，我们与别的政府没有关系，这与我们智慧的宗教法律是相矛盾的，我们应当与所有的国家建立关系。我们将不与美国建立关系，除非美国的行为适当。"这段话的目的是要让国际社会相信，伊朗在对外政策上是

---

① Zhen Jiang, "Confrontations on the Issue of Terrorism Between Iran and the U. S. After 1979," *Terrorism and Political Violence*, No. 2, 2017, p. 238.

② Farhang Rajaee, *Islamic Values and World View: Khomeini on Man, the State and International Politics*, Lanham, MD: University Press of America, 1983, pp. 88 – 92.

务实的。伊朗高官们在这段话的基础上扩展出许多新观点，如总理穆萨维指出，应当让该地区的其他国家不要害怕伊朗输出革命，"我们真正的目标是通过劝说和鼓励的方式提升伊斯兰革命，这正是伊斯兰教的价值观"。①

随着霍梅尼态度的变化，伊朗统治阶级内部的态度逐步趋于一致。1984年8月14日，伊朗外长韦拉亚提在议会中指出，霍梅尼指示放弃孤立主义外交政策，积极开展外交活动。他警告说："如果我们同时与四五个国家发生冲突，将来谁也不会赞成。"此后，伊朗高官频繁出访。伊朗外长先后访问了叙利亚、利比亚、土耳其等国，同这些国家领导人讨论两伊战争和双边关系，进一步协调立场。伊朗外交部副部长秘密访问沙特和卡塔尔，就缓和海湾局势和防止战争升级等问题进行磋商，主动建议海湾国家直接对话，举行地区性会议，谋求和平解决海湾冲突。伊朗还邀请海湾合作委员会理事会主席、卡塔尔外交大臣访问德黑兰。联邦德国外长作为伊斯兰革命后第一位西方高级官员于7月底访问了德黑兰。他在同伊朗领导人会谈后说，伊朗准备向西方开放。伊朗也公开表示同西方改善关系的愿望，以寻求西方的支持和援助。7月27日，伊朗议长拉夫桑贾尼公开宣布，为了使已经开始的外交行动取得成果，伊朗决定推迟对伊拉克发动地面攻势。8月7日，伊朗总统哈梅内伊对驻德黑兰的外国使节强调，伊朗将实行对外开放政策，寻求同美国、以色列、南非以外的所有国家建立"合理、可靠和健康的关系"。② 9月6日，哈梅内伊出访叙利亚、利比亚和阿尔及利亚，这是自伊斯兰革命以来伊朗国家元首的第一次出访。1985年5月，沙特外长费萨尔正式访问德黑兰，伊朗同意帮助减少朝觐期间伊朗人与沙特人的冲突，沙特同意定期向伊朗提供汽油，而此时的伊朗炼油厂正遭受伊拉克的袭击。此外，伊朗与苏联的关系也出现缓和，这在一定程度上违背了霍梅尼"不要东方，不要西方"的外交政策。面对国内的质询和争议，时任外交部部长韦拉亚提发表电视讲话说："口号（不要东方，不要西方）的目标是否定外国的统治，而不是反对交流。"③

为维持与伊拉克的战争，伊朗急需获取武器及其零配件。由于美国

---

① Gary Sick, "Iran's Quest for Superpower Status," *Foreign Affairs*, 1987, Vol. 65, No. 4, p. 701.

② 李红旗：《两伊战争进入第五年伊朗策略发生变化》，《国际展望》1984年第18期，第4~6页。

③ Jerrold D. Green, "Ideology and Pragmatism in Iranian Foreign Policy," *Journal of South Asian and Middle Eastern Studies*, 1993, Vol. XVII, No. 1, p. 64.

的制裁及其"坚定行动"呼吁国际社会的联合制裁，伊朗获取武器装备的途径有限。为了获得战争优势，伊朗在以色列的引介下与美国进行武器交易。"伊朗门"事件曝光后，伊朗与被其认为是"大撒旦"的美国进行武器交易在国内引起不满。当伊斯兰议会议员对政府行为表示抗议时，霍梅尼指责他们的抗议是为伊朗的敌人服务。最终议员们被迫道歉，并称："我们提出的问题是建立在伊斯兰信仰的基础上，在议会的讨论也是为革命服务，而且我们也认为我们的主张应该与伊玛目的主张保持一致。既然我们知道了伊玛目的愿望，也被教导该政策是符合国家利益的，我们就再也没有必要询问理由了。"①

事实上，对于与美国的武器交易以及是否接受与伊拉克的停战，伊朗国内存在不同意见。激进派主张继续持久战，给伊拉克以致命一击，而温和派主张和平结束战争。1986年，财政部部长赞贾尼指出，伊朗伊斯兰政权已经无法承受战争的重负，他说："我告诉总理，我们只有两条路，要么停止战争，要么追随伊玛目侯赛因的道路，牺牲我们的政权。"赞贾尼称这种观点在精英阶层中非常普遍，只是一到正式会议上大家就三缄其口了。他称："私下里，部长们都迫切地希望能停止战争，但一到内阁会议上，他们装作充满了坚定的决心要将革命进行到底。他们经常在演讲中引用《古兰经》的章节语言、伊玛目的不谬性和史诗诗歌。"②

对于霍梅尼来讲，两伊战争使其泛伊斯兰主义的政治理想遭受了重创，也引起他对国家现实利益的考量。尽管两伊战争在霍梅尼的政治观念中是伊斯兰对非伊斯兰的正义战争，但他最终还是在痛苦中接受了停火决议。对于联合国第598号决议，霍梅尼说："接受联合国决议对每个人来说都是非常痛苦和悲剧性的事情，尤其是对我来说。几天前，我还支持牺牲性的防卫政策，认为继续战争是符合国家和革命利益的。但出于一些考虑，我现在不能这么说了，未来在真主的帮助下也许可以阐明原因。现在，我认为停火是符合革命和我们体制利益的。真主也知道，我们不能为了伊斯兰教和穆斯林的面子再牺牲我们自己的生命、荣誉和信用了。我也不同意这样做。死亡和殉

---

① Asghar Schirazi, *Constitution of Iran: Politics and States in the Islamic Republic*, London: I. B. Tauris Publishers, 1997, p. 70.

② Tawfiq Alsaif, *Islamic Democracy and Its Limits: The Iranian Experience Since 1979*, London, San Francisco and Beirut: Saqi Books, 2000, p. 74.

道对我来说是可以接受的……我是多么痛苦,因为我还活着,还要喝下这杯有毒的酒——接受停火。"①

1988年7月,伊朗和伊拉克接受联合国的调停,8月正式停战。然而,八年战争对两伊造成了巨大的创伤,由于战争中双方都竭力打击对方的经济目标,实行"经济消耗战",这场战争使两国的发展迟滞了20~30年。② 对于伊朗,1980年军事开支占其国内生产总值的8.5%,1981年占9.5%,1982年升为10%。1983年,每100人中有11人从军,这还不包括加入革命卫队和其他准军事组织的人数。1984年3月,伊朗计划和预算部部长首次估算战争造成的损失达百亿美元。1984年,石油部门的损失超过650亿美元,占总损失的35%。战争严重破坏了伊朗城市的基础设施,导致通货膨胀、投资锐减和经济停滞。八年战争使伊朗死亡人数达30万,伤残170万,战争造成了200万难民,伊朗直接损失达6000亿美元,全部损失达1万亿美元。③

三 《伊朗交易条例》的颁布

为了减少"伊朗门"事件带来的负面影响,里根政府加紧了对伊朗的制裁。除了对伊朗进行出口管制和武器禁运,为更好地执行第12613号行政令,美国于1987年底颁布了《伊朗交易条例》(Iranian Transactions Regulations, ITR),以便执行政府的各项制裁措施。根据美国宪法,除了国会通过的法案和总统颁布的行政令外,联邦政府也可以通过制定法规来行使立法权,该立法权是从属性的,属于二级立法权,其权力来自国会和总统的委任,效力低于国会制定的法律,也不能和总统的行政令冲突。具体而言,联邦政府制定的法规指的是"行政机关为了执行、解释或者规定法律或政策,或者为了规定机关的组织、程序或活动的规则而颁布的具有普遍适用性或特殊适用性而且对未来有约束力的文件的全部或一部分"。④ 通常情况下,联邦政府颁布的法规是为了更好地执行国会和总统颁布的制裁法令,将其进一步细化。根据

---

① Behrooz Ghamari-Tabrizi, *Islam and Dissent in Postrevolutionary Iran: Abdolkarim Soroush, Religioius Politics and Democratic Reform*, London and New York: I. B. Tauris & Co Ltd., 2008, p. 144.
② 杨明星:《试论两伊战争及其遗产》,《阿拉伯世界》2005年第2期,第49~52页。
③ 彭树智主编,王新中、冀开运著《中东国家通史·伊朗卷》,第386页。
④ 王名扬:《美国行政法》(上),北京大学出版社,2016,第260页。

美国法律，美国联邦行政机构制定的所有行政法规，必须先在《联邦公报》上公布，然后由《联邦公报》办公室按主题分类编入《联邦法规》。在制裁伊朗问题上，《联邦法规》收录了针对制裁伊朗的多部法律。

这些制裁条例主要由美国财政部外资控制办公室制定。该办公室基于维护美国外交政策和国家安全，针对恐怖袭击、国际毒品走私、大规模杀伤性武器的扩散等，对这些危及美国经济、外交和国家安全的行为实施制裁。该办公室成立于二战前夕，最初的目的是阻止纳粹使用被占领国的外汇以及这些国家在世界各地的资金。美国加入二战后，该办公室在阻止敌人资本和外贸以及金融贸易等经济战中扮演了重要角色。该办公室对伊朗的制裁条例通常需与国会通过的法案相一致，就制裁伊朗的相关问题进一步明确化和可操作化，每年会对一些许可证做一些修正，以配合新的制裁。

第12613号行政令颁布后，为了更好地实施对伊朗的制裁，《伊朗交易条例》将法令的措施再次细化，规定禁止向美国进口原产伊朗的货物和服务。禁止将原产于伊朗、打算运往第三国或目的地为第三国的货物进口到美国供转运或过境。对于从第三国进口的货物含有原产于伊朗的原料或部件的情况，如果这些原料或部件是伊朗制造的，但在第三国被加工成制成品或被实质上改造的则不受禁止。禁令所载内容不适用于源自伊朗的商品和服务进口到美国以外的地方。这项禁令也不适用于任何与美国以外的此类交易有关的个人付款或其他交易，如美国金融服务涉及与伊朗的离岸交易。

在条例中，"伊朗商品和服务"一词指的是：（1）在伊朗种植、生产、制造、提取或加工的商品；（2）进入伊朗商业的货物；（3）在伊朗或由伊朗政府提供的服务，其收益可能在美国获取。条例对"货物"一词做了进一步解释，主要指的是有形的商品、物品和技术资料，包括但不限于模型、原型、蓝图、图纸、操作手册、计算机软件、磁带、缩微胶片或其他机器可读形式的资料。但"货物"一词不适用于在履行服务、电话通信、讲座、研讨会或工厂参观过程中口头传递的技术资料。此外，财政部外资控制办公室发布了一系列许可条款，对一定范围内的进口货物发放许可证，其中包括：（1）按照合同承诺进口，条件是货物在1988年1月1日以前进入美国，并在1987年10月29日以前付款；（2）进口货物在实施制裁前放置于第三国，伊朗制裁生效日期之后没有给伊朗提供付款或其他好处；（3）由伊朗公民提供的源自伊朗的服务，目的在于参加公共会议、表演或类似的事件；（4）作为礼物原产于伊朗的商品且价值不超过100美元；（5）对于从伊朗直接或间接进入美国的人员,其随身行李价值不超过 400 美元的个人免征关税;(6) 在伊朗为美国人或其代表提供的知识产权、专利、服务和产品的商标及版权;(7) 法律诉讼行为所需的进口;(8) 与美国—伊朗索赔仲裁法庭决议有关的产自伊朗的货物的进口;(9) 国际组织官方或私人使用的商品和服务从伊朗进口,这些进口的目的不是出售。①

《伊朗交易条例》是美国与伊朗贸易关系史上的一个重要条例,后来演变为《伊朗交易制裁条例》(The Iranian Transactions and Sanctions Regulations, ITSR)。而且该条例随着国会和总统行政令的不断颁布,内容不断增加和完善,制裁的领域也不断扩大,成为对伊朗进行经济制裁的重要依据。

小 结

"伊朗门"事件的发生对美国和伊朗的国内政治产生了一定影响,也让国际社会对美伊关系有了新的认识。武器换人质的交易,不仅让国际社会对美国制裁伊朗的坚定性产生怀疑,也让美国民众对政府遵守法律的诚意产生疑虑。这一事件更导致美国国内对美国的伊朗政策产生争论,如在伊朗问题上什么才是美国的最高利益。在"伊朗门"事件之前,美国一直保持对伊朗的紧急状态,进而总统可以根据《国家紧急状态法》和《国际紧急经济权力法》随时对伊朗进行制裁。然而,美国在对伊朗进行反恐制裁、号召国际社会对其进行武器禁运的情况下,却和伊朗进行了多年的秘密武器交易。克里斯托弗·海默(Christopher Hemmer)从政治心理学的角度指出,里根相信不惜一切代价解救人质是他作为总统的职责,同意采取武器换人质的计划是因为他相信他不会像前任总统卡特那样在人质事件中无助且无效,所以快速将人质救出被认为比保护这个国家的国家利益和总统的国内利益更重要。② 在第一次公开向公众解释伊朗行动时,里根否认人质换武器,而是强调将武器运到德黑兰是美国试图改善两国关系的一个信号。因为单纯的售卖武器违反

---

① Hossein Alikhani, *Sanctioning Iran: Anatomy of a Failed Policy*, p. 158.
② Christopher Hemmer, "Historical Analogies and the Definition of Interests: The Iranian Hostage Crisis and Ronald Regan's Policy Toward the Hostages in Lebanon," *Political Psychology*, Vol. 20, No. 2, 1999, p. 271.

对伊朗制裁的国家法律，但缓和两国关系则是总统的职责，也是为了维护国家的长远利益。克里斯托弗·海默认为，美国政府中的确有人希望改善与伊朗的关系，从而带来长远的战略利益，但与伊朗发展关系并不是政府的首要目标，把人质救出来才是其首要目标，缓和关系的长期目标只是一个遥远的第二目标。因为大量文件显示人质比与伊朗和解重要，当政府官员们在讨论出售武器时，他们说的是"我们的人质计划"（our hostage plan），而不是"我们与伊朗改善关系的计划"（our plan to improve relations with Iran）。而且美国卖给伊朗的武器价格高得离谱，武器通常是最旧的，并不是伊朗谈判者最想要的武器，看上去并不是想要与伊朗改善关系。麦克法兰后来承认，"不能否认的是里根执着于解救人质，这压倒任何其他事情"。①

---

① Christopher Hemmer, "Historical Analogies and the Definition of Interests: The Iranian Hostage Crisis and Ronald Regan's Policy Toward the Hostages in Lebanon," *Political Psychology*, Vol. 20, No. 2, 1999, pp. 272 – 273.

第五章
双遏政策：全面制裁伊朗的肇始

苏联解体后，美国成为唯一的超级大国，其全球和地区战略出现变化。在以色列和犹太院外组织的推动下，美国的中东政策尤其是对伊朗政策出现新趋势。20世纪90年代初期，美国提出"不再玩平衡伊朗和伊拉克的游戏，美国及其在该地区的盟友埃及、以色列、沙特阿拉伯、土耳其和海湾合作委员会的力量将使华盛顿能够同时对抗伊拉克和伊朗"，"我们不需要依靠一个来对抗另一个"。[①] 此后，对伊朗和伊拉克的双重遏制成为美国冷战后中东政策的重要内容。在这一思想指导下，美国对伊朗制裁的领域不断扩展。尤其是《全面制裁伊朗法》的提出，进一步推动了美国对伊朗的全方位制裁。为强化美国对伊朗制裁的效果，该法案中域外制裁条款开始强行将第三国家拉上对伊制裁的战车。尽管域外制裁条款遭到国际社会的强烈反对，但最终成功推动了《达马托法》在20世纪90年代中后期的出台，这在一定程度上是冷战后美国谋求建构制裁霸权体系的重要反映。

第一节 后冷战时代初期美伊关系的变化

冷战结束对美国的全球战略和地区战略产生影响。美国在中东地区的战略目标主要包括：保证中东地区石油的自由流通，并将其作为制约竞争对手和保持领导地位的王牌；遏制敌对国家、打击恐怖主义，防止地区战略失

---

① Anthony Lake, "Confronting Backlash States," *Foreign Affairs*, Vol. 73, No. 2, 1994, pp. 45 – 55.

衡；保证以色列的独立与安全。① 后冷战时代初期，海湾战争的爆发和中东和平进程的推进，对中东地区格局产生了深刻影响，美国和伊朗关系也随之发生变化，以色列在其中扮演了重要角色。

一　美国新中东战略及其对两伊的制裁

20 世纪 80 年代末 90 年代初，随着东欧剧变、苏联解体，美苏争霸结束，美国成为唯一的超级大国，其全球战略和中东战略都相应地出现新的变化。冷战结束后，美国中东战略的变化表现在以下几个方面。

首先，美国致力于构建中东地区安全体系。冷战时期美国试图将中东地区构建为对抗苏联的前沿阵地，不仅将土耳其纳入北约安全体系，而且积极推动建立巴格达条约组织。但由于各国利益难以协调一致，该组织最终解散。1979 年爆发伊斯兰革命后，伊朗对外积极输出革命，引起海湾国家的不安。1981 年 5 月，沙特阿拉伯、科威特、阿联酋、巴林、卡塔尔和阿曼成立了海合会，该组织虽然在经济和文化上发挥了积极作用，但在安全问题上作用有限，尤其是在 90 年代初伊拉克入侵科威特时表现乏力。海湾战争后，美国带领多国部队进入伊拉克，从而开启了美国全面入主中东的序幕。1991 年，美国推动海合会与埃及、叙利亚一起组建中东地区安全机制，这一安全安排建立在保持脆弱的伊拉克的制衡意义和将地区大国伊朗排除在外的基础上。1991 年 3 月，沙特、埃及、叙利亚等国齐聚大马士革，共同签署了《大马士革宣言》，这是美国对海湾地区安全的初步安排。这种"GCC+2"（海合会+埃、叙）的安全模式，目的是在多国部队撤出后，海湾六国将靠自身的财力和埃、叙的军力建立阿拉伯新秩序，并成立以埃、叙两国军队为主的海湾维和部队，其中埃及 6 万人，叙利亚 4 万人，海湾六国每年为这支部队提供军费。由于海合会与埃、叙两个区外国家相互设防，海合会内部的领土纠纷，以及南北成员在防范两伊的优先问题上存在矛盾，该安全体系运转起来牵制颇多，缺乏协调，最终导致埃、叙两国于 1991 年先后撤军。

---

① 赵克仁：《美国与中东和平进程研究（1967~2000）》，世界知识出版社，2005，第 157 页，转引自 Graham E. Fuller and Ian O. Lesser, "Persian Gulf Myths," *Foreign Affairs*, Vol. 76, No. 3, 1997, pp. 42–46。

其次，美国积极推动中东和平进程。冷战结束后，为了维护地区稳定、缓和与阿拉伯国家关系，美国积极推动中东和平进程，调整与以色列的关系。1990年5月，美国公开支持向以色列占领的约旦河西岸和加沙地区派遣联合国部队。7月，布什总统明确表示美国反对以色列在约旦河西岸扩大犹太定居点。1990年底，联合国通过决议要求以色列接受联合国调查耶路撒冷穆斯林与犹太人的流血冲突，美国不仅没有动用否决权阻止决议通过，而且还亲自出面向以色列施加压力。1991年10月30日，在美国推动下，中东和会在马德里召开。美国促成中东和会，一方面是因为海湾战争后中东地区的反美情绪增加，使美国意识到过度偏袒以色列并不利于美国与阿拉伯国家发展关系，对美国中东地区安全安排也无益处；另一方面，冷战结束后美国与欧洲国家关系发生改变，中东地区地处欧洲的侧翼又富有石油和天然气，对欧洲国家经济发展至关重要，控制中东有利于其构建新的世界秩序。中东和会主要分为三个阶段：第一阶段是在马德里召开三天的全体会议，有关各方阐述立场，但分歧甚多；第二阶段是由以色列和阿拉伯国家面对面双边谈判，由于分歧严重未能取得突破性进展；第三阶段是对一些具体问题进行谈判，如难民问题、水资源、经济和军控等。1992年1月28～29日，中东和会的谈判在莫斯科召开，随后分为5个工作小组：难民工作小组、水资源工作小组、军备控制与地区安全工作小组、环境工作小组、地区经济发展工作小组。阿拉伯国家提出"以土地换和平"的主张，要求以色列无条件撤出1967年后占领的约旦河西岸、耶路撒冷地区、黎巴嫩南部、戈兰高地以及加沙地区，这些主张得到国际社会的支持与同情。以色列则提出"以和平换和平"的原则，认为和谈是为了实现阿以相互承认与和平共处。克林顿上台后更加积极推进巴以和谈，最终巴以于1993年9月13日签订了《奥斯陆协议》，分阶段解决巴以问题，先解决巴勒斯坦自治政府过渡问题，再解决最终地位问题，如耶路撒冷问题、边界问题、难民问题等。

最后，美国对伊拉克和伊朗等反美国家进行制裁和遏制。20世纪90年代初期，由于伊拉克入侵科威特，威胁到石油生产国的安全，美国随即推动联合国谴责伊拉克并对其进行制裁。联合国安理会第661号决议对伊拉克进行贸易和金融制裁，主要内容包括：（1）要求所有联合国成员国均应阻止原产于伊拉克或科威特在本决议通过之后出口的任何商品和产品输入其境内；（2）阻止其国民或在其领土内进行任何活动去促进或意图促进从伊拉克或科威特出口或转运任何商品或产品，并阻止其国民或悬挂其国旗的船只或在其领土内经营原产于伊拉克或科威特并在本决议通过之后出口的任何商品或产品,特别包括阻止为这种活动或经营将任何资金转往伊拉克或科威特;(3)阻止其国民或从其境内或使用悬挂其国旗的船只将任何商品或产品,包括武器或任何其他军事装备,不论是否原产于其境内,出售或供应给伊拉克或科威特境内的任何人员或团体,或意图在伊拉克或科威特境内经营的企业或从伊拉克或科威特营运的企业的任何人员或团体,但不包括纯为医疗目的的用品和在人道主义情况下提供的食物,并阻止其国民或在其领土内进行任何活动去促进或意图促进这类商品或产品的出售或供应;(4)决定所有国家不得向伊拉克政府或伊拉克和科威特境内的任何商业、工业或公用事业机构提供任何资金或任何其他财政或经济资源,并应组织其国民及其境内任何人员从其境内转出或以其他方式提供任何这种资金或资源给该政府或任何前述机构,阻止将任何其他资金汇交伊拉克或科威特境内的人员或团体,但支付仅为医疗或人道主义目的的款项及在人道主义情况下提供食物的款项除外。[①] 在对伊拉克入侵科威特的行为进行谴责后,美国很快发布行政令,冻结伊拉克的资产,禁止与其进行贸易和金融交易。

1990年6月,美国限制向伊朗出口一些化学制品和生物制剂,以防伊朗发展化学武器,其中包括三氯化砷、二乙基乙醇胺、亚硫酸二乙酯、氟化氢铵、二苯二醇酸、甲基亚磷酸二酯、乙基亚磷酸二基酯、二甲胺盐酸盐、二甲胺等。1991年9月1日,美国对商业管制清单做了修改,许多原本可以申请许可证的商品被禁止出口伊朗,其中包括所有的国家安全项目、化学武器和生物武器扩散项目、导弹技术项目、核管制项目、具有军事相关性的项目、飞机(包括直升机)及其引擎和配件、重型牵引机、密码仪、密码分析设备、雷达方向判断仪、电子测试设备、导航设备、移动通信设备、水下声音检测仪、舰船(包括充气船)、船用以及潜艇引擎、水下成像仪、潜水设备、数控工具、震动测试设备、一定种类的计算机、电讯发射设备、微处理器、半导体生产设备、专用生产设计软件、空中交通管制应用软件、高灵敏度重力仪、高灵敏度马格诺合金仪、雷达以及超级计算机冷却用碳氟化合物、高强度有机和无机纤维、一定种类的齿轮切割工具、一定种类的飞机体表以及晶石磨粉机器、一定种类的手动空间检测机器、即时反馈

---

① 参见联合国安理会第661号决议,1990年8月6日。

信息的机器人、大型柴油引擎、移动式发电机、密封式水下以及飞行呼吸器等。①

二　后冷战时代初期伊朗的反制裁措施

海湾的地区安全格局始终带有浓厚的人为因素，从英国的殖民统治到美国的一家独霸，该地区的安全局势始终笼罩在"霸权稳定论"的理论主导下，也因此美国是海湾地区安全建构不可忽略的因素。中东地区政治文化的独立性和独特性以及反西方主义的情绪不断出现，也增加了实现该地区安全的难度。第一次海湾战争后，美国势力开始全面进入中东，在中东地区建立了盟国防务体系，在地区安全中将伊朗排除在外。在美国看来，伊朗可以"决定某一个重要棋手是否能进入重要地区，或在阻止它得到某种资源方面能起特殊的作用，能成为一个重要国家甚至一个地区的防卫屏障"。② 20世纪90年代初期，美国采取了"东遏两伊（伊朗、伊拉克）、西遏两亚（利比亚、阿尔及利亚）、中促和谈"的中东政策。美国一方面加强对伊朗的制裁和孤立，另一方面积极推进中东和平进程，使伊朗在中东事务上越来越被边缘化。为应对美国的制裁与孤立，伊朗采取了各种措施来突围。

第一，加强国防实力。海湾战争中美国现代军事力量的展示使伊朗认识到加强国防的重要性，为了应对美国的挑战，伊朗大幅度提高军费开支。据伦敦国际战略研究所估计，伊朗的国防费用在1990年为31.8亿美元，1991年为42.7亿美元，分别占1990年石油外汇收入的18.3%和1991年石油外汇收入的27.0%，1992年的国防费用猛增至59亿美元。③ 伊朗还把海湾战争期间逃到伊朗的伊拉克飞机编入自己的空军，扩充实力。此外，伊朗启动了与西方的核合作项目。1995年1月8日，俄罗斯与伊朗在德黑兰签署了一项在伊朗南部建造一座总装机容量100万千瓦、总额为10亿美元的核电站的合同。根据该合同，俄罗斯将向伊朗提供核设备、转让核技术、提供核燃料，并在俄培训30多名伊朗工程技术人员。虽然该项目遭到美国的强烈反对，

---

① 王明芳：《冷战后美国的伊朗政策研究》，社会科学文献出版社，2015，第103页。
② 〔美〕兹比格纽·布热津斯基：《大棋局：美国的首要地位及其地缘战略》，中国国际问题研究所译，上海人民出版社，1998，第55页。
③ 唐宝才：《冷战后大国与海湾》，当代世界出版社，2002，第217页。

但俄罗斯总统叶利钦于次年3月接见来访的伊朗外长韦拉亚提时仍表示，要加强俄伊双边关系，以及两国在对付西方方面的共同利益。

第二，缓和与周边国家关系。在拉夫桑贾尼时期，伊朗与海湾国家关系出现了缓和趋势，尤其是伊拉克入侵科威特后，伊朗外交部立即谴责伊拉克的武力入侵，呼吁伊拉克撤军。伊朗指出，关于伊拉克武力入侵科威特，伊朗伊斯兰共和国外交部反对用武力手段来解决地区问题。伊朗认为伊拉克对科威特的军事行动有悖于敏感的海湾地区稳定与安全，因此对此给予谴责。当前的形势发展是过去与侵略者合作带来的结果，伊朗对海湾地区国家也多次指出这一点。伊朗认为尊重他国领土主权与完整和不干涉他国内部事务是政府间的唯一原则，伊拉克的军事行动违反了上述原则，其行动对国家和地区安全甚至全球安全产生了恶劣的影响，也将增加霸权国家在该地区存在的可能性。伊朗呼吁伊拉克军队尽快撤离并承认国际边界，和平解决这一争端。伊朗宣布，作为海湾地区最大并在该地区具有最大利益的国家，伊朗不会对危害其国家安全和地区稳定的事情漠不关心。① 此外，伊朗还积极参与斡旋，号召在地区范围内解决争端。伊朗的这一态度在其外长韦拉亚提的发言中表现得非常明确，他指出："伊朗伊斯兰共和国相信，波斯湾只属于海湾沿岸国家。力图保卫国际和平的伊朗伊斯兰共和国呼吁伊拉克军队撤出科威特，呼吁外部势力撤出波斯湾。常识告诉我们，波斯湾的安全只有通过沿岸国家的合作以安全的方式才能得到保证。"② 尽管伊朗的表态与海湾国家并不完全一致，但伊朗反对和谴责的态度受到了海湾国家的欢迎。

伊朗也趁此机会缓和与海湾国家的关系，尤其是加强与海湾大国沙特的联系。1991年4月，伊朗外长韦拉亚提访问沙特，韦拉亚提宣称，两国一致决定将加强在地区安全上的紧密合作。6月，沙特王子访问德黑兰，并邀请总统拉夫桑贾尼拜访利雅得。随后韦拉亚提到沙特朝觐，和沙特王子讨论与海合会发展进一步的关系，并决定将两国关系提升到大使级。伊朗在伊拉克入侵科威特问题上的立场，也得到了科威特的欢迎，两国关系迅速回升。科威特外交部副部长苏莱曼·马吉德·沙希恩称，"伊朗是一个强大的邻居，我们试图建立一个良好的关系"。

---

① 蒋真：《后霍梅尼时代伊朗政治发展研究》，第146页。
② Christin Marschall, *Iran's Persian Gulf Policy: From Khomeini to Khatami*, London and New York: Routledge Curzon, 2003, pp. 106–111.

第三，与欧洲展开批评性对话，改善与大国关系。伊朗与欧洲关系受到了拉什迪事件的影响。1988年9月，伦敦企鹅出版社出版了印度裔英国作家萨尔曼·拉什迪的作品《撒旦诗篇》(The Satanic Verses)。该书讲述了一位名为马洪德的商人，受到真主的召唤，后来成为先知，但马洪德却是一个品行不端的人。该书的出版在伊斯兰世界引起了抗议浪潮，旅居英国的穆斯林在伦敦等地举行集会，要求查禁该书。1989年，穆斯林的攻击矛头开始转向作者本人，霍梅尼也发布了法特瓦，宣称"《撒旦诗篇》是反伊斯兰、反先知、反《古兰经》……他们已经将自己置于伊斯兰世界的对立面"。霍梅尼指出，"作者及出版者已严重冒犯了伊斯兰教、先知和《古兰经》，必须将他们处死。我要求每个穆斯林不论在何处发现他们就立即执行死刑，旨在使任何人都将不再敢亵渎伊斯兰的神圣价值。无论谁因此而牺牲都将成为光荣的烈士，将直升天国"。[1]

随着两伊战争的结束和霍梅尼的去世，伊朗的外交政策开始逐步走向务实，欧洲国家与伊朗的关系也逐步走向缓和。1992年12月12日，欧共体理事会提出要与伊朗进行"批评性对话"。这种"批评性对话"主要包括：双方定期举行一年两次的对话，主要由英、法、德三国代表欧共体与伊朗进行会晤；双方会晤的议题涉及非法移民、毒品走私、有组织犯罪、恐怖主义等。在这一新政策的引导下，1992年欧洲国家的使节陆续返回伊朗。伊朗与欧洲国家的经贸关系也逐步恢复，伊朗从欧共体大量进口大型机械设备和电子产品等，欧共体从伊朗的能源进口也几乎占欧共体能源产品总进口的4%。法国是伊朗的第四大贸易伙伴，主要向伊朗出口农业机械和农产品，同时从伊朗进口原油。1996年，法国同伊朗签署了3个技术协定，其中包括伊朗从法国购买电信卫星和10架空客飞机。德国则是欧洲对伊朗最大的出口国和技术提供国。1992年，德伊贸易额达68亿美元。

三 伊朗对中东和平进程的介入及其对以色列的挑战

由于"伊朗门"事件后美国对伊朗采取了制裁与孤立的政策，伊朗与以色列的关系也持续紧张。自伊斯兰革命后，伊朗一直不承认以色列的合法

---

[1] 肖宪：《传统的回归——当代伊斯兰复兴运动》，中国社会科学出版社，1994，第94页。

性,称以色列为"小撒旦",在对以政策上坚持不与其建立外交关系,坚定支持巴勒斯坦解放事业。纳德尔·恩特萨尔将伊朗对以色列的战略目标定义为"在中东及其周边地区与以色列展开竞争,并与以色列称霸中东的霸权主义企图抗衡"。[1] 与此同时,随着90年代初伊拉克在海湾战争中的失败和中东和平进程的推进,以色列担心自身在美国中东战略中的地位下降,急需在中东地区寻找一个新的攻击对象,而伊朗被认为是最为合适的对象。

冷战结束后,推动中东和平进程成为美国中东政策的重要内容。自以色列建国以来,中东和平进程已走过50多个春秋,其间出现过和解的曙光,如1978年埃及、以色列、美国的戴维营会谈,首次打破阿拉伯国家和以色列之间的全面对抗,但和平进程仍然举步维艰。1990年中东和会在马德里召开,有关各方虽然签署了《奥斯陆协议》,但巴以和解的前景仍然模糊。其原因在于:其一,巴以之间关于耶路撒冷地位、巴勒斯坦难民、犹太人定居点等实质性问题不仅涉及双边关系,更牵扯到整个阿拉伯世界的民族感情和整体利益;其二,美国主导中东事务以来偏袒以色列的双重标准使以色列有恃无恐,态度强硬,从而妥协的空间有限;其三,基于国家利益的考虑,巴以问题已演变为中东地区大国获取战略利益的竞技场。

在马德里中东和会召开时,伊朗加强了反以宣传,指责"美国倡导的中东和平进程是卖国的和平进程"。1991年10月,伊朗出面召集支持巴勒斯坦解放事业的国际会议,由40多个国家和地区的代表参加,会议以"挫败中东和会,支持巴勒斯坦"为名。在哈梅内伊的鼓励下,大会决定成立一个长期的秘书委员会,由伊朗提供基金,支持巴勒斯坦反抗事业。1993年9月14日《奥斯陆协议》签署后,伊朗总统拉夫桑贾尼指责巴解组织"对巴勒斯坦人民犯下了卖国罪",认为签署该协议是"卖国的第一步……它造成了伊斯兰世界的分裂",并呼吁对以色列发动"圣战"。[2]

伊朗对中东和平进程的反对,一方面是国内强大的宗教势力对世界各地穆斯林兄弟的"深切关注",另一方面也是伊朗对被美国及其盟国包围下空间受限的本能反应。伊朗认为,"和平进程仅仅是一个羞辱协定,将巴勒斯

---

[1] Nader Entessar, "Israel and Iran's National Security," *Journal of South Asian and Middle Eastern Studies*, No. 4, 2004, p. 11.

[2] Clark Staten, "Israeli – PLO Peace Agreement: Cause of Further Terrorism?" *Emergency Net News Service*, September 11, 1993.

坦人整个放在一小块飞地上,像施舍一样给他们少量的公民权"。① 对于以色列,伊朗将其定性为"比南非的隔离统治更糟糕的种族主义政权";认为以色列当局"应当对持续不断的种族清除、不合法驱逐和没收巴勒斯坦人民财产及土地的政策负责";应当使巴勒斯坦人包括穆斯林和基督徒享有与犹太人同等的公民权。②

与此同时,伊朗自身对中东和平进程有一个清晰的观点,它认为一个真正的和平进程应涵盖以下目标:(1)犹太复国主义政权应当让位于一个使穆斯林、犹太人和基督徒享有平等公民权的政体;(2)应当尽可能地允许被迫离开家园的巴勒斯坦人回国,并对他们的损失予以补偿;(3)政治权力结构、制度、掌权人应当通过民主程序来决定,避免偏见和恐吓;(4)对叙利亚和黎巴嫩所有领土的占领应当停止。③ 这些目标基本上反映了伊朗对以色列现有政体提出的质疑,对于耶路撒冷、巴勒斯坦难民、犹太人定居点等问题并没有给予实质性的关注。

对以色列来说,确保美国利益和以色列利益的一致性是非常重要的。但在20世纪90年代初期,美国成为冷战后唯一的超级大国,其全球和地区战略都面临调整,尤其表现在美国带领多国部队介入海湾战争后全面入主中东,随后在该地区构建符合美国利益的安全体系。而以色列与阿拉伯国家的冲突并不符合美国的利益,以色列对伊朗和伊拉克的政策也与美国的两伊政策相反,美国希望缓和与伊朗的关系,以色列则主张进一步遏制和孤立伊朗。正如特里塔·帕尔西所说:"旧秩序不复存在,以色列在新秩序中没有未来,除非它为华盛顿找到双方保持战略关系的理由……塑造一个符合以色列利益的中东。在这场地区博弈中,以色列的竞争对手不再是阿拉伯人,而是伊朗。"④ 为了寻求以色列和美国在对伊朗政策上的一致,以色列"从不错过任何指责伊朗的机会",积极塑造伊朗对西方威胁的形象,利用犹太势力在美国的影响,努力弥合美以在对伊朗政策上的分歧,诱导美国对其采取遏

---

① Mahammad Javad Larijani, "Iran's Foreign Policy: Principles and Objections," *The Iranian Journal of International Affairs*, Winter 1996 – 1997, pp. 755 – 761.

② Mahammad Javad Larijani, "Iran's Foreign Policy: Principles and Objections," *The Iranian Journal of International Affairs*, Winter 1996 – 1997, pp. 755 – 761.

③ Mahammad Javad Larijani, "Iran's Foreign Policy: Principles and Objections," *The Iranian Journal of International Affairs*, Winter 1996 – 1997, p. 755.

④ Trita Parsi, *Treacherous Alliance: The Secret Dealings of Israel, Iran, and the United States*, p. 159.

制和制裁政策。

到了 20 世纪 90 年代，中东经历了两次前所未有的冲击，即苏联解体和海湾战争，以色列、美国和伊朗的三角关系出现反转。伊朗国内政治氛围日趋开放，希望融入国际社会的愿望日益强烈，美国民主党总统克林顿上台后积极推动中东和平进程，美伊关系也出现和解的趋势。但以色列领导人却认为应当阻止美国与伊朗的接触，以色列对伊朗持鹰派立场的著名人物伊弗雷姆·斯奈曾指出："我们反对它（美伊对话）……因为美国的利益与我们的利益并不一致。"① 为缓和因战略分歧带来的紧张，以色列需要寻找一个共同的战略目标来促进美以关系的发展。正如《不可信任的联盟：以色列、伊朗和美国的秘密交易》一书所说，"以色列有一种感觉，由于冷战的结束，以色列与美国的关系正在降温，我们需要一些新的黏合剂来加强美以联盟"，"这个新的黏合剂即是激进的伊斯兰主义，而伊朗正是激进的伊斯兰主义"。② 以色列一方面配合美国参与中东和谈，另一方面主张将伊朗排除在外。在《奥斯陆协议》签订后，以色列外交部部长西蒙·佩雷斯提出了新中东计划，该计划认为新中东概念的前提是建立一个包括中东所有国家的区域框架，只有这样才有可能结束以色列和阿拉伯国家之间的冲突。③ 但"佩雷斯心目中以色列在新中东的角色是以牺牲伊朗为代价的，为了让以色列在新中东占据中心地位，伊朗将不得不处于该地区的政治边缘，并继续被剥夺它认为自己有权扮演的角色"。④ 对此，伊朗指控支持中东和平进程的阿拉伯国家犯有叛国罪，并加强对以色列的宣传攻势，伊朗和以色列的关系也随之日趋紧张。

第二节　双遏政策的酝酿与出台

双遏政策是美国针对伊拉克和伊朗的一项遏制战略，在冷战结束的新国际环境下，美国不再需要在中东地区维持均势，也不需要在伊拉克和伊朗之

---

① 〔美〕约翰·J. 米尔斯海默、斯蒂芬·M. 沃尔特：《以色列游说集团与美国对外政策》，王传兴译，上海人民出版社，2009，第 426 页。
② Trita Parsi, *Treacherous Alliance: The Secret Dealings of Israel, Iran, and the United States*, p. 170.
③ Ohad Leslau, "The New Middle East: From the Perspective of the Old Middle East," *Middle East Review of International Affairs*, Vol. 10, No. 3, September 2006, p. 51.
④ Trita Parsi, *Treacherous Alliance: The Secret Dealings of Israel, Iran, and the United States*, p. 161.

间保持平衡和使其相互牵制，而是可以同时应对两个国家。该政策出台的背景是苏联解体后美国成为唯一的超级大国，地区大国则失去在大国争霸中获取红利的机会。与此同时，伊拉克经过两伊战争和海湾战争后，不仅国力衰弱，而且受到联合国的多边制裁，地区影响力不断下降。因此，双遏政策也通常被称为是针对伊朗制定的遏制政策，其手段以美国的单边制裁为主，对盟友施加压力使其与美保持一致，对伊朗进行政治孤立、经济制裁和军事包围。

一　以色列与双遏政策的形成

尽管美国的双遏政策于20世纪90年代初期正式提出，但这项政策有一个较长的形成过程，甚至有学者认为美国对伊朗和伊拉克的双遏政策早在两伊战争时期就已经在实施。在两伊战争时期，美国努力维持伊拉克和伊朗之间的力量平衡，使双方都无法威胁美国的地区利益。在1980年至1988年两伊战争期间，美国一方面向伊拉克提供武器和情报，另一方面又在以色列的鼓动下与伊朗进行武器交易。1982年5月，美国国防部部长温伯格说，战争必须以"不破坏该地区稳定"的方式结束。1984年，在国会听证会上，负责近东和南亚事务的美国助理国务卿理查德·墨菲说，"政府在两伊战争中的基本立场是任何一方的胜利在军事上都不可能实现，在战略上也不可取"。[1] 1987年1月，伊拉克副总理拉马丹指责美国提供不准确信息，是"有预谋的设计"，目的是试图延长两伊战争，增强美国在该地区的影响力。

在双遏政策的形成和出台上，以色列起到了极其重要的作用。以色列对双遏政策的推动源于其对伊拉克和1979年伊斯兰革命后伊朗的威胁评估。在1979年以前，以色列与巴列维王朝时期的伊朗关系密切。自1950年到1979年巴列维倒台，以色列50%以上的石油来自伊朗，以色列也向伊朗大量出口高科技产品，包括帮助伊朗发展导弹技术。以色列还与美国一起帮助伊朗建立秘密警察组织萨瓦克。1957年萨瓦克成立后，以色列的情报机构摩萨德和伊朗的萨瓦克保持密切联系。以色列还帮助伊朗利用库尔德人向伊拉克发

---

[1] Sasan Fayazmanesh, *The U. S. and Iran: Sanctions, Wars and the Policy of Dual Containment*, New York: Routledge, 2008, pp. 31 – 70.

难，特别是在 1974~1975 年库尔德起义中，伊朗向伊拉克库尔德人输送的武器中就有以色列提供的武器。但 1979 年伊斯兰革命后，伊朗和以色列的关系急转直下。1979 年初，伊朗停止向以色列出口石油，指控以色列训练前国王的秘密警察组织萨瓦克折磨伊朗人民。随着伊朗与巴勒斯坦建立密切联系，伊朗在巴以冲突中明确站在巴勒斯坦一边，其与以色列的关系变得越来越敌对。

对于以色列来说，在 20 世纪 80 年代，伊拉克的威胁要大于伊朗。伊拉克萨达姆政权支持阿拉伯民族主义和巴勒斯坦解放运动，自然对以色列产生威胁。1980 年 9 月，在两伊战争初期，《纽约时报》报道："以色列担心伊拉克正在摆脱与伊朗的战争，成为波斯湾的主要军事力量，也是阿拉伯国家对以色列生存最危险的威胁。"[1] 1990 年 4 月，《纽约时报》报道："伊拉克总统萨达姆·侯赛因吹嘘他获得了先进的化学武器，如果以色列对他的国家发动进攻，他将毁灭半个以色列。"[2] 7 月 19 日，《华盛顿邮报》报道，伊拉克外交部部长塔里克·阿齐兹指责科威特与"帝国主义和犹太复国主义"合作，通过过度生产压低油价，拒绝取消伊拉克的战争债务，窃取伊拉克石油，从而减少伊拉克的石油收入。[3] 而伊朗巴列维王朝与以色列长期保持友好关系，即使在伊斯兰革命后以色列仍然希望延续这种友谊。因此，以色列在对两伊的遏制中，更倾向于先遏制伊拉克。

但在对伊拉克和伊朗的威胁评估方面，美国和以色列之间存在一定的分歧。美国认为伊拉克和伊朗中首要的威胁是伊朗。在两伊战争初期美国声称保持中立，但由于伊朗人质危机对美国造成的阴影，美国在两伊战争中明显偏向伊拉克。美国不仅将伊拉克从"支持恐怖主义国家"名单上去除，而且还对其进行援助，甚至宣称要改善两国关系。对于以色列来说，伊朗的霍梅尼政权和伊拉克的萨达姆政权没有什么区别，因此两伊战争最好的结果是保持长时间的僵局，严重削弱两国实力。军事分析家安索尼·克德斯曼曾将这种战争形势描述为"稳定的僵局"，伊朗和伊拉克任何一方都没有获取最后

---

[1] Sasan Fayazmanesh, *The U.S. and Iran: Sanctions, Wars and the Policy of Dual Containment*, p. 57.

[2] Sasan Fayazmanesh, *The U.S. and Iran: Sanctions, Wars and the Policy of Dual Containment*, p. 49.

[3] Sasan Fayazmanesh, *The U.S. and Iran: Sanctions, Wars and the Policy of Dual Containment*, p. 50.

胜利的能力。① 历史学家施莱姆说："理想的情况是以色列人希望双方都输掉这场战争。其次是伊朗和伊拉克在一场旷日持久的消耗战中互相拆台。伊朗自革命以来一直受到美国的严格禁运，向伊朗供应武器是助长战争和维持僵局的一种方式。只要伊拉克还在这场冲突中深陷泥潭，它就不可能与叙利亚或约旦联手，组成一个反对以色列的东方阵线。"② 因此，伊朗在战场上处于劣势的时候，以色列鼓动美国向伊朗出售武器，从而引发了"伊朗门"事件。实际上在两伊战争初期，以色列就曾秘密向伊朗提供武器。1980年10月25日，美联社报道，以色列领导人向伊朗提供军事援助，并警告约旦不要支持伊拉克人，而且在卡特政府知情的情况下，以色列一直在向伊朗运输美国供应的F-4战斗机零部件。③

事实上，以色列对伊朗政策的变化来自以色列对周边威胁认知的改变。在以色列建国早期，其外交政策一直坚持外围原则，为抵御周边阿拉伯国家的威胁，倾向于与伊朗、土耳其和埃塞俄比亚等非阿拉伯外围国家建立密切联系，以减轻来自阿拉伯核心圈的压力。但在20世纪90年代初海湾战争中萨达姆用飞毛腿导弹袭击以色列时，以色列突然意识到曾经被认为的外围国家已经离以色列非常近了，既然遥远的国家可以打击以色列，那么外围的概念就失去了意义。时任以色列国防部部长摩西·阿伦斯（Moshe Arens）解释说，飞毛腿攻击"强调了一些我们以前没有意识到的东西，即来自遥远的、外围的威胁"，而且"伊朗通过真主党也不再是一个遥远的潜在敌人，而是一个边境国家，通过巴勒斯坦，伊朗现在在以色列境内，或者至少在以色列占领的领土内"。④ 因此，在拉宾和佩雷斯时期，伊朗对以色列产生威胁的认知越来越强烈。佩雷斯在1993年指出，伊朗是"疯狂的"，它试图摧毁以色列，而伊拉克的失败使伊朗成为一个"超级大国"。⑤ 随着以色列与伊朗关系

---

① Rosemary Hollis, "The U. S. Role: Helpful or Harmful?" Lawrence G. Potter and Gary G. Sick (eds.), *Iran, Iraq, and the Legacies of War*, New York: Palgrave Macmillan, 2004, p. 198.

② Sasan Fayazmanesh, *The U. S. and Iran: Sanctions, Wars and the Policy of Dual Containment*, p. 57.

③ Sasan Fayazmanesh, *The U. S. and Iran: Sanctions, Wars and the Policy of Dual Containment*, p. 58.

④ Sasan Fayazmanesh, *The U. S. and Iran: Sanctions, Wars and the Policy of Dual Containment*, p. 58.

⑤ Trita Parsi, "Israel – Iranian Relations Assessed: Strategic Competition from the Power Cycle Perspective," *Iranian Studies*, Vol. 38, No. 2 2005, p. 249.

的变化,推动美国与以色列一起采取敌视伊朗的政策成为以色列对外政策的重要内容,最有效的方法便是塑造伊朗威胁,尤其是对美国和西方世界产生威胁。对此,以色列学者伊斯拉埃尔·沙哈克指出:"以色列自己不能对抗伊朗,因为这有可能将事件演变成以色列与伊斯兰世界的冲突,为防止这种危险,以色列要让伊朗不仅仅是以色列的威胁,还是整个西方世界的威胁。"[1]

随着海湾战争爆发,伊拉克被联合国制裁,而伊朗保存了实力,因此遏制的重点主要是针对伊朗。以色列利用美国犹太人的力量,将以色列和美国的利益进行捆绑,加强对伊朗的遏制,其表现之一就是加强对伊朗制裁方面的立法。1993年5月18日,马丁·因迪克(Martin Indyk)在华盛顿近东政策研究所发表就职演说,他没有区分美国和以色列的利益,演讲中将"我们的"和"美国的利益"联系在一起,让人理解为美国和以色列的利益是一致的。因迪克说:"由于两伊战争和海湾战争,幸运的是,我们继承了该地区的力量平衡,威胁我们利益的军事能力大大降低。"[2] 但他同时提出,这两次战争后伊朗和伊拉克重建其武库,特别是在核武器和弹道导弹领域的努力,对当前的局势构成挑战,因此需要考虑新的战略。

二 双遏政策的提出

因迪克是克林顿总统在国家安全委员会近东与南亚事务的特别顾问,因迪克出生在澳大利亚并在那里长大,后来来到以色列并成为利库德集团总理伊扎克·沙米尔的媒体顾问。随后他去了华盛顿,在那里被亲以色列的游说集团美国以色列公共事务委员会(American Israel Public Affairs Committee, AIPAC)雇用,在 AIPAC 帮助下于 1985 年建立了华盛顿近东政策研究所。后来他与白宫搭上线,负责国家安全委员会的中东事务。1993年5月18日,他在华盛顿近东政策研究所的一次研讨会上提出双遏政策,指出美国在中东地区的"核心利益"是:中东石油以合理的价格自由流动;回应亲美的阿拉伯国家的友谊;确保以色列的安全、生存与繁荣;促进阿以冲突的和平、持

---

[1] Trita Parsi, *Treacherous Alliance: The Secret Dealings of Israel, Iran, and the United States*, p. 163, 转引自 Israel Shahak, "How Israel's Strategy Favors Iraq over Iran," *Middle East International*, No. 446, March 19, 1993, p. 91。

[2] Sasan Fayazmanesh, *The U. S. and Iran: Sanctions, Wars and the Policy of Dual Containment*, pp. 31 – 70。

久、全面和真正的解决。他提出，伊朗对美国构成五大挑战：（1）伊朗是全球恐怖和暗杀活动的支持者；（2）伊朗通过支持哈马斯和真主党竭力瓦解美国促进以色列和巴勒斯坦以及阿拉伯国家和平的努力；（3）伊朗在阿拉伯世界有争议的水域活动，积极寻求颠覆美国的友好国家；（4）伊朗积极获取武器，试图通过武力在海湾地区获得统治能力；（5）伊朗寻求大规模杀伤性武器，包括核武器和弹道导弹技术，并在中东地区扩散。针对伊朗和伊拉克的威胁，他提出，"伊朗和伊拉克对美国在该地区的利益采取敌视态度，因此，美国不应该只延续原来的权力制衡游戏——支持一个平衡另一个"。他指出，"我们应当劝说我们的欧洲盟友、日本甚至中国和俄罗斯，让它们相信伊朗的经济形势不符合它们的利益"。[1]

因迪克及其在华盛顿近东政策研究所和美国以色列公共事务委员会的同事几乎完全控制了20世纪90年代美国对伊朗政策的制定。这不仅是在克林顿政府时期，甚至在乔治·W. 布什政府时期也是如此。在克林顿政府时期，政策制定者大多与以色列工党关系密切，比如因迪克。在小布什政府时期，美国政策的制定者包括保罗·沃尔福威茨和理查德·佩尔，他们与华盛顿近东政策研究所和以色列游说团体有着广泛的联系，但是代表了以色列政府的利库德集团。因迪克希望对伊朗加强制裁，除了美国的单边制裁，还希望有像对伊拉克那样的多边制裁，他指出："伊朗还没有面对强加给伊拉克的那种国际（制裁）制度。因此，遏制伊拉克和伊朗的现有措施之间存在着结构性失衡。如果国际社会因此成功地遏制了伊拉克，但未能遏制伊朗，那么它将让海湾地区的力量天平向伊朗倾斜，后果非常危险。因此，这种不平衡需要作出更积极的努力来遏制伊朗，并在我们维持对伊拉克的制裁制度的同时改变其行为。"[2]

国家安全委员会的总统助理安东尼·莱克在《外交》1994年第2期发表了《应对抵制国家》一文，将因迪克的双遏政策变成了一个官方政策。莱克解释道，双遏政策是让伊朗和伊拉克保持脆弱性的努力，并不忽视权力平衡，而是保持低水平的势力均衡。克林顿从前几届政府那里继承了一套广泛的经济制裁措施，并以此作为实施遏制措施的基础，但单边制裁并没有改变

---

[1] Hossein Alikhani, *Sanctioning Iran: Anatomy of a Failed Policy*, p. 166.
[2] Sasan Fayazmanesh, *The U. S. and Iran: Sanctions, Wars and the Policy of Dual Containment*, pp. 66–67.

伊朗的外交政策。美国又试图寻求盟友和其他国家的合作来孤立伊朗，也没有成功。不仅如此，美国对伊朗的惩罚性措施遭到了西方工业化国家的强烈抵制，它们认为，通过贸易和接触而不是孤立的方式，更有可能改变伊朗在国际上的行为。美国与一些盟国取得的唯一成功是减少了对已知的军事终端用户出口双重用途物品，以及1994年世界银行暂停向伊朗提供新贷款。①

莱克同意因迪克的观点，认为美国在海湾地区的基本战略原则是维持一种力量平衡，保障美国盟友的安全，以及石油以稳定的价格自由流通，从而保护美国的关键利益。他认为，美国前几届政府就是通过依赖一个地区力量来平衡另一个地区力量，但结果却是灾难性的，尤其是伊朗巴列维王朝倒台后，美国在中东地区的"两根支柱"政策无法持续了。

莱克认为，伊朗和伊拉克都奉行与美国利益相敌对的政策，因此，"我们不需要在这一地区采取支持一个反对另一个的策略，而是另一种至关重要的遏制策略。采取这种途径，我们寻求与地区盟友保持有利的平衡，而不依赖伊拉克或伊朗"。② 莱克认为，美国之所以可以对伊朗和伊拉克同时采取遏制政策，主要有四个方面的原因。第一，苏联解体后，美国不用担心超级大国支持某个地区大国对付美国，也不用担心某个地区大国主动联合超级大国对抗美国。也就是说伊朗和伊拉克利用超级大国的能力没有了，两伊的战略重要性也大大降低。第二，伊拉克在两伊战争中的胜利大大削弱了伊朗的常规进攻能力，而伊拉克在海湾战争中被美国领导的国际联军重创，其进攻能力也被大大削弱，大规模杀伤性武器也受到严格控制。因此，两伊在过去十年里都严重受创，它们之间的军事平衡只是一种低水平的平衡，不足以挑战美国。第三，由于伊拉克入侵科威特，海合会国家对美国军队的接受度提升，美国军事力量有能力在海湾部署，以对付伊拉克或伊朗可能对这些海湾国家构成的任何威胁。第四，美国认为中东地区总体局势有利于美国，美国与该地区其他重要大国埃及、以色列、土耳其和沙特阿拉伯保持着密切的关系。中东和平进程取得的进展进一步加强了美国与地区盟友的关系，使美国有能力同时遏制两伊。因此，在这种情况下，"美国再也没有必要依赖伊拉克或者伊朗中的任何一个，从而保持有利的平衡，借此保护美国在海湾地区

---

① Anthony Lake, "Confronting Backlash States," *Foreign Affairs*, Vol. 73, No. 2, 1994, pp. 45-55.
② Anthony Lake, "Confronting Backlash States," *Foreign Affairs*, Vol. 73, No. 2, 1994, pp. 45-55.

的朋友和利益"。①

同时,莱克提出,双重遏制并不意味着重复遏制,因为伊朗和伊拉克对美国的挑战有一定的差异,而且国际社会对两伊的看法也有所不同,所以美国对这两个国家应该区别对待,遏制政策也需要量身定制。他认为,萨达姆统治下的伊拉克是"一个侵略成性和极度贪婪的国家,对外侵略他国,对内草菅人命,犯有战争罪和反人类罪",是一个"国际叛徒"。② 海湾战争结束后,在遏制伊拉克问题上,联合国建立了一个影响深远的制裁机制,以确保伊拉克不再威胁到它的邻国和世界和平。尽管如此,美国仍对伊拉克能否遵守所有联合国决议表示怀疑,认为仍需要进一步遏制伊拉克。

伊朗和伊拉克虽是邻国,但两国在文化和历史经验上有很大不同。伊朗是一个具有文化使命感和政治使命感的神权政体,对美国一直持敌对态度。而美国反对伊朗寻求大规模杀伤性武器以及远程导弹运载系统,认为伊朗是"世界上最主要的恐怖主义支持者并在世界范围内进行暗杀活动",认为伊朗"强烈反对阿以和谈,并试图颠覆美国在中东地区的友好政府",因此是需要被遏制的对象。莱克指出,"美国与伊朗的争吵不应被误解为'文明冲突'或反对伊朗成为神权国家,因为华盛顿不反对伊朗伊斯兰共和国的'伊斯兰'特性,美国对伊斯兰教的宗教和文化有着深深的尊重,美国反对的是极端主义"。③

关于双遏政策的理论来源,莱克在他的文章中进行了阐述。他认为这项政策是基于美国传统的海湾安全原则,即"防止任何一个国家在海湾建立霸权"的传统政策,维持有利的力量平衡,保护盟友安全,以及使石油以稳定的价格自由流动。莱克引用了大约半个世纪前乔治·凯南在《外交》上发表的一篇文章,文章指出美国应对苏联采取遏制政策。乔治·凯南认为,美国有办法"不断增加苏联承受的压力",从而导致"苏联力量的解体"。对于针对伊朗和伊拉克的双重遏制政策,莱克的基本假设是该政策可以与对苏联政策相同的方式运作,其目的是"极大地增加"伊朗承受的压力,从而导致伊朗力量的"分裂",其主要手段是经济制裁和政治孤立。而且他认为,对伊朗和伊拉克的遏制手段应当有所不同,对伊拉克的遏制更多的是联合国的多

---

① Anthony Lake, "Confronting Backlash States," *Foreign Affairs*, Vol. 73, No. 2, 1994, pp. 45 – 55.
② Anthony Lake, "Confronting Backlash States," *Foreign Affairs*, Vol. 73, No. 2, 1994, pp. 45 – 55.
③ Anthony Lake, "Confronting Backlash States," *Foreign Affairs*, Vol. 73, No. 2, 1994, pp. 45 – 55.

边制裁,而对伊朗的遏制更多的是美国的单边制裁以及对美国盟友施加外交压力从而推行遏制。因为伊拉克发动了两伊战争,入侵科威特,有战争侵略史,所以受到的制裁具有合法性,也容易在国际社会达成一致。但伊朗在历史上不仅没有侵略过其他国家,反倒是自己被侵略过,遏制伊朗更多的是基于美国和伊朗关系的变化,该政策在美国国内和整个国际社会并没有达成一致。在没有达成国际共识的情况下,制裁和遏制伊朗这样一个国家是很困难的。①

三 美国国内对双遏政策的分歧

对于双遏政策,在当时以及随后的几年里,美国国内的意见并不一致。犹太院外组织作为该政策的推动者,极力鼓吹两伊对美国国家利益产生的威胁,以及对两伊进行制裁的必要性。但对双遏政策的反对声音也很多,如格雷戈里·高斯在《外交》1994年第2期上撰文《双重遏制不合逻辑》,认为双重遏制政策在逻辑上有缺陷,在实践上有不一致性,其基础是错误的地缘政治前提,这项政策最终可能助长地区冲突和伊朗势力的增强,而这正是美国试图阻止的。② 高斯认为遏制伊朗需要在其漫长的西部边界建立一个相对强大和统一的伊拉克,否则伊拉克将成为伊朗试图摆脱地区孤立的理想地区。而且伊朗与伊拉克什叶派多数派有着密切的政治联系,这对伊拉克什叶派圣城有着历史意义,伊朗过去与伊拉克库尔德组织也有着密切关系,因此一个软弱的伊拉克不利于遏制伊朗。与此同时,要遏制伊拉克,没有伊朗的合作也是很难实现的。在萨达姆执政时期,对伊拉克遏制的因素之一就是来自伊朗的压力,如果伊朗不参与,对伊拉克的经济制裁将失去效力。如果萨达姆倒台,伊朗将成为伊拉克未来的关键角色。因此,高斯认为尽管两伊有相互敌视的历史,双重遏制实际上将萨达姆的伊拉克向德黑兰推得更近。对伊朗的"遏制"使德黑兰有充分的动机干预伊拉克政治,利用其与伊拉克什叶派组织的联系,打破华盛顿试图强加的孤立局面。如果后萨达姆时代的伊拉克成为争夺地区大国影响力的竞争对手,伊朗则有更多优势。如果这场竞赛是在伊朗和一个由美国支持的地区盟国集团之间进行的,那么伊朗获胜的

---

① Anthony Lake, "Confronting Backlash States," *Foreign Affairs*, Vol. 73, No. 2, 1994, pp. 45 – 55.
② F. Gregory Gause Ⅲ, "The Illogic of Dual Containment," *Foreign Affairs*, Vol. 73, No. 2, 1994, pp. 56 – 66.

机会将非常大。事实上，关于这一点，2003年伊拉克战争后的两伊关系证实了高斯分析的合理性。战争后萨达姆政权倒台，伊拉克什叶派上台，使伊朗和伊拉克的关系进一步推进，西方也因此称伊拉克战争的结果带来了以伊朗为首的"什叶派新月地带"的崛起。

高斯还认为，对伊拉克和伊朗的双重遏制很难得到美国盟友的全面支持，比如美国在该地区最亲密的两个盟友埃及和土耳其已经在呼吁放松对伊拉克的制裁，阿曼、卡塔尔和巴林的官员也表示有必要让伊拉克重返阿拉伯政治圈。与此同时，欧洲和日本一直不愿在经济上孤立伊朗，因为这意味着要放弃一个1992年从欧洲进口超过100亿美元、从日本进口超过25亿美元的市场。美国的许多盟国政府认为，对伊朗实行经济隔离，德黑兰伊斯兰政权将落入支持恐怖活动和向国外输出伊斯兰革命的派系之手。[1] 此外，美国的商业利益集团希望继续与伊朗做生意，如波音公司希望向伊朗国家航空公司出售飞机，美国石油公司也希望继续购买伊朗石油。高斯认为双重遏制政策不仅给海湾君主制带来了巨大的政治负担，而且在事实上可能造成美国在该地区利益的最坏结果，即伊拉克国内局势陷入混乱，伊朗可以利用这种混乱。他认为美国与伊朗之间存在不容忽视的严重分歧，但也存在一定的共同利益，如维护海湾地区稳定。

美国前总统国家安全事务助理布热津斯基和布伦特·斯考克罗夫特，以及前助理国务卿理查德·墨菲也认为，双遏政策并没有取得成功。他们认为，双重遏制与其说是一种政策，不如说是一种口号，为了孤立这两个海湾大国，这一政策缺乏战略可行性。尤其是美国对伊朗的单边制裁一直都是无效的，美国要求他国追随美国的制裁也是一个错误，粗鲁的域外制裁只会让美国与它的主要盟国产生冲突，威胁到美国多年来促成的国际自由贸易秩序。[2] 华盛顿近东政策研究所所长帕特里克·克劳森认为，制裁和遏制是改变伊朗和伊拉克行为的最有效途径，但美国要实现这个目标需要很长时间。1997年12月，他在为《生存》杂志撰写的文章《双重遏制的持续逻辑》中指出，"更好的办法是停止寻求对双重遏制的普遍支持。如果维持一个极其

---

[1] F. Gregory Gause Ⅲ, "The Illogic of Dual Containment," *Foreign Affairs*, Vol. 73, No. 2, 1994, pp. 56 – 66.

[2] Zbigniew Brzenzinski, Brent Scowcroft and Richard Murphy, *Differentiated Containment: U. S. Policy Toward Iran and Iraq*, The Council on Foreign Relaitons, 1997, pp. 30 – 31.

广泛的联盟需要对美国的目标进行分化,那么恰当的回应是通过一个更小范围的联盟来推进这些目标,而不是放弃关键的利益"。①

第三节　遏制伊朗与全面制裁

随着双遏政策的出台,在以色列和犹太院外组织的推动下,美国加强了对伊朗的制裁。制裁的领域从反恐进一步扩展到大规模杀伤性武器,其中包括生化武器技术、导弹技术和核技术,还包括高级常规武器技术,并酝酿对伊朗进行全面制裁。

一　犹太院外组织推动对伊朗制裁

美国是全世界犹太人最多的国家,犹太人也是美国最富有的阶层。美国犹太人出于对以色列的强烈认同感在美建立了很多游说集团,其中包括比较著名的美国以色列公共事务委员会、世界犹太人大会、美国犹太人委员会、华盛顿近东政策研究所、美国犹太复国主义运动等,它们在美国中东政策的制定中确保以色列的利益方面起到重要作用。犹太院外组织通过多种方式渗入美国政治,它们游说国会,向国会输送犹太裔议员和亲以色列议员,关注议员们的竞选需求。犹太院外组织在国会的游说工作主要通过美以公共事务委员会来进行。如美以公共事务委员会前执行主任阿米泰曾说:"这里(国会)很多职员……恰好都是犹太人,他们会从犹太人的角度看待问题……这些人正是为议员们在对以问题上制定决策的人……仅仅这些基层人员就能完成很多工作。"② 犹太院外组织还通过选票和金钱影响总统选举,并利用大众传媒影响公众舆论来帮助游说。历史学家梅尔文·I. 尤罗夫斯基曾说:"美国历史上没有任何一个别的族裔曾如此广泛地卷入到一个外国的事务之中。"③

---

① Patrick Clawson, "The Continuing Logic of Dual Containment," *Survival*, Vol. 40, No. 1, 1998, pp. 33 – 47.
② 孙铭若:《美国以色列公共事务委员会对美以关系的影响》,硕士学位论文,天津师范大学,2010,第22~23页。
③ 〔美〕约翰·J. 米尔斯海默、斯蒂芬·M. 沃尔特:《以色列游说集团与美国对外政策》,王传兴译,第167页。

20世纪90年代，犹太人在美国政府中的影响力也相当大。在克林顿政府的国家安全委员会中，11名成员有7名是犹太人，如负责中东和南非事务的总统顾问马丁·因迪克、负责西欧事务的总统顾问丹·希夫特、负责非洲事务的总统顾问丹·斯坦伯格、负责拉丁美洲事务的高级总监兼总统顾问理查德·范伯格，以及负责亚洲事务的总统高级顾问斯坦利·罗斯等。此外，白宫法律顾问阿布纳·米克瓦、经济顾问罗伯特·罗宾、媒体总监大卫·海泽、白宫办公厅主任艾丽丝·鲁宾、克林顿的高级顾问拉姆·伊曼纽尔都是犹太人。美国国务院更是有大量的犹太人担任高级官员，其中以中东和平进程负责人丹尼斯·罗斯为首。在白宫之外，克林顿提名最高法院的高层中9人都是犹太人。克林顿还任命犹太人约翰·多伊奇担任中央情报局局长。①因此约翰·J. 米尔斯海默和斯蒂芬·M. 沃尔特在《以色列游说集团与美国对外政策》中提出，"自从20世纪90年代以来，美国的伊朗政策严重受到以色列前后各届政府的影响"，"德黑兰数度尝试改善与华盛顿的关系，将那些明显的分歧搁置一旁，但是以色列及其美国的支持者都能够阻挠伊朗与美国之间的关系缓和，使这两个国家保持疏远的关系"。②

海湾战争后伊拉克变得越来越虚弱，伊朗则成为以色列推动美国制裁的首要目标。"伊朗门"事件本身也被认为是双重遏制政策的一部分，美国和以色列通过对伊拉克和伊朗的重复支持，使两伊战争持续了八年，耗尽了两国的经济军事力量，正如萨桑·法亚兹曼尼希在《美国和伊朗：制裁、战争和双遏政策》中所说："臭名昭著的'伊朗门'事件丑闻只不过是以色列和美国奉行的双重遏制政策的表现，这是一种愤世嫉俗和残暴的政策，可能夺去了多达100万人的生命，并在今后几十年里摧毁伊朗和伊拉克的经济。"③美国政府遏制政策本身是要保持伊拉克和伊朗在较低水平上的平衡，这也是海湾战争惩罚了伊拉克但并没有推翻萨达姆政权的重要原因。在对伊朗的制裁上，以美国以色列公共事务委员会为主的犹太院外组织起到了很大的推动作用。

对于双遏政策的出台，美国以色列公共事务委员会扮演了极其重要的角

---

① Hossein Alikhani, *Sanctioning Iran: Anatomy of a Failed Policy*, pp. 178 – 179.
② 〔美〕约翰·J. 米尔斯海默、斯蒂芬·M. 沃尔特:《以色列游说集团与美国对外政策》，王传兴译，第6页。
③ Sasan Fayazmanesh, *The U. S. and Iran: Sanctions, Wars and the Policy of Dual Containment*, pp. 31 – 70.

色。美国《财富》杂志将美国以色列公共事务委员会列为美国最强大的利益集团之一。《纽约时报》称,美国以色列公共事务委员会是影响美国与以色列关系最重要的组织,该组织被称为"国会山之王",总部设在华盛顿,全国多地设有办事处,其工作人员大多从熟悉美国政策的专职人员中招募,他们中大多数人熟悉美国政治制度,尤其对国会的工作程序和美国犹太人社团有过专门的研究,美国以色列公共事务委员会的每个领导人都有在国会工作的经历。[1] 该组织自称,"在50个州拥有10万名成员,他们处在帮助以色列解释最棘手问题的最前沿:阻止伊朗获取核武器,打击恐怖主义和实现和平。最重要的是,确保以色列足够强大能够应对这些挑战……通过在国内和华盛顿与国会议员举行的2000多次会议,美国以色列公共事务委员会每年帮助通过100多项亲以色列立法倡议。从获得对以色列安全至关重要的近30亿美元的援助,到资助美国和以色列共同努力建立针对非常规武器的防御体系,美国以色列公共事务委员会成员参与解决以色列面临的最关键问题"。[2] 其中,华盛顿近东政策研究所为白宫制定美国的中东政策,美国以色列公共事务委员会保证美国国会通过这些政策。华盛顿近东政策研究所提出伊朗的三重罪:"支持国际恐怖主义、反对中东和平进程、谋求大规模杀伤性武器"。因此其极力鼓动美国制裁伊朗甚至对伊朗发动战争,推翻现政权。对此,有学者认为对这三重罪的定义太过于含糊,伊朗到底谋求了哪些大规模杀伤性武器并不清晰。伊朗支持的所谓"恐怖主义"也只不过是对以色列产生威胁的势力。以色列指责伊朗反对中东和平进程指的是伊朗反对《奥斯陆协议》,实际上以色列自己很快就反对并搁置了这项协议。

1992年克林顿上台后,以色列和犹太院外组织担心新的政府高层对以色列不够同情,因此尤为关注两个人。一位是总统国家安全事务助理安东尼·莱克,尽管他向因迪克提供了白宫的职位,但有报道称莱克在卡特执政期间对以色列没有同情心。另一位是国务卿沃伦·克里斯托弗,他被提名为国务卿时有报道称许多美国犹太人表示反对,因为他曾担任卡特政府时期的副国务卿,与伊朗有过密切的接触。后来,犹太人发现克里斯托弗并没有批评以

---

[1] 孙铭若:《美国以色列公共事务委员会对美以关系的影响》,硕士学位论文,天津师范大学,2010,第21页。

[2] Sasan Fayazmanesh, *The U. S. and Iran: Sanctions, Wars and the Policy of Dual Containment*, pp. 67 – 68.

色列的言论。事实上，克里斯托弗在伊朗人质危机期间与伊朗人打交道并不愉快。1993年12月2日《纽约时报》报道，克里斯托弗在欧盟总部的一次新闻发布会上说："伊朗是一个反对中东和平进程的非法国家，并且在世界上许多国家参与恐怖主义行动。"① 与此同时，克里斯托弗将伊朗称为"国际不法分子"和"危险国家"，呼吁世界银行不应向其提供贷款，这一建议最终导致世界银行在1993年停止向伊朗提供贷款。

由于因迪克和克里斯托弗执掌美国外交，更严厉的制裁很容易成为法律。在犹太院外组织的支持下，达马托当选议员后，极力推进以色列利益。1995年初共和党接管国会，达马托成为国会银行委员会主席，"法案的命运和美国以色列公共事务委员会的命运也因此改变"。为了推进对伊朗的制裁，达马托编造了各种谎言。如1995年3月23日，在国会听证会上，他说伊朗在霍尔木兹海峡有争议的岛屿上放置了化学武器，后来又称伊朗在放置导弹，在对石油至关重要的海湾航道向西方发起挑战，等等。对此，萨珊·法亚兹曼尼沙评价说，犹太院外组织在推动美国制裁伊朗方面的惯用伎俩是：它们制定法律，在美国国会中使用代理人引进法律，然后找"专家"做证以确保法律通过。②

二 《伊朗—伊拉克武器不扩散法》的颁布

20世纪80年代末90年代初，美国对伊朗的制裁一方面是因为美国希望改变在"伊朗门"事件上对伊朗的软弱形象，另一方面两伊战争中伊拉克对伊朗的生化武器攻击让美国加强了对生化武器相关技术的出口制裁。尽管如此，美国与伊朗之间的贸易仍然没有停止。1991年美国向伊朗出口5.27亿美元，而1992年则达到7.5亿美元，比上一年增长了42%，这使美国成为伊朗的第六大贸易伙伴。但是，美国从伊朗的进口只有几十万美元，主要是伊朗从美国进口较多。③ 美国与伊朗之间的贸易状况引起国会不满，很多议员要求美国加强对伊朗出口的贸易审查，甚至要求商务部公开对伊朗的出口

---

① Sasan Fayazmanesh, *The U. S. and Iran: Sanctions, Wars and the Policy of Dual Containment*, p. 71.
② Sasan Fayazmanesh, *The U. S. and Iran: Sanctions, Wars and the Policy of Dual Containment*, p. 75.
③ 王明芳：《冷战后美国的伊朗政策研究》，第103页。

许可记录。在犹太院外组织推动下，美国进一步加强了对伊朗的制裁，提出《伊朗—伊拉克武器不扩散法》（Iran – Iraq Arms Non – Proliferation Act），该法案由参议员约翰·麦凯恩和阿方斯·达马托共同发起。

1992年10月23日，美国国会通过了《伊朗—伊拉克武器不扩散法》，该法案指出，美国应与其他国家达成协议，反对向伊朗和伊拉克运输任何货物和技术，其中包括可以帮助伊朗和伊拉克获取化学、生物和核技术，以及高级常规武器的双用途的货物和技术。这个法案依据的是1961年《对外援助法》、1978年《核不扩散法》以及1991年《化学和生物武器控制和战争消除法》。该法案将对那些支持伊朗和伊拉克获取大规模杀伤性武器的人和国家进行制裁。该法案规定1990年《伊拉克制裁法》（The Iraq Sanctions Act）也适用于伊朗。此外，法案对那些违反规定的个人和实体进行制裁，制裁内容包括：两年内美国政府不向受制裁的个人和实体签订采购订单；两年内不给那些受到制裁的个人和实体发放许可证。对于违反该法案的国家，一年内美国将暂停对受制裁国的援助；美国将要求其在国际金融机构的代表一年内投票反对向受制裁国提供技术援助和金融援助；暂停履行与受制裁国签订的发展协议或合作生产协议，包括暂停军事和双用途技术交换协议；暂停向受制裁国提供军事出口。除了这些制裁，总统还可以根据《国际紧急经济权力法》赋予的自由裁量权进行制裁，其中人道主义援助除外。如果总统认为解除该项制裁对美国的国家利益至关重要，需提前15天分别向参议院和众议院提交报告，报告必须详细解释为什么要解除本法案的制裁。[①]

制裁法案对一些词进行了特别解释，如"高级常规武器"（advanced conventional weapons）指的是空气炸药、巡航导弹、低可观测飞行器、躲避雷达飞机、高级军事飞机、军事卫星、电磁武器和激光武器等，以及高级指挥、控制和通信系统等。在"货物和技术"（good and technology）的定义中，货物指的是任何天然和人造的物品、材料和制造品，包括实验器材；技术指的是可用于设计、生产、制造、利用或重构商品的任何信息和专有技术，包括计算机软件和技术数据。"个人和实体"（person and entity）指的是任何美国和外国个人、合伙企业、公司或其他形式的协会、子公司、母公司或附属机构。"美国援助"（United States assistance）指的是1961年《对外援助法》中规定的援助条目、《武器出口管制法》中规定的援助以及买卖交易、《进出

---

① "Iran – Iraq Arms Non – Proliferation Act of 1992," Public Law 102 – 484, October 23, 1992.

口银行法》中的金融援助、商品信贷公司在农产品出口中的金融援助。①

三 《全面制裁伊朗法》的通过

随着20世纪90年代初美国双重遏制政策的出台,犹太院外组织在美国政界的影响力也进一步增强。以色列最坚定的盟友是参议院银行委员会主席达马托,他背后的支持力量是美国以色列公共事务委员会,他们还有一个盟友是美国国务卿沃伦·克里斯托弗,此人曾参与1979年伊朗人质危机的谈判和《阿尔及尔协定》的签订,对伊朗极其反感。克里斯托弗曾称伊朗为"非法国家","恐怖主义支持者","伊朗对国际恐怖主义的支持无处不在,它支持整个中东地区的暴力活动:黎巴嫩、以色列、埃及、土耳其、阿尔及利亚和现在的加沙。它的恐怖主义活动遍及全球,包括非洲、拉丁美洲、亚洲和欧洲"。②

1992年,主政以色列15年之久的利库德集团下台,温和派总理拉宾上台,拉宾认为美国以色列公共事务委员会是利库德集团的亲信,因此决定绕过该委员会直接与白宫联系。美国以色列公共事务委员会为凸显其在美以关系中的重要性,积极推动针对伊朗的敌对政策。因此,有学者认为伊朗虽然与传统的阿拉伯国家对以色列产生的威胁不同,但德黑兰仍然是美国以色列公共事务委员会生存的有用工具。

1994年底,美国以色列公共事务委员会炮制了《全面制裁伊朗法:一份行动计划》(Comprehensive Iran Sanctions Act: A Plan for Action),要求对伊朗进行全面制裁,并对与伊朗进行贸易的外国公司进行二级制裁。达马托成为该制裁计划的主要执行者。1995年1月25日,在美国以色列公共事务委员会制裁法案的基础上,达马托在参议院提出了《全面制裁伊朗法》(Comprehensive Iran Sanctions Act),制裁的理由是美国认为伊朗违反了人权。根据1991年联合国特别人权代表的报告,美国指出伊朗政府在境外暗杀前总理巴赫蒂亚尔;在国内压制政治反对派如自由运动组织,禁止其参与议会选举,监听其电话、拆封其信件等;对巴哈伊教徒进行迫害,包括暗杀、逮捕和不签发护照等。美国指责伊朗不与国际人权组织合作。达马托提出制裁伊朗的理由还包括伊朗支持哈马斯、真主党、伊斯兰吉哈德组织等,并认为伊朗将

---

① "Iran – Iraq Arms Non – Proliferation Act of 1992," Public Law 102 – 484, October 23, 1992.
② Hossein Alikhani, *Sanctioning Iran: Anatomy of a Failed Policy*, pp. 190 – 191.

"国际恐怖主义"作为获取政治利益的手段,包括对拉什迪的追杀和对库尔德民主党领导人的暗杀等。达马托指出,伊朗应该为多起"国际恐怖主义"事件负责,除了1979年伊朗人质危机外,1983年真主党对贝鲁特美国大使馆汽车爆炸袭击、1983年真主党对贝鲁特美军基地的炸弹袭击、1984年真主党对美国大学校长的绑架,以及1984~1986年真主党在黎巴嫩绑架多名美国人等都有伊朗的支持。达马托认为,这些都是伊朗支持"国际恐怖主义"的证据。

因此,达马托提出应当对伊朗进行制裁,全面禁止美国与伊朗之间的贸易,其内容包括:(1)禁止有关伊朗货币兑换的交易;(2)禁止任何银行机构为伊朗及其国民提供信贷或支付服务;(3)禁止买卖伊朗货币或证券;(4)禁止任何收购、持有、扣缴、使用、转让、撤出、运输、进口或出口、经营或行使与伊朗或其国民有任何利益的任何财产,以及涉及该财产的任何交易;(5)对于1979年《出口管理法》、1976年《武器出口管制法》、1954年《原子能法》控制的任何技术和物品,禁止美国司法管辖下的任何人向伊朗发放出口许可证,禁止向任何国家再出口到伊朗的商品发放许可证;(6)禁止向美国进口任何商品和服务,如果商品部分或全部在伊朗种植、生产、制造、提取或加工。该制裁法案也规定了域外适用条款,主要是针对境外的美国人,禁止境外的美国人与伊朗进行前四条的贸易。违反禁令将按照《国际紧急经济权力法》中的条款进行惩罚。[①] 法案在第四部分提出多边协助的条款,主要是国际金融机构和联合国。法案提出财政部应该指导美国有关部门反对国际金融机构对伊朗进行贷款或其他财政援助。在这里,国际金融机构主要指的是国际复兴开发银行、国际开发协会、亚洲发展银行和国际货币基金组织。美国常驻联合国代表应该反对或投票否决联合国及其相关部门向伊朗提供援助的提案。当然也有例外,该法案不适用于出于人道主义考虑向伊朗政府及其国民出口食物、衣服、药品或医疗用品、仪器或设备等。法案也指出,如果要取消对伊朗制裁需要满足三个条件:伊朗改善人权状况达到国际公认的标准、停止获取核爆炸装置、停止支持"国际恐怖主义"。达马托指出:"该法案将帮助削减约7.5亿美元的美国双重用途物品出口到伊朗,而这些物品一旦出口到伊朗将会被转变为军事和核项目……伊朗正在把自己武装到牙齿,而我们却忽视了这一点。"[②]

[①] "Comprehensive Iran Sanctions Act of 1995," 104th Congress 1st session, January 25, 1995.
[②] Hossein Alikhani, *Sanctioning Iran: Anatomy of a Failed Policy*, pp. 179–180.

法案还规定,总统应当在60天内向国会报告,并在以后每90天向国会相关部门报告一次,相关部门主要指的是参议院外交关系委员会和众议院国际关系委员会,报告内容包括伊朗的核能力、军事实力,以及伊朗支持"国际恐怖主义"的情况。这个法案对"国际恐怖主义"下了一个定义,认为"国际恐怖主义"一词是指对人的生命具有暴力或危险性的行为,违反美国及其任何州的刑法,或在美国及其任何州的管辖范围内犯下将构成犯罪的行为,这些行为指的是意图恐吓或胁迫平民、通过恐吓或胁迫影响政府政策、通过暗杀或绑架影响政府行为等。①

小 结

斯蒂文·T. 罗森塔尔曾称:"自从1967年以来……没有任何别的国家的公民,曾经像美国犹太人致力于以色列的成功那样,致力于另外一个国家的成功。"② 政治学家罗伯特·H. 特赖斯认为,以色列游说集团是"由至少75个分开的不同组织——大部分是犹太人组织——所组成的团体,它们积极支持以色列政府的大部分行动和政策立场"。③ 以色列与在美国的犹太院外组织在美国中东政策的制定中起到了重要作用,并保证在政策上偏向以色列。双遏政策正是在以色列和犹太院外组织的推动下出台,该政策试图通过制裁和孤立来遏制伊朗和伊拉克。20世纪90年代,伊拉克入侵科威特本身就受到联合国的制裁,因此在某种程度上双遏政策的目标是伊朗。美国指责伊朗支持"国际恐怖主义"、谋求大规模杀伤性武器、滥用人权等,制裁成为美国对伊朗政策的重要手段。尤其是在犹太院外组织的极力推动下,美国开始了对伊朗全面制裁的尝试,为了保证对伊制裁的效果,域外制裁开始被提上日程。美国制裁伊朗问题开始超越两国关系的范畴,越来越多的国家有可能因与伊朗的关系而成为美国制裁的对象。

---

① "Comprehensive Iran Sanctions Act of 1995," 104th Congress 1st session, January 25, 1995.
② 〔美〕约翰·J. 米尔斯海默、斯蒂芬·M. 沃尔特:《以色列游说集团与美国对外政策》,王传兴译,第167页。
③ Robert H. Trice, "Domestic Interest Groups and the Arab – Israeli Conflict," in Abdul Aziz Said, Ethnicity and U. S. Foreign Policy, New York: Praeger Publishers, 1981, pp. 121 – 122.

第六章
《达马托法》：域外制裁的扩散

冷战结束后，美国成为世界上唯一的超级大国，其对伊朗的遏制政策到了20世纪90年代中期有了进一步的发展。在犹太院外组织的推动下，以美国以色列公共事务委员会和参议员达马托为代表的犹太势力力主对伊朗进行更为严厉的域外制裁，其中包括与伊朗进行贸易的美国盟友。从《全面制裁伊朗法》《伊朗对外制裁法》《伊朗石油制裁法》，到《达马托法》①，美国对伊朗的制裁进入了一个新的阶段。但针对伊朗的域外制裁在美国国内以及国际上引发了争论。法国道达尔公司前法务总监阿兰·马克·伊里苏认为，如果说反古巴的《赫尔姆斯-伯顿法》的通过在一定程度上归功于在佛罗里达州流亡的古巴裔群体的政治游说，那么《达马托法》则是强有力的亲以色列群体游说的结果。他指出，达马托在其所在的纽约州选区笼络了一大批美裔犹太人，这个群体代表的正是美国极具影响力的美国以色列公共事务委员会。② 此时，美国对伊朗的制裁已经不仅仅局限于美国和伊朗两个国家，制裁的范围扩大到所有与伊朗有贸易往来的第三国的个人和实体，从而对美伊关系以及美国与盟国关系产生重要影响。桑德拉·苏赖克评论道："如果说美国的这些法案的立法目的是出于强化对古巴、利比亚、伊朗的制裁，那么从整个制裁机制的复杂程度来看，这其实是美国谋求世界霸权的新体现。"③

---

① 《达马托法》是美国针对伊朗和利比亚的制裁法案，也被称为《对伊朗和利比亚制裁法》或《达马托-肯尼迪法案》，因为该法案制裁的主要条款首先由参议员阿方斯·达马托提出，所以该法案通常被称为《达马托法》。
② 〔法〕阿里·拉伊迪：《隐秘战争：美国长臂管辖如何成为经济战的新武器》，法意译，第27页。
③ 〔法〕阿里·拉伊迪：《隐秘战争：美国长臂管辖如何成为经济战的新武器》，法意译，第32页。

第一节　从多边制裁向域外制裁的演变

自伊朗人质危机以来，美国和伊朗的关系一直处于相互敌视状态。由于伊朗的地缘政治地位，美国一直希望通过更迭伊朗现政权，重新建立一个亲美政权。为了向伊朗施压，美国联合其盟友来遏制和孤立伊朗，但都不太成功。为了进一步遏制伊朗，美国对伊朗的制裁开始逾越两国范围，走向域外制裁。20世纪90年代中期美国对伊朗进行的制裁涉及越来越多的国家，其制裁法案的域外条款遭到国际社会的广泛批评。

一　美国不断寻求对伊朗进行多边制裁

为强化对伊朗的制裁效果，美国不仅积极进行单边制裁，还不断地将其盟友拉入制裁伊朗的行列，并谋求对伊朗进行联合国制裁。冷战时期，苏联的反对使美国寻求多边制裁的努力失败，而且美国的欧洲盟友在伊朗问题上有着自己的利益，因此在联合制裁伊朗上并不卖力。两伊战争时期，美国以不偏袒任何一方为由保持中立，一方面采取"坚定行动"，对伊朗进行武器禁运，并呼吁国际社会不要向伊朗出售武器，另一方面为寻求伊朗帮助释放黎巴嫩人质私下与其进行武器交易。"伊朗门"事件曝光后，美国的国际信誉受到打击，其联合世界其他国家对伊朗进行的多边制裁屡屡受挫。

美国寻求对伊朗的多边制裁除了谋求联合国制裁和盟友的加入，还寄希望于当时的国际出口管制制度。这种出口管制制度最初是为了围堵社会主义国家，是在1949年由美国及其北约大部分盟友建立的巴黎统筹委员会，被称为"巴统"组织。该组织制定了"国际原子能清单"、"国际军品清单"、两用物品和技术的"工业清单"，对向社会主义国家出口高科技尤其军事用途的物品和技术进行管制。20世纪70~80年代，美国对伊朗的制裁经常以此为借口呼吁其盟友加强对伊朗的出口管制。冷战结束后，原来针对社会主义阵营的管制对象不复存在，而且冷战结束后国际安全形势也出现新的变化，尤其是海湾战争爆发后，美苏矛盾掩盖下的新安全威胁不断上升，地区冲突、恐怖主义、大规模杀伤性武器扩散等成为新的安全难题。后冷战时代以"冷战与封锁"为目的的出口管制已经不合时宜。为更好地应对安全领域的新变化、平衡经济和安全利益，组建一个新的、更具包容性的多边出口管制组织不仅是美国等西方集团国家的需要，也是维护世界和地区和平的需要。[①]

1992年12月，在七国首脑会议上，美国总统布什提出运用不同于"巴统"组织的多边机制管制两用物品出口，要求对伊朗实施常规武器禁运，并扩展到两用物品。这一倡议引起争论，许多国家担心这会影响到与伊朗的正常贸易，最终七国同意在向伊朗出售物品时只对可能被用于军事目的的两用物品进行限制。1993年4月，美国总统克林顿和俄罗斯总统叶利钦在温哥华会晤，磋商解散"巴统"，建立可以应对新安全威胁的新机制。这个新机制将对伊朗、伊拉克、利比亚和朝鲜以及一些局势不稳定地区的武器和工业品出口进行管制。1994年3月，在荷兰瓦森纳举行的会议再次确认解散"巴统"，建立新的机制即瓦森纳安排机制。1994年，俄罗斯坚持履行向伊朗的军售合同，其中包括向伊朗出口T-72坦克、基洛级潜艇以及各种作战飞机，使新机制的谈判陷入僵局。俄罗斯认为，如要俄罗斯不向伊朗出售武器，美国就不应向沙特和以色列出售武器。

对于美国提出建立不包括俄罗斯在内的瓦森纳安排机制，欧洲国家表示反对。一方面，欧洲国家认为俄罗斯的加入会使瓦森纳安排机制更加有效；另一方面，欧洲国家对伊朗的威胁认知并不像美国那样强烈。最终，俄罗斯与美国达成协议，俄罗斯暂时性放弃对伊朗的武器出口协议。新的出口管制机制没有对美国向以色列和沙特出口做出安排，也没有明确指出要加强控制对伊朗的武器和高科技产品出口。

瓦森纳安排机制的目标主要是：保护国际和地区安全；补充和强化现有的常规武器和两用物品控制制度；加强对热点国家和热点地区的国际出口管控合作；不针对任何国家，不妨碍真正的民事交易，也不干涉各国享有单独或集体自卫的权利；打击恐怖主义。[②] 瓦森纳安排机制还制定了控制清单，其中包括常规武器清单和两用物品清单。常规武器清单包括八个大类：主战坦克、装甲车辆、大口径火炮、军用飞机/无人机、军用武装直升机、军舰、导弹及导弹系统、轻小武器。两用物品清单包括普通两用物品清单、敏感两用物品清单和极度敏感两用物品清单，其具体种类非常广泛，从特殊材料及

---

① 叶开：《瓦森纳安排机制评析》，硕士学位论文，外交学院，2019，第19页。
② 刘志鹏、程燕林：《瓦森纳安排的运行机制及启示》，《科技中国》2021年第7期，第25~26页。

生产设备到电子元器件、信息安全设备、计算机和电信设备、传感器和激光设备、导航和航空电子、航空航天设备和推进器等。①

在瓦森纳安排机制谈判的同时，美国也进一步加强对伊朗的制裁，尤其是1992年《伊朗—伊拉克武器不扩散法》通过后，美国要求其盟友加强对伊朗两用物品的出口管制。1993年3月1日，英国外交大臣赫德宣布，英国正在加强对伊朗有关军用设备和两用技术出口进行管制，英国贸易和工业部将不予批准禁止出口军用设备或与国际清单上物品相关的出口许可证，对那些企图出口"有消息或理由怀疑将到达军事用户手里或用于军事目的"的任何设备的许可证申请也不予批准。② 但20世纪90年代初期伊朗与欧洲国家正在展开"批评性对话"，而且还有更多的国家与伊朗发展关系，对伊朗的制裁效果并不是非常有效，美国对此并不满意。因此，美国国内开始针对伊朗加强制裁立法，制裁对象不仅是伊朗，还包括与伊朗关系密切的第三国。

二　美国域外制裁的传统

美国有域外制裁（"长臂管辖"）的传统，并用一系列美国国内法律作为支撑，如1917年的《与敌国贸易法》、1961年的《对外援助法》、1977年的《国际紧急经济权力法》和《反海外腐败法》、1979年的《出口管理法》等。尤其是《反海外腐败法》，授予美国对全球企业和个人进行"长臂管辖"的权力，由美国证券交易委员会和美国司法部负责执行，前者负责其下辖的上市公司，后者负责其他企业。法国学者阿里·拉伊迪在《隐秘战争：美国长臂管辖如何成为经济战的新武器》中说道："《反海外腐败法》一出台便自带域外属性，无论是在哪里发生的案件，只要涉事企业或其旗下任何一家分公司（抑或仅有一个贸易办事处）与美国有某种联系，比如用美元进行交易等，美国司法部门就可以对其展开调查或实施制裁。"③

从20世纪50年代开始，美国着手调查瑞士手表行业的垄断问题，认为其违反了美国反垄断法，瑞士为此向国际法院起诉美国。1981年12月，美

---

① 叶开：《瓦森纳安排机制评析》，硕士学位论文，外交学院，2019，第29页。
② 《英国加强对伊朗"两用"技术出口的控制》，叶文译，绍杰校，《国外核新闻》1993年第4期，第5页。
③ 〔法〕阿里·拉伊迪：《隐秘战争：美国长臂管辖如何成为经济战的新武器》，法意译，第15页。

国以苏联干涉波兰内政为由限制向苏联出口石油和天然气设备及技术。为了进一步制裁苏联，美国要求美国拥有或控制的任何外国企业都不能向苏联出口，从而引起欧共体和日本的反对。欧共体认为美国的域外制裁条款违反了国际法，因为美国制裁的公司并不都是拥有美国国籍的公司，很多是落地外国的美国公司的分属机构。1982 年，美国解除了对欧洲企业的限制。1983 年 6 月，美国发布了《域外性与管辖权冲突》的声明，主张美国扩张管辖外国的行为在国际关系中长期以来一直得到承认，欧洲盟友也应该预期美国扩张制裁。①

美国的域外制裁本身建立在拥有域外管辖权的基础之上。管辖权与国家主权、国家平等相关，每个国家在自己领土上拥有专属管辖权。所谓"域外管辖"指的是一国将其法律的适用范围或司法和行政管辖范围扩展至该国领土以外，包括域外立法管辖权、司法管辖权和执法管辖权。② 美国的"域外管辖权"本身是有争议的。根据国际法，管辖依据包括属地原则、属人原则、保护原则、普遍原则。属地原则允许一国对其属地内的人和事行使管辖权；属人原则允许一国管辖其在领域外的国民；保护原则允许一国在其国家利益受害时对外国自然人主张管辖权；普遍原则是不论行为人的国籍以及行为地，允许一国对严重的国际罪行行使管辖权。但美国的域外制裁在法律上并不符合上述原则。其一，美国的法律针对的是发生在美国境外的交易行为，美国没有属地管辖权。其二，美国的法律针对的是第三国的国民，因此美国也没有属人管辖权。其三，普遍管辖原则针对的是国际法上公认的违法犯罪行为，而美国域外制裁针对的是普遍的经济贸易行为。其四，保护性管辖针对的是外国人直接危害本国安全的行为，美国的域外制裁针对的第三国与被制裁国之间的正常贸易往来并没有对美国的国家安全构成直接危害。③

虽然"国际法并不禁止一国对发生在域外，并且没有相关国际法授权性规则规范的案件行使管辖权……也完全未禁止一国把本国法律及其法院的管

---

① 李庆明：《论美国域外管辖：概念、实践及中国因应》，《国际法研究》2019 年第 3 期，第 15 页，转引自 Kenneth W. Dam, "Extraterritoriality and Conflicts of Jurisdiction," *American Society of International Law Proceedings*, 1983, pp. 370–376。
② 李庆明：《论美国域外管辖：概念、实践及中国因应》，《国际法研究》2019 年第 3 期，第 5 页。
③ 杜涛：《美国单边域外经济制裁的国际法效力问题探讨》，《湖南社会科学》2010 年第 2 期，第 69 页。

辖权扩大并适用于在其境外的人、财产和行为"①，但美国对域外管辖权的解释过于宽泛，认为对于任何与美国有联系的人或事美国都有管辖权。米歇尔·科纳尔写道："在未经国际社会合法授权的情况下，美国单方面授予自己打击违反国际法行为的权力，至此美国的全球化扩张已经超过必要限度了，因为美国妄自以'世界管辖权'来适用国际法。"② 很显然，制裁已经成为美国塑造国际和地区政治经济秩序的重要手段。

而且美国在域外制裁上实行双重标准，一方面它不断推动国内立法，为域外制裁建立法律依据，另一方面又反对别国对美国的人或事拥有域外管辖权。1967年第三次中东战争后，埃及总统纳赛尔在阿拉伯产油国紧急会议上建议对支持以色列的国家进行石油禁运，随后伊拉克、科威特、沙特等国宣布对美国实施石油禁运。在1973年第四次中东战争中，阿拉伯石油生产国再次将石油作为武器，采取减产、提价、禁运和国有化等措施打击支持以色列的国家。10月17日，阿拉伯石油输出国组织部长级会议宣布，减少石油产量，对美国等支持以色列侵略的国家减少石油供应。随后，利比亚、卡塔尔、沙特阿拉伯、阿尔及利亚、科威特、巴林等主要石油生产国先后宣布终止向美国出口石油。为应对阿拉伯国家的石油禁运，美国政府不得不宣布全国进入"紧急状态"，很多工厂停工，航班次数减少，限制户外灯光广告等。同时美国政府对阿拉伯国家的石油禁运进行了谴责，认为"阿拉伯的抵制构成了对美国的骚扰和勒索，是对其正常商业活动的干涉……抵制活动违背了美国多年来一直奉行的自由贸易原则……阿拉伯国家干涉美国公司与其他国家的商业关系，实际上是对美国主权的干涉"。③ 美国要求本国公司不要接受阿拉伯抵制以色列的规定，若遵守阿拉伯抵制条款就违反了美国法律。

三 美国对伊朗域外制裁的推进

在《全面制裁伊朗法》中，美国对伊朗的制裁范围越来越广，在美国国

---

① 〔法〕阿里·拉伊迪：《隐秘战争：美国长臂管辖如何成为经济战的新武器》，法意译，第29页。
② 〔法〕阿里·拉伊迪：《隐秘战争：美国长臂管辖如何成为经济战的新武器》，法意译，第30~32页。
③ Kennan Lee Teslik, *Congress, The Executive Branch and Special Interests: The American Response to the Arab Boycott of Israel*, Westport: Greenwood Press, 1982, p. 56.

内也引起了民众的普遍不满。美国工业界认为，达马托夸大了伊朗的能力，讥讽达马托认为伊朗人有能力把卫生纸变成坦克踏板，把桌子变成导弹发射台，把小麦粉变成火箭燃料，将这个法案描述为"在一个多边贸易限制合作日益减少的世界上，对单边控制不负责任的承诺的一个例子"。① 很显然这个法案是在参照 1992 年《古巴民主法案》的基础上，采用了制裁古巴的模式。尤其是涉及域外制裁的解释中，法案对美国人下的定义是："美国人"一词是指美国公民或对美国永久效忠的自然人；根据美国、其任何州或地区或哥伦比亚特区法律组建的公司或其他法人实体，而且作为美国公民的自然人直接或间接拥有该法人实体超过 50% 的已发行股本或其他实际权益；以及公司或其他法人实体的任何外国子公司。② 很显然，从被制裁对象来看，《全面制裁伊朗法》适用于美国公司在境外的子公司。由于涉及域外管辖权问题，这一点遭到美国的欧洲盟友的极力反对。

1995 年 2 月 23 日，众议员彼得·金向众议院提出了类似的法案。尽管如此，3 月 6 日，伊朗宣布其国家石油公司与美国康菲石油公司签订了一项价值 10 亿美元的合同，共同开发伊朗海上油田。对此，白宫新闻秘书迈克尔·麦卡里表示，康菲石油公司的交易并非"美国法律所禁止或非法的"。但美国国务卿克里斯托弗于 3 月 9 日在特拉维夫谴责该协议"与我们推行的遏制政策不符"，并补充说："无论你往哪里看，你在这个地区都会发现伊朗的邪恶之手。"③

对于这项交易，伊朗高级官员公开表示，选择一家美国公司并不仅仅是基于康菲石油公司的技术能力或其更好的财务方案，这是一个政治决定，特别是为了表明伊朗希望改善与华盛顿的关系。拉夫桑贾尼后来在接受采访时承认："我们邀请了一家美国公司，并达成了一项协议……这是给美国的一个信号，但没有被正确理解。"④ 有评论家称，康菲石油公司为华盛顿所做的是为它打开一扇门，使其最终与德黑兰展开建设性对话，克林顿政府没有向

---

① Hossein Alikhani, *Sanctioning Iran: Anatomy of a Failed Policy*, p. 180.
② "Comprehensive Iran Sanctions Act of 1995," 104th Congress 1st session, January 25, 1995.
③ Hossein Alikhani, *Sanctioning Iran: Anatomy of a Failed Policy*, p. 182, 转引自 Ernest H. Preeg, *Feeling Good or Doing Good with Sanctions: Sanctions and the US National Interest*, Center for Strategic and International Studies Press, 1999, p. 52。
④ Hossein Alikhani, *Sanctioning Iran: Anatomy of a Failed Policy*, p. 182.

它表示感谢，而是当面猛地关上了大门。①

对于新的制裁，美国商务部、国防部、能源部和财政部反对更改对伊朗的制裁，但共和党议员、国务卿克里斯托弗以及美国犹太游说集团对克林顿政府进行了严厉批评。3月14日，克林顿不得不承认这项交易不符合美国对伊朗政策，他将发布行政令禁止这项交易。15日，克林顿颁布了第12957号行政令，禁止美国的个人和实体与伊朗签订资助伊朗石油资源发展的合同，也禁止为伊朗提供担保，还禁止美国任何个人与实体有意规避制裁。在这一行政令中，美国的个人与实体指的是"美国公民、长期居住的外国人、美国法律管辖下的实体（包括外国分支机构），以及美国境内的任何个人与实体"。② 最终康菲公司退出交易，法国道达尔公司取而代之。对此，克林顿表示，"法国道达尔公司取代了康菲公司在伊朗的位置，还借机赢得了这份本来属于康菲公司的大订单，我们希望对这种截获他人利益的公司进行惩罚"。③

虽然美国政府通过了禁止与伊朗石油贸易的行政令，但政府仍然反对达马托提出的法案。3月16日，在听证会上，克林顿政府主张对伊朗采取温和一点的制裁。美国国务院负责政治事务的副国务卿彼得·塔尔诺夫（Peter Tarnoff）表示，达马托倡导的对伊朗出口和再出口进行全面禁运，只会激怒美国盟友，伤害美国企业，而对伊朗经济影响不大。塔尔诺夫在结束证词时宣称，对伊朗贸易的限制比"地球上任何其他国家"都要严格，美国的贸易伙伴缺乏实施《达马托法》所述严厉措施的政治意愿，"这类措施的复杂性使我们得出结论，目前我们不应继续实施（达马托参议员提议的）措施"。④

达马托对此非常不满，不仅反对政府对伊朗制裁太过温和，也认为之前的《全面制裁伊朗法》没有涉及非美国公司。3月27日，他向参议院提交了更为严厉的《伊朗对外制裁法》（Iran Foreign Sanction Act），将对违反美国禁令的外国人进行制裁。这里的外国人指的是非美国公民，允许在美

---

① Hossein Alikhani, *Sanctioning Iran: Anatomy of a Failed Policy*, p. 184.
② Executive Order 12957, "Prohibiting Certain Transactions with Respect to the Development of Iranian Petroleum Resources," March 15, 1995.
③ 〔法〕阿里·拉伊迪：《隐秘战争：美国长臂管辖如何成为经济战的新武器》，法意译，第42页。
④ Hossein Alikhani, *Sanctioning Iran: Anatomy of a Failed Policy*, p. 184.

国长久居住的外国人,以及非美国国民拥有的公司、合伙企业或其他非政府实体。制裁措施包括美国政府不从违反禁令的个人和实体那里购买任何商品和技术,不给违反禁令的个人和实体发放许可证。但也有例外,如在现有合同和分包合同下采购对美国国家安全非常重要的国防物品和技术可以免于制裁;总统书面说明本应受到制裁的个人和实体是国防用品或服务的唯一来源供应商,国防用品或服务是必不可少的,且替代来源不容易或不合理,那么这些被制裁者可以免于制裁。如果这些物品或服务签订了国防联合生产协议,且对国家安全非常重要,总统作出书面说明也可以免于制裁。在该法案签署之前签订的合同也可以免于制裁。一些对美国商品或生产至关重要的零部件、非成品组件,还有日常生产维护服务,很难找到替代者的都可以免于制裁。对美国商品和生产非常重要的信息和技术、医疗或其他人道主义商品均可以免于制裁。该法案仍然提出,如果伊朗人权状况改善到国际水准、停止获取核爆炸装置以及停止支持"国际恐怖主义",美国将取消制裁。法案也规定了总统定期向国会相关机构报告的机制。①

达马托提出的法案得到了犹太游说集团的大力支持,美以公共事务委员会执行董事尼尔·M. 谢尔(Neal M. Sher)说,最近康菲石油公司与伊朗的交易被取消,这是一个值得欢迎的事态发展,但显然还有更多的事情应该做,而且可以做,其中有两件事:第一是全面禁止美国与伊朗的贸易,第二是阻止欧洲和日本公司与伊朗进行贸易的措施。② 他们一方面希望全面禁止美国与伊朗的贸易,对第三国与伊朗的贸易设立障碍,另一方面阻碍对伊朗的多边金融支持,特别是来自世界银行和国际货币基金组织的支持。犹太国家安全事务研究所董事会于4月10日通过一项决议。该决议指出,鉴于伊朗在国内外继续侵犯人权、支持"国际恐怖主义"、正在试图获取核武器,董事会敦促国会通过旨在对伊朗实施国际禁运的制裁法案,呼吁克林顿总统积极与美国的海外伙伴接触,利用一切外交手段来执行这项法案的规定。③

---

① "Iran Foreign Sanctions Act of 1995," 104th Congress 1st Session, March 27, 1995, https://www.govinfo.gov/app/details/BILLS-104s630is.
② Hossein Alikhani, *Sanctioning Iran: Anatomy of a Failed Policy*, p. 187.
③ Hossein Alikhani, *Sanctioning Iran: Anatomy of a Failed Policy*, p. 188.

第二节 《达马托法》的出台

在犹太院外组织的帮助下，达马托在国会顺利地提出《全面制裁伊朗法》后，又陆续向国会提交了1995年《伊朗对外石油制裁法》、1996年《伊朗石油制裁法》，从而为《达马托法》中主要域外制裁条款的诞生提供了模板。然而，《达马托法》的出台在国际社会引起一片哗然，其域外制裁的条款被认为是对他国主权的干涉，许多国家针对美国域外制裁的阻断法案陆续出台，严禁本国国民遵守美国的域外制裁规定。

一 达马托对域外制裁的引入

在达马托和美国以色列公共事务委员会的压力下，克林顿在对伊朗制裁上再次强硬起来。他虽然反对达马托提出的法案，但不得不顾及美国犹太人的选票，因为1996年克林顿面临连任选举，而获得犹太人的支持非常重要。1995年4月30日，克林顿在纽约举行的世界犹太人大会上宣布："我打算切断与伊朗的所有贸易和投资，并暂停我们两国之间几乎所有的经济活动。迈出这一步并不轻松，但我相信，对伊朗实行贸易禁运是我们国家能够帮助遏制该国获取毁灭性武器的动力和阻止其继续支持恐怖主义的最有效途径。我计划下周签署的行政命令不仅涉及能源行业，还包括美国对伊朗的所有出口，以及美国公司及其拥有或控制的分支机构的所有投资。"[1] 但克林顿政府反对对第三国进行制裁，尤其是对其盟友的制裁。

5月6日，克林顿颁布了第12959号行政令，制裁与伊朗进行的相关交易。主要内容包括：（1）禁止原产于伊朗的任何商品和技术进口到美国，也禁止为这类进口提供资金支持，出版物的进口除外；（2）禁止美国商品和技术（包括《出口管理法》规定的技术数据和其他信息）出口给伊朗及由伊朗政府拥有或控制的任何实体，也禁止为这类出口提供资金支持；（3）禁止美国商品和技术（包括技术数据和其他信息）出口给伊朗、由伊朗政府拥有或控制的任何实体，对伊朗的出口须遵守本法令发布前生效的出口许可证申请

---

[1] Hossein Alikhani, *Sanctioning Iran: Anatomy of a Failed Policy*, pp. 189–190.

要求，除非商品在美国境外进行了实质性转化，或融入其他商品且美国出口的商品和技术价值低于 10%；(4) 除《国际紧急经济权力法》第 203（b）节规定的范围外，严禁任何美国人参与同原产于伊朗或由伊朗政府拥有或控制的商品或服务有关的交易，包括购买、销售、运输、互换、融资或经纪交易；(5) 禁止美国人在伊朗或在伊朗政府拥有或控制的资产（包括实体）中进行任何新投资。在这里"新投资"指的是出资或用其他资产投资的承诺，以及贷款或其他信贷延期等。制裁法令禁止美国人或美国境内的人在与伊朗进行贸易时有意规避制裁。

在第 12959 号行政令颁布后，克林顿与达马托和犹太游说集团的关系才开始缓和。克林顿政府希望能够有足够的时间与美国的盟国进行商议，尽量避免影响到美国的外交关系。1995 年 6 月，在七国集团峰会上，克林顿向美国盟友施压，希望其减少与伊朗的贸易关系，但没有得到美国盟友的支持，只是在会议最后的声明中象征性地呼吁伊朗建设性地参与地区和国际事务。七国峰会结束后，法国道达尔石油公司与伊朗签署了一份价值 6 亿美元的油田开发合同，而这份合同本应该是美国康菲公司的，在美国政府的压力下康菲公司于 1995 年 3 月退出交易。为了抵制美国不断加码的制裁，伊朗也不断出招，邀请约 100 家美国和亚洲公司参与价值 65 亿美元的能源投资项目研讨。

由于克林顿政府未能说服其盟友支持制裁伊朗，美国国内支持域外制裁的势力加强了攻势。1995 年 10 月 11 日，达马托和众议院国际关系委员会主席本杰明·A. 吉尔曼（Benjamin A. Gilman）分别向参议院和众议院提交了 1995 年《伊朗对外石油制裁法》（Iran Foreign Oil Sanctions Act），该法案将对与伊朗进行任何形式贸易的外国公司实施制裁。制裁的理由有三点：第一，伊朗谋求大规模杀伤性武器，对美国的国家安全和外交政策及其盟友产生威胁；第二，通过单边或多边行动阻止伊朗获取大规模杀伤性武器；第三，阻止伊朗支持"恐怖主义"。法案将对向伊朗出口相关商品和技术的外国人进行制裁。在条款中，美国列出了一个与石油和天然气相关的商品和技术清单（The List of Petroleum and Natural Gas – Related Goods and Technology），包括相关软件和技术数据。美国认为这个清单上的商品和技术将有助于伊朗提炼、生产、储存、运输石油和石油制品以及天然气及其制品。美国将对向伊朗出口商品和技术清单上的个人和实体进行制裁。

制裁条款的第四部分第一条第二款明确指出，不管这些商品和技术是否在美国司法管辖范围内，任何向伊朗出口这些商品和技术的外国人（包括外国个人和实体）将受到制裁。这些外国人包括总统指定的个人和实体、这些实体的继承者，以及违反禁令的实体的母公司或分公司及其附属机构。制裁的主要措施包括强制制裁和酌情制裁两种。强制制裁规定：（1）美国政府不能从受制裁的外国人手中采购商品或服务；（2）美国政府三年内不向受制裁的外国人发放出口许可证，尤其是对于出口1979年《出口管理法》、《武器出口管制法》和1954年《原子能法》规定的物品或技术；（3）美国进出口银行不向任何受制裁的外国人出口任何商品或服务提供担保、投保、信贷或参与提供信贷。酌情制裁规定：（1）对于在美国进行兼并、收购的行为和其他类似投资，如果此类行为涉及任何受制裁的外国人，美国将调查并制裁，对于上述行为，如果总统发现受制裁的外国人直接或间接参与协助伊朗通过开采石油、石油产品、天然气或从事其他活动来增加该国政府收入，并有可能损害美国的国家安全和外交政策利益，也将被调查；（2）严禁受制裁的个人和实体生产的产品进口到美国，这些进口产品包括任何成品或零部件，不管是直接由受制裁者运送还是通过另一实体运送，禁止与受制裁的外国人签订合同来为美国人、在境外的美国人或在美国的外国人提供服务；（3）美国政府禁止任何国内金融机构向受制裁的外国人提供任何贷款或信贷，除非该外国人从事《国际紧急经济权力法》第203（b）（2）节所指的减轻人类痛苦的活动；（4）受制裁的外国金融机构不能再做美国政府债务的一级交易商，也不得作为美国政府的代理人或美国政府资金的储存库。

　　制裁法案也规定了豁免条款，伊朗如果满足三个条件，制裁可以被豁免：（1）伊朗将人权状况改善到国际公认的水平；（2）伊朗停止设计、发展、制造、获取核爆炸装置及其相关材料和技术，生化武器、导弹及导弹发射技术，以及与美国有共同战略利益或共同防务的国家的导弹运载系统；（3）伊朗停止支持"国际恐怖主义"。对于被制裁的外国个人和实体，如果停止本法案所禁止的活动，总统也可以停止对他（它）们的制裁。一些特殊物品可以不受制裁，如对美国国家安全很重要的国防物资，这一点与《伊朗对外制裁法》的规定相同，但是向国会相关委员会报告的要求提高了，需要汇报得更详细。如果总统要豁免制裁还需提前至少30天向国会报告，报告要合理详述总统为什么要取消制裁。[①] 总统有延迟90天制裁的权力，即所谓的窗口期。

　　对于这项提案，克林顿政府明确表示反对，认为新法案会影响美国企业

---

① "Iran Foreign Oil Sanctions Act of 1995," 104th Congress 1st Session, October 11, 1995.

的出口，也会遭到美国盟友的激烈反对，而且实施这种制裁非常困难，因为需要详细、准确检测伊朗与世界主要供应商的贸易。时任美国副国务卿彼得·塔尔诺夫指出，二级制裁将危及美国的伊朗政策。他指出，"瞄准为伊朗石油工业提供设备和技术的外国公司"将进一步抑制欧洲与伊朗的贸易和投资，但这也可能破坏我们与主要盟友和其他国家的工业的关系，从而对美国的经济利益产生负面影响。中情局副局长约翰·甘农也指出，从长期来看，制裁对伊朗经济影响不大，伊朗将保持石油销售，因为它采用了复杂的营销策略，而且其原油质量很好，这项禁令不会阻止重大的新开发项目，也不会妨碍维护和维修，伊朗有其他的贸易选择。① 因为早在1980年，伊朗就已经在培养替代美国设备的供应商，并与数百家外国公司建立了联系。以色列、萨尔瓦多和科特迪瓦是少有的支持美国制裁伊朗的国家，原因在于这些国家与伊朗没有什么贸易关系。对于这些反对声音，吉尔平称，该法案的目的不是说服日本和欧洲国家对伊朗实施全面禁运。它将重点非常明确地放在出口的种类上，这些出口将帮助伊朗提高其生产石油和天然气的能力，并确保货币的安全，使其能够资助恐怖分子，加强其常规武器能力，破坏海湾地区的稳定，为大规模杀伤性武器项目提供资金。②

为对抗达马托等反伊朗势力的提案，伊朗宣布将于1995年11月在德黑兰召开国际投资大会，吸引更多的国家来伊朗投资。随后美国的欧洲盟友纷纷表示，反对美国在域外使用管辖权。欧盟委员会主席于12月8日给美国国务院写了一封信，并同时寄给了40多名参议员，反对美国实施域外制裁。由于部分民主党议员也开始反对这一提案，达马托认识到有必要修改相关内容，如将被制裁的重点从"从事石油和天然气相关技术贸易的外国公司"改为"投资超过4000万美元、对伊朗石油资源开发作出重大贡献"的公司。18日，参议院通过了修改后的法案。19日，参议员爱德华·肯尼迪提出应该将利比亚纳入制裁法案，对签订开发利比亚石油资源协议的外国公司实施同样的制裁。肯尼迪指出，虽然联合国自1992年开始对利比亚实施经济制裁，但利比亚政府仍然拒绝交出洛克比空难的嫌疑人，政府行为并未改变。最终，在泛美航空103号航班洛克比上空爆炸事件7周年前夕，肯尼迪的修正案正式通过。20日，参议院通过了《伊朗对外石油制裁法》的修正案，要

---

① Hossein Alikhani, *Sanctioning Iran: Anatomy of a Failed Policy*, p. 292.
② Hossein Alikhani, *Sanctioning Iran: Anatomy of a Failed Policy*, p. 294.

求总统对在一年内对伊朗油气领域投资超过4000万美元的所有外国公司实施制裁。

对于参议院通过这项法案，美国的欧洲盟友表示强烈反对，认为该法案是将美国的外交政策强加给第三国，该做法违反了国际法，是对他国内政的干涉。为了防止在美国制裁法案生效前欧洲企业与伊朗突击签订合同，达马托写信给欧盟、日本、澳大利亚的公司，警告它们在法案生效前突击签订协议是不合理的，美国国会会增加条款让法案具有追溯力，可以惩罚突击与伊朗签订协议的公司。日本日辉株式会社董事长渡边英二对达马托表示，由于资金短缺，他们不会立即参与在伊朗的任何新项目，但是如果资金到位，日本石油公司有权决定在哪里开展新业务，这符合适用于日本石油公司的国家法律、政策和国际协议。在给法国埃尔夫－阿奎坦公司和道达尔公司的信中，达马托指出："我们国会认为，任何为伊朗提供硬通货以发展其能源部门的商业协议都是对美国国家安全的直接威胁，因为这样的交易强化了伊朗政权的财政资源，使其能够为其正在进行的核计划和针对美国及其盟友的恐怖网络提供资金。我们致力于加强目前对伊朗的经济制裁，直至该政权停止实施这些行为。当盟国的公司向伊朗提供资助和支持此类恐怖行为的资源时，美国国会和人民不能袖手旁观。"[①]

二 《达马托法》的形成与出台

1995年11月9日，众议院国际关系委员会就美国对伊朗政策举行了听证会，副国务卿彼得·塔尔诺夫、负责近东和南亚事务的副助理国防部长布鲁斯·雷德尔、国防大学国家战略研究所的帕特里克·克劳森、尼克松和平与自由中心的杰弗里·肯普、华盛顿近东政策研究所高级研究员迈克尔·艾森斯塔特，以及代表美国国家对外贸易委员会的亚瑟·唐尼等参加了听证会。1996年3月19日，吉尔曼介绍了新的制裁法案——1996年《伊朗石油制裁法》（Iran Oil Sanctions Act），要求总统对每年向伊朗或利比亚提供4000万美元及以上投资或向这些国家出口关键油田产品和技术的任何人实施两项或两项以上制裁。21日，众议院国际关系委员会审议了1995年《伊朗对外石油制裁法》的最后文本，最终以32票比0票通过，而且众议院的制裁版

---

① Hossein Alikhani, *Sanctioning Iran: Anatomy of a Failed Policy*, p. 298.

本比参议院的更为严厉。

对于众议院通过的制裁法案,许多议员仍然担心新的制裁会给美国外交带来问题。参议员李·汉密尔顿和詹姆斯·摩根认为,法案中的制裁措施惩罚外国公司在其本国从事合法的商业活动,美国惩罚这些公司的努力将使美国与其他国家的政府产生分歧,并最终减少在伊朗的多边合作;美国改变伊朗政府行为的努力的有效性将受到国际社会对该法案的反应的影响;应该更多地关注制裁投资而不是制裁贸易的相对好处,因为对伊朗能源部门来说,投资比石油更为关键;制裁对伊朗的伤害应该大于对美国的伤害,否则制裁是不可持续的;总统应该有足够的灵活性来权衡经济和不同制裁措施对安全的影响,以平衡美国的外交政策和经济利益;国际社会对伊朗和利比亚的反应有所不同,美国也应如此对待;由于利比亚的石油工业已经有了大量的外国投资,投资制裁不会有太大威慑力。① 在众议院,也有一些议员表示了同样的担心。另外,许多金融机构如纽约清算所、对外贸易银行家协会、证券业协会等也反对该法案,尤其是对投资的制裁,因为它们会因向在伊朗和利比亚投资的公司提供融资而受到制裁。美国贸易代表办公室总法律顾问称,制裁法案是以美国企业和贸易代表为代价,类似的立法将摧毁多边贸易体系。

负责近东事务的助理国务卿大卫·韦尔奇表示,政府支持制裁伊朗,也支持对伊朗石油资源投资的制裁,因为投资是伊朗经济的瓶颈,阻止外国投资伊朗的石油和天然气行业,将对该国的经济产生重大影响,限制其石油和天然气生产,进而限制其政府收入。韦尔奇指出,"更少的桶意味着更少的美元","我们相信我们能够在这一努力中取得成功,因为仅仅是制裁的威胁就已经使一些外国石油公司无法进入伊朗。但我们认为,对伊朗贸易的制裁将是无效的,而且会适得其反。我们根本无法阻止伊朗购买石油和天然气工业制品,这些产品由世界各地的贸易公司制造和销售。无论是试图单方面监督和执行这一禁令,还是我们对其他国家的公司实施制裁,其他国家政府将采取报复性措施,代价都太高"。② 因此,美国政府要求对法案进行修改,尤其是制裁的标准应该对准新投资,而不是所有投资,这样修改后的法案不用损害美国银行和企业的利益,政府也希望修改法案的结构,这样能够让总统

---

① Hossein Alikhani, *Sanctioning Iran: Anatomy of a Failed Policy*, p. 302.
② Hossein Alikhani, *Sanctioning Iran: Anatomy of a Failed Policy*, p. 305.

在实施制裁方面有更大的灵活性。

1996年4月17日，吉尔曼向众议院提交了1996年《伊朗石油制裁法》修正案[①]，这项法案针对伊朗的制裁也适用于利比亚，成为1996年《对伊朗和利比亚制裁法》的雏形。这个制裁法案也列出一个清单，严禁任何个人和实体将伊朗、伊朗国民或伊朗拥有或控制的实体出口、转让或放行任何清单上禁止的商品和技术。如果这些商品和技术有利于实质性提高伊朗发展石油资源的能力，就要受到制裁。同时，不论这些商品是从美国出口的，还是不在美国司法管辖范围内，其相关交易都要受到制裁。在伊朗石油和天然气领域投资超过4000万美元或者12个月内投资超过4000万美元的个人和实体也要受到制裁。具体的制裁措施包括五个方面。第一，美国进出口银行不得向任何受制裁的外国人出口的任何商品或服务提供担保、投保、信贷或参与提供信贷。第二，进行贸易制裁。对受到美国有关规定管控的商品和技术，美国政府不向受制裁的个人和实体发放出口特别许可证，也不允许美国进口由受制裁者生产的商品和技术，包括制成品和零部件。第三，美国政府禁止任何美国金融机构在12个月内向受制裁的个人和实体提供超过1000万美元的贷款，除非这些贷款是用于减轻人类痛苦的活动。第四，受制裁的外国金融机构不能再做美国政府债务的一级交易商，也不得作为美国政府的代理人或美国政府资金的储存库。第五，美国政府不从受制裁的个人和实体那里购买或签订协议购买任何商品或技术。第六，关于附加制裁，总统有权根据《国际紧急经济权力法》对从受制裁者那里进口的商品实施制裁。对于上述六条制裁，违反者至少要受到两项制裁。豁免制裁和停止制裁的条款与1995年《伊朗对外石油制裁法》一样。在法案第11节加上了对伊朗的制裁适用于对利比亚的制裁，从而为《达马托法》同时对伊朗和利比亚进行制裁奠定了基础。

法案仍然规定总统需要就制裁情况向国会报告，其中包括总统所做的努力，如说服所有国家向伊朗施压，迫使其停止核武器、化学武器、生物武器和导弹武器计划，并停止支持国际恐怖主义；总统劝说其他国家政府减少伊朗外交官以及政府代表的驻扎。报告还需说明国际原子能机构对伊朗境内所有核设施，包括目前在建核设施进行定期检查的程度，以及伊朗利用其外交官和其他政府、军事或准政府机构的代表来促进恐怖主义行为，或发展与维

[①] "Iran Oil Sanctions Act of 1996," 104th Congress 2nd Session, April 17, 1996.

持伊朗核武器、化学武器、生物武器和导弹武器计划。此外，报告还要说明伊朗核能力和其他军事能力，以及伊朗为国际恐怖主义行为提供的支持，这些内容将作为国务院关于"国际恐怖主义"的年度报告的一部分。"伊朗外交官和伊朗其他政府、军事或准政府机构的代表"包括伊朗外交部、情报和安全部、伊斯兰革命卫队、重建十字军、圣城旅、内政部、被压迫者和残疾人基金会、先知基金会、六月五日基金会、烈士基金会，以及伊斯兰传播组织和伊斯兰文化指导部的雇员、代表和附属机构。该法案的另一重大变化是删除了对向伊朗石油工业出售设备的公司实施制裁的条款，以及"投资"的定义排除了"签订、履行或资助销售或购买商品、服务和技术的合同"。

6月19日，众议院以415票赞成0票反对通过了该项法案。对此，美国以色列公共事务委员会自豪地宣布，"这些家伙一句一句地和我们一起写了这份文件"。20世纪90年代中期以后，美国对伊朗制裁延伸到外国公司，其条款正是源自美国以色列公共事务委员会提出的制裁法案。"美国以色列公共事务委员会再次证明，它可以比美国石油公司更有影响力。人们可能会吃惊，一个以促进以色列利益为唯一目的的外部团体，如何能够被允许参加美国国会不同委员会的会议，影响它们的决定，尤其是在可能影响华盛顿及其最亲密盟友关系的事务上。"[1]

由于参众两院的制裁法案版本有些区别，在内容统一后，法案交由总统签署。8月5日，克林顿签署了《对伊朗和利比亚制裁法》[2]（Iran and Libya Sanctions Act），即《达马托法》。法案与之前通过的1996年《伊朗石油制裁法》内容和框架基本一致，只是将伊朗和利比亚两个国家作为制裁对象，且制裁伊朗的条款适用于利比亚。制裁措施主要包括五个方面：进出口银行对受制裁人员的出口援助制裁；贸易制裁；美国金融机构贷款制裁；金融机构禁令；采购制裁。《达马托法》的制裁更为严厉，该法案对在伊朗和利比亚石油和天然气领域投资超过2000万美元的个人和实体都进行制裁。总统向国会定期报告的内容增加了关于多边制裁的临时报告，内容包括：欧盟成员国、韩国、澳大利亚、以色列或日本是否有立法或行政标准规定对在伊朗或利比亚开展业务或进行投资的个人或其附属公司实施贸易制裁；每次实施此类制裁的范围和持续时间；世界贸易组织或其前身对此类交易的任何决定的

---

[1] Hossein Alikhani, *Sanctioning Iran: Anatomy of a Failed Policy*, pp. 307–308.

[2] "Iran and Libya Sanctions Act of 1996," Public Law 104–172, August 5, 1996.

处置。该法案有效期为5年，第11节规定，该法案的制裁决定不得在任何法院复审。法案对一些概念进行了定义，如"开发"指的是对石油资源的勘探、开采、精炼或管道运输；"石油资源"（Petroleum Resources）指的是石油和天然气资源；"美国人"和"投资"的定义与1996年《伊朗石油制裁法》相同。因此，从伊朗购买石油或天然气不属于受制裁的活动。该法案的规定不具有任何形式的追溯效力，也就是说，只有1996年8月5日以后签订的合同才会受到制裁。关于这一点，达马托做了妥协。此外，如果母公司促成或批准了属于立法制裁范围的合同，它们将成为制裁的目标，而子公司和附属公司只有在实际参与合同执行的情况下才会成为目标。

对于《达马托法》的出台，制裁问题专家迈克尔·马洛伊认为，美国对伊朗的制裁违反了美国签署的所有多边和双边协定，包括美洲国家组织、经合组织、北美自由贸易协定，尤其是世界贸易组织，"国会对多边制裁的做法基本上是对美国条款的制裁"。①

三　美国盟友对《达马托法》的反应

美国对伊朗和利比亚域外制裁的立法遭到世界各国的反对，尤其是美国的欧洲盟友。欧洲国家对克林顿政府未能劝阻国会考虑此类惩罚性立法感到失望，因为其20%的石油是从伊朗和利比亚进口，与伊朗长期以来保持着良好关系。尤其是随着两伊战争的结束和霍梅尼的去世，伊朗的外交政策逐步走向务实，欧洲国家与伊朗的关系也逐步走向缓和。1992年12月12日，欧共体理事会提出要与伊朗进行"批评性对话"。在这一新政策的引导下，1992年，欧洲国家的使节陆续返回伊朗，伊朗与欧洲国家的经贸关系也逐步恢复。

德国则是欧洲对伊朗最大的出口国和技术提供国。1992年，德国与伊朗贸易额达68亿美元。但后来的"米克诺斯事件"给欧洲国家与伊朗的关系缓和蒙上了一层阴影。1992年9月17日，两名全副武装的蒙面人进入德国柏林维尔默斯多夫区的米克诺斯餐馆，枪杀了4名伊朗库尔德人，其中包括流亡的"伊朗库尔德斯坦民主党"秘书长萨迪格·沙拉夫坎迪。经过三年多的调查，1996年3月16日，德国柏林法庭指出，伊朗情报部长阿里·法拉

---

① Hossein Alikhani, *Sanctioning Iran: Anatomy of a Failed Policy*, p. 315.

希安涉嫌参与此案，并对其发出传票。对此，伊朗外交部发言人穆罕迈迪宣称将拒绝这一传唤，并称这不符合正常国际行为，是不可接受的。11月21日，德国总理科尔给伊朗总统拉夫桑贾尼写了一封信，澄清了德国在"米克诺斯事件"上的独立立场，希望伊朗在反恐问题上能与德国配合，从而不要伤害伊朗与欧洲正在进行的接触政策。但拉夫桑贾尼在随后的回复中委婉地指责德国司法的不公正和不独立。1997年4月10日，德国召回驻伊朗大使，暂停与伊朗的"批评性对话"，驱逐德国境内的伊朗情报人员，停止两国之间的部长级互访。德国的行动得到了欧盟国家的支持，欧盟随后也停止了与伊朗的对话。

1997年4月29日，欧盟委员会发表了一份声明，指出欧盟将继续寻求与伊朗建立建设性关系，但只有当伊朗尊重国际人权法，克制从事"恐怖活动"如针对国外伊朗人的"恐怖活动"时，这种建立建设性关系的努力才能取得成绩。声明指出，"在当前的环境下，欧盟与伊朗之间没有继续'批评性对话'的基础；暂停与伊朗之间的部长级双边会议；要求欧盟各成员不要向伊朗出售武器；拒绝向伊朗的情报人员发放签证；将伊朗的情报人员驱逐出欧盟成员国"。[①] 对此，伊朗外交部发布了一份针锋相对的声明，声明指出，"伊朗伊斯兰共和国外交部认为，1997年4月29日欧盟委员会发布的声明是受到了犹太复国主义者宣传的影响，让人想起了殖民主义。伊朗认为这份声明与国际人权原则和国家间关系的国际法规相违背，缺乏有效性，因此伊朗予以拒绝"。与此同时，伊朗指出，伊朗也是"恐怖主义"的受害者，指责欧洲国家向伊拉克提供化学武器，伊拉克又用这些化学武器攻击伊朗。声明称，"鉴于欧盟方面缺少良好的意愿和政治独立性，在当前环境下继续'批评性对话'是无用的也是无效的。同时，伊斯兰共和国将不与欧盟成员国在人权、恐怖主义、常规武器、核武器、化学武器等方面进行任何对话"。[②]

虽然欧洲国家与伊朗的对话并不顺利，但其对美国《达马托法》制裁第三国的域外条款仍表示不满。美国的欧洲盟友认为它们没有选举美国国会，也从未投票支持它，因此也没有理由遵守美国国会的立法。美国学者奥尔德基特里在其著作《法律：战争中的武器》中指出，法律是政治权力的延展性

---

① 蒋真：《后霍梅尼时代伊朗政治发展研究》，第145页。
② Seyyed Hossein Mousavian, *Iran – Europe Relations: Challenges and Opportunities*, London and New York: Routledge, 2008, pp. 109 – 111.

工具，在当代可以作为"武器"代替传统的军事侵略。①

1996年8月6日，加拿大外交部部长劳埃德·阿克斯沃西和国际贸易部部长阿特·埃格尔顿谴责美国总统克林顿签署《达马托法》。阿克斯沃西说，虽然加拿大与美国和其他国家一样对国际恐怖主义感到关切，并高度重视找到打击恐怖主义的方法，但这不是出路。"与《赫尔姆斯－伯顿法》一样，加拿大继续反对具有域外效力的单方面措施，美国完全有权制定适用于美国公司的政策，但它无权将其外交政策强加给其他国家的公司。"②他指出，这一最新法案的域外影响再次表明，美国试图向其盟友发号施令，加拿大将继续捍卫自己的利益，反对此类立法的域外适用。俄罗斯外交部发言人弗拉基米尔·安德烈耶夫指出，国际社会需要协调一致采取实际措施，在国际法的基础上加强广泛的反恐合作，而不是采取违背法律的单方面步骤。日本也称制裁措施违反了国际法。日本外务省发言人桥本浩雄表示，克林顿实施此类制裁"令人遗憾"，"国际法不允许在美国境外适用国内法"，日本将继续敦促美国重新考虑该法，并将根据该法的适用情况决定采取何种行动。8日，欧盟向美国国务院提出正式抗议，抗议书由爱尔兰驻美国大使德莫特·加拉赫代表欧盟轮值主席国递交。欧盟认为美国的立法是"完全不能接受的"，并警告说这项法律的实施将引发"报复行动"。21日，欧盟轮值主席国发表声明，重申欧盟决心在包括世界贸易组织在内的适当国际论坛上采取行动，维护其权利和利益，并团结一致维护成员国公司的利益（如果这些公司受法律影响）。③法国外交部部长赫维·德夏雷特在欧盟15国外交部长会议上表示，美国的"长臂管辖"已经超越了欧洲的红线，体现了美国的单边主义立场，严重违反国际法基本原则，他呼吁各成员国采取报复措施，捍卫经济主权。④

美国的中东盟友埃及也公开指出，"美国正试图通过挥舞反恐旗帜将自己的意志强加给盟友"，"通过签署这项法案，美国总统已经放弃了他作为世界主要民主国家首脑的地位，把我们带回了中世纪，并通过制裁将任何在利比亚或伊朗石油和天然气领域投资超过4000万美元的外国公司逐出教会，显

---

① Orde F. Kittrie, *Lawfare: Law as a Weapon of War*, New York: Oxford University Press, 2016, p. 14.
② Hossein Alikhani, *Sanctioning Iran: Anatomy of a Failed Policy*, p. 323.
③ Hossein Alikhani, *Sanctioning Iran: Anatomy of a Failed Policy*, p. 324.
④ 杨成玉：《反制美国"长臂管辖"之道——基于法国重塑经济主权的视角》，《欧洲研究》2020年第3期，第2页。

示其罗马天主教教皇的权威。"①

北约成员国土耳其的行为更是对美国这项立法的直接挑战。在克林顿签署法案后三天,土耳其与伊朗达成协议,修建一条天然气管道,并购买1900亿立方米伊朗天然气,共计价值为200亿美元。达马托对土耳其的行为非常生气,于1996年8月8日写信给国务卿克里斯托弗,要求美国施压停止这项交易,"如果土耳其逃脱了这项立法所要求的制裁,那么这将意味着任何国家都可以自由地、公然地违反这项完全违背我们孤立伊朗战略的法律,直到伊朗政权的行为发生变化……美国应寻求与土耳其进行对话,解决土耳其的能源需求,阻止这项交易的进行,或者根据立法的要求对土耳其实施制裁"。②

1997年9月28日,法国最大的石油公司道达尔与俄罗斯天然气工业股份公司以及马来西亚国家石油公司合作,与伊朗签署了一项价值为20亿美元的投资合同,开采伊朗近海的南帕尔斯气田。美国表示将按照《达马托法》对其进行调查制裁。法国总统希拉克表示,美国制裁道达尔公司"不符合国际法"。欧盟委员会表示,制裁道达尔是"非法的,不能接受的"。

为了反对美国域外制裁,1996年11月22日,欧盟理事会根据《欧盟条约》和《欧共体条约》颁布了专门针对《赫尔姆斯-伯顿法》和《达马托法》的第2271/96号条例《关于应对第三国法案域外适用的保护条例》。该条例颁布了阻断条款(blocking provision),条例第一条禁止外国具有域外管辖权的法律法规在欧盟境内发生效力,还在附录中列出被禁止的具有域外管辖权的外国法律法规,大多是美国法律,其中包括1996年《达马托法》。条例还规定任何受到外国法律法规影响的自然人和法人应当在30日内向欧盟委员会汇报,欧盟外的任何法院根据上述法律法规作出的判决也不得在欧盟境内被承认。条例规定禁止欧盟个人和实体不论是通过子公司还是其他中间人"直接或间接地"遵守该条例所指定的具有域外效力的外国法律。此外,条例规定了补偿条款(claw back provision),即因美国经济制裁而受损的欧盟成员国公民或者公司可以在欧盟成员国的法院提起反诉,以获得补偿,补偿的办法是查封美国公司的资产。而且该条例适用对象宽泛,除了欧盟成员国公民,还包括欧盟境内成立的任何实体,包括欧盟成员国管辖或控制下的

---

① Hossein Alikhani, *Sanctioning Iran: Anatomy of a Failed Policy*, p. 325.
② Hossein Alikhani, *Sanctioning Iran: Anatomy of a Failed Policy*, p. 326.

领海、领空、飞机或船舶上的人。①

为了回应美国两项域外制裁法案《赫尔姆斯-伯顿法》和《达马托法》，加拿大修正了其《外国域外措施法》，墨西哥也通过了《保护商务和投资反对违反国际法的外国政策法》。英国早在1980年就颁布了《保护贸易利益法》，该法案是比较全面的阻断立法，对后来的欧盟立法产生重要影响。该法禁止在英国经商的人服从外国主管机构发布的具有域外效力并损害本国商业利益的措施；禁止本国公民、商业团体、行政机关向外国主管机构提供商业文件和商业情报，如果外国提出的在英国取证的请求侵犯了英国的管辖权或有损英国的主权，英国法院不得执行该请求；本国法院不得执行外国的惩罚性判决和涉及限制竞争的判决；本国公民或商业团体在外国法院败诉后，可以在英国法院对发起在外国诉讼的人提起诉讼，并获得非补偿性赔偿。②

对于《赫尔姆斯-伯顿法》和《达马托法》这两部带有强烈域外制裁色彩的法律，布里吉特·施特恩写道："美国企图借助这两部法律来发挥其经济武器的效用，最终达成规范政治秩序的公开目的：鼓励古巴推行美国式民主、倒逼伊朗和利比亚失去一切支持恐怖主义行动并发展军工业的资金来源。"③ 阿里·拉伊迪认为，20世纪90年代中期以来，美国将自己的惩罚性立法铺设到了全世界，这些法律打着惩罚践踏人权或支持恐怖主义的国家或组织的幌子，实际上却保护美国的经济利益，其中最突出的就是美国的《达马托法》和《赫尔姆斯-伯顿法》。这些立法的官方目的是禁止企业与美国的敌对国进行任何贸易往来，从而摧毁它们。这是一种彻头彻尾的强迫政策，企业如果不遵守法令，就会遭到美国政府的追捕。④

第三节 域外制裁的扩散及其对美伊关系的影响

《达马托法》颁布后，美国将制裁的范围进一步扩大，不仅将与伊朗进

---

① 杜涛：《国际经济制裁法律问题研究》，第164~165页。
② 李庆明：《论美国域外管辖：概念、实践及中国因应》，《国际法研究》2019年第3期，第17页。
③ 〔法〕阿里·拉伊迪：《隐秘战争：美国长臂管辖如何成为经济战的新武器》，法意译，第33页。
④ 〔法〕阿里·拉伊迪：《隐秘战争：美国长臂管辖如何成为经济战的新武器》，法意译，第VII页。

行贸易的第三国列入制裁范围,而且将"美国人"和"美国商品、技术、服务"的概念进一步泛化,即便是在境外的外国公民,只要与美国有一丝一毫的联系就有可能受到制裁,即使美国商品和技术已经在境外转化成了外国产品也有可能受到美国制裁。随着美国域外制裁的泛化,其国内的反对声音也不断出现,尤其是石油和农业等行业,人们要求解除美国对伊朗制裁的呼声不断高涨,从而为20世纪90年代末期美伊关系的缓解提供了民意基础。

一 域外制裁范围的进一步扩大

《达马托法》针对的是第三国在伊朗和利比亚投资的个人和实体,对美国公司进出口伊朗商品的限制主要还是遵循之前通过的法令,如1995年3月15日通过的第12957号行政令和1995年5月6日通过的第12959号行政令,行政令没有直接对美国外国子公司涉及伊朗的活动施加额外的制裁。但《达马托法》出台后,域外制裁条款的解释非常宽泛,使与伊朗之间的交易变得更加复杂。1991年6月1日,通用汽车加拿大有限公司签署了向伊朗铁路供应机车的合同。合同经过两次修订,最后于10月15日商定,该公司将供应39台SDL70MAC型机车,总成本为9000万美元。这些机车将由该公司在加拿大制造,包括长引擎盖、柴油发动机、交流发电机和由美国通用汽车公司电动部门制造的高压柜。1997年2月21日,外资控制办公室拒绝批准这些交易,认为该出口违反了制裁条例。7月10日,美国通用汽车公司向美国法院提起诉讼,要求法院解决争议。该公司认为,有关交易的谈判早在制裁法令和条例发布之前就已达成,在行政命令发布之前,向伊朗出口机车货物和技术无须获得许可证,而且美国通用汽车公司向加拿大柴油机公司供应的机车部件在加拿大被转化为一种新的商业产品——机车。但外资控制办公室对制裁条例进行了扩大化解释,声称只要出口商知道伊朗是最终目的地,美国的商品或技术从加拿大向伊朗出口意味着从美国向伊朗出口。实际上,这意味着所有对伊朗的出口商,无论它们在哪里,国籍是什么,如果它们在产品中使用美国原产的技术和部件,在某种程度上都有可能受到制裁。

为配合外资控制办公室对这项交易的执法,1997年8月19日,克林顿发布了13059号行政令,据说是为了"澄清1995年3月15日第12957号行政令和1995年5月6日第12959号行政令所采取的步骤,以应对伊朗政府的行为"。① 第13059号行政令第二节第一条规定：禁止直接或间接从美国出口、再出口、销售或供应任何商品、技术和服务给伊朗或伊朗政府；禁止美国人（无论位于何处）通过第三国的个人和实体向伊朗或伊朗政府出口、再出口、销售或供应任何商品、技术和服务，如果这个第三国的个人和实体知道或有理由知道此类商品、技术和服务用于直接或间接提供给伊朗或伊朗政府。第六条规定：禁止美国人（无论位于何地）为与伊朗相关的外国人的交易进行担保或提供便利，尤其是当这个外国人的交易是由美国人或在美国境内进行，那么该外国人的交易将会受到制裁。② 由此可以看出，"美国人"的概念在不断被扩大，之前的制裁法令只是禁止美国境内的个人和实体与伊朗交易，现在的"美国人"指的是世界各地的美国人。新的行政令明确禁止"美国人"在外国实体与伊朗的交易中扮演任何角色。

尽管如此，达马托及主张对伊朗制裁的强硬派仍然不满，因此他们仍积极推进对伊朗进行新的制裁。在以色列和美国以色列公共事务委员会的推动下，针对伊朗弹道导弹问题的法案正在酝酿。1997年5月22日，参议院启动了对《伊朗导弹扩散制裁法》（Iran Missile Proliferation Sanctions Act，IMPSA）的审议，最终参议院以90票赞成、4票反对通过了这项法案，要求克林顿政府对向伊朗提供物资和技术帮助其发展弹道导弹计划的外国公司进行制裁。6月9日，众议院以392票赞成、22票反对也通过了这项法案，将法案递交总统签署。23日，克林顿否决了这一法案。为了防止国会推翻总统否决权，1998年7月28日，克林顿发布了第13094号行政令，修正了1994年11月14日通过的12938号行政令，将制裁内容做了修改，制裁对象是被国务卿认定为"对任何与扩散有关的外国、项目或实体作出重大贡献或企图作出重大贡献的外国个人和实体"。2000年2月，美国参议院（2月24日以98票对0票）和众议院（3月2日以420票对0票）通过了《伊朗不扩散法》（Iran Nonproliferation Act，INA）③，虽然制裁力度弱于《伊朗导弹扩散制裁法》，但将域外制裁扩展到一个新的领域。

该法案禁止向伊朗出口有助于其发展核武器、生化武器和导弹或巡航导弹系统的美国商品、服务和技术，禁止外国人向伊朗转让以下商品、服

---

① Executive Order 13059, "Prohibiting Certain Transactions with Respect to Iran," August 19, 1997.
② Executive Order 13059, "Prohibiting Certain Transactions with Respect to Iran," August 19, 1997.
③ 相关论述参见"Iran Nonproliferation Act of 2000," Public Law 106-178, March 14, 2000。

务和技术：（1）核供应国集团关于《核材料、核设备和核技术出口准则》和《与核有关的两用设备、材料、软件和相关技术转让准则》中列出的条目；（2）《导弹及其技术控制制度》附件中关于装备与技术中列出的条目；（3）澳大利亚集团防止生化武器扩散出口控制中列出的条目；（4）《关于禁止发展、生产、储存和使用化学武器及销毁此种武器公约》管制出口的有毒化学品和前体清单；（5）《瓦森纳协定》（1996年7月12日签署）及其后修订的关于两用物品、技术和弹药清单。对违反禁令的外国人除了执行第12938号行政令外，还将禁止美国政府向违反制裁法的外国人出口《武器出口管制法》清单上的国防用品、服务、设计和施工服务。对于双用途的物品，根据《出口管理法》禁止向被制裁者发放出口许可证，并吊销现有的许可证。

法案也规定了豁免条款，有四种情况可以申请豁免，只要总统根据被制裁者提供的信息向众议院国际关系委员会和参议院外交关系委员会报告，15天后就可以免除制裁。这四种情况包括：（1）如果被制裁者在1999年1月1日以来把不知道将导致其被制裁的商品、服务和技术出口给伊朗；（2）出口到伊朗导致被制裁的商品、服务和技术没有给伊朗发展核武器、生化武器、导弹或巡航导弹系统作出实质性贡献的；（3）被制裁者的主要管辖权政府遵守了一个或多个相关防扩散体制，而出口到伊朗导致被制裁的商品、服务和技术遵守了主要管辖权政府的相关规定；（4）对被制裁者具有主要管辖权的政府已经对被制裁者实施了有意义的惩罚。

1990年开始，俄罗斯大量参与伊朗的核技术和导弹技术的研发。因此，美国根据域外制裁条款对俄罗斯进行制裁。1998年7月28日，美国颁布第13094号行政令，对俄罗斯相关个人和实体进行制裁，其中包括俄罗斯波罗的海国立技术大学（Baltic State Technical University）、俄罗斯格拉菲特研究所（Grafit Research Institute）等。该制裁法令第6款规定，美国政府不得向俄罗斯航空航天局支付与国际空间站有关的特别款项，也不得向俄罗斯航空航天局管辖或控制下的任何组织或实体支付与国际空间站有关的特别款项。"与国际空间站有关的特别款项"一词，是指美国政府根据1999年1月1日生效的合同或其他协议的条款，为在国际空间站工作或为购买与载人航天飞行有关的商品或服务而支付或将支付的现金或实物。

同时，美国在反恐领域加强了对伊朗的制裁，包括域外制裁。1976年《外国主权豁免法》（Foreign Sovereign Immunities Act，FSIA）规定，"如因外国国家或其官员、雇员在其职权或雇佣范围内的侵权行为或不行为在美国造成的人身伤害、死亡或者财产在美国境内的损失或丧失,为此而向外国国家索赔……外国国家在美国联邦法院或州法院都不享有管辖豁免"。① 这项立法一开始主要针对交通事故引发的侵权案件,避免肇事者以国家豁免为借口逃避赔偿责任,并未涉及"国际恐怖主义"活动。但自利比亚劫机事件和伊朗人质危机后,美国公民针对利比亚和伊朗的诉讼越来越多,《外国主权豁免法》的内容已经不能满足实际需求。1995年俄克拉荷马爆炸案后,美国参议院推出了《反恐怖主义和有效死刑法》(Antiterrorism and Effective Death Penalty Act, AEDPA)对 FSIA 进行补充,首次在反恐怖主义实践中采用国家豁免的立法,这项立法被称为"反恐立法皇冠上的明珠"。

根据该法案,只要受害人或请求人是美国公民就可启动这项立法,但前提是这个国家必须被美国国务院列入"支持恐怖主义国家"名单。1995年4月,美国的一名学生阿丽莎·米歇尔·弗莱特在以色列留学期间因自杀式炸弹袭击而身亡,当时巴勒斯坦的吉哈德组织声称对此次事件负责。自20世纪80年代初期以来,美国一直谴责伊朗支持该组织进行"恐怖活动"。因此,1997年弗莱特的亲属向美国法院起诉伊朗。美国国会随后通过了针对《外国主权豁免法》的《弗莱特修正案》,根据规定要求外国对支持恐怖主义活动承担责任。最后法院判定,伊朗应承担补偿性赔偿 2513220 美元、惩罚性赔偿 22.5 亿美元。

二 美国国内反对制裁伊朗的声音高涨

克林顿政府后期,美国对伊朗制裁的力度有所减弱。一方面,《达马托法》本身受到美国盟友和世界各国的反对,制裁的效果并不理想,制裁力度有所减弱;另一方面,克里斯托弗离职,玛德琳·奥尔布赖特成为新的国务卿,美国对伊朗政策中的个人恩怨因素消除。同时,美国企业界反对制裁的呼声越来越高。

到了克林顿执政后期,美国国内对双遏政策的批评之声高涨,参议院外交关系委员会出版了一本书,主标题为"差异化遏制:美国对伊朗和伊拉克

---

① 王佳:《美国反恐进程中的国家豁免立法研究:实践与挑战》,《国际法学刊》2020年第2期,第101页。

的政策",副标题为"独立工作组的报告"(Report of an Independent Task Force)。"独立工作组"由布热津斯基和斯考克罗夫特担任主席,他们曾是美国双重遏制政策的早期设计师和执行者,现在则批评克林顿政府的这项政策让美国付出了"高昂的财政和外交成本"。他们指出:"美国单方面制裁伊朗的政策是徒劳无功的,试图强迫其他国家效仿美国的做法是错误的……当前政策的一个负面后果是美国在获取更多能源方面的利益受到损害。华盛顿应该对美国石油公司恢复在伊朗的活动持开放态度。"[1]

1997年,非营利机构美国—伊朗委员会(American - Iranian Council, AIC)在《达马托法》通过后成立。AIC 有一个董事会和顾问委员会,其中包括许多前美国政府官员,如前国务卿塞勒斯·万斯、前助理国务卿罗伯特·H. 佩莱特罗、前助理国务卿理查德·M. 墨菲,以及许多石油公司和其他公司高管。AIC 还将康菲石油公司、优尼科公司和蒙多伊尔公司列为公司成员。这些公司联合起来游说政府减轻甚至取消对伊朗的制裁。许多组织参与了这种游说,如伊朗贸易协会(Iranian Trade Association, ITA)。这是一个设在圣地亚哥的小型游说组织,它出版时事通讯,还维护着一个网站,主要吸引美国伊朗社区的居民。据称,ITA 的创始人是伊朗侨民阿夫沙尔,他也是圣地亚哥市政厅的一名房地产推销员。1997年,他想要创建一个伊朗贸易集团,因此到处联络与伊朗有贸易关系的公司。阿夫沙尔游说过的公司除了康菲石油公司外,还包括卡特彼勒、优尼科、摩托罗拉、美孚等。阿夫沙尔游说这些公司反对制裁伊朗。

农业领域的相关机构也曾积极参与游说以解除美国对伊朗的制裁。1995年的制裁使美国农业行业来自伊朗的利润枯竭,该行业开始利用其所有资源反对制裁伊朗,积极与离任和现任的许多美国政府官员、大大小小的游说者和"智囊团"加强联络,其中包括美国前贸易代表克莱顿·耶伊特,众议员李·汉密尔顿和菲尔·克莱恩,参议员理查德·卢格、拉里·克雷格和拜伦·多根等。汉密尔顿、克莱恩和卢格曾提出"制裁改革法案",要求减少制裁以促进美国的农业贸易。农业行业不仅有自己的"智囊团",而且与美国政府官员和石油说客携手合作。战略与国际研究中心(Center for Strategic

---

[1] Sasan Fayazmanesh, *The U. S. and Iran: Sanctions, Wars and the Policy of Dual Containment*, p. 87. See also Z. Brzezinski and B. Scowcroft, *Differentiated Containment: US Policy Toward Iran and Iraq*, New York: Council on Foreign Relations, 1997, pp. 6 – 12.

and International Studies，CSIS）就是一个例子。这家"研究机构"在其网站上公开宣称，"300多家公司、基金会和个人的捐款占该中心预算所需收入的85%"。CSIS的董事会包括许多前美国政府官员，如布热津斯基和斯考克罗夫特。该研究所定期发表论文或出版图书，试图表现出学术性和研究性，但通常只不过是石油和农业行业方面的基础论著。CSIS曾出版一本书《感觉良好还是在制裁中做得好》。这本书的作者欧内斯特·H.普里格（Ernest H. Preeg）是国会关于自由贸易听证会中的常客，他反对美国对世界各国实施的单边制裁，其中包括对伊朗的制裁。汉密尔顿为这本书撰写了前言，赞扬它"全面审查和量化单方面制裁的经济影响"，卢格在书的封底也给予了类似的赞扬。[1]

此外，一个由600多家公司组成的联盟——美国经济联合会于1997年4月16日成立，它在新闻发布会上自称是一个"代表美国商业和农业的联盟"，并声称拥有"超过650名成员"，其成员包括大型石油、农业和航空航天公司。参与新闻发布会的人包括汉密尔顿和卢格等。国家对外贸易委员会主席在记者招待会上说："我们的主要目标是与国会、行政部门以及州长、市长和其他地方当局展开严肃的两党对话，讨论这些单方面措施的有限效力及其对美国经济造成的损失，关于接触的重要性，以及实现我们认为大家都能达成一致的目标的其他有效途径。"[2] 为了支持这一目标，他接着宣读了前总统吉米·卡特写给汉密尔顿的一封信。卡特在信中回顾了他签署的对伊朗的第一项经济制裁法令，提出"如何对古巴和伊朗等国产生影响需要采取更加严肃的态度，单方面制裁显然不是办法，我希望你们能够支持寻求更积极有效的替代办法"。[3]

三 制裁减缓与关系改善

到了克林顿执政后期，美国对伊朗政策出现转向。1997年7月22日，

---

[1] Sasan Fayazmanesh, *The U. S. and Iran: Sanctions, Wars and the Policy of Dual Containment*, pp. 88 – 90.

[2] Sasan Fayazmanesh, *The U. S. and Iran: Sanctions, Wars and the Policy of Dual Containment*, p. 91.

[3] Sasan Fayazmanesh, *The U. S. and Iran: Sanctions, Wars and the Policy of Dual Containment*, p. 91.

美国总统克林顿先后通过卡塔尔、阿联酋和沙特向伊朗转交了数封信件，表示无意继续孤立伊朗，并提出改善美伊关系的三项建议：（1）作为伊朗接受与美国进行批评性对话的回应，美国开始解冻伊朗存在其银行的资金；（2）为两国开始就双边关系问题进行实质性会谈，美伊应先就重大问题，如中东和平进程、海湾安全、阿富汗危机等问题进行秘密会谈；（3）美国宣布解除对伊朗经济制裁的同时，美伊就双边关系问题进行直接会谈，然后讨论地区形势问题。作为回应，伊朗外交部发言人穆罕迈迪于8月21日的一次讲话中指出，伊朗并不反对改善与美国的关系，但双方在开始进行直接对话前，美国必须采取具体行动以表示其诚意，否则与美国改善关系的大门将继续关闭下去。

1998年1月，伊朗总统哈塔米在接受美国有线电视新闻网采访时称，美国人民是"伟大的人民"。美国国务卿奥尔布赖特也在演讲中表示："我们正准备探索更多的方法建立互信和避免误解，伊朗伊斯兰共和国应考虑采取相应的步骤。当不信任之墙倒塌之时，我们将与伊朗伊斯兰共和国发展关系，届时一个路线图将引导两国关系走向正常化。"[①] 2月，由5名摔跤队员和5名体育官员组成的美国摔跤队抵达德黑兰，参加"塔赫提杯"国际摔跤锦标赛，从而开始了两国的"体育外交"。对于域外制裁，5月18日，美国和欧盟达成妥协，克林顿政府放弃对道达尔公司因与伊朗交易受到的制裁，作为回报，欧盟成员国保证将更加努力防止向伊朗转让有助于其发展大规模杀伤性武器的商品和技术。对此，克林顿称："我们今天批准的豁免是我们阻止伊朗获取大规模毁灭性武器和促进恐怖主义的总体战略的一部分。"[②]

6月18日，身为国际战略研究中心校友的奥尔布赖特在亚洲学会发表了一次著名演讲，表示要求与伊朗一起制定"通往正常关系的路线图"。24日，克林顿政府否决了《伊朗导弹扩散制裁法》。这一法案由美国以色列公共事务委员会提出，要求制裁伊朗弹道导弹计划，吉尔曼要求在两年内切断美国对任何被指控帮助伊朗导弹计划的实体的援助和出口。这一否决让以色列和美国以色列公共事务委员会非常愤怒，为了缓解矛盾，克林顿政府提出一个方案，即对向伊朗提供导弹技术的俄罗斯相关机构实施制裁。12月，克林顿

---

① Gary Sick, "The Clouded Mirror: the United States and Iran," in John L. Esposite and R. K. Ramazani(eds.), *Iran at the Crossroads*, New York: Palgkave, 2001, pp. 199 – 200.

② Hossein Alikhani, *Sanctioning Iran: Anatomy of a Failed Policy*, p. 330.

政府将伊朗从"主要毒品生产国"名单上去除,称伊朗"已经不符合国会规定的纳入标准"。此举也遭到吉尔曼等人的强烈反对。1999年4月28日,克林顿政府宣布"放宽制裁政策,允许向伊朗出售食品和医疗用品"。克林顿政府的解释是食品和药品的销售不足以增强一个国家的军事能力,而且粮食不应当被用作外交政策的工具。

前国务卿塞勒斯·万斯在演讲中敦促克林顿政府和伊朗政府着手迅速重建外交关系。2000年3月17日,奥尔布赖特在AIC主办的一次活动上称:"1953年,美国在策划推翻伊朗受欢迎的首相穆罕默德·摩萨台的过程中扮演了重要角色……这次政变显然是伊朗政治发展的一次挫折,不难理解为什么这么多伊朗人对美国干涉伊朗内政持续感到不满。正如克林顿总统所说,美国必须为美伊关系中出现的问题承担公平的责任。即使是在最近几年,美国在伊拉克与伊朗冲突期间对伊拉克政策的某些方面似乎也是令人遗憾的短视,特别是考虑到我们后来与萨达姆·侯赛因的关系。"[1] 奥尔布赖特的讲话被认为是史无前例的,因为之前没有一位美国国务卿承认美国参与推翻伊朗民族主义政府。有人认为她的讲话不是要澄清历史,而是为了取悦美国企业。

犹太院外组织对美国政府与伊朗改善关系表示不满,但面对美国国内越来越多的反对声音不能不有所顾虑。它们表示只要不让大量的现金流入伊朗,让其购买大规模杀伤性武器,它们就支持奥尔布赖特的政策。美国以色列公共事务委员会发言人肯·布里克表示,"我们与伊朗人民没有争吵,只是因为他们政府的政策,特别是伊朗谋求大规模毁灭性武器、反对中东和平进程、支持国际恐怖主义",与这样的国家实现关系正常化还为时过早。[2]

2000年3月17日,美国取消对伊朗的部分经济制裁,允许从伊朗进口非石油产品,如地毯、鱼子酱和瓜果等传统产品,放松了对伊朗学者、艺术家和运动员进入美国的限制,鼓励两国之间的人才交流。美国还同意通过海牙国际仲裁法庭最终解决伊朗被冻结资产的法律纠纷,并承认过去美国对伊朗政策是"令人遗憾的短视"。当乔治·W. 布什成为总统候选人后,美国中东政策出现了新的不确定性。布什的一些高级顾问,如未来的副总统切尼曾

---

[1] Sasan Fayazmanesh, *The U. S. and Iran: Sanctions, Wars and the Policy of Dual Containment*, p. 94.

[2] Sasan Fayazmanesh, *The U. S. and Iran: Sanctions, Wars and the Policy of Dual Containment*, p. 95.

担任哈里伯顿公司董事长兼首席执行官，是反对对伊朗实施制裁的石油说客之一。总统国家安全事务助理康多莉扎·赖斯曾在雪佛龙董事会任职，她的导师斯考克罗夫特曾反对制裁伊朗。以色列尤其担心新的布什政府会采取放松对伊朗制裁的政策。美国犹太人大会主席杰克·罗森说，"犹太人社区要获得克林顿时代所达到的支持水平将面临更大的困难"，"我们将面对一个政府，在这个政府中，许多关键角色将不太倾向于从以色列的传统立场和围绕以色列的安全问题来看待中东问题"。①

小 结

在犹太院外组织和国内保守势力的推动下，美国的域外制裁在 20 世纪 90 年代中期达到顶峰。以《达马托法》为代表的制裁法案为美国推行域外制裁提供了重要法律依据，但美国以国内法为依据制裁外国的个人和实体在国际社会引起争议。阿里·拉伊迪指出，"美国的法律有两个目标：对目标公司的财务进行沉重的打击；削弱这些公司的实力，使它们在美国竞争对手可能进行的收购面前变得更加脆弱。这种域外立法是美国地缘经济战略的组成部分，被视为另一种制造战争和捍卫美国全球领导地位的手段"。法国司法高等研究所的大法官兼秘书长安托万·加拉蓬和皮埃尔·塞尔旺·施赖伯律师在其文章中提出，"将域外管辖权称为一种全新的治理方式是恰如其分的。这是一种新的使用权力的方式：更加务实、有效，但也更加阴险，它将美国自身的利益和商业道德绑在一起相提并论，甚至混为一谈"。② 根据美国的制裁法案，除了投资伊朗的能源领域外，第三国的个人和实体与涉及反恐问题、大规模杀伤性武器、人权问题、洗钱问题的被制裁者进行贸易都将受到美国的制裁。这种制裁权力的扩大化在某种程度上仍是美国寻求世界霸权的表现，因此在实践中，制裁与取消制裁通常取决于美国的全球和地区战略，以及美国与被制裁国关系的变化。

---

① Sasan Fayazmanesh, *The U. S. and Iran: Sanctions, Wars and the Policy of Dual Containment*, p. 97.
② 〔法〕阿里·拉伊迪：《隐秘战争：美国长臂管辖如何成为经济战的新武器》，法意译，第 VII 页。

第七章
伊朗核问题的出现：制裁与反制裁的全面较量

"9·11"事件后，美国的全球战略出现转变，大规模杀伤性武器与"流氓国家"之间的结合成为美国打击的重点。2002年刚刚出现和解曙光的美伊关系急转直下，伊朗、伊拉克和朝鲜一起被布什政府确定为"邪恶轴心国"。随着伊朗核问题的出现，美国对伊朗单边制裁进一步加剧。伊朗核问题被提交到联合国安理会后，在美国推动下联合国安理会通过了一系列针对伊朗的制裁，从而使美国实现了单边制裁与多边制裁的联合。关于伊朗是否在和平利用核能，双方存在分歧，这种分歧既对伊朗和西方国家关系提出挑战，也向核不扩散体制的完善性表示质疑。伊朗对于研发核技术的坚持，在某种程度上是对其国家主权的坚守，也是对美国曾干涉其内政的历史阴影的反应。美国以伊朗核问题为借口加强单边和多边制裁，试图遏制和孤立伊朗，而伊朗则以核谈判为契机进一步发展与世界大国和周边国家关系，试图打破这一孤立局面，伊朗与以美国为首的西方国家之间制裁与反制裁的斗争进入白热化阶段。

第一节 美国对伊朗核问题的单边制裁

"9·11"事件后，反恐问题再次成为美国全球战略关注的焦点，尤其是拥有大规模杀伤性武器的反美国家成为美国打击的重点。自1979年伊斯兰革命后，美国一直否认伊朗伊斯兰政权的合法性，伊朗也被其认为是"流氓国家"。2002年底，伊朗流亡海外的反政府组织揭露伊朗正在秘密发展核技术，这正好符合美国反恐战略的打击标准，美国对伊朗的单边制裁进一步加剧。

一 "9·11"事件与美国对伊朗反恐制裁的再现

2001年9月11日,19名恐怖分子劫持了4架客机,并对美国境内的目标实施了自杀性袭击。这些袭击对美国的反恐政策产生了深远的影响。20日,美国总统乔治·W.布什发表演说:"要么和我们站在一起,要么和恐怖分子站在一起。"① 23日,布什发布第13224号行政令。该行政令指出,外国恐怖主义日益猖獗,从"9·11"事件以及联合国安理会的相关文件可以看出恐怖主义以及未来的恐怖活动已经对美国的政治、经济和外交产生巨大的威胁。由于对恐怖主义者的金融支持越来越多且越来越广泛,对涉嫌参与其中的个人和实体进行经济制裁非常有必要。该行政令列出了一个制裁名单,凡是名单上的个人及其资产,以及以其名义进行活动的个人和实体都要受到制裁。制裁对象除了行政令中列出的以外,还包括经国务卿与财政部部长和总检察长协商被确定为实施或存在重大恐怖行为风险的外国人,且这些人对美国国民安全或美国国家安全、外交政策或经济产生威胁。被制裁对象还包括制裁清单上的被制裁者拥有、控制或代表其行事的个人和实体。此外,被认为向恐怖主义活动或制裁清单上的人提供协助、赞助或提供财力、物质或技术支持的,或与他们有其他联系的个人和实体也将受到制裁。制裁内容包括:(1)禁止美国人或在美国境内与根据该命令冻结的财产或财产权益进行任何交易,包括但不限于提供或接受任何资金、商品、服务,或为该命令附件所列或确定受该命令约束的人提供服务;(2)禁止任何美国人进行任何规避行为,或进行违反本命令规定的任何交易;(3)违反该命令禁令的任何阴谋均被禁止。②

该行政令列出了一个制裁名单,附件名单包括一些个人和组织,其中有"基地"组织(Al Qaida)、阿布·赛义夫集团(Abu Sayyaf Group)、伊斯兰武装组织(Armed Islamic Group)、哈拉卡特穆贾希丁(Harakat ul – Mujahidin)、埃及伊斯兰吉哈德(Egyptian Islamic Jihad),还包括一些为制裁名单上的人提供金融和技术支持的外国当局。行政令禁止美国公民以及居住在美

---

① Michael Hirsh, "Bush and the World," *Foreign Affairs*, Vol. 81, No. 5, 2002, pp. 18 – 19.
② Executive Order 13224, "Blocking Property and Prohibiting Transactions with Persons Who Commit, Threaten to Commit, or Support Terrorism," September 23, 2001.

国国内的任何人与这些人进行交易。该行政令明确指出"恐怖主义"指的是卷入暴力活动或者是卷入危害人类生活、财产和基础设施的活动，以及试图恐吓和威胁平民、通过恐吓和威胁影响政府政策，或是通过大规模杀伤性武器、暗杀、绑架和逮捕人质来影响政府的行为等。

对于"9·11"事件，"基地"组织宣布对此次事件负责。但根据调查委员会得出的结论，虽然"没有证据表明伊朗和真主党知道后来发生的'9·11'袭击的计划"，但"伊朗参与的证据是强有力的"。[①] 据报道，真主党协助"基地"组织保护了14名沙特极端分子中的10名，这些极端分子成功实施了9月11日的袭击。据报道，这些沙特极端分子在2000年10月至2001年2月在伊朗活动。"2000年10月，两名劫机者穆罕默德·舍赫里（Mohand al Shehri）和哈姆扎·加姆迪（Hamza al Ghamdi）从伊朗飞往科威特。11月中旬，3名劫机者（他们都在10月底获得了美国签证）结伴从沙特阿拉伯前往贝鲁特，然后前往伊朗。11月下旬，劫机者萨塔姆·苏卡米（Satam al Suqami）和马吉德·穆吉德（Majed Moqed）从巴林飞往伊朗。"[②] 2002年，伊朗被列入布什总统提出的"邪恶轴心国"。布什在讲话中指出，"这些国家（朝鲜、伊朗和伊拉克）及其恐怖主义盟友构成了邪恶轴心，它们的武器威胁着世界和平。由于寻求大规模杀伤性武器，这些政权造成了日益严重的危险。它们可能会向恐怖分子提供武器，为它们的仇恨计划提供便利"。[③]

二 伊朗核问题的出现与美国对不扩散问题的制裁

2002年8月，基地设在伊拉克的伊朗反对派——伊朗全国抵抗委员会向外界指出，伊朗中部城市纳坦兹有一个大型浓缩铀工厂，希望国际社会尽早干预。根据该委员会提供的信息，美国加强了对伊朗该地区上空的核侦察和监测，12月美国公布了一批卫星照片，证实了该委员会提供信息的准确性，从而引起国际社会的关注，伊朗核问题浮出水面。2003年2月9日，伊朗总

---

① "The 9.11 Commission Report," http://www.9-11commission.gov/report/.
② "The 9.11 Commission Report," http://www.9-11commission.gov/report/.
③ State of the Union Address by President George W. Bush, January 29, 2002, https://georgewbush-whitehouse.archives.gov/news/releases/2002/01/20020129-11.html.

统哈塔米主动宣布承认伊朗建立了提炼浓缩铀的工厂并掌握了该技术，他表示这完全出于民用需要，也完全依靠本国的科技力量独立开发。21 日，在伊朗邀请下，巴拉迪带领包括美国代表在内的国际原子能机构代表团视察了伊朗纳坦兹的两个核设施，发现伊朗已经拥有 160 台可以生产浓缩铀的气体离心机及相关设施，而且在地下 75 英尺（22.86 米）处，伊朗正在兴建一个新的核设施，该核设施计划 2005 年完工，随后将有 5000 台离心机投入使用，该离心机厂将能为一座总装机容量 100 万千瓦的反应堆提供足够的低浓缩铀。

事实上，伊朗的核计划早在巴列维时期就已启动，当时美国向伊朗阿米拉巴德核研究中心提供了第一座总装机容量 5 兆瓦的核反应堆。随后伊朗从西方国家购买了大量的核原料和燃料，1974~1977 年伊朗分别与美国、联邦德国和法国先后达成了为期 10 年的核燃料供应合同。同时伊朗还派出数千名伊朗人前往联邦德国、法国、美国、英国甚至印度接受技术训练，试图独立开发自己的核技术。1974 年伊朗成立了原子能组织，专门负责伊朗的核开发计划。截至 1979 年巴列维王朝倒台，伊朗与西方大国签订了 6 个核反应堆和 12 座核电站的合同，当时联邦德国帮助伊朗在布什尔建造的两座核电站已经分别完成总工程量的 60% 和 75%。1979 年伊斯兰革命后，伊朗的核计划暂停。随后两伊战争中，伊拉克对伊朗进行的生化武器攻击使伊朗认识到加强军事实力、发展威慑力量的重要性。1995 年，伊朗的核计划再次启动，1 月 8 日俄罗斯与伊朗在德黑兰签署了一项在伊朗南部建造一座总装机容量 100 万千瓦、总额为 10 亿美元的核电站合同，根据合同俄罗斯将向伊朗提供核设备、转让核技术、提供核燃料，并在俄培训 30 多名伊朗的工程技术人员。1999 年 1 月，俄罗斯原子能部宣布将把在伊朗南部的布什尔核电站工作人员从约 300 人增至 1000 人。

随着伊朗核问题的出现，美国对伊朗的单边制裁进一步加剧。2005 年 6 月 28 日，美国政府颁布第 13382 号行政令，下令冻结大规模杀伤性武器的扩散者和支持者的资产，还对参与扩散大规模杀伤性武器的个人和实体进行制裁，其中包括任何制造、获取、拥有、发展、运输、交易、使用这些大规模杀伤性武器以及对可承载大规模杀伤性武器的导弹物品进行扩散的个人和实体。行政令还对那些被财政部认定曾经向这些扩散提供和试图提供物质、经济和技术援助的个人和实体进行制裁。制裁名单包括航空工业组织（Aerospace Industries Organization，AIO）、沙希德·赫马特工业集团（Shahid Hemmat Industrial Group）、沙希德·巴克礼工业集团（Shahid Bakeri Industrial

Group）、伊朗原子能组织（Atomic Energy Organization of Iran, AEOI）等。

2006年9月30日，美国国会通过了《支持伊朗自由法》（Iran Freedom Support Act），目的是控制伊朗的威胁行为和实现伊朗民主。该法案的第一部分对制裁伊朗的其他法案进行了回顾，并提出该法案的执行与其他法案不相冲突，互不影响。第二部分对1996年《达马托法》和有关在伊朗投资的其他法案进行了补充。最重要的是第三部分"促进伊朗民主"（Promotion Democracy for Iran），提出美国政府的政策应当支持伊朗人民有权利选择政府治理模式，支持伊朗国内主张民主的和平人士和人权人士；为推动伊朗民主提供资金支持。美国总统被授权向国内外致力于推动和支持伊朗民主的个人、组织、实体提供经济和政治支持；为伊朗国内独立的、主张民主的广播电视组织提供支持，但不主张使用武力。法案对受资助者设置了6个条件限制：（1）这些个人、组织和实体公开反对使用暴力和恐怖主义；（2）坚定地反对伊朗获取不扩散核武器、生化武器及其相关材料；（3）支持在伊朗采取民主政府的形式，接受民主价值观；（4）尊重人权，包括妇女的平等权利；（5）建立人人平等的机会；（6）支持媒体自由、言论自由、组织自由和宗教自由。① 该法案提出，总统应为其提供资助，并为中东伙伴关系倡议（The Middle East Partnership Initiative）、大中东和北非倡议（The Broader Middle East and North Africa Initiative）以及人权民主基金（The Human Rights and Democracy Fund）提供经费，支持推进伊朗民主。国会也将提供外交支持，要求美国官员强烈支持伊朗本土呼吁自由、透明和民主的选举，让国际社会关注伊朗政府在人权、宗教自由、集会自由和媒体自由上的暴力行为。第四部分是关于限制伊朗的核扩散，提出美国将不与伊朗和向伊朗核项目提供资助或向伊朗转运高级常规武器和导弹的国家合作，除非伊朗暂停铀浓缩及其相关活动（包括铀转化、研究、发展和再生产、实验等），并在未来减少铀浓缩和再生产等相关活动；或者其他国家停止帮助伊朗进行上述活动。第五部分是关于阻止伊朗洗钱用来发展大规模杀伤性武器的内容。

三 伊朗的核立场及其务实外交

核问题出现的时候是伊朗温和派总统哈塔米执政时期。由于核问题事关

---

① "Iran Freedom Support Act," Public Law 109 – 293, September 30, 2006, https://www.congress.gov/109/plaws/publ293/PLAW – 109publ293.pdf.

伊朗的国家安全，伊朗在该问题的立场上不论是温和派还是保守派都基本一致，只是在谈判策略上有所不同。伊朗核问题曝出后，国际社会尤其是美国反应强烈，它指责伊朗违反了《不扩散核武器条约》，要求国际原子能机构对其进行核查，以及联合国对伊朗实施制裁。对此，伊朗哈塔米政府努力避免与美国正面对抗，使核危机暂时有惊无险。2003 年 11 月 10 日，国际原子能机构理事会举行会议的前 10 天，伊朗承诺将签署《不扩散核武器条约》的附加议定书。2004 年 5 月 21 日，距理事会开会讨论伊朗核问题 24 天时，伊朗提交了长达 1000 多页说明其核计划的文件；11 月 25 日理事会开会前夕，伊朗再次退让，与法、德、英三国达成协议。26 日，就在国际原子能机构讨论伊朗及朝鲜核问题时，伊朗突然提出保留 20 台离心机的要求，使稍稍平息的伊朗核问题重起波澜。

随着美国在核问题上向伊朗发难，伊朗积极加强与其他国家的联系，拓展外交空间，哈塔米在外交领域取得的骄人成绩，被政治观察家们给予积极评价。1998 年 6 月，意大利时任总理普罗迪的伊朗之行，堪称破冰之举，为哈塔米政府建立新型国际关系打开了局面。伊朗在"米克诺斯事件"上的让步，使欧盟大使顺利返回德黑兰，为伊朗与欧洲大国的政治和解扫清了道路。英伊之间也因伊朗不再支持对《撒旦诗篇》的英籍作者拉什迪的全球追杀令，而逐步恢复大使级外交关系。2000 年 2 月，中国和伊朗在德黑兰达成了中国与伊朗建立"政治磋商机制"的框架协议。6 月，伊朗总统哈塔米访华，两国就提高双边合作水平、开辟双边关系新前景、建立面向 21 世纪的长期稳定友好关系达成共识。

同时，伊朗还利用丰富的油气资源和巨大的市场潜力，加强与德国、法国、日本等国的贸易往来。当时德国、日本分别是伊朗最大的进口国和出口国。尽管 20 世纪 90 年代中期美国出台了对伊朗和利比亚的《达马托法》，但欧洲国家在伊朗能源领域的投资仍未停止。1997 年 8 月，伊朗与以法国石油公司为主的国际财团签署了总投资达 20 亿美元的开发伊朗近海天然气田的协议。1999 年 10 月，哈塔米访法时，伊朗宣布从法国订购 4 架 A330 大型空中客运机、空中交通控制雷达及 100 台柴油和电动机车。1999 年 3 月，法国道达尔公司和意大利埃尼/阿吉普公司获得达尔霍温海上油气田改造项目的合同，该项目投资达 10 亿美元，油田储量为 15 亿桶，计划在 4 年内将产量从当时的每日 13.6 万桶增至每日 22.0 万桶。其中，道达尔占 55% 的份额，埃尼占 45% 的份额。1999 年 4 月，加拿大弓谷能源公司和法国道达尔公司获准按回购合同开发海上巴拉尔油田。该油田储量为8亿桶，2002年底产量达每日4万桶。2000年11月，挪威国家石油公司与伊朗国家石油公司（NIOC）签订了一系列协议，勘探霍尔木兹海峡地区的油藏。双方合作建设天然气凝析液处理工厂，为4个南部陆上油田服务。2003年1月，NIOC宣布对海湾8个海上区块进行招标，英国、意大利、挪威等国的公司提交标书。11月，NIOC又宣布对16个区块进行招标，合同签订仍以回购方式进行，但首次覆盖了勘探、评价和开发的全过程。[1]

哈塔米时期，与海湾国家关系的变暖，是伊朗外交取得的又一成绩，尤其是伊沙和解。沙特作为海合会的大国，其与伊朗自朝圣流血事件断交后于1991年3月26日恢复了外交关系，4月1日伊朗重开在沙特的大使馆，6月沙特外交大臣访问伊朗时，两国关系进一步缓和。尤其是哈塔米上台以来，双方在诸多领域找到了共同点，加强了合作。1997年12月，沙特王储阿卜杜拉出席在德黑兰召开的伊斯兰国家首脑会议时与伊朗领导人举行了会谈，双方强调应改善关系、加强合作，并在石油减产提价和解决阿富汗内战等问题上达成共识。1998年2月，伊朗前总统拉夫桑贾尼率多名部长访沙，5月，沙特外交大臣费萨尔访伊，两国签订了经贸、投资和技术合作的框架协议，并将按照协议提供领事服务，在海空交通以及环保方面加强合作。次年5月，沙特第二副相兼国防大臣苏尔坦亲王访伊，与伊朗就海湾地区安全问题达成重要共识，这在一定程度上打破了美国将伊朗排除在地区安全安排之外的算盘，从而使伊朗在海湾安全上的地位变得越来越突出。与此同时，伊朗与科威特、卡塔尔、巴林的关系也有改善，双边贸易额逐年攀升，并与阿联酋就一直未解决的边界纠纷和领土问题进行了协商，承诺将有争议的地区暂时维持现状，这一建议得到了海湾各国的积极响应。

在伊朗总统哈塔米的倡议下，2001年被联合国宣布为"文明对话年"。"文明间对话"（Dialogue among Civilizations）成为伊朗外交的新亮点。在第53届联合国大会上，哈塔米指出，由于自由常常在正义的名义下被践踏，正义在自由的名义下被一笔勾销，长久以来，人类总是有了自由便没有正义，有了正义便没有自由。而"文明间对话"的目的就是要实现人类的普遍正义

---

[1] 罗承先：《伊朗石油工业现状与引进外资情况》，《当代石油石化》2005年第8期，第40~44页。

和自由，"文明间对话"可以消除分歧、加强团结、增进了解、促进合作，"文明间对话"可以加深各国之间的了解，解决分歧，防止单一文化统治，创造包括一切文明在内的新的世界文明。各种文明之间的认真对话，可以增进世界范围内的和谐和理解，减少国际冲突，以对话代替对抗，促进国家和地区之间的合作，防止霸权主义干涉他国事务和一极统治世界。[①]"文明间对话"还有着重要的政治意义，如哈塔米在文明对话的主题讲话中不仅关注到巴以冲突、恐怖主义、海湾安全体系等，还提出应在联合国安理会常任理事国中增加一个伊斯兰席位。"文明间对话"还提出了国际交往的原则，其内容包括：（1）国际上各方行动者决心在兼容、对话、相互理解的基础上建立全球秩序，放弃排外、竞争、强权政治和自私地追求狭隘利益等陈旧理论；（2）除自卫外，在国际上不诉诸战争或武力威胁；（3）在全球承诺根据公正和国际法原则和平解决争端；（4）迫切需要在国际关系中尊重正义和法治，拒绝歧视政策和双重标准；（5）承认外来统治和外国占领下人民自决的权利；（6）根据联合国大会和安全理事会有关决议及国际法，以色列迅速撤出被占领的巴勒斯坦、叙利亚和黎巴嫩领土，尤其是圣城，让巴勒斯坦人能够建立自己独立的国家，首都设在圣城；（7）承诺建立没有任何大规模杀伤性武器的世界，以全球合作消除这类武器，防止其扩散，各国之间不得有任何歧视；（8）以认真、全面、无歧视的全球合作，消除任何种类的恐怖主义、有组织犯罪和贩毒活动给全球带来的威胁；（9）在各种全球机构采用公平、透明和民主代表制原则。[②]作为首倡人之一的哈塔米，其"文明间对话"的提出在一定程度上重释了伊朗的外交理念，对改善伊朗的国际形象起到了重要作用。

第二节　美国压力下的联合国制裁

2005年伊朗激进派总统艾哈迈迪－内贾德上台，他在核问题上采取强硬立场，伊朗与西方的谈判被迫中断。伊朗核问题在美国的极力推动下被提交到联合国安理会，伊朗面临一系列的国际制裁。

---

① 第54届联合国大会 A/54/116 号文件。
② 第54届联合国大会 A/54/116 号文件。

一 伊朗核问题被提交联合国安理会

2005年6月,保守派候选人内贾德当选伊朗第九届总统。8月,欧盟提出解决伊朗核问题的一揽子计划,虽然在政治、经济、安全等领域向伊朗提出了一系列优惠条件,但它触犯了伊朗核立场的底线,让伊朗感到自主研发核技术的权利受到侵犯。内贾德上台伊始就宣布伊朗将重启铀浓缩活动,正式拒绝欧盟就伊朗核问题提出的一揽子计划,并称这一计划是对伊朗的"侮辱",它反映了一个多世纪以前的殖民主义思维。9月,内贾德在联合国大会提出伊朗解决核问题的方案,他一方面强调与国际原子能机构继续展开有效合作是伊朗政府的主要政策,另一方面指出他所提方案的起点仍是伊朗有权和平利用核能、有权为本国的核反应堆生产核燃料,同时指责国际社会的双重标准,要求关注以色列的核武库。

在伊朗核问题上,美国的态度至关重要,时任总统布什表示,美国及其盟国"不允许伊朗发展核武器",美国副国务卿约翰·博尔顿在接受英国广播公司采访时说,美国要在伊朗具有核打击能力之前阻止其实施核武器开发计划。2004年5月,美国国会授权政府利用"一切适当的手段阻止和防范伊朗获取核武器"。2006年1月13日,布什在与德国总理默克尔举行的记者会上表示,"伊朗拥有核武器是无法接受的","伊朗发展核武器将对世界构成严重威胁"。因此,美国政府决定于2006年拨款1000万美元用于"推动伊朗民主化进程"。[①] 2006年,美国国防部《四年防务评估报告》提出四项重点任务:摧毁恐怖分子的网络;对国土进行纵深防御;在战略十字路口上影响国家的选择;阻止敌对国家和非国家参与者获得或使用大规模杀伤性武器。[②] 而伊朗正是美国要阻止获得大规模杀伤性武器的敌对国家之一。由于美国的强硬政策和伊朗的不妥协,伊朗核问题提交联合国成为必然。一位不愿透露姓名的伊朗高级官员说:"在革命胜利后的27年里,美国一直想把伊朗提交联合国安理会,但一直没能得手。然而在不到6个月的时间里,艾哈迈迪-内贾德做到了这一点。"[③] 2006年2月4日,国际原子能机构理事会举

[①] 顾国良:《美国对伊政策——伊朗核与导弹问题》,《美国研究》2006年第1期,第17~24页。

[②] 参见美国国防部2006年2月3日公布的《四年防务评估报告》。

[③] Michael Slackman, "in Iran, a Chorus of Dissent Rises on Leadership's Nuclear Strategy," *The New York Times*, March 15, 2006.

行紧急会议，会议以 27 票支持、3 票反对和 5 票弃权的投票结果通过一项决议案，要将伊朗核问题向联合国安理会报告。

7 月 31 日，联合国安理会通过第 1696 号决议，要求伊朗在 8 月 31 日前停止所有核活动。对此，内贾德与伊朗首席核谈判代表拉里贾尼、伊朗外长穆塔基在安理会设定的最后期限来临前两周表示，第 1696 号决议是非法的，伊朗拒不接受安理会的这一决议并将继续自己的核活动。然而，伊朗政府仍宣称，伊朗已准备好就伊朗核问题进行"严肃认真的谈判"，并愿意以一个负责任国家的角色积极处理核问题争端。[1] 但为表示伊朗坚决维护核权利的决心，8 月 26 日，内贾德赴伊朗中部城市阿拉克，为当地重水反应堆工厂第二阶段项目投产仪式剪彩，并称伊朗已"加入了八个拥有重水技术的国家行列"。

随着谈判的时断时续，伊朗核问题被提交到联合国安理会，目前安理会通过了针对伊朗核问题的多项决议。安理会第 1696 号决议指出，国际原子能机构总干事 2006 年 2 月 27 日的报告列举了关于伊朗核计划的若干悬而未决的问题和关切，包括一些可能涉及军事核层面的问题，并注意到国际原子能机构无法得出伊朗没有未经申报的核材料或核活动的结论。4 月 28 日，国际原子能机构提交的报告称，该机构无法取得进展。国际原子能机构总干事 6 月 8 日的报告证实，伊朗尚未采取国际原子能机构理事会所要求的、安理会 3 月 29 日声明重申的、对建立信任不可或缺的步骤。报告尤其注意到伊朗决定恢复铀浓缩相关活动，包括研究与开发以及继续暂停《附加议定书》规定的与国际原子能机构的合作。决议请国际原子能机构总干事于 8 月 31 日前向该机构理事会提交报告，说明伊朗是否已全面地、持续地暂停本决议所述及的一切活动，以及伊朗是否遵守国际原子能机构理事会所要求采取的一切步骤和本决议上述规定的进程，并同时向安理会提交此报告供其审议。伊朗如果未在 8 月 31 日之前暂停所有与铀浓缩相关的活动，将面临国际制裁。[2]

伊朗核问题被提交到联合国安理会后，该问题的性质出现变化。之前伊朗核问题是在国际原子能机构的框架下，主要通过谈判来解决争端。伊朗核问题被提交到联合国安理会后，根据《联合国宪章》第五章的规定，联合国可以对伊朗的行为进行惩戒即制裁，这也是国际制裁的主要理论根据。

---

[1] 徐俨俨：《伊朗核问题仍在底线上较量》，《瞭望新闻周刊》2006 年第 35 期，第 55 页。
[2] 参见联合国安理会第 1696 号决议。

二　联合国对伊朗进行连续制裁

2006年12月23日，联合国安理会第5612次会议通过第1737号决议，决定对伊朗核计划和弹道导弹项目进行制裁。决议要求伊朗立即停止所有与铀浓缩、重水反应堆有关的活动，还要求世界各国对进出伊朗的与铀浓缩、重水反应堆和弹道导弹相关的物资、技术和设备实行禁运；冻结与伊朗核计划和弹道导弹项目有关的人员和公司的资产，防止向伊朗提供相关的技术和资金支持，在有关人员出入境时进行严密监督并向安理会下属的制裁委员会进行报告。决议规定所有国家都应采取必要措施，防止从本国领土，或由本国国民，或使用悬挂本国国旗的船只或飞机，或为在伊朗境内使用或使伊朗受益，直接或间接向伊朗提供、销售或转让可能有助于伊朗的铀浓缩相关活动、后处理或重水相关活动，或有助于发展核武器运载系统的所有物品、材料、设备、货物和技术，不论它们是否源于本国领土。而且所有国家还应采取必要措施，防止向伊朗提供、销售、转让、制造或使用上述禁止的与物品、材料、设备、货物和技术相关的任何技术援助或训练、财政援助、投资、中介服务或其他服务，并防止转让相关的金融资源或服务。决议同时指出，如果委员会事先逐案认定，此种物品或援助的供应、销售、转让或提供不会有助于伊朗发展技术、支持其扩散敏感核活动和支持发展核武器运载系统，上述规定则不适用。如果这些物品或援助是用于食品、农业、医疗或其他人道主义用途，也将不被制裁。决议在附件列出了一系列的制裁名单，其中包括参与核计划的实体伊朗原子能组织、梅斯巴赫能源公司、卡拉电气公司、被认为参与了离心机计划的法拉扬技术公司、国防工业组织等。制裁的对象还包括参与弹道导弹计划的实体，其中包括沙希德·赫迈特工业集团、沙希德·巴格里工业集团、法贾尔工业集团，三者均为AIO下属实体。被制裁参与核计划的个人包括：AEOI负责研发业务的副总裁穆罕默德·卡纳迪、营运经理巴赫曼·阿斯戈尔普尔、负责离心机阀门生产管理的AEOI技术顾问贾法尔·莫罕迈迪。被制裁参与弹道导弹计划的个人包括：伊朗伊斯兰革命卫队空军司令侯赛因·萨里米、AIO贸易和国际事务部部长礼萨格里·艾斯迈迪、AIO财务和预算部部长巴赫曼亚尔·莫尔特扎·巴赫曼亚尔等。此外该决议还对同时参与核计划和弹道导弹计划的个人进行制裁，如伊斯兰革命卫队的亚哈亚·拉希姆·萨法维将军。①

  2007年2月22日，国际原子能机构向联合国安理会提交报告，认定伊朗未在规定的60天期限内停止铀浓缩活动。3月24日，安理会第5647次会议通过了第1747号决议。决议敦促伊朗立即执行第1737号决议，呼吁所有国家不要从本国领土，或由本国国民，或使用悬挂本国国旗的船只或飞机，直接或间接地向伊朗提供、销售或转让《联合国常规武器登记册》所界定的任何作战坦克、装甲战斗车、大口径火炮系统、作战飞机、攻击直升机、军舰、导弹或导弹系统，或在向伊朗提供与供应、销售、转让、制造或使用这些物品相关的任何技术援助或训练、金融援助、投资、中介服务或其他服务时，保持警惕和克制。决议呼吁所有国家和国际金融机构除人道主义和发展用途外，不再承诺向伊朗伊斯兰共和国政府提供新的赠款、金融援助和优惠贷款。决议还列出了新的制裁清单。其中包括参与核计划或弹道导弹计划的实体：弹药和冶金工业集团、参与铀浓缩相关活动的伊斯法罕核燃料研究和生产中心及伊斯法罕核技术中心、帕尔奇化学工业公司（据称负责生产弹药、炸药以及火箭和导弹使用的固体推进剂）、隶属AEOI研究部门的卡拉杰核研究中心、诺维能源公司（曾为AEOI将资金转移给伊朗核计划相关实体）、巡航导弹工业集团、赛帕国际银行、萨纳姆工业集团和亚迈哈迪工业集团。制裁对象还包括参与核计划或弹道导弹计划的个人，如国防和武装后勤部高级科学家菲雷杜恩·阿巴斯达瓦尼、伊斯法罕核燃料研究和生产中心主任埃米尔·拉希米、赛帕国际银行董事长兼总裁艾哈迈德·德拉罕德等。此外，还有伊斯兰革命卫队的相关实体和个人，如耶路撒冷航空工业和帕尔斯航空维修公司，伊朗伊斯兰革命卫队副司令莫尔特扎·里扎伊、参谋长阿里·阿克巴尔·艾哈迈迪安、地面部队司令穆罕默德·礼萨·扎赫迪、海军司令莫尔特扎·萨法里、巴斯基抵抗部队司令穆罕默德·赫贾兹、圣城部队司令卡塞姆·苏莱曼尼和内政部主管安全事务的副部长左勒卡德尔将军。

  此外，该决议的附件二还提出了与伊朗谈判的一项全面协定，这项协定交由国际原子能机构保存，并得到安理会决议认可。该协定列出了未来与伊朗的合作领域，包括两个方面。首先是伊朗的核权利方面，协定重申了伊朗享有按照《不扩散核武器条约》规定的不受歧视地和平利用核能的权利，同意在伊朗发展民用核能计划中与伊朗合作。协定指出，将积极支持在伊朗新

---

① 参见联合国安理会第1737号决议。

建一个轻水发电反应堆，具体做法是实施国际联合项目，批准转让必要的物资和提供使伊朗的发电反应堆能安全抗震的先进技术，并为乏核燃料和放射废物的管理提供合作。协定还支持伊朗的核能研究与发展，为其提供一整套实质性的研究与发展支持，包括提供轻水研究反应堆，特别是在放射性同位素的生产、基础研究以及核技术在医疗和农业领域中的应用等方面。在燃料保证方面，将在多个层面向伊朗作出有法律约束力的提供燃料保证。其次是政治经济合作方面。在区域安全合作上，协定支持举行新的会议，促进就区域安全问题进行对话与合作。在国际贸易与投资上，协定将支持伊朗全面融入包括世界贸易组织在内的国际体制，建立一个合作框架，扩大在伊朗的直接投资和与伊朗的贸易，让伊朗更多地进入国际经济和国际市场，并获得资本。在民用航空上开展合作，包括解除对美国和欧洲制造商向伊朗出口民用飞机的限制，提升伊朗更新其航空公司机群的前景。此外，伊朗与欧洲联盟和其他愿意参加的伙伴还可以建立长期的能源伙伴关系。协定还支持伊朗电信基础设施的现代化，并提供先进的互联网，包括解除有关美国出口限制和其他出口限制。合作还包括支持伊朗的农业发展，如让伊朗获取美国和欧洲的农产品、技术和农用设备等。[①]

2008年3月3日，安理会第5848次会议通过第1803号决议，进一步加大对伊朗的制裁力度。该决议呼吁所有国家在为与伊朗从事贸易提供公共财政资助作出新承诺时，包括为参与此类贸易的国民或实体提供出口信贷、担保或保险时，保持警惕，以避免此类财政资助助长第1737号决议所述的扩散敏感核活动或发展核武器运载系统。决议呼吁所有国家对本国境内金融机构与设在伊朗境内的银行（特别是国家银行和出口银行）及其在海外的分行和附属机构从事的交易活动保持警惕。决议呼吁所有国家根据本国法律授权和立法并遵循国际法，特别是海洋法和相关国际民用航空协议，在其机场和港口对伊朗航空货运公司和伊朗船运公司拥有或运营的飞机和船只进出伊朗运送的货物进行检查。该决议还列了一个包括三个附件的新制裁清单。附件一中的制裁名单包括参与离心机组装和工程设计的埃米尔·莫阿义德·阿莱伊、参与碳酸铀酰铵生产和纳坦兹浓缩铀综合企业管理的穆罕默德·菲达伊·阿什阿尼、伊朗原子能组织开发和采矿事务厅高级官员阿巴斯·里扎伊·阿什提阿尼、参与制造离心机组件的莫尔特扎·贝赫扎德、参与阿拉克

---

① 参见联合国安理会第1747号决议。

重水研究反应堆项目的伊朗原子能组织官员赛义德·侯赛因·侯赛尼等。附件二所列的制裁名单是第 1737 号和第 1747 号决议所列的个人。附件三的制裁清单中包括了 12 家公司。其中有参与离心机组件生产的阿布扎尔·伯勒什·卡汶公司、试图为第 1737 号决议所列实体购买敏感物品的巴尔扎甘尼·特贾拉特·塔瓦马得·萨卡勒公司、参与弹道导弹计划的萨纳姆电力公司和艾特哈德技术集团、从事部分购置活动的工业精密机器厂、参与燃料循环活动的贾贝尔·伊本·哈亚实验室、参与弹道导弹计划的贾扎工业公司、参与离心机组件生产的霍拉桑冶金工业公司、为伊朗军方制造动力装备包括导弹系统的尼鲁电池制造公司、参加伊斯法罕铀转化厂的建造先驱能源工业公司、参与弹道导弹计划的安全设备采购公司、参与铀浓缩相关活动的塔玛斯公司。[①]

2008 年 9 月 27 日，安理会第 5984 次会议通过了第 1835 号决议，敦促伊朗中止敏感核燃料相关活动，重申安理会此前通过的有关伊朗核问题的决议，要求伊朗立即予以全面执行。但决议中并没有包含新的制裁措施。2010 年 2 月 9 日，伊朗原子能组织主席阿里·阿克巴尔·萨利希宣布，伊朗当天已经在纳坦兹核工厂启动了丰度为 20% 的浓缩铀的提炼工作。11 日，伊朗总统艾哈迈迪-内贾德在首都德黑兰自由广场举行的纪念伊斯兰革命胜利 31 周年的群众集会上发表讲话，称伊朗已生产出第一批丰度为 20% 的浓缩铀。危机重重的伊朗核问题再次引起国际社会的关注，主导核问题谈判的国际"5+1"小组（美、中、俄、英、法、德）齐聚维也纳，新一轮的制裁也在酝酿之中。

2010 年 6 月 9 日，安理会第 6335 次会议通过了第 1929 号决议。决议指出，伊朗没有按照安理会通过的决议全面、持续地暂停所有铀浓缩相关活动和后处理活动及与重水有关的项目，没有依照《附加议定书》恢复与国际原子能机构的合作，没有就剩余的需要予以澄清以排除伊朗核计划可能涉及军事层面的关切事项同国际原子能机构合作，没有按照国际原子能机构理事会的要求采取其他步骤，也没有遵守第 1696（2006）、1737（2006）、1747（2007）和 1803（2008）号决议的规定，而这些正是建立信任必不可缺的。因此，决议规定，所有国家应防止从本国领土或经由本国领土，或由本国国民或受其管辖的个人或使用悬挂其船旗的船只或飞机，向伊朗直接或间接供

---

① 参见联合国安理会第 1803 号决议。

应、出售或转让联合国常规武器登记册所界定的无论是否原产于本国境内的任何作战坦克、作战装甲车、大口径火炮系统、作战飞机、攻击直升机、军舰、导弹或导弹系统或相关材料。决议还要求所有国家应防止本国国民或从本国领土或经由本国领土向伊朗提供与供应、出售、转让、提供、制造、维修或使用这类武器及相关材料有关的技术培训、金融资源或服务、咨询、其他服务或协助,为此呼吁所有国家对所有其他军火及相关材料的供应、出售、转让、提供、制造和使用保持警惕和克制。决议决定伊朗不得进行任何涉及能够运载核武器的弹道导弹的活动,包括用弹道导弹技术进行发射,并决定各国应采取一切必要措施,防止向伊朗转让与这类活动有关的技术或技术援助。呼吁所有国家除了根据第1737、1747、1803号决议以及本决议履行其义务外,防止提供金融服务,其中包括保险或再保险,或向本国领土、经由本国领土或从本国领土,或向本国国民或依照本国法律组建的实体(包括海外分支机构)或本国境内的个人或金融机构,或由这些人或实体转让任何金融或其他资产或资源。为防止伊朗进一步推进扩散敏感核活动或核武器运载系统的研发,决议呼吁各国采取适当措施,禁止伊朗银行在本国境内开设新分行、子公司或代表处,并禁止伊朗银行与受本国管辖的银行设立新的合资机构、获得这类银行的所有者权益,或者与这类银行建立或保持代理关系。[①]

该决议将制裁的条目增加到了40项,包括三个制裁附件。第一个附件的制裁目标是参与核计划或弹道导弹计划的个人和实体。其中制裁的实体包括试图获得用于核研究和生产设施温度控制器的阿明工业公司、生产和维修各种小武器和轻武器包括大中口径枪支和有关技术的军火工业公司、国防工业和科学研究中心、为伊朗弹道导弹方案提供支持的杜斯坦国际公司、法拉萨赫特工业公司、为伊朗核导弹和防卫实体协助做了数亿美元交易的第一东部出口银行、隶属于AIO的巴拜伊工业公司、马利克·阿什塔尔大学、国防后勤出口部、米赞机器制造公司、负责设计和建造位于阿拉克的IR-40重水反应堆的现代工业技术公司、农业和医药核研究所、帕吉曼工业服务公司、萨巴兰公司、萨罕德铝件工业公司、沙希德·卡拉兹工业公司、沙希德·萨塔里工业公司、沙希德·塞亚地·设拉子工业公司、特种工业集团、提兹·帕尔斯公司和亚兹德冶金工业公司。制裁的个人包括伊朗原子能组织

[①] 参见联合国安理会第1929号决议。

伊斯法罕核技术中心的负责人贾瓦德·拉希奇。附件二对伊斯兰革命卫队拥有、控制或代表其行事的实体进行制裁，其中包括法特尔研究所、哈拉公司、伊门萨赞工程师咨询研究所、基什东方石油公司、拉哈布工程研究所、萨赫勒工程师咨询公司、塞帕萨德工程公司。附件三对伊朗航运公司拥有或控制或代表其行事的实体进行制裁，其中包括伊朗南部航线公司等。

三 伊朗对核问题的自我认知及其反制裁措施

伊朗核问题历经二十余年，谈判与制裁并行，危机与缓和交替，但在核问题上，伊朗从来都没有退缩。伊朗一方面积极参与谈判，另一方面坚持自身和平利用核能的权利。尤其是2005~2013年内贾德政府时期，伊朗的核强硬政策表现得非常明显。伊朗的这种核强硬政策源于伊朗对自身和外围环境的评估，有着自己的逻辑。伊朗认为其核活动实现了权利与义务的统一，具有合法性。这种合法性的自我认定主要来自三个方面。

其一，伊朗认为，在核不扩散问题上伊朗尽到了应尽的国际义务。因为《不扩散核武器条约》第二条规定，每个无核武器的缔约国承诺不直接或间接从任何让与国接受核武器或其他核爆炸装置或对这种武器或爆炸装置的控制权的转让；不制造或以其他方式取得核武器或其他核爆炸装置；也不寻求或接受在制造核武器或其他核爆炸装置方面的任何协助。第三条第一款规定，每个无核武器的缔约国承诺接受按照国际原子能机构规约及该机构的保障制度与该机构谈判缔结的协定中所规定的各项保障措施，其目的专为核查本国根据本条约所承担的义务的履行情况，以防止将核能从和平用途转用于核武器或其他核爆炸装置。[①] 伊朗始终认为，作为《不扩散核武器条约》的成员国，伊朗尽到了应尽的义务。1968年，伊朗签署了《不扩散核武器条约》并于1970年正式通过了该条约，1974年伊朗与国际原子能机构达成了双边协议。在与国际原子能机构的合作过程中，伊朗不仅接受核查，而且每年缴纳相应的费用。伊朗不仅签署了《核事故或辐射紧急情况援助公约》，位于德黑兰西部50公里卡拉季市的核中心也于2000年被正式确定为国际原子能机构在地区农业和医学领域进行技术援助的中心之一。除此之外，伊朗

---

① Treaty on the Non-Proliferation of Nuclear Weapons, April 22, 1970, https://www.iaea.org/sites/default/files/publications/documents/infcircs/1970/infcirc140.pdf.

也一直对《不扩散核武器条约》附加议定书持肯定和认真的态度,于2003年签署了这一议定书。

为消除国际社会的怀疑,伊朗持续不断地参与谈判,提出自己的主张和解决方案。尽管伊朗与西方国家对很多问题的性质存在争议,但伊朗从来没有拒绝谈判和政治解决伊朗核问题的努力。面对核危机,伊朗一方面宣称将开始生产丰度为20%的浓缩铀,另一方面邀请国际原子能机构派遣相关人员进行监督,因为伊朗认为其核活动始终是在该机构监督下进行的,并将继续接受监督。伊朗驻国际原子能机构代表苏丹尼耶表示,伊朗向西方国家打开了机会之窗,希望那些致力于在国际原子能机构框架内合作和协商的国家抓住机会,以合作和协商代替对抗。伊朗原子能组织主席萨利希在接受伊朗国家电视台的采访时也表示,如果西方国家同意向伊朗提供20%丰度的研究用浓缩铀,伊朗将停止已经开始的工作。

其二,伊朗认为其从未谋求核武器,因此其和平利用核能的权利受国际法的保护。在核研发上,伊朗一直试图告诉国际社会,发展核武器不仅与伊朗的伊斯兰教信仰不符,而且伊朗的历史也告诉人们伊朗不需要核武器。伊朗的最高领袖哈梅内伊、前总统拉夫桑贾尼和哈塔米反复宣称,核武器不符合伊朗的政治经济利益,不符合伊朗的伊斯兰教信仰。总统内贾德也称:"像伊朗这样一个有文化、有教养、有理智和文明的国家,是不需要核武器的,只有那些想用武力解决所有问题的国家才会那样做。"[1] "50年来伊朗民族在没有核武器的情况下打败了美国,靠的是意志、信仰和团结。"而且"要发展核武器,铀浓缩的丰度需要90%,而这一要求以伊朗当前的水平远远达不到"。[2]

因此,伊朗认为,作为《不扩散核武器条约》的签署国,伊朗既然没有谋求核武器而且在核不扩散问题上又尽到了应尽的义务,自然应当享有和平利用核能的权利。《不扩散核武器条约》第四条第一款规定,本条约的任何规定不得解释为影响所有缔约国享有不受歧视地并按照本条约第一条和第二条的规定开展为和平目的而研究、生产和使用核能的不容剥夺的权利。第二款规定,所有缔约国承诺促进并有权参加在最大可能范围内为和平利用核能

---

[1] Jahangir Amuzegar, "Nuclear Iran: Perils and Prospects," *Middle East Policy*, Vol. XIII, No. 2, Summer 2006, p. 92.

[2] "The Remarks of Iran's Supreme Leader Ayatollah Ali Khamenei," Islamic Republic of Iran Broadcasting, http://english.irib.ir/political/iran.htm.

而交换设备、材料和科学技术情报。有条件参加这种交换的各缔约国还应单独地或会同其他国家或国际组织,在进一步发展为和平目的而应用核能方面,特别是在无核武器的各缔约国领土上发展为和平目的应用核能方面,进行合作以作出贡献,对于世界上发展中地区的需要应给予应有的考虑。[1] 根据伊朗的逻辑推理,在尽到应尽的国际义务和没有谋求核武器的情况下,伊朗的核计划是受国际法保护的,具有合法性。

其三,伊朗核危机或是所谓"不合法性",来自西方国家的核歧视和双重标准的政策。伊朗认为,作为《不扩散核武器条约》的成员国,伊朗既然尽到了应尽的义务,自然要享受应有的权利,更需要与别的国家一样得到国际社会的公平对待。而目前围绕伊朗核问题的分歧和危机不断升级,似乎在证明伊朗核计划的不合法性。对此,伊朗认为危机的来源在于西方国家的有意渲染及其核歧视和双重标准的政策。尤其对于以色列的核计划,伊朗耿耿于怀。拉夫桑贾尼曾说:"当我们谈论核问题时,总是不提犹太复国主义政权。""继续保持有核国家的专权和对以色列核能力的姑息将会使核不扩散变成无效的期待,并导致扩散的传染性。"[2]

2006年3月,在伊朗核危机日益升级的情况下,美国与印度签署了双边核能协议,该协议允许美国向印度出售核技术和核燃料,作为交换,新德里答应向国际原子能机构检查人员开放其核设施。实际上印度只是将其22个核反应堆中的14个交由国际原子能机构检查,另外8个军用核设施仍受印度政府控制。对于联合国安理会通过的多项决议,伊朗认为是不能接受的,美国滥用国际组织的职权,不仅破坏了国际原子能机构的威信,也大大削弱了安理会的地位,在一定程度上使国际组织成为一个政治利用的工具。这些做法违背了《不扩散核武器条约》第一条、第四条和第六条的规定,尤其违背了第四条第二款的规定。这也就是说,违反国际法的是西方国家,而不是伊朗。

基于在核活动合法性方面的自我认定,伊朗在国际谈判中一直保持强硬立场,为了应对美国的单边制裁和联合国的多边制裁,伊朗采取了各种反制措施。

---

[1] Treaty on the Non-Proliferation of Nuclear Weapons, International Atomic Energy Agency, April 22, 1970, https://www.iaea.org/sites/default/files/publications/documents/infcircs/1970/infcirc140.pdf.

[2] Shahram Chubin, *Whither Iran?Reform, Domestic Politics and National Security*, New York: Oxford University Press, 2002, p. 73.

第一，伊朗凭借丰富的战略能源和有利的地理位置加强与世界大国的关系。对于俄罗斯，伊朗是其南缘国家，在巴列维时期曾经作为美国反苏的前哨，而现在恶化的美伊关系在一定程度上对俄罗斯起到了保护作用。尤其是随着北约东扩和美国在中亚地区的存在，俄罗斯的安全空间受到挤压，俄罗斯和伊朗之间的共同利益越来越多。为防止美国势力干预里海地区的能源开发，两国都主张里海事务应由里海沿岸国家来解决，反对外来干预。自从双方签署了双边军事技术合作协议后，伊朗已经成为俄罗斯国防工业的第三大客户，这对俄罗斯的经济发展起到了重要作用。

对于欧洲，伊朗生产的石油40%运往欧洲，欧盟的产品也大量出口到伊朗，两个地区的经贸关系一直非常密切。尤其是美国与伊朗长期交恶，使欧盟在伊朗的油气开采中获得大量份额。1997年9月，以法国道达尔公司为首的国际财团与伊朗签署了金额达20亿美元的海湾近海气田开发协议。1999年3月1日，法国埃尔夫—阿基坦石油公司、意大利国家碳化氢公司与伊朗签署了金额为10亿美元的近海油田开发协议。2002年，伊朗通讯社10月20日报道称，伊朗和欧盟19日在德黑兰联合成立了旨在加强双方石油和能源合作的办公室。日本作为一个对能源极其依赖的国家，伊朗是其最为重要的能源进口国之一。2004年，日本与伊朗正式签署共同开发阿扎德甘油田的合同，项目总投资28亿美元，日本持股75%，伊朗国家石油公司持股25%。日本将把所产原油的2/3运回日本。①

第二，伊朗积极加强与反美国家的关系。为缓解核危机、获得更多的外交支持，内贾德上台后在中东地区展开了"魅力外交"。他当选后将第一次双边访问选在同样反美反以的叙利亚，临行前内贾德在德黑兰机场表示将继续与叙利亚保持合作关系。对于国际援助撤出巴勒斯坦所带来的财政危机，伊朗宣称将填补哈马斯的预算空缺。伊朗一直否认向黎巴嫩真主党提供军事装备，但以色列和黎巴嫩的战争充分展现了"伊朗造"喀秋莎火箭的威力。对于美国提出解除真主党武装的要求，内贾德表示："我们在地区问题上的立场非常明确：我们拒绝接受一切外来干涉。"② 此外，伊朗还与美国"后院"的反美国家委内瑞拉和古巴加强了联系。古巴官方报纸《格拉玛报》

---

① 刘今朝等：《大国在伊朗的能源博弈及中国的对策》，《重庆工学院学报》2006年第6期，第82~83页。

② 新华社巴黎2006年1月20日法文电。

称，伊朗总统内贾德已接受了古巴领导人卡斯特罗发出的访问古巴的邀请，以感谢古巴支持伊朗核项目。与此同时，伊朗加大了对外援助的力度。伊朗政府宣布，将拨款1000万美元援助7个国家，其中塔吉克斯坦250万美元、伊拉克200万美元，尼日尔、几内亚和马里各150万美元，亚美尼亚和格鲁吉亚各50万美元。[1]

第三，为增强对美报复能力，伊朗加强与激进组织的关系，展开各种形式的军事演习。其目的是要向美国传递一种信息，即伊朗的实力不可小视。尤其是伊拉克战争后，伊拉克的民主化为伊朗长期支持的政治派别走上舞台提供了机会，也为伊朗创造了一个更好的报复环境。因此，伊朗国防部部长说："美国与我们相距甚近的军事存在并不是美国实力的表现，因为它在一定条件下将成为我们手中的人质。美国不是该地区唯一的大国，我们的力量也存在于从霍斯特到坎大哈的阿富汗，存在于海湾和现在的伊拉克。"[2] 在伊拉克新议会中，什叶派的伊拉克团结联盟占据了"半壁江山"。该联盟的伊拉克伊斯兰革命最高委员会总部设在伊朗，委员会由阿卜杜勒·阿齐兹·哈基姆领导，哈基姆曾作为德黑兰政权的客人在伊朗度过了20年的流亡生涯。由伊朗资助、隶属于伊斯兰革命最高委员会的军事组织"巴德尔"旅的成员有许多是两伊战争时（伊朗一方）的老兵。同时，伊拉克团结联盟内还有由萨德尔领导的达瓦党。该党的军事分支机构是2003年成立的迈赫迪军，该军的拥护者已经渗入伊拉克的军队和警察部队之中，美国海军陆战队对其发动了多次围剿都没有成功。2005年1月，萨德尔对伊朗进行高调访问，以此支持与美国冲突日益升级的德黑兰。萨德尔的发言人在这次访问中警告说："如果任何一个伊斯兰国家，特别是伊朗伊斯兰共和国受到袭击，迈赫迪军将在伊朗国内外参加战斗。"[3] 9月22日，伊朗武装部队以纪念两伊战争爆发25周年为名举行了一场盛大阅兵活动，7枚安装在流动发射台上的改制"流星"-3型弹道导弹公开展示，该导弹射程1700公里，"可以直击敌人的心脏"。[4] 2006年11月，伊朗进行了"伟大先知2"的军事演习，其目的在于展示伊朗的防御能力及其在导弹领域取得的进步。

---

[1] 焦玉奎：《核危机凸显伊朗的中东大国地位》，《西亚非洲》2006年第3期，第9页。
[2] Scott D. Sagan, "How to Keep the Bomb from Iran," *Foreign Affairs*, Volume 85, No. 5, 2006, p. 54.
[3] 内部参考资料，参见〔美〕《新美国人》，2006年3月6日。
[4] 黎斌：《伊朗为"核"面临战火》，《环球军事》2006年第2期，第13页。

第三节　美国单边制裁的进一步加剧

自 2002 年底伊朗核问题出现以来，美国一直在酝酿对伊朗的新一轮严厉制裁。尤其是内贾德当选伊朗总统后，在核问题上采取强硬立场。适逢《对伊朗和利比亚制裁法》到期，该法于 2006 年更名为《对伊朗制裁法》，将伊朗作为唯一制裁目标。2009 年内贾德再次当选总统，在伊朗国内引起民众与政府的冲突，美国指责伊政府侵犯人权。2010 年 2 月，伊朗宣称其铀浓缩丰度达到 20%，引起美国的极度不满，随后美国颁布了一系列法令，开始了对伊朗的全方位制裁。

一　《全面制裁伊朗、问责和撤资法》的颁布

在伊朗核危机逐步升级的过程中，美国国内也加强了对伊朗的制裁立法。根据《对伊朗和利比亚制裁法》的规定，该法有效期为五年。自 1996 年 8 月 5 日颁布以来，该法延期了五年，到了 2006 年再次面临有效期结束的问题。由于《对伊朗和利比亚制裁法》规定的制裁措施比较严厉，而且涉及域外制裁，美国国内外的反对声音很大。但随着伊朗核问题的升级，美国为加强对伊朗的单边制裁，将该法名称改为《对伊朗制裁法》（The Iran Sanctions Act），将伊朗作为唯一制裁目标。2010 年 2 月 9 日，伊朗原子能组织主席萨利希宣布，伊朗当天已经在纳坦兹核工厂启动了丰度为 20% 的浓缩铀的提炼工作。11 日，伊朗总统艾哈迈迪-内贾德在首都德黑兰自由广场举行的纪念伊斯兰革命胜利 31 周年的群众集会上发表讲话，称伊朗已生产出第一批丰度为 20% 的浓缩铀。为了惩戒伊朗，6 月 10 日，联合国安理会通过了对伊朗进行制裁的第 1929 号决议。2010 年 7 月 1 日，在《对伊朗制裁法》的基础上，美国国会颁布了《全面制裁伊朗、问责和撤资法》[①]。

该法案是对《对伊朗制裁法》的扩展，目的是通过加强对伊朗的制裁提升美国的外交效果。在该法案中，美国国会认为经过调查发现伊朗存在以下

[①]　相关论述参见 "Comprehensive Iran Sanctions, Accountability, and Divestment Act of 2010," Public Law 111-195, July 1, 2010。

问题。第一，伊朗政府的非法核活动、非常规武器和导弹技术研发，以及对"国际恐怖主义"的支持，对美国的安全、美国盟友以色列和其他盟友的安全产生威胁。美国认为，虽然国际原子能机构反复号召关注伊朗的非法核活动，美国及其欧洲盟友都呼吁应加强对伊朗的制裁，但国际社会的努力并没有阻止伊朗的铀浓缩以及相关核活动。而且伊朗仍在继续侵犯人权，包括压制言论自由、宗教信仰自由，非法羁押、拷打和适用死刑等。第二，伊朗对奥巴马总统史无前例的接触政策及其努力没有反应，表明伊朗政府对外交方案不感兴趣。例如伊朗拒绝了美国提出的德黑兰反应堆研究计划（The Tehran Research Reactor Plan），反而在库姆秘密继续核计划，其官方宣称可以将铀浓缩丰度提升至20%。2010年2月18日，国际原子能机构的报告中称对伊朗过去和当前许多与导弹装载有关的秘密核活动表示关切，这些活动由伊朗军方组织领导，有许多项目和子项目与核和导弹计划相关。5月31日，国际原子能机构的报告称，伊朗缺乏与该机构的合作，这与国际原子能机构和联合国安理会的要求相悖。4月，伊朗宣称他们已经研发出新的、更快的离心机。美国认为，伊朗继续向"恐怖主义者"出口武器，并向他们提供支持，违反了联合国安理会的决议。第三，美国国会调查发现，中东的黑市猖獗，伊朗可以通过黑市获得许多双用途的敏感技术。2009年9月，美国发现伊朗在库姆附近的伊斯兰革命卫队基地继续秘密进行铀浓缩，而且是非民用的用途，因而有必要让伊朗公开其核计划的性质，包括其他的秘密基地，并允许国际原子能机构对伊朗进行核查，这是符合《不扩散核武器条约》的。

因此，美国国会主张对伊朗进行进一步的制裁，这样可以进一步加强对伊朗的限制，使国际外交努力更加有效。美国国会建议总统敦促伊朗政府尊重人权，尊重伊朗人民的信仰自由，不要滥用暴力，并采取相关措施。总统首先要确认哪些官员或个人应为暴力活动负责，严禁被确认向暴力行为负责的个人进入美国，冻结相关官员和个人的财产。由于伊朗伊斯兰革命卫队被认为涉足伊朗的核计划、支持国际恐怖主义和在国内侵犯人权，总统应当对伊斯兰革命卫队的相关个人和实体实施制裁，应对与上述个人和实体进行商业贸易和金融交易的任何个人和实体进行制裁。美国还应充分利用美国国内的非政府机构，让它们采取一些行动推动伊朗国内市民社会的发展，提供更多的经费支持来收集和记录伊朗的人权滥用情况，尤其是2009年6月12日伊朗总统选举后的人权滥用情况。该法案除了对《对伊朗制裁法》的内容进行扩充外，还采取了进一步的制裁措施。

第一,加强对伊朗的进出口制裁,对伊朗的资产进行冻结。冻结资产的范围包括根据《国际紧急经济权力法》规定符合制裁的伊朗人,其中包括伊朗外交官、政府代表、伊朗军事和半军事机构的代表,如伊斯兰革命卫队及其附属机构的相关人员。该法案要求美国金融机构有上述人员的资金及其资产,或者上述人员向其亲属成员转移的资金和资产的,应立即报告外资控制办公室。在决定冻结这些人的资产和资金后总统应在14天内将这些人的名字报告给国会,并附上制裁清单。一旦这些人的资产不符合制裁条件,总统有权解除制裁。该法案对伊朗进出口的制裁不包括农业产品、食物、药物和医疗器械,以及向伊朗人民提供人道主义援助的物品;不包括互联网的交流,如关于互联网个人信息交流的服务,以及有利于这种服务的相关软件、硬件和访问互联网的技术;不包括确保为美国生产的商用飞机飞行安全必需的物品、服务和技术,以及这种飞机上产自美国的零部件;不包括支持国际组织所需的物品、服务和技术,如支持国际原子能机构在伊朗工作、促进伊朗民主的非政府组织工作等所需的物品、服务和技术。此外总统确认出口的物品、服务和技术若符合美国的国家利益,也在不被禁止的范围内。

第二,对与伊朗交易的金融机构进行强制制裁。要求各国的金融机构特别关注与伊朗公司和金融机构之间的商业往来和交易,采取有效的反制措施来保护其金融机构防止来自伊朗的洗钱活动和资助"恐怖主义"活动;当伊朗的金融机构要求开设海外分支机构时要评估其洗钱和资助"恐怖主义"的风险。法案要求总统对伊朗中央银行进行制裁;对与伊朗进行交易并有利于伊朗发展大规模杀伤性武器或是资助"恐怖主义"的金融机构和个人进行制裁;对2009年6月12日后在伊朗国内滥用人权的责任人进行制裁,不管这些侵犯人权的行为是否发生在伊朗境内。法案提出,如果伊朗停止了非法暴力活动和对伊朗国内和平人士的滥用人权行为,并对暴力行为进行透明调查,建立独立司法并在人权上有所进步,美国可以考虑解除制裁。

第三,对伊朗伊斯兰革命卫队及其附属机构进行经济制裁。法案指出,伊朗伊斯兰革命卫队支持"恐怖主义"、发展大规模杀伤性武器,以及压制国内民众,因此敦促政府尽快查清楚哪些机构是伊朗伊斯兰革命卫队及其附属机构的代理机构和代理人,哪些个人、实体或是外国政府为他们提供物质支持和财政支持。美国应对这些个人和机构立即进行制裁,包括限制入境。该法案第113条是关于伊朗和真主党关系的条款。法案指出,考虑到真主党的"恐怖主义"活动及其对以色列、黎巴嫩、美国的国家安全利益产生的威胁，国会认为美国应当继续反对伊朗政府和其他外国政府对真主党的支持。根据《国际紧急经济权力法》，总统应对真主党及其附属机构，以及为其提供贸易、金融和服务的支持者进行全方位制裁。法案敦促国际社会将真主党列入"恐怖组织"，防止其继续活动。

第四，对促进伊朗进行非法金融活动和支持"恐怖主义"的金融活动进行打击。法案要求财政部恐怖主义和金融情报办公室、外资控制办公室及金融犯罪执行网络相互合作，确保国际金融体系不会被用作支持恐怖主义和发展大规模杀伤性武器。在第 13383 号行政令中，财政部曾指认伊朗的许多个人和银行、军队、能源和海运实体扩散大规模杀伤性武器，因此要阻止这些个人、实体及其支持者进行金融活动。财政部还列出了一系列伊朗政府控制和经营的保险、石油、石化工业的企业，要求美国人禁止与这些企业交易。而且财政部在 2011 财年向恐怖主义和金融情报办公室拨款 102613000 美元，2012 财年、2013 财年也将拨放相同数目经费，用于阻止伊朗进行非法金融活动和支持"恐怖主义"。财政部将分别于 2011 财年、2012 财年、2013 财年向金融犯罪执行网络拨款 100419000 美元，向贸易部工业安全局（The Bureau of Industry and Security of the Department of Commerce）逐年拨款 113000000 美元用于上述目的。

第五，要求美国联邦政府和地方政府不要利用政府资源与在伊朗有能源投资活动的公司合作。这些投资活动包括 2000 万美元及以上的投资，其中包括提供油轮、液化气罐，或是用来建设和维护运输石油和天然气的产品，也包括向个人借贷 2000 万美元及以上的金融机构，如果这笔资金有可能投资在伊朗能源领域。

第六，美国应在单边制裁的基础上加强与国际合作，对伊朗进行多边制裁，尤其要与美国的盟友合作，防止伊朗获取核武器。阻止通过第三国向伊朗转运相关受制裁的货物、技术和服务。该法案通过 180 天内国家情报部门应向总统、国防部、国务院、财政部等相关部门提交报告，确定转运的物品和技术等是否产自美国、是否有助于伊朗发展核武器和扩散大规模杀伤性武器、是否有助于发展弹道导弹及其他高级常规武器、是否用来支持"恐怖主义"，以及这些物品是否在联合国安理会禁止的名单上。第 303 条要求总统确定哪些国家帮助伊朗转运物资、这个国家出口控制能力的不足之处、是否愿意与美国合作阻止这些转运等。对此，为防止通过其他国家向伊朗转运违禁物资，美国政府应当积极发挥作用，通过政府间的合作来加强这些国家的出口控制体系，措施包括：通过美国政府各部门与它们的对等机构进行合作；通过机构合作，共享信息；帮助它们训练官员来加强出口控制体系；阻止"恐怖主义"及其支持国（包括伊朗）获取与核、生物、化学武器、国防工业等相关的技术。

此外，该法案还对违反制裁法的人处以刑事惩罚，如违反制裁决议将受到不超过 100 万美元的罚款，根据美国的《与敌国贸易法》，违反者还将被判处 20 年以内监禁。

根据该法案，法案通过后 90 天内，总统应向国会相关委员会提交有关伊朗能源部门投资情况的报告，内容包括评估伊朗的能源产量，列一个包括所有伊朗境内外与其企业有关重要的、已知能源相关合资企业、投资和合作伙伴的名单。报告评估这些合资企业、投资和合作关系的价值，以及它们在伊朗企业经营中的股份。这些报告每半年要更新一次。第 111 节规定，总统在该法令通过 90 天内就外国的出口信贷代理机构的任何活动和美国进出口银行的任何活动提交报告，还要及时更新。法案也规定了豁免条款，只要确认伊朗政府停止了相关活动，总统可以向国会提交报告来证明，该法案的相关条款就可以终止。

为了更好地执行对伊朗制裁，2011 年 11 月 20 日，美国颁布第 13590 号行政令，对向伊朗能源和石化部门进行商品、服务和技术等支持的个人和实体进行制裁。在该行政令颁布后仍向伊朗出售、租赁、提供产品、服务、技术，或者资助超过市场价值 100 万美元或者 12 个月内累计超过市场价值 500 万美元，导致伊朗在石油资源方面的开发能力得到提升，将受到制裁；或者是这些人在该行政令颁布后向伊朗石化产品的生产和发展出售、租赁、提供产品、服务、技术，或者资助超过市场价值 25 万美元或者 12 个月内累计超过市场价值 100 万美元，也将受到制裁。对于这些个人和实体，进出口银行董事会将不再向其发放与出口任何物品和服务相关的担保、保险、延长贷款的许可。财政部将不再向这些人出口商品和技术发放许可证。受制裁的这些人也不能再在美国政府机构工作。一旦这些个人和实体被确认要受到制裁，财政部和国务院将禁止美国金融机构向其提供 12 个月内超过 1000 万美元的贷款和存款服务，除一些缓解人道主义危机的行为外；严禁美国辖区内受制裁者的外汇交易；严禁金融机构参与任何与被制裁者有关的交易和支付；阻止美国直接或间接从受制裁者那里进口商品、技术和服务，甚至禁止从被制裁者那里获得资金。这里的"金融机构"指的是银行以及外国银行的分行和代理机构，也包括信用社、安保公司及其交易者、保险公司和其他提供金融服务的公司；"石油资源"指的是石油、天然气、液化气和提炼的石化产品。①

二 美国对伊朗人权问题的关注与制裁

伊斯兰革命后，伊朗建立了一个政治与宗教高度合一的伊斯兰政权，取代了世俗化、亲西方的前巴列维王朝。这个政权在政治体制和社会风俗上与美国大为不同，伊朗在革命后长期采取反美政策，更让美国对伊朗有诸多不满。对于伊朗政治体制，伊斯兰教法学家主政的政体与美国倡导的西方民主政治格格不入，伊朗对妇女戴头巾的要求也被认为是侵犯了女性的人权。尤其是宪法监护委员会对候选人资格的审查，美国认为在选举前的人事筛选是对伊朗改革派权利的侵犯。

2009年6月伊朗进行总统选举。13日，伊朗内政部宣布内贾德以62.6%的得票率在总统选举中获胜，改革派候选人前总理穆萨维得票率仅为33.8%，莫申·里扎伊为1.7%，卡鲁比为0.9%。穆萨维等败选方指责选举违规，其支持者随后上街抗议，选举争端演变为伊朗自伊斯兰革命以来最大的一场政治危机。在内政部公布计票结果前，穆萨维阵营自以为稳操胜券。12日深夜，投票刚刚结束，穆萨维已经迫不及待地召开新闻发布会，"根据我们这一方在投票站的初步统计"，"我知道自己已经赢得大选"。他同时向内政部施加压力，宣称"假如看到自己的政治意愿横遭践踏，人民将掀起大规模的抗议活动"。几个小时之后，内政部第一次公布初步计票结果，内贾德和穆萨维的支持者几乎同时出现在街头。越来越多的穆萨维支持者在得知选举失利的消息后，开始向德黑兰的主要街道和城市广场会聚。穆萨维的支持者大多是20~35岁的年轻人，这些出生在伊斯兰革命之后的一代人，正是血气方刚的年纪，他们推倒大街两侧的栅栏，打碎商店玻璃，捣毁国家银行的自助取款机。为防止更大规模的群众集会，德黑兰的手机通信被切断，一些城区的互联网也被掐断，支持穆萨维的网站被官方屏蔽；电视机的卫星频

---

① Executive Order 13590, "Authorizing the Imposition of Certain Sanctions with Respect to the Provision of Goods, Services, Technology, or Support for Iran's Energy and Petrochemical Sectors," November 20, 2011.

道一片雪花，伊朗六个电视频道只有新闻台还有节目，反复播放着内贾德获胜的消息，宣扬这次选举的成功和"人民的普遍参与"密不可分。而在大街上，近30年来最大规模的群众示威和骚乱仍在延续。有传闻说，政府准备劝阻专程赶来报道大选的外国记者"尽早离开这个国家"。伊朗当局将示威者定性为"恐怖"和"暴乱"分子，采取严打手段，逮捕了4000多人。15日，反对内贾德的示威者再一次和警察发生流血冲突。伊朗内政部随即承认，他们向"试图袭击某处军事据点"的示威群众开枪射击，导致7人死亡。穆萨维阵营则称大约有20名平民死在警察的枪口下。[①]

根据官方统计，内贾德在伊朗28个省中获得了多数，其中在16个省获得了2/3的选票，在克尔曼省获得了77.06%，在塞姆南省获得了77.01%，在赞詹省获得了75.86%，在哈马丹省获得了75.13%，在南呼罗珊省获得了74.64%。而穆萨维只是在锡斯坦-俾路支斯坦省获得了多数选票。据伊朗内政部统计，内贾德在德黑兰省获得了50.79%的选票，穆萨维则是44.82%。但根据穆萨维自己的说法，他在德黑兰省获得的选票达217万张，应当比内贾德多。6月14日，穆萨维公开宣称"我不会向这种暗箱操作屈服的"，"我已经向宪法监护委员会提出正式的请求，希望他们取消选举结果……我希望你们继续在全国范围内进行和平、合法的抗议"。卡鲁比也积极响应穆萨维取消选举结果的要求，他说，"我再次宣布选举结果不具有合法性和社会基础"，"我不承认艾哈迈迪-内贾德是共和国的总统"。[②] 17日，保守派候选人莫申也提出要内政部公布选举结果的详细情况。

6月19日，哈梅内伊公开表态要求停止集会反对重选，但仍未能平息抗议，穆萨维仍坚持重选并号召民众上街，还称已准备"殉教"。前议长卡鲁比也致信宪法监护委员会，要求重选。此后，拉夫桑贾尼曾要求召集专家会议调查大选的违规现象，7月17日又公开亮相，批评宪法监护委员会，呼吁当局释放在选举后的骚乱中被捕的抗议者，并要求取消对新闻媒体合法采访活动的限制等。哈塔米主张成立独立调查委员会，拉里贾尼则公开批评宪法监护委员会庇护内贾德，提出政府应为平民在示威中遭袭负责，并敦促宪法

---

① 俞天颖:《伊朗大选骚乱意味着什么》,《世界知识》2009年第13期,第28~30页。
② Stephen Jones, *The Islamic Republic of Iran: an Introduction*, House of Commons Library, 11 December, 2009, pp. 34 - 37, http://www.parliament.uk/commons/lib/research/rp2009/rp09 - 092.pdf.

监护委员会彻查选举弊端。

正值伊朗核问题僵持不下，新政府的组建在一定程度上决定着未来伊朗对待核问题的态度，因此伊朗大选也被国际社会广泛关注。美国总统奥巴马称，国际社会正关注伊朗和平抗议权利能否得到保护。美国众议院则以压倒性优势通过决议，谴责伊朗当局武力镇压示威者，支持伊朗民众"追求自由、人权和法治"。欧盟领导人也称"高度关切伊朗当局对抗议行为的反应，严厉谴责武力镇压抗议者"。美国之音和英国 BBC 等西方媒体则对骚乱进行广泛报道。据伊朗《德黑兰时报》6 月 22 日的报道，伊朗安全官员 20 日表示，他们已经确定和逮捕"人民圣战者组织"的大量成员，这些人参与并煽动伊朗首都德黑兰近期的暴乱，而这一切的幕后主使是西方的反伊朗势力。6 月 29 日，伊朗宪法监护委员会正式宣布选举合法，持续半个多月的选举争端告一段落。[①]

对于 2009 年伊朗总统大选引发的骚乱，美国批评伊朗政府滥用人权。2010 年 9 月 28 日，美国总统奥巴马发布第 13553 行政令《阻止伊朗政府滥用人权相关人员财产及其他相关行动》，该行政令列出了一个制裁清单，并禁止在美国或由美国人控制，或由美国海外机构控制的所有财产和权益与附件清单中的人进行转让、支付、出口、收回等交易，也不能与被认定为 2009 年 6 月 12 日后负责下令、控制和指挥滥用人权的伊朗政府官员或伊朗政府代表及其代理人进行上述活动，不能和参与或为滥用人权提供资金支持或提供技术支持的人进行交易。在这里"伊朗政府"指的是伊朗政府本身及其任何政府分支机构，或代表政府行事的个人。总统授权国务卿对相关个人进行签证制裁，国务卿在财政部的咨询下要及时提交和更新新的签证制裁列表和制裁的相关人员名单。附件的制裁名单中包括伊朗伊斯兰革命卫队总司令穆罕默德·阿里·贾法里、福利和社会保障部部长萨迪格·马苏里、司法部部长和前情报部部长库拉姆·侯赛因·莫赫森尼厄贾、前司法部部长赛义德·穆塔扎维、情报部部长海伊达·莫斯勒希、内政部部长和治安部队副总指挥穆斯塔法·穆罕默德·纳贾尔、国家警察局副局长艾哈迈德里扎·拉丹、伊斯兰革命卫队情报部副指挥官侯赛因·塔伊卜 8 人。[②]

[①] 蒋真：《后霍梅尼时代伊朗政治发展研究》，第 275 页。
[②] Executive Order 13553, "Blocking Property of Certain Persons with Respect to Serious Human Rights Abuses by the Government of Iran and Taking Certain Other Actions," September 28, 2010.

2010年底"阿拉伯之春"爆发后，中东地区的政治动荡不断向外蔓延，随着叙利亚危机的出现，伊朗对叙利亚的支持对美国的中东战略提出挑战。2011年4月29日，奥巴马颁布第13572号行政令，指责叙利亚政府以及相关个人和实体使用暴力参与镇压叙利亚国内人民，逮捕、羁押和拷问和平人士，认为这对美国的政治经济、外交和国家安全产生了威胁，因此要对相关个人和实体进行制裁。制裁的内容与第13553号行政令制裁伊朗政府滥用人权的内容相似，只是制裁对象变成了叙利亚。但制裁名单中有些个人和实体与伊朗相关。其中被制裁的个人包括叙利亚军队的第四装甲旅旅长马希尔·阿萨德、叙利亚情报总指挥部（Syrian General Intelligence Directorate）主任阿里·马穆鲁克、德拉省政治安全指挥部前首长阿提夫·纳吉卜，被制裁的实体包括叙利亚情报总指挥部、伊朗伊斯兰革命卫队下属的圣城旅（Qods Force）。[1]

2012年4月22日，美国颁布第13606号行政令，该行政令认为，伊朗和叙利亚政府在国内滥用人权，利用信息技术阻断通信、监视和跟踪本国人民，这严重威胁到美国的国家安全和外交政策。该行政令禁止伊朗和叙利亚政府通过信息技术严重侵犯人权的相关人员及其资产进入美国。美国认为，伊朗和叙利亚政府还在努力更新技术，加强对本国人民的控制。该行政令认为其颁布既是为了保护伊朗和叙利亚两国人民可以自由地与世界联系，又可以打击两国政府滥用人权。附件列出了一个制裁人员名单，美国将对这些人在美国的资产及其权益进行制裁，禁止他们进行交易、支付、出口等活动，防止这些人的活动推动伊朗和叙利亚两国国内人权滥用；防止这些人直接或间接出售、租赁与提供相关信息商品和技术来方便伊朗和叙利亚通过计算机进行屏蔽、跟踪、监视；防止这些人为伊朗和叙利亚获取这些科学技术提供物质支持。[2] 上述这些人将被禁止入境美国。在这里"信息和通信技术"指的是任何通过电子方法，如通过互联网进行的传输和展示等来完成信息处理和通信的硬件、软件及其他产品和服务。附件的制裁名单包括伊朗伊斯兰革命卫队、伊朗情报安全部、伊朗治安部队和达塔克电信公司。

---

[1] Executive Order 13572, "Blocking Property of Certain Persons with Respect to Human Rights Abuses in Syria," April 29, 2011.

[2] Executive Order 13606, "Blocking the Property and Suspending Entry into the United States of Certain Persons with Respect to Grave Human Rights Abuses by the Governments of Iran and Syria via Information Technology," April 22, 2012.

达塔克电信公司是伊朗最大的互联网提供商之一,成立于2001年,雇员超过300人。

事实上,自伊朗伊斯兰革命后美国政府和国会一直希望扶持伊朗的反政府势力,致力通过支持这些亲西方势力将所谓的西方民主政治制度移植到伊朗。美国历届政府和国会都试图通过"民主促进"计划和对伊朗侵犯人权行为的制裁来促进伊朗的政治演变。美国第109届国会通过了在伊朗促进民主的立法,即《伊朗自由支持法案》,为促进伊朗民主向一些反政府组织进行资金援助,一些资金甚至被用于培训伊朗人使用规避互联网审查制度。伊朗声称,这些资助的做法违反了1981年《阿尔及尔协定》,因为该协定解决了伊朗人质危机,并规定互不干涉内政。美国政府声称,公开资助伊朗民主活动家是为了改变伊朗政权的行为,而不是推翻政权。①

2006财年,美国政府大量拨款用于促进世界范围的"民主发展",其中500万美元用于针对伊朗民众的公共外交,另外500万美元用于促进文化交流,还有3610万美元用于美国之音电台和法尔达电台(Radio Farda)广播的相关宣传。2007财年,美国持续拨款655万美元用于推进伊朗和叙利亚的"民主",其中304万美元用于伊朗。2008财年财政拨款6000万美元,其中2160万美元用于"促进民主"计划,包括反对伊朗干涉其他国家的非暴力努力,2000万美元用于美国之音波斯语广播服务,810万美元用于法尔达电台广播,550万美元用于与伊朗的交流。2010财年用于促进近东区域"民主"的款项达4000万美元,其中包括用于促进伊朗人权、市民社会和公共外交。② 随后,美国政府几乎每年都会拨款用于促进伊朗的人权。

2012年8月,美国国会通过《减少伊朗威胁和叙利亚人权法》(Iran Threat Reduction and Syria Human Rights Act)③,全文共56页,除了第七部分是对叙利亚滥用人权进行制裁外,大多数内容是针对伊朗的制裁。在对伊朗的制裁条款中,该法要求加强对向伊朗提供能源相关服务、保险、航运等行为进行制裁,以及对尚未列入制裁范围但已进入制裁范围的金融中转机构进

---

① Kenneth Katzman: "Iran: Internal Politics and U. S. Policy and Options," *Congressional Research Service*, December 9, 2020, p. 35.

② Kenneth Katzman: "Iran: Internal Politics and U. S. Policy and Options," *Congressional Research Service*, December 9, 2020, p. 36.

③ "Iran Threat Reduction and Syria Human Rights Act of 2012," Public Law 112 – 158, August 10, 2012.

行制裁。法案关注伊朗国内外的电信、互联网和卫星等提供商，防止它们直接或间接地为伊朗政府侵犯人权提供服务。同时，法案关注伊朗国内外尚未列入制裁行列的金融机构，对伊朗的能源、国家安全、金融、电信行业进行及时和持续的评估，对伊朗现有制裁体系进行及时的评估和修正。该法案要求总统应禁止美国企业与伊朗人进行交易，不论该企业是否在美国境内。

该法还要求政府积极推进国际多边合作，与联合国和美国的盟国一起扩大对伊朗的制裁，例如禁止伊朗政府侵犯人权的官员入境，禁止参与核武器研发、参与支持哈马斯和真主党等组织的官员入境等；要求联合国成员国禁止伊朗的货船进入该国港口，禁止伊朗的货运航班着陆本国领土；要求美国的盟友参与制裁，限制伊朗出口石油和进口汽油；增加伊朗以外产油国的原油产量，帮助石油进口国减少对伊朗的依赖；减少伊朗出口石油获得的收益。该法案要求总统每隔180天就要向国会提供报告，汇报相关执行情况，确认还有哪些国家没有对伊朗进行制裁，并进一步提出建议。该法主要制裁条款包括以下六方面。

第一，制裁伊朗的能源机构，防止大规模杀伤性武器扩散。法案要求在《对伊朗制裁法》的基础上进一步加强对伊朗的制裁。美国国会认为，伊朗的能源机构是扩散的重要关切点，因为伊朗利用石油收益进行秘密核活动和发展弹道导弹技术，所以法案第211条要求制裁被怀疑参与核扩散和支持"恐怖主义"的伊朗航运业。一旦总统发现任何人在该法令颁布后仍然出售、租赁和提供船只给伊朗，或向来自伊朗或运送到伊朗的货物和船只提供保险服务，美国将对其进行制裁，因为这些活动会增加伊朗大规模杀伤性武器的扩散和支持恐怖主义的风险。法案还明确指出对向伊朗国家石油公司和伊朗国家油轮公司提供保险的人进行制裁，但对农产品、医疗和人道主义援助的物品和服务提供保险除外。该法案公布后禁止购买伊朗国债。

第二，对相关金融机构进行强制制裁。对伊朗中央银行和规避制裁者进行进一步制裁；对为伊朗获取生物、化学和核武器等相关技术，以及发展弹道导弹技术、巡洋舰等提供资助的金融机构进行制裁；对向伊斯兰革命卫队和"支持恐怖"主义机构提供财政支持的金融机构进行制裁。美国要求欧盟参加对为伊朗提供金融支持的机构进行制裁，包括不再向伊朗金融机构提供信息服务。该法案通过后60天内财政部应向国会提交报告，内容包括直接向伊朗提供金融信息服务的人员名单，并对这种活动进行评估，之后每90天向国会报告一次。

第三，对伊朗相关政府高官及其家属进行移民限制。法案提出，总统应在该法案通过180天后向国会提交参与伊朗秘密核活动、大规模杀伤性武器扩散、大规模杀伤性武器运载系统、支持"恐怖主义"、侵犯人权的政府高官及其家属名单。被制裁的政府高官包括伊朗最高领袖、总统、内阁成员、专家委员会成员、伊朗情报部高级官员、伊斯兰革命卫队（包括巴斯基组织）的高级官员。美国将对这些政府高官及其家属进行移民限制。但如果美国总统认为取消制裁对美国的国家利益很重要，这些制裁也可以被取消。

第四，对伊朗伊斯兰革命卫队进行制裁。根据法案规定，总统应在该法案通过60天内确认哪些人是尚未受到制裁的伊斯兰革命卫队的军官及其代理人，或隶属于伊斯兰革命卫队的人。而且要确定优先调查从事敏感交易的人群，这些敏感交易（sensitive transaction）包括：（1）累计在12个月内超过100万美元的金融交易；（2）帮助伊朗制造、进出口和转运有利于伊朗发展核武器、生化武器、高级常规武器包括弹道导弹等的交易；（3）帮助伊朗制造、获取和出售与伊朗能源部门相关的商品、服务和技术的交易，其中包括伊朗出口石油、进口汽油和发展伊朗炼油能力；（4）与伊朗石化部门相关的商品、服务和技术交易；（5）2010年《全面制裁伊朗、问责和撤资法》所界定的敏感技术交易。相关人员将被拒发签证，不得入境美国。法案同时要求制裁支持伊朗伊斯兰革命卫队和其他受指控的个人，以及与其进行交易的人。该法案通过后90天内，总统应确认受制裁的人并向国会提交报告，确认这些人是否向伊斯兰革命卫队及其附属机构提供物质支持，是否提供商品、服务和技术支持；这些人是否违反美国之前通过的法案与伊斯兰革命卫队及其代理人进行重大交易。

第五，对违反美国的制裁法案、被认为向伊朗受制裁的个人和实体提供物质支持、技术支持和服务的外国政府及其代理机构进行制裁。一旦被确认，美国将停止向这些国家及其代理机构提供出口服务、经济援助及其他支持，以防止直接或间接增强伊朗与它们的交易，但人道主义援助除外。根据1961年《对外援助法》和《武器出口控制法》，出于维护国家安全，美国不向这些国家出口国防武器及相关国防服务。美国将反对国际金融机构向这些国家提供经济援助；美国国内的任何部门不再向这些国家提供经济援助，但药物、医疗器械、人道主义援助以及用来支持购买食品和其他农产品的经济援助除外。

第六，对伊朗国内人权滥用的相关负责人和重要参与者进行制裁。该法案认为伊朗最高领袖、总统、情报部高级官员、伊斯兰革命卫队（包括巴斯基组织）的高级官员、国防部、内政部、司法部、电信部的高级官员等应当为2009年6月21日伊朗总统选举以后的人权滥用情况负责。根据2010年美国国会通过的全面制裁法案，这些人应当受到制裁。法案通过后180天内，国务卿应向国会提交一个详细的报告，报告上述人员中的哪些人参与了2009年6月后的人权滥用。不管这些人权问题是否发生在伊朗境内，那些没有卷入其中的人要解释他们为什么没有卷入。第402条重申了2010年《全国制裁伊朗、问责和撤资法》中的内容，要求禁止将可能导致伊朗滥用人权的相关物品和技术出口到伊朗。

法案还要求对伊朗"政治犯"进行甄别，向伊朗的不同政见者提供政治庇护，给予美国难民身份。考虑到国家安全，政府也可以酌情将这些不同政见者安置到其他国家。法案要求美国政府应公开呼吁伊朗政府释放这些"持不同政见者"或"政治犯"。与此同时，对于任何接受有关核技术和核机械高等教育的伊朗公民，美国将拒绝发放签证，国土安全局应将其驱逐出境。

三 欧盟加入美国制裁以及伊朗的反制裁

2010年联合国第1929号决议通过后，对伊朗的多边制裁并没有产生美国预期的效果，因为决议没有对伊朗的能源领域进行制裁。能源领域是伊朗的经济命脉，不对该领域进行制裁就不能对伊朗产生实质性影响。因此美国自从对伊朗进行制裁以来，一直对伊朗的石油出口进行制裁，但仅靠美国的单边制裁及其域外制裁条款，其效果并不理想。

2011年12月31日，美国颁布《2012财年国防授权法》，进一步加强对伊朗中央银行和能源领域的制裁。美国再次强调，伊朗中央银行为躲避制裁洗钱，支持"恐怖主义"，对美国的金融系统和政府形成威胁，因此决定对伊朗金融机构进行制裁。2011年11月22日，美国财政部副部长戴维·科恩指出，"整个伊朗的银行系统包括伊朗中央银行，因为为恐怖主义者提供金融支持，为核扩散提供资助，并且洗钱，给整个世界金融系统造成威胁"。[①]法案要求总统应阻止伊朗在美国国内银行系统的所有资金及其交易，对伊朗

---

① "National Defense Authorization Act for Fiscal Year 2012," Public Law 112–81, December 31, 2011.

中央银行及其他相关银行进行制裁，食品、药物和医疗器械的交易除外，并对向伊朗进行石油和石油产品交易提供金融支持的外国银行甚至外国的中央银行进行制裁。该法案通过后，能源信息部门应在向财政部、国家情报部门、国务院进行咨询后 60 天内报告伊朗以外国家石油和石油产品的价格及市场供应情况，以后每 60 天报告一次。该法案通过后 90 天内，根据以上报告分析除伊朗以外的国家石油和石油产品供应价格以及是否充足情况，从而决定是否从伊朗购买石油以及购买数量，以后每 180 天报告一次。如果根据以上分析除伊朗外产油国的石油和石油产品供应充足，一些外国金融机构在法令通过 180 天后仍然与伊朗进行交易，将受到制裁。法案还提出了多边外交倡议（Multilateral Diplomacy Initiative），要求从伊朗购买石油的国家禁止伊朗购买军事和商业用途的技术、大规模杀伤性武器相关的商品和技术，鼓励伊朗以外的产油国增加产量，稳定石油市场和价格，保证充足的供应量，防止伊朗通过石油出口获利来购买大规模杀伤性武器的相关物品和技术。

美国一直在努力让其欧洲盟友加入对伊朗能源领域的制裁。在美国的压力下，2010 年 7 月 26 日，在联合国安理会通过第 1929 号制裁决议后不久，欧盟对伊朗展开了第一轮制裁，禁止欧盟投资伊朗石油和天然气领域，禁止欧盟成员国向伊朗油气开采和生产领域出口"主要"设备、技术和提供金融支持；禁止成员国政府与伊朗之间进行贸易；禁止伊朗银行在欧盟成员国开设新的支行。2012 年 1 月 23 日，在美国颁布《2012 财年国防授权法》后，欧盟加入了对伊朗中央银行和能源领域的制裁，禁止欧盟成员国进口、购买和运输伊朗石油和石化产品；禁止向伊朗的石化部门出口关键技术和设备；冻结伊朗中央银行在欧盟的资产；禁止与伊朗政府从事黄金、钻石和其他贵金属的贸易。10 月 15 日，欧盟对伊朗进行第三轮制裁，主要内容是禁止进口和运输天然气，但此次制裁被认为是象征性的，因为欧盟从伊朗进口的天然气并不多。此外，制裁还包括欧盟成员国禁止向伊朗出口海军设备和造船技术；禁止个人向伊朗提供金融支持。欧盟还将伊朗的部分企业和个人纳入制裁对象，采取冻结资产和禁止入境等措施。截至 12 月，伊朗受到制裁的实体达到 490 个，个人达到 150 人。

为了进一步加强对伊朗的制裁，2012 年美国再次颁布制裁伊朗的系列行政令。2 月 5 日，美国通过第 13599 号行政令，认为伊朗中央银行和其他银行存在欺诈行为，仍然在洗钱，与受制裁银行交易等，严重威胁到世界金融体系，因此对伊朗政府、伊朗银行和相关个人进行制裁。伊朗政府在美国或委托美国人控制的所有资产及其权益将受到制裁，包括其海外分支机构，严禁其交易、支付、出口、撤离等。① 5 月 1 日，美国颁布第 13608 号行政令，对在伊朗和叙利亚制裁问题上的外国规避者进行制裁，禁止相关交易和禁止相关人员入境美国。外国人一旦违反了与《国际紧急经济权力法》相关的总统行政令，美国将对其进行制裁。如果这些人的行为与制裁伊朗和叙利亚人权滥用相关，或这些人的行为有利于受美国制裁的人进行欺诈交易，或者代替其行事，也将受到制裁。禁止直接或间接涉及制裁的任何外国人与美国之间的所有交易，包括进出口、出售、销售、运输任何的商品和技术，这些人还被禁止入境美国。② 7 月 30 日，美国通过第 13622 号行政令，实施对伊朗的相关制裁，该行政令认为，伊朗政府利用石油和石化产品的收入继续进行秘密行动，违反国际制裁，给国际金融体系带来风险，因此决定进行进一步制裁。对于一些向伊朗国家石油公司和伊朗纳夫提兰国贸公司（Naftiran Intertrade Company）提供支持的外国金融机构，美国决定对其进行制裁。③

2013 年 1 月 2 日，美国国会通过《2013 财年国防授权法》，该法的第四部分就是著名的 2012 年《伊朗自由和防扩散法》（Iran Freedom and Counter - Proliferation Act）。该法提出，美国政府"应当削弱伊朗政府暴力镇压本国人民、对本国亲民主人士和反政府人士进行暴力迫害的能力；完全、公开支持伊朗人民寻求自由选举、建立民主政府的努力；帮助伊朗人民通过网络和其他媒体自由制造、接触、分享信息；挫败伊朗政府限制国际卫星广播信号的努力"。④ 为此，该法要求对伊朗的能源、航运和造船业进行制裁。美国认为，伊朗国家油轮公司是伊朗伊斯兰革命卫队和伊朗国家石油公司在石油供应链中的主要载体，它们把能源收益用来支持伊朗政府的秘密核扩散。经营伊朗港口的实体和伊朗能源、航运和造船部门的实体包括伊朗国家石油公司、伊朗国家油轮公司、伊朗伊斯兰海运公司及其附属机构，它们在伊朗的核扩散中扮演重要角色。因此这些实体售卖、转运和交易货物的行为应当受到制裁。此外，美国还将与伊朗在能源、航运和造船业、弹道导弹、核武器相关

---

① Executive Order 13599, "Blocking Property of the Government of Iran and Iranian Financial Institutions," February 5, 2012.
② Executive Order 13608, "Prohibiting Certain Transactions with and Suspending Entry into the United States of Foreign Sanctions Evaders with Respect to Iran and Syria," May 1, 2012.
③ Executive Order 13622, "Authorizing Additional Sanctions with Respect to Iran," July 30, 2012.
④ "Iran Freedom and Counter - Proliferation Act of 2012," Public Law 112 - 239, January 2, 2013.

的稀有金属的交易也纳入制裁行列。有些材料的买卖也会受到制裁,如与伊朗能源、海运和造船行业相关的材料,直接或间接地被伊斯兰革命卫队控制的被制裁的材料,与伊朗的核、军事和弹道导弹项目相关的材料等。

法案第 1426 条规定,任何向受到制裁的活动提供保险和秘密服务的行为将受到制裁;参与伊朗受制裁的能源海运和造船部门活动的相关个人和实体将受到制裁;对参与伊朗大规模杀伤性武器及其运载系统扩散的任何个人和实体进行制裁;对与伊朗支持恐怖主义活动有关的任何个人和实体进行制裁。第 1247 条规定,对相关外国金融机构进行制裁。对在该法案通过 180 天后仍然帮助伊朗通过建立代理账户进行支付的在美外国金融机构进行制裁。根据《2012 财年国防授权法》第 1245 条的规定,制裁也适用于购买伊朗石油和其他石油产品的金融机构,前提是其他产油国石油丰富和价格合理,这些原来从伊朗进口的金融机构完全可以不必购买伊朗石油。第 1248 条对伊朗广播公司进行制裁,因为美国认为其帮助伊朗政府侵犯人权。2012 年 3 月,欧盟曾对伊朗广播公司主席艾扎图拉·扎尔戈米进行制裁,原因在于 2009 年和 2011 年伊朗广播公司播放了被逮捕者遭强迫写的"自白书"和一系列的"公审"。该法案还对伊朗广播公司及其主席进行制裁,禁止其个人和资产入境美国。

面对美国越来越严厉的制裁,反制裁成为伊朗外交政策不可或缺的一部分。伊朗利用反美情绪和发展抵抗型经济作为维护国内统一和政治经济稳定的重要策略,引发"团结在旗帜下"效应,增强民族凝聚力。随着对恐怖主义问题制裁力度的加大,伊朗统治阶层将对抗制裁和来自美国的压力转变为爱国主义行为,以及维护国内凝聚力的有效途径。最高领袖和其他高级官员不止一次地声称,制裁使伊朗更加强大,更加自给自足和独立。哈梅内伊表示:"制裁不会对我们造成打击。他们是今天才制裁我们吗?我们在制裁下获得了核能,在制裁下取得了科学进步,在制裁下实现了国家的全面重建。"[①] 伊朗在西方制裁下的生存和发展被认为是伊斯兰政权对抗西方"全球性傲慢"的胜利。正如艾哈迈迪-内贾德所说:"我们欢迎新的制裁。"

---

① Oliver Borszik, "International Sanctions Against Iran Under President Ahmadinejad: Explaining Regime Persistence," *GIGA Working Papers*, November 2014, https://www.giga-hamburg.de/en/system/files/publications/wp260_borszik.pdf.

自 1981 年伊朗和美国断交以来，美国对伊朗采取了遏制和孤立的政策，伊朗一直在谋求独立的经济发展道路。面对美国对伊朗不断深化的经济制裁，伊朗经济越来越具有封闭性。伊朗最高领袖哈梅内伊表示，伊朗拥有较好的基础设施，完全可以建设抵抗型经济，抵御外部制裁及经济冲击带来的不利影响，最终建立一个具有伊斯兰特色的经济体系。2014 年 2 月，哈梅内伊在与确定国家利益委员会、议会及政府高层充分协商的基础上，发布了建设抵抗型经济的 24 条政策纲领，号召官方和民间机构积极落实，最终实现伊朗经济的独立，粉碎"敌人"的经济封锁。

与此同时，伊朗还通过积极参与地区和国际事务来扩大其安全空间。为摆脱西方的包围，伊朗作为创始国之一与巴基斯坦和土耳其建立了经济合作组织，以促进该地区的经济、技术和文化合作。伊朗还大力发展与里海周边国家关系，主张该地区的国家应在不受外国干涉的情况下处理自己的事务。作为不结盟运动的成员，伊朗利用其成员国资格经常就国际事务发表意见。2012 年 8 月，不结盟运动第 16 次首脑会议在德黑兰举行，来自 120 个国家的领导人出席了首脑会议，伊朗在会上试图起草一项旨在解决叙利亚危机的新和平决议。

小　结

伊朗核问题是目前美国和伊朗之间一个最为突出的问题，其中包含了美伊关系中的很多重要因素。伊朗核问题反映的是美国和伊朗之间的宿怨。在谈到伊朗核问题时，美国前总统国家安全事务助理赖斯曾指出，"美国在其他国家从未遇到过像伊朗这样巨大的挑战，其政策指向是要建立一个我们完全不愿看到的中东"。[1] 面对多年来美国的制裁和孤立，伊朗核政策的目的不仅是要试图突破这种安全困境，更是要美国承认伊朗有权拥有一切现代技术，其中包括核技术。伊朗的强硬立场在一定程度上是与美国进行的博弈，谁都不会轻易让步，双方都害怕自己的让步会让对方得寸进尺，各不相让的后果就是冲突的延续。但在博弈中，"冲突的焦点往往不是当时发生的事件

---

[1] Jahangir Amuzegar, "Nuclear Iran: Perils and Prospects," *Middle East Policy*, Vol. XIII, No. 2, Summer 2006, p. 91.

本身，而是各方对一个参与者未来行为方式的预期"。① 其一，伊朗核问题反映的是无核国与有核国之间的矛盾。伊朗的核计划一方面对国际核不扩散体制提出挑战，另一方面也是对当前核不扩散体制弊病的不满。其二，进一步来看，伊朗核问题是国际政治中大国战略的牺牲品，是美国等西方国家双重标准的产物。伊朗核问题之所以成为问题在一定程度上是因为西方国家对伊朗核意图的担忧和不信任。相比之下，印度和以色列的核计划则没有成为问题。其三，从深层次上讲，伊朗核问题在本质上仍是美国与伊朗关系问题，是有关伊朗的安全困境和美国的中东战略问题，但涉及面远超过两国关系，是中东政治格局中牵一发而动全身的问题。它不仅包括伊朗国内政权的合法性及其外交诉求，还包括伊朗与美国主导下的中东各国关系问题，涉及教派斗争、边界纠纷、领土争端、海湾安全等，也是多极格局下域外大国博弈的角斗场。伊朗核问题的出现给政治家和学者们提出了一系列的挑战。例如如何在冲突不断的中东地区和敏感的海湾地区与一个拥有核技术而又试图复兴波斯帝国荣耀的国家打交道；如何在伊朗核研发的坚定斗志的压力和刺激下，避免在一个富裕产油国云集的区域展开军备竞赛；伊朗在美国中东战略中的地位是否会发生质的改变；一旦美伊关系出现和解，中东地区的政治格局将会出现何种新变化；等等。

---

① 〔美〕罗伯特·杰维斯：《国际政治中的知觉与错误知觉》，秦亚青译，世界知识出版社，2003，第99页。

第八章
伊核协议的签订：解除制裁的尝试

2013年6月，温和派的哈桑·鲁哈尼以50.7%的得票率当选伊朗第11届总统，上台伊始，他一改前任内贾德在核问题上的激进立场，主张通过外交手段解决争端，提出与西方对话，从而为伊朗核问题的解决提供了良好氛围。随着伊朗国内政治环境的改变，美国在伊朗核问题上的立场也出现变化，有关伊朗核问题的国际谈判开始紧锣密鼓地展开。2015年，在国际社会的共同努力下，解决伊朗核问题的《联合全面行动计划》（也称"伊核协议"）最终达成，伊朗以限制铀浓缩换取部分制裁的取消。该协议是国际多边谈判的一个重要成果，也是国际多边协议的一个典范。但伊核协议本身存在机制缺陷，即一方认为对方违反了核协议就可以退出，而一旦一方退出核协议，另一方将认为对方违反协议进而也可以作为退出核协议的依据，这种恶性循环容易让履行核协议陷入僵局，即便是重新谈判任何一方也都不愿意第一个让步。而且美国在导弹问题、反恐问题、人权问题等方面对伊朗实施的单边制裁仍然有效。因此美国和伊朗虽然签署了伊核协议，在实际上仍不能完全解决伊朗核问题，因为两国之间的信任并不能通过签署核协议来建立。

第一节 伊核协议的谈判

鲁哈尼上台后承诺将组建一个"充满智慧和希望"的政府，对内稳步推进政治变革，营造一个宽容的社会氛围，对外积极改善与美欧和周边国家的紧张关系。对于伊朗核问题，鲁哈尼表示，核武器和其他大规模杀伤性武器在伊朗的安全和国防理论中没有位置，因为它违背伊朗最根本的宗教和道德信念。对于鲁哈尼的当选，国际社会也普遍表示欢迎。美国白宫发表声明称，美国愿意直接同伊朗进行接触。德国外长韦斯特韦勒表示，鲁哈尼的当选体现了伊朗民众对改革和建设性外交政策的支持。法国外长法比尤斯提出，鲁哈尼上台后国际社会对伊朗解决核问题以及参与调解叙利亚危机充满了期待。

一 鲁哈尼上台后的伊朗核政策

鲁哈尼上台时，正值伊朗面临联合国制裁以及美国单边制裁，恶劣的外围环境使伊朗民众的不满情绪越来越强烈，街头抗议活动不断。随着美欧对伊朗实施新一轮制裁，制裁范围扩大到金融和石油领域。伊朗石油从2011年日产原油435.8万桶降到了2012年的日产原油368万桶，降幅达15.6%，平均每天减少67.8万桶，伊朗石油生产量降至20年来的最低水平。由于石油出口大幅下降，伊朗贸易平衡从2011年的顺差356亿美元下降到2012年的逆差700万美元，经常项目也从盈余263.6亿美元变成了87.8亿美元的赤字。[①] 伊朗国内大量中小企业被迫停工、停产，失业率增高，大规模的社会骚乱正在酝酿，伊朗伊斯兰政权的合法性再次受到考验。

鲁哈尼自称既不属于保守派也不属于改革派，而是居于两者之间的"中间派"，他提出"振兴经济、与世界互动"的口号，在核问题上主张与国际社会进行有效接触，得到了伊朗国内外的支持。与前任内贾德不同，鲁哈尼从开始出现在伊朗政坛时，就以温和的姿态示人。早在1993年，他就被形容为"德黑兰政治集团中最有影响力的人物之一"。尤其是在2003~2005年任伊朗首席核谈判代表时，他积极与西方谈判解决伊朗核问题，曾与英、法、德三国代表达成多项核协议。因此主张通过谈判解决伊朗核问题成为鲁哈尼政府的首要内容。

总的来看，鲁哈尼政府的核政策主要包括以下几点。

第一，支持核裁军，主张中东地区无核化。

在核不扩散问题上，伊朗一贯支持核裁军，认为核武器对国际安全产生了重要影响，主张世界无核化，尤其是在中东地区。2010年4月17日，国

---

① 蒋真、丁晓庆：《鲁哈尼执政初期的伊朗核政策探析》，《国际论坛》2016年第2期，第59页。

际核裁军会议在伊朗首都德黑兰举行，60多个国家和国际组织的官员和专家学者出席会议，会议主题为"没有大规模毁灭性武器的全球安全：核能为大家，禁止核武器"。2013年9月26日，鲁哈尼上任后不久代表不结盟运动出席联合国大会核裁军高级会议。他在会上指出，只要核武器还存在，使用和威胁使用核武器及其扩散的风险就存在，最终的安全保障是全面消除核武器。因此，他呼吁会议制定一项公约，全面禁止核武器。在会上，鲁哈尼以广岛和长崎原子弹爆炸带来的后果为例指出，国际社会应当有决心防止这种死亡与毁灭再度发生，这也是联合国大会在历史上通过的第一个决议即呼吁消除核武器的原因所在。尽管国际社会随后的一系列条约、规范和论坛力图消灭核武器，但现在数以千计的核武器仍然对世界和平构成巨大威胁。鲁哈尼表示，不结盟运动为促进核裁军进程提出了一个三点路线图：一是裁军谈判会议尽早开始谈判制定一项全面公约，禁止核武器的拥有、生产、发展、获得、试验、库存、转让、使用或威胁使用，并且彻底消除核武器；二是呼吁联合国大会将每年的9月26日设为国际日，重申彻底消除核武器的决心；三是在五年内召开一个核裁军高级别国际会议，审议这方面的进展。鲁哈尼指出："采取步骤不让核武器瞄准哪个国家、降低核警戒或者减少核武器的数量，都不能替代彻底消除核武器。世界核裁军已经等得太久了。无限期地拥有核武器不能得到容忍，全面消除核武器也不能再拖延了。有核武器国家有责任进行核裁军，我强烈敦促他们履行早就应当履行的义务。"[1] 在主张无核化的同时，鲁哈尼政府也将目标指向了以色列。针对以色列的核模糊政策，鲁哈尼提出，中东建立无核武器区的努力已经进行了40多年，但以色列仍然没有加入《不扩散核武器条约》。鲁哈尼提出，不结盟运动中的《不扩散核武器条约》缔约国应敦促尽快召集国际会议，讨论如何将中东建成一个无核武器和无其他大规模杀伤性武器的区域。

第二，坚持伊朗核计划的合法性，维护和平利用核能的权利。

鲁哈尼认为，伊朗发展核计划是在国际法和核不扩散条约框架下的合法活动，因此坚决维护伊朗拥有和平利用核能的权利。他提出，伊朗发展核计划的目的主要是进行医学治疗和补充本国所需的能源，伊朗并没有想要发展

---

[1] "Statement of President Hassan Rouhani at High Level Meeting of the General Assembly on Nuclear Disarmament," New York, September 26, 2013.

核武器,"伊朗的核项目完全是出于和平目的……伊朗国家安全学说中不存在核武器,伊朗没有隐藏什么"①。针对国际社会因核问题对伊朗实施的制裁,鲁哈尼认为是不应当的,"伊朗没有做应受制裁的事情,它做的事情都在国际框架内"②。在 2013 年 9 月联合国大会的记者会上,鲁哈尼表示如果西方承认伊朗的核权利,那么在解决伊朗核问题方面就不存在任何障碍,一旦签署相关协议,伊朗与美国就会实现关系正常化。鲁哈尼在维护伊朗核权利方面的政治主张与其政治履历有关。2003 年,当鲁哈尼还是伊朗首席核谈判代表时,他曾说服哈梅内伊同意暂停铀浓缩。但在 2005 年初,由于西方国家不承认伊朗有铀浓缩的权利,伊朗与国际社会的谈判陷入僵局。鲁哈尼认为西方无视伊朗的退让,伊朗没有得到任何好处,哈梅内伊和伊斯兰革命卫队也对其提出批评,在此之后伊朗很快又恢复了铀浓缩。因此,有观察家认为如果鲁哈尼上任后放弃核权利,将严重削弱其总统地位。与此同时,在伊朗国内,维护伊朗拥有和平利用核能的权利已达成了一致。哈梅内伊曾在德黑兰主麻聚礼演讲中指出,"伊朗核问题是伊朗全民族和超越派别利益的国家核心问题","伊朗伊斯兰共和国认为,在伊朗人民所要求的核计划问题上退缩将破坏国家独立,令伊朗民族付出巨大代价"。③ 法国《世界报》记者塞尔日·米歇尔曾对伊朗伊斯兰议会议长阿里·拉里贾尼做过一次采访,在采访中拉里贾尼表示,哈梅内伊和鲁哈尼在伊朗和平利用核能上态度一致,而且不仅是最高领袖和总统,整个国家的政府机构都是一致的。事实上,坚持发展和平利用核能的技术已成为伊朗民族独立和民族自强的一种象征。哈梅内伊曾指出:"我们希望能生产供应自己核工厂的燃料,他们(西方国家)说不用你们自己生产,来我们这购买吧!这意味着什么?这意味着我们仍然处于依附状态,一旦他们不给我们供应核燃料了,如果他们附加上条件,我们的国家和民族只能被迫举手赞成,毫无选择。"④ 此外,自 1979 年伊斯兰

---

① Steven Ditto, *Reading Rouhani: The Promise and Peril of Iran's New President*, The Washington Institute for Near East Policy, 2013, p. 1.
② Saeed Kamali Dehghan, "Iranian President-elect Rouhani Promises Better Relations with West," *The Guardian*, June 17, 2013, http://www.theguardian.com/world/2013/jun/17/iran-hassan-rouhani-promises-moderation.
③ Jahangir Amuzegar, "Nuclear Iran and Prospects," *Middle East Policy*, Vol. 13, No. 2, Summer 2006, p. 100.
④ 蒋真:《伊朗核强硬政策的逻辑分析》,《西亚非洲》2010 年第 10 期,第 9 页。

革命以来，伊朗一直遭受西方的孤立和制裁，尽管如此伊朗仍然坚持发展独立的核技术，如若谈判的最终结果是伊朗完全放弃核权利，伊朗的领导层将很难向本国人民解释投入其中的大量人力和财力，以及遭受多年制裁和孤立的意义何在。

第三，主张核谈判，但底线是维护伊朗伊斯兰体制。

关于伊朗核问题，鲁哈尼政府主张与国际社会尤其是美国积极谈判，以政治和外交方式解决。鲁哈尼在担任总统前，曾对伊朗一家通讯社说："西方要对我们为和平目的进行的核活动有信心，我们要想拥有发展核能的权利，克服制裁造成的影响，顺利通过敌人给我们设置的艰难道路，只有一个办法，那就是谈判。"① 在竞选总统时，鲁哈尼说道："为推动伊朗核问题的解决，我们需要达成民族共识，并与世界其他国家在相互理解的基础上恢复友好关系，这只有通过对话才能实现。"② 关于伊朗核计划，鲁哈尼指出他的政府将通过循序渐进的措施来恢复"互信"，以消除国际社会对伊朗野心的忧虑。他说："我们愿意展现出更大的透明度，表明伊朗伊斯兰共和国的行动完全在国际框架之内。"③ 鲁哈尼当选伊朗总统后，组建了一支精英外交团队，由熟悉核事务、与美国人打过多次交道的穆罕默德·贾瓦德·扎里夫担任外交部部长。最具象征意义的是，鲁哈尼政府把一直由伊朗最高国家安全委员会秘书领导的伊朗核问题谈判交到了外交部手中。除此之外，鲁哈尼政府还频频向国际社会释放出温和信号，以缓和与国际社会的紧张关系，从而为核谈判营造良好的氛围。鲁哈尼还释放了若干"政治犯"，包括此前被扣押的美国人质阿米尔·希克马提和赛义德·阿贝迪尼，以证明希望谈判的决心。

但伊朗参与核谈判的动因仍是维护伊朗伊斯兰体制。正如伊朗宪法第3条所述，"国家的外交政策需限定在伊斯兰的标准基础之上"。伊朗外交部部长扎里夫明确表示，"不会改变由宪法和领袖霍梅尼确定的伊斯兰共和国外交政策的原则"。鲁哈尼作为伊斯兰体制内的政治家，维护伊斯兰共和国的

---

① Jason Rezaian and Joby Warrick, "Prospects for Nuclear Talks with Iran Dim," *The Washington Post*, January 16, 2013.

② Steven Ditto, *Reading Rouhani: The Promise and Peril of Iran's New President*, p. 69.

③ Saeed Kamali Dehghan, "Iranian President-elect Rouhani Promises Better Relations with West," *The Guardian*, June 17, 2013, http://www.theguardian.com/world/2013/jun/17/iran-hassan-rouhani-promises-moderation.

根本原则是其义不容辞的职责。他曾说，"在伊斯兰社会里，伊斯兰体制的重要性超过一切，维护这种体制是一种宗教义务"。① 同样，鲁哈尼在2003年的一篇文章里，把"政治、文化和经济"视作"维护和发展伊斯兰体制的关键要素，把伊斯兰体制视作伊美关系的'基本原则'"。② 因此，有观察家评价鲁哈尼与国际社会的互动有两个前提条件：（1）"建设性的"，即与国际社会的互动须有利于伊斯兰体制；（2）"被尊重的"，即双边关系必须以相互尊重和互不干涉为基础。③ 因此，伊朗与国际社会在核问题上的谈判，一旦触犯了伊朗外交政策的根本原则，就很难进行下去。因为伊朗外交政策的制定需考虑多种因素，其中包括1979年伊斯兰革命所宣扬的意识形态，还有伊朗当前现实的国家利益，值得注意的是，尽管中短期利益依据的是伊朗国家利益，但长期利益仍在宗教原则之内。因此有学者认为鲁哈尼政府的核政策不会发生根本性的变化，伊朗不会完全放弃核权利，鲁哈尼政府对外交政策的调整，只是方法和策略上的变化，不会改变伊朗伊斯兰共和国外交政策和战略的根本原则。④

第四，改善与大国及周边国家关系，寻求核问题的回旋空间。

鲁哈尼上台后表示，伊朗有能力以"相互尊重"为基础，与世界各国发展关系，在全球和本地区实现"和平、安全与进步"。上台伊始，鲁哈尼积极与大国互动，缓解与周边国家关系，力图改善伊朗的国际形象，并为伊朗核问题拓展更多的空间。2013年8月中旬，鲁哈尼与美国总统奥巴马互通书信，9月在联合国大会上，鲁哈尼表示期望就核问题与有关国家达成一致。9月27日，鲁哈尼与美国进行了历史性的电话会谈，这是美伊总统34年来首次进行直接对话。此外，伊朗与俄罗斯之间的政治互动也引人注目。鲁哈尼在当选总统后曾表示，他认为改善与俄罗斯的关系非常重要。2013年9月13日，上海合作组织峰会在吉尔吉斯斯坦举行，在此期间鲁哈尼与普京进行了会晤，普京对伊朗拥有和平利用核能的权利给予了肯定。中国对鲁哈尼的当选表示祝贺，并表示愿推动中伊各领域友好合作继续健康、稳定发展。鲁哈尼政府也指出，促进与中国在各领域的关系是伊朗伊斯兰共和国政府的首

---

① Steven Ditto, *Reading Rouhani: The Promise and Peril of Iran's New President*, p. 2.
② Steven Ditto, *Reading Rouhani: The Promise and Peril of Iran's New President*, p. 2.
③ Steven Ditto, *Reading Rouhani: The Promise and Peril of Iran's New President*, p. 63.
④ 陆瑾：《鲁哈尼政府外交政策与地区稳定》，《西亚非洲》2013年第6期。

要任务之一。

在与周边国家关系上,鲁哈尼政府积极发展与海湾国家关系。在与沙特关系上,鲁哈尼表示要"建立互信的桥梁",并承诺"不制造核武器",以缓解海湾地区国家对"安全问题"的担忧。他曾在2013年的总统竞选中明确指出,"我们决定不拥有大规模杀伤性武器是出于战略上的考虑。因为我们相信这些武器不能保证伊朗的安全。相反,它们会带来更多的问题。……我们相信如果我们拥有这些武器,将会迫使其他国家寻求大国的支持。地区安全形势会因此而更加恶化,这将不利于我们国家的安全。因此,我们将会延续过去的做法,继续集中精力致力于与地区国家建立互信的桥梁,而不是集中精力制造大规模杀伤性武器"。① 伊朗和沙特是中东地区的大国,每年有数十万伊朗人去沙特朝觐,也有许多沙特人来伊朗。对于伊朗和沙特的历史积怨,鲁哈尼主张两国关系应更着眼于未来。在叙利亚问题上,鲁哈尼强调,"叙利亚问题要由叙利亚人民自己解决",伊朗"反对恐怖主义、内战和其他国家对叙利亚的干预"。鲁哈尼政府还注意改善与埃及的关系,他表示发展与埃及的关系是其地区政策的另一个重点。

鲁哈尼上台后,伊朗的核政策比内贾德时期表现得更为温和与务实。这种温和与务实的核政策一方面来源于鲁哈尼一贯的政治主张,另一方面也是伊朗国内政治斗争的结果,更是当时世界的大势所趋。鲁哈尼在哈塔米执政时期任首席核谈判代表的表现及其在竞选总统时期的承诺,使国际社会对他充满了期待。一些观察家认为,伊朗新总统鲁哈尼就职的意义,不在于他可能奉行不同的政策,或者拥有不同的影响力,而在于领导层能够通过这位新总统实施新的计划。②

二 解除制裁的国际谈判的初试

伊朗核问题出现变化的原因一方面在于伊朗国内政治环境出现温和趋势,另一方面美国外交战略的新变化也是促成国际谈判不断取得进展的重要因素。奥巴马上台后,由强调军事安全外交转向经济外交,美国战略重心由

---

① Steven Ditto, *Reading Rouhani: The Promise and Peril of Iran's New President*, p. 69.
② Mohammad Ali Shabani, "An Iran Nuclear Deal Must be Broad," February 25, 2013, http://www.nationalinterest.org/commentary/iran – nuclear – deal – must – be – broad – 8151.

中东转向亚太。① 2011年10月14日,美国国务卿希拉里在"纽约经济俱乐部"发表了题为《经济方略》的演说。她在演说中提出,21世纪第一个十年,美国外交曾以军事安全外交、应对安全威胁为重点,未来的重点应转向经济外交,以把握经济机遇,助力国内经济发展,加强美国世界领导地位为主。② 美国国防部部长查克·哈格尔于2013年6月初在香格里拉安全对话会上曾表示,美国将加大在亚太地区的军事资源投入,计划在2020年前把美军60%的海军力量部署在亚太地区。③ 2013年11月20日,美国总统国家安全事务助理赖斯在乔治敦大学发表题为《美国的未来在亚洲》的演讲,她指出:"不管世界其他地区发生多么麻烦的事情,都不会影响美国把自己的注意力转移到亚洲来。"④ 2013年2月,在奥巴马发表的2013年度国情咨文中,外交内容被大大缩减,经济等内政问题占了整个国情咨文的八成左右,其中包括恢复美国经济、振兴美国中产阶级、增加就业、减少赤字等。在外交上,奥巴马提出,美国将在2014年底把3.4万名美国士兵撤出阿富汗,撤军后主要集中于两项任务:训练和装备阿富汗军队,使其不再陷入混乱;开展反恐行动,追剿"基地"组织残余及其分支机构。对于伊朗,他提醒伊朗领导人,达成核问题外交方案的时机现在已经到了。⑤ 2013年,赖斯上任始就对美国的中东政策进行重新评估。评估报告显示,未来美国在中东将遵循外交优先、减少卷入、避免军事干预的新方针。

随着美国外交战略的变化和当时中东地区持续动荡的局面,在伊朗核问题上,奥巴马政府也试图改变布什政府的强硬态度。他上台后表达了重塑中东的意愿,包括打破与伊朗关系的现状。他在第一个任期访问埃及时曾公开宣布:"我们两国(伊朗和美国)之间将有许多问题需要讨论,我们愿意在

---

① Hillary Rodham Clinton, "Delivering on the Promise of Economic Statecraft," November 17, 2012, http://www.state.gov/secretary/rm/2012/11/200664.htm.
② Hillary Rodham Clinton, "Economic Statecraft," October 14, 2011, http://www.state.gov/secretary/rm/2011/10/175552.htm.
③ 李慎明、张宇燕主编《国际形势黄皮书:全球政治与安全报告(2014)》,社会科学文献出版社,2014,第3页。
④ 李绍先:《当前西亚北非地区局势透视》,《阿拉伯世界研究》2014年第1期,第22页。
⑤ President Obama's 2013 State of the Union Address, http://translations.state.gov/st/english/texttrans/2013/02/20130213142492.html#axzz3BAsiuURe.

相互尊重的基础上无条件地向前推进。"① 为了能更好地与伊朗进行实质性的接触，奥巴马政府任命赞成与伊朗进行核谈判的约翰·克里和查克·哈格尔分别出任国务卿和国防部部长。事实上，对美国来说，对伊朗动武本身代价高昂，也不是最佳选择。一方面战争会使油价飙升，另一方面战争将促使伊朗决心研制核武器。美国布鲁金斯学会萨班中东政策中心高级研究员布鲁斯·里德尔在《美国从对伊朗的第一场战争中吸取的教训》一文中指出，美国若利用战争制止伊朗核计划将适得其反，"20世纪80年代战争的核心教训就是，与伊朗展开冲突是容易的，但是结束冲突却很难。伊朗伊斯兰共和国是不容易被恐吓的，他们很可能进行非对称的报复"。"美国对伊朗的第一场战争②促使伊朗变成一个更为激进和极端的国家，第二场战争很可能会产生相同的结果。因此，为了制止伊朗的核计划而对其发动新的战争，最终可能成为催化剂，促使伊朗获得危险的核武库。这样做不会阻止核扩散，反而会进一步促进核扩散。"③

美国态度的转变以及鲁哈尼政府的上台，使国际社会看到了通过谈判解决伊朗核问题的希望。鲁哈尼当选总统后，美国白宫发表声明，表示愿意与伊朗进行直接接触，并希望鲁哈尼能改变其前任的强硬核政策。俄罗斯总统普京于2013年6月16日对鲁哈尼当选表示祝贺，希望他与俄罗斯构建更紧密的关系。法国外长法比尤斯说，国际社会对伊朗解决核问题及参与调解叙利亚危机有很大期待，法国愿同鲁哈尼合作。9月，在联合国大会期间，法国总统奥朗德与鲁哈尼进行了会谈，讨论了叙利亚危机、黎巴嫩问题和伊朗的核项目，奥朗德成为首个与鲁哈尼会晤的西方国家首脑。德国外长韦斯特韦勒称，鲁哈尼传递出的信息使人振奋，这对看重政治解决伊朗核问题的国家是个好消息。英国外交大臣威廉·黑格也表示，英国希望伊朗政府抓住与国际社会建立新关系的机遇。10月8日，英国恢复了与伊朗的代办级外交关系。欧盟外交和安全政策高级代表阿什顿表示，愿与鲁哈尼共同致力于寻找伊朗核问题的外交解决方案。由于国际社会对鲁哈尼抱有一定的期望，鲁哈尼竞选总统获胜后，德黑兰股票交易指数立即上涨，伊朗货币里亚尔对美元

---

① "Remarks by the President at Cairo University," June 4, 2009, https://www.whitehouse.gov/the-press-office/remarks-president-cairo-university-6-04-09.
② 这里的美国对伊朗的第一场战争和上文的20世纪80年代战争都是指两伊战争。
③ Bruce Riedel, "Lessons from America's First War with Iran," Summer 2013, http://www.brookings.edu/research/articles/2013/05/lessons-america-first-war-iran-riedel.

的汇率也有所上升。在鲁哈尼和国际社会的积极互动下,伊朗核问题的国际谈判也在有序开展。2013年,伊朗与国际核谈判小组展开了紧锣密鼓的谈判,计划先达成一份临时协议,在半年内伊朗通过削减核活动换取六国减少对伊朗的经济制裁。

三 临时核协议的达成

2013年11月24日,伊朗与国际核谈判小组达成了《联合行动计划》(Joint Plan of Action,JPA),该协议的达成为最终解决伊朗核问题提供了初步框架。在协议中,伊朗声明在任何情况下都不会寻求或发展核武器。该协议将遵循一个互惠的、循序渐进的原则,推动全面解除联合国安理会对伊朗的所有制裁,以及与伊朗核计划有关的多边和单边制裁。[①] 伊核问题六国(英国、法国、德国、美国、俄罗斯、中国)和伊朗将建立一个联合委员会,以监测协议在近期的实施情况,并处理可能出现的问题。联合委员会将与国际原子能机构合作,促进解决过去和当下被关切的问题。

这个临时协议制定了一个为期6个月的计划,在这6个月里伊朗自愿将现有丰度为20%的浓缩铀的一半用于伊朗医学研究反应堆燃料的氧化剂,剩下一半将被稀释至丰度不超过5%的浓缩铀,而且不再保留转化生产线。与此同时,伊朗宣布,在这6个月的时间里将不会进行丰度超过5%的铀浓缩活动,也不会进一步推进使用IR-40重水反应堆的核设施,包括其在纳坦兹的铀浓缩工厂[②]、福尔多[③]或阿拉克反应堆[④]的活动。伊朗将"丰度为5%的六氟化铀向二氧化铀转换"生产线准备就绪后,按照向国际原子能机构申报的转换厂的作业时间表,在6个月内将新浓缩的六氟化铀转化为丰度为

[①] "Joint Plan of Action," Geneva, November 24, 2013, https://www.armscontrol.org/files/Iran_P5_1_Nuclear_Deal_131123.pdf.

[②] 也就是说,在这6个月里,伊朗不会将六氟化铀装入安装好的离心机当中,也不会进行铀浓缩,不安装额外的离心机。伊朗宣布,在最初的6个月内,将用同类型的离心机取代现有的离心机。

[③] 在福尔多,伊朗没有进一步浓缩丰度超过5%的浓缩铀,也没有增强铀浓缩能力。伊朗宣布,在最初6个月内,它将用同类型的离心机取代现有的离心机。

[④] 伊朗就与阿拉克反应堆建设有关的问题宣布,在6个月内,伊朗将不会为反应堆注入更多燃料,不会将燃料或重水转移到反应堆地点,不会测试性地加入更多燃料,不会为反应堆生产更多燃料,也不会安装反应堆的剩余组件。

5%的六氟化铀。伊朗承诺不在新的地点进行铀浓缩活动，不再进行浓缩铀的后处理或建造能够进行浓缩铀后处理的设施。与此同时，伊朗将继续其受到监督的研发活动，包括目前的浓缩铀研发活动。

与此同时，该协议将对伊朗的核活动加强监控，伊朗应配合国际原子能机构的核查，包括以下几点。（1）向国际原子能机构提供具体信息，其中包括有关伊朗核设施的信息、每个核设施每幢建筑物的说明、每个从事特定核活动的场所的运行规模说明、关于铀矿和研磨厂的信息、原材料的信息。这些资料将在采取协议措施后的三个月内提供。（2）向国际原子能机构提交被国际原子能机构指定为使用IR-40重水反应堆的阿拉克反应堆的最新情况报告。（3）同意国际原子能机构关于结束被认定为使用IR-40重水堆的阿拉克反应堆的保障措施办法的步骤。（4）当检查人员不在场时，每天由国际原子能机构检查员进行设计信息验证、临时库存核查、实物盘点核查和未经宣布的检查，以便在福尔多和纳坦兹查阅离线监视记录。允许国际原子能机构检查员进入离心机装配车间①、离心机转子的生产车间和储存设施、铀矿山和铀矿石加工厂。

作为回报，欧盟三国将自愿采取以下措施。（1）暂停之前减少伊朗的原油销售，使伊朗的现有客户能够购买它们目前的平均原油量；允许向伊朗汇回在国外商定好的收入数额。对于此类石油销售，暂停欧盟和美国对相关保险和运输服务的制裁。（2）暂停美国和欧盟对伊朗的石化产品出口和对相关服务的制裁②，以及对黄金和其他贵金属及其相关服务的制裁。（3）暂停美国对伊朗汽车工业的制裁，以及对相关服务的制裁。（4）承诺为伊朗供应和安装用于伊朗民用航空和相关服务的飞行安全的备件。为伊朗关于民用飞机安全的相关检查、维修和相关服务提供许可证。③（5）联合国安理会不再提出新的有关核问题的制裁。（6）欧盟不再提出有关伊朗核问题的制裁。（7）美国政府将按照总统和国会各自的角色行事，避免实施新的与核有关的制裁。（8）建立一个金融渠道，利用伊朗在国外的石油收入为伊朗国内需求提供人道主义贸易便利。人道主义贸易将被定义为涉及在国外发生的有关

---

① 根据计划，6个月内伊朗的离心机生产将致力于取代损坏的机器。
② "对相关服务的制裁"是指任何服务，如保险、运输或金融服务，这些服务可能涉及任何非指定的伊朗实体，适用于相关的美国或欧盟制裁。
③ 解除制裁可能涉及任何非指定的伊朗航空公司和伊朗国家航空公司。

食品和农产品、药品、医疗设备和医疗费用的交易。该渠道也可在以下情况下被启用,如允许伊朗对联合国履行应尽义务时所需的交易;向在国外学习的伊朗学生所在的大学和学院进行学费支付。(9)将欧盟对非制裁贸易的授权门槛提高到商定的数额。

  作为全面解决办法的最后一步,即缔结协定各方将在该文件通过后一年之内结束谈判并开始执行。有关各方按照商定的时间表,全面取消联合国安理会的多边制裁,以及各国在伊朗核问题上的相关制裁措施,包括在贸易、技术、金融和能源等领域的准入措施。协议将在共同商定下制订一个符合实际需要的浓缩计划,包括浓缩活动的范围和水平、开展活动的能力以及浓缩铀库存方面的限制等。协议将完全解决国际原子能机构指定的与阿拉克核反应堆有关的 IR-40 重水堆的问题,充分落实商定的透明度措施和加强监督。有关各方将与伊朗在获取用于发电的轻水反应堆和用于研究的重水反应堆及相关设备方面进行国际民用核合作,并为伊朗提供现代核燃料和已商定的研发支持。在全面解决办法的最后一步圆满完成之后,伊朗核项目将得到与《不扩散核武器条约》所规定的任何无核武器缔约国同样的待遇。[①]

第二节 解除制裁与伊核协议的达成

  《联合行动计划》虽然只是一个临时协议,但它为伊朗核问题的解决提供了一个初步的框架,为最终达成伊核协议提供了基础。然而从临时协议到全面解决伊朗核问题的正式协议的谈判过程仍非常艰难,因为伊核协议本身代表了美国与伊朗的和解,这在两国国内都存在严重分歧。美国国内以犹太院外组织为代表的反对势力对伊核谈判非常不满,伊朗国内的保守派也反对与美国接触。但在国际社会的共同努力下,伊核协议最终达成,伊朗以限制铀浓缩来换取部分制裁的解除。

一 从《联合行动计划》到《联合全面行动计划》的谈判

  对于伊朗核问题的谈判及其可能达成的协议,美国国内一直存在反对的

[①] "Joint Plan of Action," Geneva, November 24, 2013.

声音,美军中央司令部的詹姆斯·马蒂斯对参议院军事委员会说,奥巴马政府为阻止伊朗获得核能力而提出的制裁计划及作出的外交努力毫无效果,德黑兰惯于否认与欺骗,它的"铀浓缩项目超越了任何貌似的和平目的"。他称,美军有能力迫使伊朗屈服,迫使伊朗屈服的方法很多,甚至到不了公开冲突的程度。2013年10月18日,参议员马克·柯克计划推动一项新的国际制裁,柯克与共和党参议员凯利·阿约特和林赛·格雷厄姆在一份声明中说:"现在应当加强而非弱化美国和国际社会的制裁,在德黑兰停止其浓缩活动之前,美国不应停止新的制裁,也不应开始放松有限的资产冻结。"①

在经济上,伊朗自伊斯兰革命以来一直致力于经济改革,但大多无果而终,引起国内民众的日益不满。美国及其西方盟友的长期制裁将伊朗阻挡在国际经济体系之外,阻碍了伊朗经济的正常发展。随着美国单边制裁的加强,伊朗为突破这种孤立和封锁,提出了发展抵抗型经济的主张,来应对外来的制裁和封锁。伊朗国内对于发展抵抗型经济本身也是存在分歧的。总统鲁哈尼和最高领袖哈梅内伊之间的分歧比较明显,主要集中在是否有必要努力解除目前的制裁和是否继续推行抵抗型经济政策。鲁哈尼和他的技术专家认为,伊朗经济处于如此严重的困境,如果没有西方资金和技术的流入,不太可能得到改善。另外,哈梅内伊从未停止过怀疑,认为即使与西方达成了核协议,西方也不会解除对伊朗的制裁。②

随着核谈判的不断推进,伊朗核问题解决迎来曙光。然而伊朗核问题并不只是核不扩散问题,它与伊朗国内政治保持着密切互动,在一定程度上是美伊关系变化的晴雨表。尽管鲁哈尼的政治主张偏向温和,与前任总统内贾德的保守与激进作风有所不同,但伊朗政治经济改革的复杂性以及总统与领袖的结构性矛盾,限制着政府的改革空间。再加上宗教领袖哈梅内伊在不同派别间的平衡政策,鲁哈尼很难在有限的执政时间内既坚守宗教传统又切实推动伊朗的政治经济发展。

尽管有很多反对声音,临时核协议仍于2014年1月20日生效,7月20日为最后期限。伊朗与国际核谈判小组六国在最后期限前将达成一个全面和长期的协议,以解决拖延十几年未能解决的伊朗核问题。6月18日,伊朗与

---

① 美联社华盛顿2013年10月18日英文电。
② Amir Tourmaj, *Iran's Economy of Resisteance: Implications for Future Sanctions*, The American Enterprise Institute, November 2014, pp. 2 – 3.

国际核谈判小组有关核问题的第五轮谈判在维也纳召开。各方就伊朗核问题全面协议的文本起草进行密集性谈判，谈判内容涉及方方面面，最核心的是两个问题：如何限制伊朗核计划和如何解除对伊朗的制裁。出于种种原因，7月19日凌晨，欧盟负责外交与安全政策的高级代表阿什顿和伊朗外长扎里夫在维也纳发表联合声明，将原定于7月20日举行的核谈判延期到11月24日。对此，美国国务卿克里表示，在谈判延期的未来四个月，伊朗海外资产账户中的28亿美元资产将被解冻，其他大部分制裁仍保留。作为交换，伊朗承诺将25千克丰度为20%的浓缩铀转变为仅用于民用核反应堆的燃料。

二 伊核协议下部分制裁被取消

2015年7月14日，在国际社会的共同努力下，《联合全面行动计划》（Joint Comprehensive Plan of Action，JCPOA）最终达成。16日，联合国安理会通过了该协议，从而赋予了这份协议国际合法性。根据该协议，伊朗重申在任何情况下都不会寻求、发展或获取核武器。作为回报，《联合全面行动计划》将全面解除所有涉及伊朗核计划的联合国安理会制裁、多边制裁和各国的制裁，包括在贸易、技术、金融和能源领域等方面的制裁。20日，联合国安理会第7488次会议通过第2231号决议，对该协议给予了肯定，强调必须作出政治和外交努力，通过谈判找到解决办法，保证伊朗的核计划完全用于和平目的，防止核扩散。联合国鼓励成员国在《联合全面行动计划》的框架内同伊朗开展合作。决议指出，一旦伊朗被国际原子能机构确认履行了《联合全面行动计划》的义务，安理会将终止第1696（2006）号、第1737（2006）号、第1747（2007）号、第1803（2008）号、第1835（2008）号、第1929（2010）号和第2224（2015）号决议的规定。决议敦促所有国家、联合国相关机构和其他有关各方在安理会开展与本决议有关的工作时与安理会充分合作，尤其是提供它们掌握的本决议中各项措施执行情况的信息。

这份历史性的协议规定美国和欧盟将在未来最多8年的时间内，逐步取消对伊朗的主要经济制裁。《联合全面行动计划》由主体部分和五个附件组成，包括经济制裁、核领域问题、六国与伊朗联委会的工作、核能合作以及协议执行计划等，内容涵盖了解决伊朗核问题涉及的所有关键领域。一旦伊朗按计划"改造阿拉克重水反应堆，拆除大部分铀浓缩离心机，控制铀浓缩能力",缩小其核项目规模,针对该国能源、金融及商业的制裁将被解除,伊朗同时还能在海外市场获得超过1000亿美元的石油收入。

达成协议后,在"浓缩、浓缩的研发和存量"问题上,伊朗将采取多种自愿措施,包括以下7项:

1. 伊朗的长期计划中有对所有铀浓缩和与铀浓缩相关活动的某些商定限制,包括对头8年中的特定研发活动的某些限制,只用于和平目的的浓缩活动在其后会按附件一所述,以合理的速度逐渐进入下一个阶段。作为对伊朗的保障监督协定附加议定书的初步声明的一部分,伊朗要提交它的浓缩研发长期计划,伊朗将信守它在这一计划中作出的自愿承诺。

2. 伊朗将在未来10年中开始停用它的IR-1型离心机。在这期间,伊朗将保留其在纳坦兹的浓缩能力,其安装的总浓缩能力为5060台IR-1型离心机。纳坦兹多余的离心机和与浓缩相关的基础设施将按附件一的规定入库并不断接受国际原子能机构的监测。

3. 伊朗将继续以不累积经过浓缩的铀的方式进行浓缩研发工作。伊朗在未来10年中的铀浓缩研发工作将按附件一的规定,只使用IR-4、IR-5、IR-6和IR-8型离心机,伊朗将按附件一的规定,不采用其他用于铀浓缩的同位素分离技术。伊朗将按附件一所述,继续试用IR-6和IR-8型离心机,并在八年半后开始试用数目最多为30台的IR-6和IR-8型离心机。

4. 伊朗在停用其IR-1型离心机时,除了遵循附件一作出的规定外,将不生产或装配其他离心机,并用相同型号的离心机替换失灵的离心机。伊朗将只为《联合全面行动计划》规定的目的生产先进的离心机。从第8年结束时起,伊朗将按附件一所述,开始生产商定数量的没有转子的IR-6和IR-8型离心机,并把生产出的所有机器存放在纳坦兹,接受国际原子能机构的不断监测,直至伊朗的长期浓缩和浓缩活动计划需要使用它们时。

5. 伊朗将根据自己的长期计划,在未来15年内只在纳坦兹浓缩厂进行铀浓缩相关活动,包括开展接受保障监督的研发工作,铀浓缩度最多维持在3.67%,不在福尔多进行任何铀浓缩和铀浓缩研发工作,不存留任何核材料。

6. 伊朗将把福尔多厂变成一个核、物理和技术中心。伊朗将在商定的研究领域开展国际合作，合作形式包括建立联合科学伙伴关系。六个级联 1044 IR-1 型离心机将继续放在福尔多厂的一座楼中。这些离心机的两个级联将在不加铀的情况下继续工作，并通过适当的设施改造转用于生产稳定同位素。其他四个级联及相关设施将停用。其他所有离心机和浓缩相关设施将拆除，并按附件一的规定入库并接受国际原子能机构的不断监测。

7. 在未来 15 年中，随着伊朗逐步达到为伊朗生产的核燃料规定的国际合格标准，它将保留最多 300 千克的经过浓缩的六氟化铀（UF6），丰度最多为 3.67%，或保留当量的其他化学形态的铀。多余的铀按国际价格出售，运送给国际买家以换取交运给伊朗的天然铀，或进行稀释，以达到天然铀的丰度。伊朗核反应堆中的来自俄罗斯或其他来源的组装好的燃料组件中的浓缩铀不计入上述 300 千克的 UF6 存量，前提为其他来源的组件符合附件一规定的标准。联合委员会将支持为伊朗提供援助，包括酌情通过国际原子能机构的技术合作，以便达到为伊朗生产的核燃料规定的国际合格标准。剩余的所有浓缩至 5% 和 20% 之间的氧化铀将制成燃料，供德黑兰研究反应堆使用。德黑兰反应堆需要的其他燃料将以国际市场价格提供给伊朗。①

在"阿拉克、重水、后处理"问题上伊朗将自愿采取以下 5 项措施：

1. 伊朗将根据商定的方案设计，在阿拉克重新设计和建造一个现代化的重水研究反应堆，这一工作以国际伙伴关系形式进行，由国际伙伴关系来核证最后的设计。该反应堆将协助以和平为目的的核研究与生产医疗和工业用途的放射性同位素。重新设计和建造的阿拉克反应堆不会生产武器级钚。除了首次装填的堆芯外，重新设计的反应堆的燃料组件的所有重新设计和生产活动都将在伊朗进行。在反应堆使用寿命期间，阿拉克产生的所有乏燃料将运出伊朗。"欧洲三国/欧盟 +3"各方、伊朗和经过相互商定的其他国家将参加这一国际伙伴关系。伊朗作为所有人和项目主管方，将起主导作用，"欧洲三国/欧盟 +3"和伊朗将在执

---

① "Joint Comprehensive Plan of Action," Vienna, July 14, 2015, https://www.europarl.europa.eu/cmsdata/122460/full-text-of-the-iran-nuclear-deal.pdf.

行日前缔结一份正式文件,界定"欧洲三国/欧盟+3"参与方的职责。

2. 伊朗计划跟上国际技术发展的趋势,让今后的发电和研究用途反应堆使用轻水,加强国际技术合作,包括保障必要燃料的供应。

3. 在15年内,伊朗不再建造重水反应堆或积累重水。所有多余的重水将出口到国际市场上。

4. 伊朗打算按其将和乏燃料接收方适当签订的合同的规定,把今后和现有的发电和研究用途反应堆的所有乏燃料运出国,进行进一步的处理或处置。

5. 伊朗在15年内不会,也不打算在其后进行任何乏燃料后处理或建造能够进行乏燃料后处理的设施,或进行后处理研发活动以增强乏燃料后处理能力,但唯一的例外是进行分离活动,而这只是为了用经过辐照的浓缩铀靶来生产医疗和工业用途的放射性同位素。①

为建立互信和增加核研发的透明度,伊朗自愿采取以下5项措施:

1. 伊朗将依照其总统和议会的各自职能,根据附加议定书第17(b)条,临时适用其全面保障监督协定的附加议定书,并在附件五规定的时限内着手予以批准,全面执行经修订的保障监督协定附属安排准则3.1。

2. 伊朗将全面执行同国际原子能机构商定的"澄清以往和现有未决问题的路线图",该路线图中有处理国际原子能机构2011年11月8日报告(GOV/2011/65)附件提到的涉及伊朗核计划的以往和现有问题的安排。伊朗将在2015年10月15日完成全面开展路线图规定活动的工作,其后总干事将在2015年12月15日向理事会提交解决以往和现有所有问题的评估报告,并向理事会提交一项采取必要行动的决议,以便在不妨碍理事会职权范围的情况下了结这一事项。

3. 伊朗将允许国际原子能机构在自愿措施的各自期限内监测它们的执行情况,并按《联合全面行动计划》及其附件的规定,实施透明度措施。这些措施包括:国际原子能机构在伊朗长期派驻人员;国际原子能机构在25年内监测伊朗从所有铀精矿厂生产的铀精矿;在20年内对离心机转子和波纹管进行限用和监视;使用国际原子能机构核准和核证的

---

① "Joint Comprehensive Plan of Action," Vienna, July 14, 2015, https://www.europarl.europa.eu/cmsdata/122460/full-text-of-the-iran-nuclear-deal.pdf.

现代技术,其中包括在线浓缩量量测和电子封条;按附件一所述,建立一个可靠机制,迅速解决国际原子能机构在 15 年内进入的问题。

4. 伊朗将按附件一的规定,不开展有助于发展核爆炸装置的活动(包括铀冶金和钚冶金活动),其中包括研发活动。

5. 伊朗将根据附件四所述、经安理事会决议认可的《联合全面行动计划》所列采购渠道开展合作与行事。①

作为回报,联合国将在国际原子能机构核实伊朗采取了商定的核相关措施的同时,终止安理会关于伊朗核问题的以往各项决议。欧盟将在国际原子能机构核实伊朗按附件五所述采取了商定的核相关措施的同时,终止所有与核问题相关的经济和金融制裁。

美国作为对伊朗制裁的主要国家,在国会通过伊核协议后承诺停止与核问题有关的制裁,并根据附件五终止第 13574、13590、13622、13645 号行政令及第 13628 号行政令第 5~7 节和第 15 节规定的制裁。美国对伊朗解除的制裁主要是以非美国人为对象,美国人仍然受到被解除制裁条款的限制。因为根据伊核协议美国只是解除了对伊朗的二级制裁,美国人仍然不能与伊朗进行受制裁条款限制的贸易活动。在这里"美国人"概念再次被强调,它包括:(1) 美国公民、永久居留的外国人、根据美国法律成立或在美国境内管辖的实体(包括外国分支机构)或美国境内任何个人;(2) 美国人拥有或控制的任何实体。"实体"满足以下条件并由美国人"拥有或控制":(1) 拥有该实体 50% 及以上股票股份或价值;(2) 在实体董事会占据多数席位;(3) 以其他方式控制实体的行动、政策或人事决定。除非经美国财政部外资控制办公室授权,否则美国人和由美国拥有或控制的外国实体一般情况下仍被禁止从事《联合全面行动计划》所允许的交易。②

在国际原子能机构核实伊朗采取了《联合全面行动计划》所商定的相关措施后,美国将取消针对伊朗的二级制裁,主要是《全面制裁伊朗、问责和撤资法》第 104(c)(2)(E)(ii)(I) 款、《2012 财年国防授权法》第 1245(d)(1) 和 (3) 款,2012 年《伊朗自由和防扩散法》第 1244(c)

---

① "Joint Comprehensive Plan of Action," Vienna, July 14, 2015, https://www.europarl.europa.eu/cmsdata/122460/full-text-of-the-iran-nuclear-deal.pdf.

② "Joint Comprehensive Plan of Action," Vienna, July14, 2015, https://www.europarl.europa.eu/cmsdata/122460/full-text-of-the-iran-nuclear-deal.pdf.

(1) 和 (d)、1245 (a) (1) (A) 和 (a) (1) (C) (i) (II) 以及 (c)、1246 (a)、1247 (a) 款，2012 年《减轻伊朗威胁和保障叙利亚人权法》第 211 (a)、212 (a)、213 (a) 款，以及总统行政令的相关规定。

  取消的这些制裁涉及以下领域。在金融和银行方面取消对与文件所列个人和实体进行交易的制裁，其中包括对伊朗中央银行和伊朗其他金融机构、伊朗国家石油公司、伊朗国际石油贸易公司、伊朗国家油轮公司以及被外资控制办公室认定为伊朗政府的其他特定个人和实体，以及特别指认国民名单上的个人和实体的制裁。取消的制裁还包括对伊朗货币里亚尔的制裁、向伊朗政府提供美钞和对伊朗海外收入的双边贸易的限制，包括对转账的限制。取消对购买、认购或协助发行伊朗主权债务包括政府债券的制裁；取消为伊朗中央银行和文件所列伊朗金融机构提供的金融信息服务的制裁；取消为文件所列个人和实体进行活动提供相关承保服务、保险或再保险的制裁，其中包括为伊朗能源、航运和造船部门、伊朗国家石油公司或伊朗国家油轮公司提供保险，以及为往返于伊朗的原油、天然气、液化天然气、石油产品和石化产品运输船舶提供保险活动的制裁。取消制裁的活动还包括对伊朗石油、天然气和石化行业的投资（包括参加合资企业）和为其提供货物、服务、信息、技术支持的活动；购买、获取、销售、运输或推销伊朗的石油、石化产品和天然气；向伊朗出口、销售或提供精炼石油产品和石化产品；同伊朗能源行业进行交易；同伊朗海运和造船业以及港口经营方进行交易；同伊朗交易黄金和其他贵金属；同伊朗交易石墨、金属原料或半成品，例如铝和钢铁、煤炭和用于整合工业流程的软件；销售、供应或转让伊朗汽车行业使用的货物与服务；与以上每一类相关的服务；从被指禁者名单、规避海外制裁者名单和非被指禁者伊朗制裁法案名单上删除文件所列个人和实体。终止第 13574、13590、13622、13645 号行政令和第 13628 号行政令的第 5~7 节及第 15 节所列的制裁。此外，美国将按《联合全面行动计划》附件五允许向伊朗出售商用客机和相关部件与服务；为美国人拥有或控制的非美国实体与《联合全面行动计划》相符的活动发放许可证；并准许把原产伊朗的地毯和食品进口到美国。①

  一旦伊朗能按要求执行《联合全面行动计划》，欧盟将解除对伊朗的制

---

① "Joint Comprehensive Plan of Action," Vienna, July 14, 2015, https://www.europarl.europa.eu/cmsdata/122460/full‐text‐of‐the‐iran‐nuclear‐deal.pdf.

裁，并与伊朗展开正常的贸易活动，如为同伊朗开展贸易提供金融支持（出口信贷、担保或保险）；承诺为伊朗政府提供赠款、财务援助和优惠贷款；买卖公共债券或公共担保债券；进口和运输伊朗石油、石油产品、天然气和石化产品；出口石油、天然气和石化行业的关键设备或技术；对石油、天然气和石化行业进行投资；出口关键的海军装备和技术；设计、建造货轮和油轮；提供船旗和海运分类服务；伊朗货运飞机出入欧盟机场；出口黄金、贵金属和钻石等。

根据协议规定的日程，2016年1月16日是伊朗核问题全面协议的"执行日"，一旦国际原子能机构发布报告证实伊朗做好了开始执行全面协议的必要准备，美国和欧盟将随即宣布解除对伊朗的相关经济和金融制裁。据伊朗《金融论坛报》2016年8月8日报道，伊朗国家管理与规划组织主席穆罕默德·诺巴特（Mohammad Baqer Nobakht）称，自1月伊核协议实施日起的6个月中，伊朗吸引外国投资66个项目，总额达51.6亿美元。诺巴特称，这些项目绝大多数为交通运输、可再生能源、旅游、资源回收、电力、食物和机械领域的投资。

2016年1月伊核协议生效后，伊朗的投资环境得到了很大的改善。截至2016年9月初，数十个外国贸易代表团造访伊朗。与此同时，伊朗也与其他国家签订了大量的投资项目计划，吸引了欧盟国家，以及日本、韩国、印度等的资金投入。但在伊朗开展实际投资的海外企业并不多，尤其是油气等领域的国际大公司并未进入伊朗市场，或仅与伊方签署了一些谅解备忘录，更多的跨国公司仍持观望态度。从1月16日伊核协议"执行日"以来外国对伊朗的实际投资情况来看，伊核协议的确使伊朗的投资市场得到了松绑，伊朗也获得了一定数额的外部投资，但由于制裁并未全面解除，经济制裁的阴云仍然笼罩在其投资市场上，伊朗经济仍未能回归国际经济体系之中。

伊核协议的签署，并不等于对伊制裁完全消除。实际上，在某些领域，就某些事项或针对特定人员，对伊制裁仍然有效，特别是美国对伊制裁。欧美甚至保留了在某些领域强化制裁的权力，在一定条件下被取消的制裁还可以"回弹"。伊核协议虽为伊朗核问题提供了一条解决之道，但伊核协议的执行非常复杂。此外，伊核协议的两个主要国家美国和伊朗国内都存在对该协议的反对声音。

三 伊核协议的机制缺陷

在伊核协议的条款中,伊朗明确表示,如果再度采用或再度实施附件二规定的制裁,或实施新的核制裁,伊朗会将此视为全部或部分停止履行其根据《联合全面行动计划》作出承诺的依据。为解决可能出现的争议,协议规定成立一个联合委员会。这个委员会由"欧洲三国+3"(欧洲三国英、法、德加上美、俄、中)和伊朗组成,负责监督《联合全面行动计划》的执行。尽管在协议中有关于争议的解决机制,但伊核协议的争议解决机制有一定程度的缺陷。

在关于解决争议机制的规定中,第36条规定,如果伊朗认为"欧洲三国+3"的任何一方或所有各方都没有履行根据《联合全面行动计划》作出的承诺,它可将其提交联合委员会解决;同样,如果"欧洲三国+3"的任何一方认为伊朗没有履行根据《联合全面行动计划》作出的承诺,也可以采取相同行动。除了以协商一致方式予以延长外,联合委员会将有15天的时间来解决问题。经联合委员会审议后,任何参与方如认为履行承诺问题没有得到解决,都可将其提交给各国外长。除了以协商一致方式予以延长外,外长将有15天的时间来解决问题。在联合委员会进行审议后提出投诉的参与方或其履行承诺情况受到质疑的参与方可要求咨询委员会审议有关问题,咨询委员会将由三名成员(争议双方各任命一名成员,另有一名独立成员)组成。咨询委员会应在15天内对履行承诺问题提出一项不具约束力的意见。如果问题在上述30天后仍未得到解决,联合委员会将对咨询委员会的意见进行不超过5天的审议,以解决问题。如果问题仍未获得提出投诉的参与方感到满意的解决,或提出投诉的参与方认为这一问题涉及严重不履行承诺的行为,则该参与方可将未获解决的问题视为全部或部分停止履行根据《联合全面行动计划》作出的承诺的理由,并通知联合国安理会,它认为这一问题是严重不履行承诺的行为。联合国安理会在收到提出投诉的参与方发出的上述通知,包括关于它已努力作出利用《联合全面行动计划》所述解决争议程序的说明后,应按照其程序就一项继续解除制裁的决议进行表决。如在收到通知后30天内没有通过上述决议,则将再度实施联合国安理会以往各项决议的规定,除非联合国安理会另有决定。在这种情况下,这些规定将不追溯适用于任何一方与伊朗或伊朗的个人和实体在适用之日前签订的合同，但条件是此类合同预定开展的活动及合同的履行符合《联合全面行动计划》以及联合国安理会以往和当前的各项决议。①

从争端解决机制来看，伊核协议并不是一个对签署国具有约束力的协议。伊核协议解决争议机制的规定并不明晰，各方是否遵守了伊核协议的标准没有明确的界定。例如伊朗认为其遵守了核协议，但美国认为伊朗没有遵守从而重启制裁，一旦重启制裁，伊朗就认为美国没有遵守伊核协议从而重启铀浓缩，反之亦然。这在某种程度上是一种安全困境和循环的悖论，很容易导致伊核协议的破产。

第三节　解除制裁与加强制裁并行

美国虽然解除了对伊朗在核问题上的二级制裁，但在反恐、人权、洗钱等问题上对伊朗的制裁仍然有效。因此，伊核协议的达成并不能解决美国对伊朗制裁的问题，也没有改变美国对伊朗的威胁认知，从而造成美国在解除二级制裁的同时加强单边制裁的局面。这种局面的形成对于依靠达成伊核协议建立起来的脆弱信任是一种打击，很容易使伊朗核问题回到原点。

一　美国国内履行协议困难重重

伊核协议达成后，美国国内在这个问题上分歧很大。2015 年，新墨西哥州民主党参议员马丁·海因里希（Martin Heinrich）在参议院发言时表示，支持限制伊朗核计划的《联合全面行动计划》："本月早些时候达成的全面、长期协议，包含了所有打破伊朗制造核弹的每一条潜在途径和必要手段，它还包含了足够的周期，这是我们目前没有的。因此，如果伊朗改变路线，美国和世界可以在伊朗制造核弹之前作出反应。我希望这一情景永远不会发生，但即使有了这一协议，所有选择仍然都摆在桌面上，包括军事选择。"佛罗里达州共和党参议员马可·卢比奥在发言中明确反对伊核协议："在不

---

① "Joint Comprehensive Plan of Action," Vienna, July 14, 2015, https://2009-2017.state.gov/documents/organization/245317.pdf.

久的将来的某个时候,当时机成熟时,他们(伊朗)会制造核武器,他们会这样做,因为在那一刻他们会知道他们已经免疫了,我们将不再能够打击他们的核计划,因为这样做的代价太高了。"对核协议投赞成票的缅因州独立参议员安格斯·金在参议院发言说:"这项协议有缺陷,这不是我们想要的协议……但这个协议就摆在我们面前,我们不能严格地分析这个协议的方方面面,因为这要看与什么相比。这里有一个基本问题,不是说'这是一个好协议还是一个坏协议',而是,无论这个协议有什么缺陷,是否还有其他更好的替代方案。"①

事实上,伊朗核问题在本质上体现的是美伊关系问题。亨利·基辛格担任国务卿时曾说,"将核力量引入伊朗不仅可以满足伊朗日益增长的经济需求,还可以方便伊朗将剩下的石油出口或是转化成化工产品"。"我不认为这样会带来核扩散问题","因为它是我们的盟国"。而2005年,基辛格在《华盛顿邮报》上指出,"对于像伊朗这样一个产油国,核技术只是一种资源浪费"。美国中东政策委员会主席弗里德曼大使在评价伊朗核问题时说,"科学和技术是脑子里的想法,不是在设备或存放设备的建筑里","事实上即便伊朗人暂停他们的核计划,也并不表明其没有发展武器的意图"。"伊朗的首要问题并不是核问题,而是它在该地区的影响力、政治号召力和地区威望。"②由此可见,伊朗核问题的解决并不在于伊朗是否遵守了《不扩散核武器条约》,也不在于伊朗是否暂停了铀浓缩,而在于超级大国美国对伊朗核意图的担忧。美国国内的这种争论来自美国在对伊朗的战略评估上存在矛盾,一方面美国的中东甚至中亚战略需要伊朗的支持,如伊拉克和阿富汗的战后重建问题、海湾地区的安全问题等,另一方面美国对伊朗的政治立场又持一种不信任的态度。

在伊核协议达成后,许多观察人士认为,该协议是伊朗和美国之间和解的一个标志。奥巴马政府试图说服公众,这是控制伊朗核野心的最佳方式。他们认为,伊核协议成功地实现了美国在伊朗核问题上的政策目标,可以保证核查伊朗核项目的和平利用及其透明度。2015年7月28日,国务卿克里

---

① Contitutional Rights Foundation, "The Iran Nuclear Deal and Its Critics," *Bill of Right in Action*, Vol. 33, No. 3, Spring 2018, p. 13, http://www.crf-usa.org.

② John Duke Anthony, Jean-Francois Seznec, Tayyar Ari and Wayne E. White, "War with Iran: Regional Reactions and Requirement," *Middle East Policy*, Vol. XV, No. 3, Fall 2008, pp. 17-18.

在核协议的听证会上说:"这项协议给了我们更强的探测能力,有了这份协议我们将有更多的时间来应对任何试图引爆的行为,我们会得到更多的国际支持来阻止它。"① 在伊朗,参加谈判的外交官受到英雄般的欢迎,许多人在街上为核协议欢呼的照片迅速传播开来。2016年1月,伊朗释放了10名被控越境进入伊朗领海的美国船员。克里对伊朗"迅速、适当地释放"表示感谢。

事实上,两国国内的相关争论仍然很激烈。在美国,反对团体批评美国仅仅以高昂的代价购买了暂停协议,认为伊核协议不仅不能有效地阻止伊朗停止其核计划,而且还将损害美国及其中东盟国的利益。他们批评说,这项协议不能保证美国的安全利益,因为伊朗在中东的政策和战略很难改变。他们建议,政府需要重新审视其对叙利亚的政策,限制伊朗在该地区的作用,破坏伊朗对伊拉克什叶派民兵的控制,并且阻止资金、武器和人员向其代理人转移。② 有参议员表示,全面协议实际上瓦解了美国和国际经济制裁体系,并促使伊朗进行"核恢复",而不是有效的经济制裁恢复,这削弱了美国实施任何制裁的能力,甚至包括非核制裁。此外,伊核协议还帮助伊朗解除了数千亿美元的制裁,"这会增强其常规军事力量,并支持恐怖主义和其他流氓政权"。③ 以色列总理内塔尼亚胡称,伊核协议是一个"历史性的错误"。以色列游说者认为,"这项协议没有达到一项可接受协议所需的最低要求……事实上,这项协议将使伊朗在15年内成为一个拥有核武器的国家"。④

2015年5月,在伊核协议谈判期间,美国国会高票通过了《伊核协议审查法》(Iran Nuclear Agreement Review Act,INARA),通过该法案国会在可

---

① "The Testimony of Secretary of State John Kerry," July 28, 2015, https://2009 – 2017. state. gov/secretary/remarks/2015/07/245369. htm.

② Michael Singh, "The Middle East After the JCPOA," Testimony Submitted to the Senate Foreign Relations Committee, January 20, 2016, https://www. foreign. senate. gov/hearings/the – middle – east – after – the – jcpoa.

③ Mark Dubowitz, "Implications of a Nuclear Agreement with Iran," Hearing Before the House Committee on Foreign Affairs Washington, DC, July 23, 2015, https://s3. us – east – 2. amazonaws. com/defenddemocracy/uploads/documents/Dubowitz_Testimony_HFAC_Implications_of_a_Nuclear_Agreement. pdf.

④ "Analysis: The Iran Nuclear Deal," The American Israel Public Affairs Committee, http://www. aipac. org/~/media/Publications/Comms/IranOnePagers. pdf.

能达成的伊核协议上将获得更大的发言权。对于未来的伊核协议，INARA 要求总统在五天内向国会提交与伊朗就其核计划达成的任何协议以及所有相关材料和附件；国务卿的核查评估报告；以及根据美国的防扩散目标和对美国的相关风险所采取的措施是否适当的证明。除了这些报告外，INARA 还规定了一个国会审查期，在此期间国会可以通过一项联合决议，以否决该协议，同时禁止总统采取某些步骤实施该协议。INARA 还规定，一旦协议生效，"适当的国会委员会和领导层应充分了解伊朗遵守协议的所有方面"，包括以下内容。（1）要求政府在获得可信的违约信息后 10 天内报告伊朗可能严重违反协议的行为。在 30 天内总统必须确定违约行为是否严重，以及伊朗是否已经纠正。（2）要求总统每 90 天证明伊朗"以透明、可核查的方式充分执行"该协议的认证报告。（3）要求政府每 180 天报告一次伊朗的核计划，其中包括伊朗遵守其核承诺的情况；伊朗银行是否参与"恐怖主义"融资；伊朗的弹道导弹活动进展；伊朗是否继续支持"恐怖主义"；以及伊朗人权状况的任何变化。（4）允许某些国会委员会征求特定机构的意见，"关于协议中包含的保障措施和其他控制措施……是否提供了一个适当的框架，以确保协议中允许的伊朗活动不会对共同防御构成不利或不合理的风险"。总统还必须"随时向适当的国会委员会和领导层充分通报与伊朗核计划有关的任何倡议或谈判，包括任何新的或修订的协议"。INARA 审查的范围很广，对"协议"的概念界定比较宽泛。该词是指与伊朗核计划有关的协议，包括美国根据该协议承诺或同意采取的任何形式的行动，无论是政治承诺还是其他形式，无论其是否具有法律约束力。其中包括伊朗与任何其他方签订或制定的任何《联合全面行动计划》，以及与之相关的任何其他材料，包括附件、附录、补充文件、附带协议、实施材料、指导、技术或其他谅解，以及任何相关协议，无论是在协议之前签订或实施的，还是将来签订或实施的。①

随着美国宣布将解冻 28 亿美元的伊朗资产后，由共和党控制的众议院中的 300 多名议员联合致信奥巴马，列出了减轻伊朗经济制裁的前提条件，其中包括限制发展导弹技术、停止支持"恐怖组织"等，但这些条件并不在伊朗核谈判的议程中。

---

① "Iran Nuclear Agreement Review Act," Public Law 114 – 17, May 22, 2015, https://www.congress.gov/114/plaws/publ17/PLAW – 114publ17.pdf.

二 伊朗国内各派对伊核协议态度不一

虽然鲁哈尼的温和核政策取得了一定的成绩，有助于伊朗国际形象的改善，减轻了国际制裁的压力，但总的来看，其政策的施展空间仍是有限度的。因为根据伊朗宪法，领袖哈梅内伊拥有最后的发言权。2013年9月，鲁哈尼在纽约参加联大会议期间，就伊朗核问题向国际社会表明了温和姿态，并在回国前同奥巴马通了电话。哈梅内伊对鲁哈尼的"纽约之行"基本持肯定态度，但认为鲁的行为也有"不当之处"。这里的"不当之处"指的是哈梅内伊认为鲁哈尼过早地与奥巴马进行正面接触。2014年7月，在维也纳谈判期间，哈梅内伊在对伊朗外交部部长扎里夫和副部长阿拉克奇率领的谈判代表团表示有信心的同时，指出伊朗应大幅提升该国的铀浓缩能力。对此，有分析人士认为这是哈梅内伊给伊朗谈判团队划出了谈判红线。因此，新总统鲁哈尼的上任，并不表明伊朗已经结束了内贾德时代而进入鲁哈尼时代，事实上，伊朗仍处于哈梅内伊时代。

此外，伊朗伊斯兰革命卫队、伊斯兰国民议会中的强硬派都是鲁哈尼政府实施外交政策的强大障碍。伊斯兰革命卫队与伊朗核计划有着千丝万缕的联系。革命卫队中的一些成员直接参与核计划的研发，革命卫队控制的军工企业如卡拉季核研究中心、帕尔钦化学工厂等与伊朗核计划有着密切的联系。长期以来，革命卫队的强硬派坚决反对伊朗在核问题上有任何让步。鲁哈尼上台后，革命卫队声称"准备好同鲁哈尼'完全合作'"，不过也同样明确说明合作要在"法律所规定的职责框架内"。革命卫队总司令贾法里曾就鲁哈尼与奥巴马通话提出批评，指出鲁哈尼犯了"战术性错误"。而且伊斯兰议会的许多议员也是革命卫队的成员，当革命卫队与鲁哈尼发生冲突时，伊斯兰议会中很有可能出现不利于鲁哈尼的形势。即便是《联合全面行动计划》达成之后，伊朗最高领袖哈梅内伊仍然宣称，伊朗的对外方针仍将反对美国在中东地区的政策。

尽管伊朗保守派和温和派都乐于解除制裁，并希望看到伊朗经济复苏，但伊朗内部仍然存在分歧。自从霍梅尼去世以来，保守派和改革派之间的斗争从未停止过。伊核协议达成后，保守派仍然试图重申最高领袖哈梅内伊提出的抵制经济政策的重要性，强调在没有西方参与的情况下实现自给自足和独立发展。哈梅内伊虽然乐于看到经济复苏，但怀疑西方的诚意，特别是来自美国的诚意。2013年2月16日，哈梅内伊说，"制裁是痛苦的，而且是令人讨厌的……但是，像伊朗这样一个勇敢的国家将努力调动其内部资源，以决心和勇气通过'危险地带'"。① 在达成协议后，哈梅内伊提醒官员们，制裁的解除还不足以为伊朗带来繁荣。哈梅内伊在给鲁哈尼的信中强调，伊朗的经济依赖于"明智的和不间断的努力"。除了赞扬伊朗谈判代表的努力外，他还提出了有关这项协议的几个问题。他提醒伊朗人，美国在过去几十年里表现出的敌意，未来在核问题或任何其他问题上会再次表现出来。他认为"结束制裁事实上是结束不公正"，并指出《联合全面行动计划》的含混之处，"在整个8年内，任何反对国在谈判中以任何借口（例如支持恐怖主义或人权问题的重复借口）实施任何级别的新制裁都将被视为违反了《联合全面行动计划》，政府有义务根据议会法律第3条采取必要措施，并停止履行该协议"。②

三　美国对伊朗单边制裁的进一步加强

随着《联合全面行动计划》的实施，美国对伊朗核研发的怀疑仍在继续，辩论的焦点开始转向恐怖主义和人权等其他问题。在兰德公司向众议院提交的报告中，其高级国际政策分析师阿里礼萨·纳迪尔表示："通过《联合全面行动计划》和其他外交倡议与伊朗政权接触，并不意味着赋予伊斯兰共和国合法性，也不意味着美国将无视伊朗好斗的地区政策或其在国内的暴行。"③ 一些人士批评说，解除制裁将使伊朗更加强大，并为极端分子提供更多资金支持。雷伊·塔克伊（Ray Takeyh）建议国会谴责伊朗侵犯人权的行为，将伊朗伊斯兰革命卫队定为"恐怖组织"，并成立一个独立的两党人权委员会，以监督和调查伊朗侵犯人权的行为。④

---

① Bijan Khajehpour, Reza Marashi, and Trita Parsi, "The Trouble with Sanctions," Cairo Review of Global Affairs, July 21, 2013, http://www.thecairoreview.com/wp-content/uploads/2014/12/CR10_Khajehpour-Marashi-Parsi.pdf.
② Ayatollah Khamenei, Sanctions Snapback Means JCPOA Violation, http://www.leader.ir/en/content/13791/Ayatollah-Khamenei-sends-a-letter-to-President-HassanRouhani-about-the-JCPOA.
③ Alireza Nader, "Impact of Sanction Relief," RAND, http://www.rand.org/content/dam/rand/pubs/testimonies/CT400/CT442/RAND_CT442.pdf.
④ Ray Takeyh, "Congress Can Still Make a Difference on Iran," October 20, 2015, http://www.politico.com/magazine/story/2015/10/iran-nuclear-deal-congress-213270.

在美国国内，共和党对这份协议一直反对态度，在犹太院外组织的推动下，美国国内反对伊核协议的呼声不断高涨。2016年12月1日，即将到期的《对伊朗制裁法》有效期延长10年至2026年底。2017年1月3日，美国国会通过《通过制裁打击美国对手法》（Countering America's Adversaries Through Sanctions Act，CAATSA），对伊朗、俄罗斯和朝鲜进行制裁。该法案第一部分为2017年《打击伊朗破坏稳定活动法》①（Countering Iran's Destabilizing Activities Act），对伊朗的相关活动进行制裁。《打击伊朗破坏稳定活动法》要求在法案通过180天内国务卿、国防部部长、财政部部长和中情局局长等定期向国会提交战略报告，应对伊朗常规及非常规活动对美国及其在中东、北非和其他地区的主要盟友产生的威胁，此后每两年提交一次。战略报告的主要内容包括以下六部分。（1）概述美国打击伊朗破坏稳定活动的近期和长期目标、计划和手段，包括确定与打击伊朗破坏稳定活动目标相同的国家。（2）评估各国家在共同努力打击伊朗破坏稳定活动方面的能力和贡献情况，以及各国为进一步作出贡献可采取的其他行动或贡献情况。（3）评估伊朗常规部队能力及其升级计划，包括获取、开发和部署弹道导弹和巡航导弹能力、无人驾驶飞行器，以及海上攻击和反进入或区域拒绝能力。（4）评估伊朗的化学和生物武器能力，以及评估伊朗升级其化学或生物武器能力的计划。（5）对伊朗在该地区不对称活动的评估，其中包括：伊朗伊斯兰革命卫队及圣城旅的规模、能力和活动；伊朗网络行动的规模、能力和活动；向真主党、哈马斯、伊拉克特殊团体、叙利亚巴沙尔·阿萨德政权、也门胡塞武装等提供的支持类型和数量，包括资金、捐款以及培训；伊朗信息业务和宣传使用的范围和目标。（6）美国单方面与外国政府合作打击破坏伊朗稳定活动的行动概要，其中包括伊朗是否向被指定为"外国恐怖组织"的团体运送致命武器、是否干涉国际商业航道、是否企图破坏或颠覆中东地区的国际公认政府。行动概要还包括伊朗向非叙利亚或伊朗并代表该政权行事的其他武装力量提供支持和指导。

《打击伊朗破坏稳定活动法》对诸多相关活动进行制裁，如故意参与对伊朗政府弹道导弹计划作出重大贡献的任何活动，或伊朗境内开发、部署或维护能够运载大规模杀伤性武器系统的任何其他活动，包括制造、获取、拥

---

① 相关论述参见"Countering Iran's Destabilizing Activities Act of 2017," H. R. 3364, January 3, 2017, https://www.govtrack.us/congress/bills/115/s722/text。

有、开发、运输、转移或使用这些武器等。参加上述活动的个人和实体，以及该实体的继承者、拥有者或控制者、代表其行事者都将受到制裁。制裁措施主要是对违反者进行资产冻结和拒绝其入境。与此同时，总统每隔180天应向相关委员会提交报告，对上述活动情况进行报告。

在该法中，伊朗伊斯兰革命卫队圣城旅被认为是伊朗政府执行其支持"恐怖主义"和叛乱团体政策的主要机构，并向中东和南亚地区的激进分子和"恐怖分子"提供物资、后勤援助、培训和财政支持。法案指出，伊斯兰革命卫队负责实施伊的国际破坏稳定活动计划、支持国际恐怖主义和弹道导弹计划。因此依据第13224号行政令的条款，政府应对其进行冻结资产等制裁。法案还对侵犯人权的行为进行制裁，尤其是对伊朗政府官员侵犯人权的活动，制裁措施与其他条款相似，主要是冻结资产和禁止入境。

在武器禁运上，两种情况将受到制裁。第一，故意直接或间接向伊朗供应、出售或转让任何作战坦克、装甲战车、大口径火炮系统、作战飞机、攻击直升机、军舰、导弹或导弹系统。第二，故意向伊朗提供与上述武器和相关物资的供应、销售、转让、制造、维护或使用有关的任何技术培训、金融支持、建议、援助等。制裁措施也主要是冻结资产和禁止入境。在武器禁运上，有三种情况可以免于制裁：总统向相关国会委员会证明该活动符合美国的国家安全利益；伊朗不再对美国的国家安全和盟友安全构成重大威胁；伊朗政府已停止为国际恐怖主义行为提供行动或财政支持，不再满足被指定为"支持恐怖主义国家"的要求。

法案还规定了报告制度，在法案颁布后180天内，总统应向相关国会委员会提交一份报告，此后每隔180天报告一次，其内容包括美国对向伊朗或由伊朗扩散大规模杀伤性武器或此类武器的运载系统、支持国际恐怖主义行为或支持在伊朗境内侵犯人权的个人和实体实施制裁情况，报告需说明欧盟是否采取了相应的制裁。第110条关于被伊朗拘留的美国公民的报告中规定，在法案颁布之日起90天内，总统应向相关国会委员会和领导层提交一份关于美国公民的报告，此后每180天报告一次，内容包括美国公民被伊朗或伊朗支持的团体拘留情况，如参与拘留的伊朗政府官员的资料，以及美国政府为确保这些美国公民迅速获释所做努力的情况。

也有一些例外情况可以免于制裁，如人道主义援助等。第112条规定了总统的豁免权力，根据第104、105、106、107或108条的规定，如果总统向相关国会委员会提交报告，证明豁免此类制裁对美国国家安全利益至关重要,制裁便可豁免。豁免制裁报告的内容应包括:(1)确定豁免对美国国家安全利益至关重要的具体详细理由;(2)导致受到制裁的活动说明;(3)解释美国为确保对第2款所述活动发生地或个人拥有主要管辖权的政府合作终止或酌情惩罚该活动而做的任何努力;(4)评估第2款所述活动对伊朗威胁美国或美国盟友利益、发展运载大规模杀伤性武器的系统、支持国际恐怖主义行为的能力,是否侵犯伊朗境内任何人的人权等。

小 结

　　伊朗核问题在本质上是美伊关系问题,是美国对伊朗威胁认知的表现,也是伊朗安全困境的体现。因此,要在短时间内彻底解决伊朗核问题并非易事。它不仅仅是在技术层面上去解决如何限制伊朗核计划和如何松绑对伊朗的制裁,更需要在深层次上解决伊朗与美国以及西方国家之间的信任问题,而信任的建立往往需要更长的时间考验。虽然联合国通过了伊核协议,但联合国与其他组织合作不够,联合国成员国之间意见不一致、互相牵制,美国无视联合国权威而采取单边制裁等,影响了协议的执行效果。伊朗的核政策是伊朗伊斯兰共和国独立自主建国理念的体现,是伊朗发展独立国防、寻求大国地位的尝试,也是伊朗对历史经验的总结和对威胁认知进行反复评估的结果,反映了国家的最高利益,所以伊朗是不会轻易妥协的。对于美国,自从伊朗人质危机后,美国始终认为伊朗对其国家安全、外交和经济及其盟友安全产生威胁,这一认知一直出现在美国对伊朗制裁的法律文件中。而且伊核协议解除的是关于核问题的二级制裁,美国对伊朗其他方面的制裁仍然有效,如针对"恐怖主义"问题、人权问题、弹道导弹问题等的制裁依然存在。美国国内的争论表明,美国高层仍有为数不少的人认为在伊朗停止支持"恐怖组织"之前不应该解除对伊制裁,否则很难保证解除制裁的收益不会流向世界各地威胁美国安全的极端分子手中。况且,针对核问题的许多制裁有时包含在有一系列目标的综合措施中,很难看出哪项措施与核问题或恐怖主义问题有关。因此,核谈判虽然达成了全面解决伊朗核问题的协议,但协议的执行仍然面临许多因素的阻碍。

第九章
退出伊核协议：制裁的回弹与多边协议的破坏

2018年5月，美国宣布退出伊核协议，认为《联合全面行动计划》在限制伊朗核活动上并不能保证伊朗不再寻求核武器，存在严重缺陷。美国退出伊核协议后，逐步恢复被取消的制裁，伊朗再次面临美国的全面制裁，美伊关系急转直下。由于伊朗认为美国的退出是不履行《联合全面行动计划》的行为，也在随后分阶段恢复铀浓缩，挑战伊核协议对伊朗的限制底线。事实上，伊朗核问题是美伊关系的一个缩影，美国退出伊核协议深层次的原因在于协议并没有改变美国对伊朗的威胁认知。双方虽然达成了伊核协议，美国解除了对伊朗在核问题上的部分制裁，但仍然保留了在其他领域的制裁。在美国制裁伊朗的法律文件上，伊朗仍然被认为是对美国的国家安全、外交和经济以及盟友安全产生了"非同寻常"的威胁。这一威胁认知以及美国在其他领域的制裁，反过来成为伊朗预判美是否遵守伊核协议的重要因素。相互之间的极度不信任最终使来之不易的多边协议摇摇欲坠。

第一节　美国退出伊核协议

伊核协议一直被奥巴马政府认为是一项重要的外交成就，强调通过该协议可以有效防止伊朗获取核武器。2017年特朗普就任美国总统后，美国国内对伊核协议的不满日益增加，特朗普政府声称该协议存在缺陷，没有从根本上改变伊朗的行为。2018年5月，特朗普政府宣布美国将退出伊核协议，恢复对伊朗实施全面制裁。自2018年11月5日起，为实施伊核协议而暂停的所有美国制裁重新生效，除此之外美国还实施了新的制裁，美伊关系再趋紧张。伊核协议作为一项国际多边合作的成果，美国的退出不仅给美伊关系带来变数，也给国际核不扩散体制带来许多争论。

一 特朗普政府对解除制裁的不满

特朗普上台后，美国的中东政策既有对上届政府政策的延续又有所调整，基本目标仍然是继续保持美国霸权，维护美国主导、对美有利的地区秩序，注重地区盟友和亲美势力的培养。在特朗普的中东政策中，偏袒以色列和遏制伊朗表现得尤为明显。对于伊核协议，特朗普在2016年竞选总统期间就一直批评该协议，认为伊核协议存在严重缺陷，主要表现在以下四个方面。第一，伊核协议不能全面解决对伊朗的核查问题，因为协议允许核查的范围并不包括军事设施。第二，在伊核协议日落条款的规定上，协议对伊朗核活动的限制措施分别将于2025年和2030年失效，因此美国认为"我们得到的软弱的核查措施所换取的不过是仅能短期地、暂时地拖延伊朗走上通往核武器之路"。[1] 第三，伊朗在弹道导弹技术上的进步以及在地区影响力的上升给美国带来的威胁并不能通过签订伊核协议来缓解。第四，特朗普政府认为，伊核协议的签订向濒临崩溃的伊朗政治和经济抛出了救生圈，使美国长期以来的单边制裁和联合国在核问题上的制裁功亏一篑。根据伊朗央行公布的数据，伊核协议达成后的三个财年，伊朗的石油收入分别达到318.47亿美元（2015财年）、557.57亿美元（2016财年）、658.82亿美元（2017财年），远远超过美国的预期。[2]

尤其是在弹道导弹问题上，美国认为导弹可以搭载核弹头，因此伊朗的弹道导弹技术应该和核问题一起得到国际社会的监督和检查。美国官方报告认为伊朗在中东地区拥有最大的弹道导弹部队，这些导弹能击中距伊朗边界达2000公里的目标，对美国的军事存在和盟友安全产生威胁。美国情报机构表示，伊朗"继续发展和增强了一系列军事能力，以瞄准该地区的美国及其盟国的军事资产，包括武装无人机、弹道导弹、先进水雷、无人驾驶爆炸

---

[1] 莫盛凯：《特朗普政府中东政策的特点》，《战略决策研究》2020年第5期，第54页。

[2] 莫盛凯：《特朗普政府中东政策的特点》，《战略决策研究》2020年第5期，第58页，转引自《伊朗中央银行称前一财年伊石油年收入超过658亿美元》，中华人民共和国商务部网站，2019年4月10日，http://www.mofcom.gov.cn/article/i/jyjl/j/201904/20190402851474.shtml。

艇、潜艇和先进鱼雷等"。① 在 2015 年 10 月，伊核协议签订三个月后，伊朗试射了一枚射程 1200 英里的弹道导弹。2016 年 3 月 8 日至 9 日，即《联合全面行动计划》生效（2016 年 1 月 16 日为生效日）近两个月后，伊朗再次进行了弹道导弹试验。7 月 11 日，伊朗进行了一枚射程 2500 英里的导弹发射试验。对此，伊朗声称弹道导弹是常规武装，对其防御至关重要。奥巴马认为伊朗在签署《联合全面行动计划》后进行弹道导弹试验是"挑衅和破坏稳定"，但并不违反伊核协议。特朗普政府将伊朗弹道导弹技术的发展视为伊核协议的重要缺陷，因为它可以携带核弹头。虽然第 2231 号决议呼吁伊朗在《联合全面行动计划》通过之日起的八年内，不研制或试验旨在"运载核武器"的弹道导弹，禁止伊朗发展具有核能力的弹道导弹，但《联合全面行动计划》本身并没有包含对伊朗发展弹道导弹的限制，联合国安理会迄今尚未就任何导弹试验对伊朗实施制裁，而这一点正是特朗普政府所不满的地方。而且伊朗的导弹项目由伊斯兰革命卫队航空航天部队负责，伊斯兰革命卫队则一直是美国制裁的重点。

与此同时，伊朗在中东地区的盟友大多数是反美国家或反美组织，尤其是伊朗在中东地区的影响力在阿富汗战争和伊拉克战争后急剧扩大，对美国在中东地区的盟友，尤其是以色列产生了重要威胁。特朗普上台后，"以色列优先"成为美国中东政策的重要内容。一方面，美国大力支持以色列占领戈兰高地，借叙利亚危机中的化武威胁打击叙利亚巴沙尔政权，并与叙利亚库尔德武装相配合夹击叙利亚政府军；另一方面，美国对伊朗采取极限施压和全面遏制的政策。对于特朗普来说，伊核协议的签订释放了伊朗军事、经济和外交活力，使被西方称为"什叶派之弧"的联盟势力进一步增强，对美国在中东地区的存在和以色列的安全产生了严重威胁。因此伊核协议的存留并不以伊朗是否真正遵循协议内容为依据，而是以中东秩序主导者美国的战略构想为评判标准。② 美国及其中东地区盟友认为，即使有了伊核协议，伊朗也可以自由地继续资助该地区的"恐怖组织"，如黎巴嫩的真主党和巴勒斯坦的哈马斯，还可以制造更多常规武器如弹道导弹，并在没有联合国监督

---

① Kenneth Katzman, "Iran's Foreign and Defense Policies," *Congressional Research Service*, January 11, 2021, p. 10.
② 汪波、伍睿：《"以色列优先"与特朗普中东政策的内在逻辑》，《阿拉伯世界研究》2021 年第 3 期，第 20 页。

的情况下继续侵犯人权。

事实上,伊核协议在美国国会内部也产生了严重分歧。在美国国会,该协议的支持者称,协议将在未来10~25年内阻止伊朗生产核武器。如果美国和伊朗之间的关系恶化,延长的时间将使美国有时间实施更多制裁或进行军事干预。国际原子能机构的广泛检查将强制执行,使伊朗境内浓缩铀含量限制在丰度最多为3.67%和存量最多为300千克。国际原子能机构的核查人员将可以全天候进入伊朗的核设施。国会的反对者认为,在日落条款生效后的10~25年内,没有任何情况可以阻止伊朗生产核武器。他们还认为,一旦日落条款到期,取消制裁只会让伊朗在财政上处于更有利的地位,推动其发展核武器,而且伊核协议没有阻止伊朗储存传统的非核武器,也没有阻止伊斯兰革命卫队资助中东的激进组织和反美势力。

由于国会在2015年通过了《伊核协议审查法》,根据该法美国总统必须每90天证明伊朗遵守了伊核协议,一旦证明伊朗遵守了伊核协议,对伊朗的核制裁将得到放松。特朗普虽然对伊核协议不满,但在其担任总统的第一年,他两次向国会证明伊朗遵守了伊核协议。2017年4月19日,时任国务卿雷克斯·蒂勒森(Rex Tillerson)告诉记者,美国政府将"全面审查伊核协议",因为伊核协议未能实现无核伊朗的目标。特朗普政府于7月17日表示,美国政府"试图采取更有力的措施,更严格地解释针对伊朗的协议",因为"我们认为对伊核协议的现有限制没有得到充分执行"。[1]

10月13日,特朗普宣布美国政府已完成对伊朗政策的审查。在当天的伊朗政策声明中,特朗普表示:"我们完全支持伊朗政权长期以来的受害者——伊朗人民,他们为其领导人的暴力和极端主义付出了沉重代价。伊朗人民渴望恢复伊朗引以为傲的历史、文化、文明以及与邻国的合作。"[2] 关于伊核协议,特朗普宣布政府不会发布INARA规定的合规性认证,他将指示他的政府与国会和美国的盟友密切合作,"弥补该协议的许多严重缺陷,使伊朗政权永远无法用核武器威胁世界"。这些问题包括解决伊核协议核限制到期问题、遏制伊朗的弹道导弹计划、打击伊朗的地区活动等。随后特朗普拒

---

[1] Paul K. Kerr and Kenneth Katzman, "Iran Nuclear Agreement and U. S. Exit," *Congressional Research Service*, July 20, 2018, pp. 22 - 23.

[2] Paul K. Kerr and Kenneth Katzman, "Iran Nuclear Agreement and U. S. Exit," *Congressional Research Service*, July 20, 2018, p. 23.

绝证明伊朗遵守了伊核协议，声称他认为该协议不符合美国的最佳利益。因为该证明是美国法律而不是协议本身要求的，所以美国当时仍然是伊核协议的守约方。国际原子能机构也发表声明称，伊朗遵守了伊核协议的相关规定。2018年1月，特朗普表示，他希望有朝一日以对美国更有利的条款重新谈判该协议。12日，特朗普表示，在"我们的欧洲盟友同意修复伊核协议的可怕缺陷"的情况下，根据伊核协议，"美国不会再次放弃制裁"。特朗普还要求国会就伊核协议制定新的立法，对《伊核协议审查法》进行修正，内容必须包括：（1）要求伊朗允许国际原子能机构核查人员对所有地点进行按时、充分和及时的视察；（2）确保伊朗在不到一年的时间内无法生产足够的核武器裂变材料；（3）如果伊朗不遵守这些新标准，允许美国无限期地重新实施核制裁；（4）明确说明美国认为伊朗的远程导弹计划和核武器是不可分割的，伊朗的导弹开发和试验应受到严厉制裁。[①] 2月，美国《核态势评估报告》称："伊朗发展越来越强的远程弹道导弹能力、破坏邻国政府稳定的侵略性战略和活动，引发了人们对其放弃核武器能力的长期承诺的质疑。"[②] 美国官员随后多次与法国、德国和英国的官员会面，讨论特朗普的要求，但双方没有达成一致。

二 美国宣布退出伊核协议

2018年5月8日，特朗普宣布美国退出伊核协议，并在11月4日前重新实施所有美国次级制裁。特朗普总统命令国务卿迈克尔·蓬佩奥"采取一切适当措施停止美国参与伊核协议"，并与财政部部长史蒂文·姆努钦一起采取措施，重新实施与该协议有关的所有美国解除或放弃的制裁。美国同时通知其他参与国际核谈判的国家，美国将不再出席联合委员会的会议、阿拉克反应堆工作组和采购工作组。尽管特朗普宣布退出伊核协议，但其一再表示目标不是针对伊朗人民，目的也不是谋求推翻伊朗现政权。他指出："我想向长期受苦受难的伊朗人民传达一个信息，美国人民与你们站在一起……伊

---

① Paul K. Kerr and Kenneth Katzman, "Iran Nuclear Agreement and U. S. Exit," *Congressional Research Service*, p. 23.

② Paul K. Kerr and Kenneth Katzman, "Iran Nuclear Agreement and U. S. Exit," *Congressional Research Service*, p. 23.

朗的未来属于它的人民，他们才是这片丰富文化和古老土地的合法继承人，他们理应拥有一个公正对待他们梦想、尊重他们历史的国家。"①

伊核协议的支持者警告说，退出伊核协议可能损害美国在国际上的信誉，其他国家可能不再信任与美国达成的任何协议，因为担心美国会食言，这可能对美国限制或消除朝鲜核能力的努力产生有害影响。该协议的支持者还认为，减少制裁可能会促使伊朗更加渴望融入国际社会，其可能会在条款失效时结束对核武器的渴望。特朗普宣布退出伊核协议不久，以色列和伊朗之间爆发了军事对抗。伊斯兰革命卫队在叙利亚向戈兰高地发射了20枚火箭弹。以色列则轰炸了伊朗在叙利亚的军事基地。

其实，美国退出伊核协议并不是有关核问题本身，而是更多地体现了美国和伊朗两国关系的变化。事实上，遏制伊朗一直是特朗普中东政策的重要内容。2017年1月，特朗普刚刚上台，政府就颁布了"禁穆令"，禁止90天内包括伊朗在内的7国公民入境美国，伊朗则以试射一枚中程弹道导弹、宣布在外汇交易中弃用美元作为回应。9月，特朗普在第72届联合国大会发言，严厉谴责伊朗为"流氓国家"和"残暴政权"。10月，特朗普政府发布了伊朗新战略，指责伊朗不仅发展核计划和弹道导弹技术，而且支持"国际恐怖主义"、支持叙利亚阿萨德政府、威胁以色列、阻碍海湾和红海的航海自由、非法扣押外国人等。2018年5月21日，蓬佩奥在其作为国务卿的第一次演讲中阐明了伊朗必须在修订后的伊核协议中满足12项要求，完整体现了伊朗核问题与美伊关系的重要关联。如果伊朗能够满足这些要求，美国就"准备结束对伊朗政权的每一项制裁的主要部分……与伊朗重新建立全面的外交和商业关系，支持伊朗经济现代化和重新融入国际经济体系"。蓬佩奥列出了新协议需要满足的美国要求，包括：（1）伊朗必须向国际原子能机构全面说明其核计划先前的军事用途，并永久地、可核查地放弃此类工作；（2）伊朗必须停止铀浓缩，永远不进行钚后处理，关闭重水反应堆；（3）伊朗还必须允许国际原子能机构在其全国所有场址无条件准入；（4）伊朗必须停止弹道导弹的扩散，停止进一步发射或发展具有核能力的导弹系统；（5）伊朗必须释放所有美国公民，以及美国的合作伙伴和盟国的公民，因为他们中的每一个人都因虚假指控而被拘留；（6）伊朗必须停止支持

---

① Kenneth Katzman, "Iran: Internal Politics and U. S. Policy and Options," *Congressional Research Service*, December 9, 2020, p. 32.

"中东恐怖组织",包括黎巴嫩真主党、哈马斯和杰哈德;(7)伊朗必须尊重伊拉克政府的主权,允许什叶派民兵解除武装、复员和重返社会;(8)伊朗还必须停止对胡塞民兵的军事支持,努力实现也门问题的和平政治解决;(9)伊朗必须在整个叙利亚撤出所有由伊朗指挥的部队;(10)伊朗必须停止支持阿富汗塔利班及其分支机构,停止窝藏"基地"组织高级领导人;(11)伊朗必须结束伊斯兰革命卫队对世界各地"恐怖分子"和好战伙伴的支持;(12)伊朗必须停止对其邻国的威胁行为,包括威胁摧毁以色列,以及向沙特阿拉伯和阿拉伯联合酋长国发射导弹。①

蓬佩奥的12项要求基本上涵盖了目前美国和伊朗冲突的主要方面,也是美国认为伊朗对美国产生威胁的要点,可以看出美国对伊核协议的不满并不仅仅是对核问题解决方案本身的不满,而是对伊朗挑战到美国利益各个方面的不满。美国希望将反恐问题、大规模杀伤性武器、人权问题甚至伊朗的地区影响力等问题与核问题捆绑起来。对于美国的制裁威胁,2018年7月23日,鲁哈尼和伊朗其他领导人威胁称,如果伊朗的石油出口受到制裁,将切断通过海湾的石油贸易。

2018年6月27日,美国财政部外资控制办公室称将逐步禁止进口原产于伊朗的地毯和食品,取消与伊朗商业客运航空服务相关的合同。外资控制办公室还于2018年1月16日取消了出口伊朗的通用许可证。8月6日,美国总统下令阻止与伊朗政府购买美国纸币或贵金属有关的交易;禁止为伊朗石油、其他能源相关资源、航运、造船和汽车行业的贸易提供物质支持、港口作业,以及禁止支持伊朗中央银行等。11月5日,美国基本上恢复了根据伊核协议取消或放弃的制裁。

2018年8月16日,蓬佩奥宣布成立一个"伊朗行动小组",负责协调国务院与伊朗有关的活动。该组织由美国国务院"伊朗问题特别代表"布赖恩·胡克(Brian Hook)领导。9月,该组织发布了关于伊朗的"非法政权"报告。10月3日,美国政府废除了1955年的《美国和伊朗友好、经济关系和领事权利条约》。因为伊朗的法律代表援引该条约获得了2018年10月2日国际法院的有利裁决,使美国不得不撤销对伊朗的一些制裁。2019年4月8日,美国政府将伊朗伊斯兰革命卫队指定为"恐怖组织",指责它"参与了

---

① Paul K. Kerr and Kenneth Katzman, "Iran Nuclear Agreement and U. S. Exit," *Congressional Research Service*, July 20, 2018, p. 24.

伊朗支持的恐怖主义和反美行动的多起行为"。22 日，美国政府宣布不再为根据《2012 财年国防授权法》承诺减少伊朗石油采购的国家提供制裁豁免。5 月，美伊发生直接冲突，美伊紧张局势升级。9 月 14 日沙特关键能源基础设施被袭击之后，美国于 2020 年 1 月 3 日发动袭击，伊朗伊斯兰革命卫队指挥官卡西姆·苏莱曼尼被暗杀。

在整个 2020 年，特朗普政府表示美国将在联合国安理会行使所有可用的外交选择，以延长根据第 2231 号决议规定将于 2020 年 10 月 18 日到期的对伊朗武器进出口的禁令。2020 年 8 月 20 日，蓬佩奥向联合国安理会轮值主席国递交了一份正式投诉，称伊朗违反了伊核协议，联合国的所有制裁都应该恢复。安理会 15 个成员国中有 13 个国家以书面形式表示反对。因为美国不再参与伊核协议，安理会轮值主席国拒绝美国提出快速恢复制裁的请求。联合国安理会和联合国秘书长表示，美国的快速恢复制裁的请求没有得到整个安理会的支持，所以不会对伊实施制裁。特朗普政府官员表示，他们将对任何向伊朗出售武器的国家或实体实施单边制裁。

随着美国新一届总统选举的展开，美国对伊朗政策出现新变化。约瑟夫·拜登在参选中表示如果当选总统，他将回归奥巴马政府时期对伊朗的方针，包括恢复美国对伊核协议的参与。他在 2020 年 9 月 13 日的讲话中表示，如果当选新一届总统，"我将为德黑兰提供一条可靠的重返外交的道路……我还将采取措施确保美国的制裁不会阻碍伊朗对抗新冠疫情的斗争……我们将继续抵制伊朗破坏稳定的活动，这些活动威胁到我们在该地区的朋友和合作伙伴……我们将继续对伊朗的侵犯人权行为、支持恐怖主义和弹道导弹计划实施有针对性的制裁"。[1]

三　国际社会的反应

伊核协议作为一项国际社会共同努力解决伊朗核问题的多边协议，美国的退出在国际上引起巨大反响。应伊朗的请求，联合委员会于 2018 年 5 月 25 日和 7 月 6 日举行了会议，除美国外伊核协议所有缔约方都参加了会议。法国、德国和英国在一份联合声明中宣布，它们打算继续执行伊核协议，并

---

[1] Kenneth Katzman, "Iran: Internal Politics and U. S. Policy and Options," *Congressional Research Service*, December 9, 2020, p. 26.

"与所有剩余各方合作",以确保伊朗继续获得"持续的经济利益"。欧盟高级代表莫格里尼表示,如果伊朗继续履行其与核有关的承诺,欧盟将继续致力于"全面和有效地执行"该协定。2018年5月16日,为了满足伊朗留在协议中的要求,欧盟宣布继续实施伊核协议的"实际措施",其中包括:(1)维持和深化与伊朗的经济关系;(2)继续销售伊朗的石油和天然气凝析油产品和石化产品;(3)与伊朗的银行继续交易;(4)继续与伊朗保持海上、陆上、空中和铁路的运输关系;(5)提供出口信贷和金融银行的特别规定,以促进经济和金融合作以及贸易和投资;(6)欧洲公司与伊朗同行之间签署谅解备忘录及相关合同;(7)在伊朗进一步投资;(8)保护欧盟商人,确保法律的有效性;(9)在伊朗进一步发展透明、基于规则的商业环境。①

在2015年伊核协议达成后,欧盟的航空公司、汽车制造商、酒店集团、旅游机构和石油公司等纷纷进驻伊朗,与伊朗签订各种合作协定。同时,在伊核协议执行期间,法国道达尔公司、中国石油天然气集团有限公司和伊朗帕尔斯石油公司曾签署合作协议,三家公司分别持股50.1%、30.0%和19.9%,与伊朗政府签订开采世界上最大天然气田南帕尔斯气田11期项目,总投资为48亿美元,这也是解除对伊朗制裁后国际财团对伊朗的最大规模投资。但2018年法国道达尔公司宣布,如果该公司在法国和欧盟的支持下不能获得美国政府的制裁豁免,将会因为美国制裁退出南帕尔斯气田11期项目。② 2018年6月4日,法国第一大汽车制造商标致雪铁龙集团发表声明,称迫于美国对伊朗的制裁压力,已暂停本集团旗下的合资车企在伊朗市场开展业务。虽然欧盟表示仍将遵守伊核协议,但欧洲国家的车企却不敢以身试法。

随着美国全面制裁的临近,与美国关系紧密的外资企业开始撤离伊朗。8月6日,美国恢复对伊朗制裁的行政令颁布后的第一批制裁正式开始。德国梅赛德斯奔驰制造商于7日证实,该公司已经停止在伊朗的各项活动。此外波音公司、空中客车公司、西门子公司等多家大型公司纷纷表示将不会在

---

① Paul K. Kerr and Kenneth Katzman, "Iran Nuclear Agreement and U. S. Exit," *Congressional Research Service*, July 20, 2018, p. 28.
② 陈曦:《为避连带制裁,法石油巨头道达尔退出伊朗市场几成定局》,《华夏时报》2018年6月23日。

伊朗开展任何新业务。8月20日，伊朗石油部部长赞加内指出，法国道达尔公司已经正式退出伊朗市场。法国道达尔公司在美国上市，其90%的业务与美国银行有关，美国资本占其股份的30%以上，在美国的业务规模超过1000亿美元，因此受美国对伊朗次级制裁的影响非常大，美国恢复制裁的法令一颁布就很快撤出了伊朗市场。法国航运巨头达飞海运集团宣布从伊朗撤离所有的投资以及船厂，声称不想成为美国制裁伊朗的牺牲品。另一航运巨头马士基集团也发表声明称，将履行5月8日以前与伊朗签订的订单，并确保在11月4日前依照美国制裁的要求交割清楚。

与此同时，欧盟于2019年8月启动阻断法令，这个法令本身是1996年针对美国《达马托法》的域外制裁条款，目的是保护欧洲企业。该法令表示，除非得到欧盟委员会的特别批准，欧洲企业无须遵守美国的制裁令，可以继续在伊朗境内从事合法交易，而且欧盟居民和公司可以在欧盟成员国的法院提出索赔请求，损害方的资产有可能被没收或出售作为赔偿。2010~2016年，日本和韩国对伊朗实施了与美国和欧盟类似的制裁。两国都大幅削减伊朗石油进口，两国银行也限制伊朗在本国银行持有的外汇资产。2016~2018年，美国暂停制裁，两国随之增加了对伊朗石油的进口，并放宽了对伊朗账户的限制。然而，这两个国家及其公司历来都不愿意与伊朗进行可能违反美国制裁的交易，美国恢复对伊制裁后两国在2019年5月结束了对伊朗的石油采购。2011~2016年，联合国对伊朗实施制裁期间，印度和伊朗同意使用印度货币卢比结算印度从伊朗购买的一半石油。2016年国际社会放松对伊朗制裁后，印度从伊朗的石油进口在2018年7月增加到每日80万桶，远高于2011年的水平，并向伊朗支付了其在2012~2016年购买石油所欠的65亿美元。自2019年5月以来，印度从未进口过伊朗石油。韩国和印度的公司表示，它们将离开伊朗市场，不想面临美国重新实施制裁的风险。

俄罗斯和中国表示将留在伊核协议合作框架下。2018年12月，俄罗斯与伊朗在其主导的"欧亚经济联盟"框架下签署了自由贸易协议，表明俄罗斯有意帮助伊朗应对美国制裁。中方表示："中国和伊朗在不违反各自国际义务的前提下，保持着正常交往与合作，这合情合理合法，无可非议。"[1] 中

---

[1] 《外交部：中国和伊朗保持合作，合情合理合法，无可非议》，民族复兴网，2018年8月4日，https://www.mzfxw.com/e/Doprint/index.php?classid=14@id=106204。

方一贯坚决反对美方对他国实施单边制裁和所谓"长臂管辖"。①

特朗普政府宣布退出伊核协议后,伊朗对此表示愤怒,并拒绝谈判任何新协议。2018年5月10日,伊朗外长扎里夫在给联合国秘书长安东尼奥·古特雷斯的信中写道,"如果伊核协议要生存下去,剩下的伊核协议参与者和国际社会需要充分确保通过适当的国家、地区和全球措施无条件补偿伊朗","伊朗已决定真诚地诉诸伊核协议机制,寻求解决方案,以纠正美国多次重大违约和非法退出的情况,并确定剩余的伊核协议参与者和其他经济伙伴是否以及如何确保伊朗人民有权从这一全球外交成就中获得充分利益"。②扎里夫声称,如果美国违背承诺,继续违背伊核协议,损害伊朗的国家利益,伊朗"完全准备好回到伊核协议前的状态,甚至(恢复到)更为强劲的状态"。副外长赛义德·阿巴斯·阿拉基(Seyed Abbas Araqchi)声称,伊朗"将能够在不到两年的时间内达到工业浓缩阶段"。当被问及如果除美国以外的"P5+1"缔约方继续履行其义务,伊朗是否会继续履行伊核协议义务时,扎里夫回答说:"我认为这是极不可能的,伊朗不可能单方面执行该协议。这需要付出巨大的努力,鉴于目前美国的态度,伊朗从协议中获益的机会还远远不够。"③伊朗最高领袖哈梅内伊在5月23日表示,只有欧洲提供"具体保证",确保伊朗维持向欧盟国家出售石油的现有收入流,伊朗才会继续履行伊核协议。他还要求欧洲不要提出伊朗导弹计划或地区影响的问题,并补充说"伊朗有权恢复其核活动"。总统鲁哈尼在7月4日的讲话中表达了类似的观点。伊朗原子能组织发言人贝鲁兹·卡马尔万迪于6月5日表示,该组织将通过提高伊朗生产六氟化铀的能力来启动提高伊朗铀浓缩能力的进程。卡马尔万迪还解释说,伊朗将开始"制造和组装离心机转子",这是此类机器的关键部件,还将建造离心机转子工厂。6月27日,伊朗官方通讯社宣布,伊朗已恢复其铀转化设施的运行。此外,伊朗原子能组织负责人阿里·阿克巴尔·萨利希表示,德黑兰将开始使用"纳坦兹核设施中的先进离心机装配中心",此前伊朗并未公开披露过该中心。卡马尔万迪指出,伊朗

---

① 《外交部:坚决反对美方对他国实施单边制裁和所谓"长臂管辖"》,中国政府网,2020年7月21日,https://www.gov.cn/xinwen/2020-07/21/content_5528487.htm。

② Paul K. Kerr and Kenneth Katzman, "Iran Nuclear Agreement and U. S. Exit," *Congressional Research Service*, July 20, 2018, pp. 26-27.

③ Paul K. Kerr and Kenneth Katzman, "Iran Nuclear Agreement and U. S. Exit," *Congressional Research Service*, July 20, 2018, p. 27.

将继续在其伊核协议承诺的约束范围内运作，但如果伊核协议崩溃，伊朗将生产超出这些限制的离心机。①

2018年9月，德国、法国、英国、俄罗斯、中国和伊朗达成一致，支持建立一个"特殊目的机构"，通过避免美元来促进与伊朗的贸易。在2019年1月31日的联合声明中，法国、英国和德国宣布建立"贸易互换支持系统"，旨在建立一种绕过美国对伊朗制裁的新贸易体系，该机制结算不使用美元，声明重点关注不受制裁的商品交易，包括药品、医疗器械和食品。2019年4月，伊朗设立了一个"特别贸易和金融机构"与欧洲新的贸易结算体制对接。12月，欧洲又有6个国家加入了欧洲的"贸易互换支持系统"。该机制随后寻求加快医疗交易的处理速度，以帮助伊朗在2020年应对新冠疫情的传播。

第二节 美国对伊朗制裁政策的回弹与伊朗的反制裁

美国退出伊核协议后虽然国内外的反对呼声很高，但仍然很快恢复了对伊朗的制裁，并通过颁布一系列行政令进一步加强对伊朗的制裁。对此，伊朗认为美国恢复制裁的行为违反了伊核协议，因此伊朗也将逐步恢复铀浓缩。随着美伊对抗不断升级，尤其是美国对伊朗伊斯兰革命卫队高级将领的暗杀，伊朗国内通过了《反制裁战略法案》，美国和伊朗之间制裁与反制裁的斗争愈演愈烈。

一 第13846号行政令与美国恢复制裁的启动

2018年8月6日，三个月的窗口期过后，特朗普政府颁布了第13846号行政令，恢复对伊朗的制裁。② 该制裁法令是美国恢复对伊朗制裁的指导性法律文本，其制裁的理由是推进对伊朗政权施加财政压力的目标，以寻求全

---

① Paul K. Kerr and Kenneth Katzman, "Iran Nuclear Agreement and u. s. Exit," *Congressional Research Service*, July 20, 2018, p. 27.
② 相关论述参见 Executive Order 13846, "Reimposing Certain Sanctions with Respect to Iran," August 6, 2018。

面持久解决伊朗构成的各种威胁,包括伊朗发展导弹及其他非对称和常规武器能力、区域侵略网络和运动、对恐怖主义集团的支持,以及伊朗伊斯兰革命卫队及其代理人的相关活动。

第一项是对伊朗政府购买美元和贵金属进行制裁,并对伊朗的能源、航运和造船部门以及港口运营商进行制裁。相关个人和实体如果在该行政令颁布后出现以下情形将被制裁:(1)为伊朗政府购买或收购美国纸币或贵金属提供了实质性协助、赞助或提供了金融、物质或技术支持,或提供了商品或服务;(2)为伊朗国家石油公司、伊朗石油贸易公司、伊朗中央银行提供了实质性协助、赞助或提供了金融、物质或技术支持,或提供了支持该公司的商品或服务;(3)对特别指定国民名单(简称"SDN 制裁名单")上的个人和实体进行制裁,仅根据 2012 年 2 月 5 日第 13599 号行政令被冻结的伊朗存款机构除外;(4)故意向受制裁者提供重大金融、物质、技术或其他支持,或提供商品和服务等。对于出现上述情形的个人和实体,其在美国境内的所有财产和财产权益,以及此后在美国境内的财产和财产权益,或属于受制裁者但由美国人拥有或控制的所有财产和权益将被冻结,且不得转让、支付、出口、撤回或以其他方式处理。

第二项是针对外国金融机构的制裁,尤其是对与伊朗汽车行业相关以及与伊朗石油、石油产品和石化产品相关的外国金融机构进行制裁。条款规定在该法令通过后,相关外国金融机构故意进行或促成任何重大金融交易,如向伊朗出售、供应或转让与伊朗汽车行业相关的重要商品或服务,从伊朗购买、收购、销售、运输或营销石油或石油产品和石化产品,都将受到制裁,或者代表 SDN 制裁名单的受制裁者行事,也将受到制裁。

第三项是行政令规定的与伊朗汽车行业和伊朗石油、石油产品及石化产品贸易有关的"菜单式"制裁。相关个人和实体如果在该法令通过后从事以下六种行为将受到制裁:(1)故意参与向伊朗出售、供应或转让与伊朗汽车行业相关的重要商品或服务的重大交易;(2)故意参与从伊朗购买、收购、销售、运输或营销石油或石油产品的重大交易;(3)故意参与从伊朗购买、收购、销售、运输或营销石化产品的重大交易;(4)被认定为从事上述三种行为的实体的继承者;(5)拥有或控制从事上述三种行为的实体的人员,并且知道该实体参与了这些活动;(6)由国务卿确定的被制裁人员拥有或控制,或与该人员共同拥有或控制,并明知参与了这些内容中提及的活动。与这些行为相关的个人和实体都将受到美国的制裁。关于故意参与伊朗石油和石油产品的重大交易有一个前提，即伊朗以外国家的石油和石油产品供应充足，足以让外国金融机构或通过外国金融机构从伊朗购买的石油和石油产品数量大幅减少。

第四项是行政令规定的相关机构实施"菜单式"制裁的权力。根据该条款，美国进出口银行董事会应拒绝批准向被制裁者出口任何商品和服务发放任何担保、保险、信贷延期或参与信贷延期；相关机构不得根据任何法律或法规颁发任何特定许可证，或授予其他任何特定许可；对于金融机构的受制裁人员，联邦储备系统董事会主席和纽约联邦储备银行行长应采取其认为适当的行动，包括拒绝任命或终止任何先前任命等形式防止被制裁者作为美国政府债务证券的主要交易商，各机构应防止被制裁的个人和实体担任美国政府代理人或美国政府资金保管机构；代理机构不得从被制裁者处采购或与其签订采购任何商品和服务的合同；国务卿应拒绝向被制裁人员发放签证，对于被制裁实体的公司高管、负责人或控股股东，国土安全部应拒绝其入境。此外相关机构负责人应对国务卿指认的人员实施本部分所述的制裁，这些被制裁人员可能是一名或多名首席执行官，或履行类似职能和具有类似权限的人员。

第五项是规定财政部部长应在必要时采取以下行动，以实施总统、国务卿和财政部部长批准的制裁：（1）禁止美国任何金融机构在12个月内向被制裁者提供总额超过1000万美元的贷款或信贷，除非是从事减轻人类痛苦的活动；（2）禁止受美国管辖的任何外汇交易，如果这些交易涉及被制裁者；（3）禁止金融机构之间或由任何金融机构、通过任何金融机构或向任何金融机构转移任何信贷或付款，只要此类转移或付款受美国管辖且涉及被制裁者的利益；（4）冻结被制裁者在美国境内的所有财产和财产权益，以及随后将进入美国境内的财产，或者属于被制裁者由美国人拥有或控制的财产和财产权益，并规定不得转让、支付、出口、撤回或以其他方式处理；（5）禁止任何美国人投资或购买受制裁人的大量股权或债务证券；（6）限制或禁止被制裁人直接或间接向美国进口商品、技术和服务；（7）对被制裁实体的主要执行官或履行类似职能和具有类似权限的人员施加本部分所述的制裁，由总统或国务卿或财政部部长酌情选择。

第六项是对与伊朗货币里亚尔有关的活动进行制裁，主要针对外国金融机构。在该行政令通过后，任何外国金融机构严禁故意进行或促成与伊朗里亚尔或其价值基于伊朗里亚尔汇率的衍生品、掉期、期货、远期或其他类似合同的买卖有关的任何重大交易；严禁在伊朗境外持有以伊朗里亚尔计价的大量资金或账户。对于违反该行政令的外国金融机构，财政部部长可禁止此类外国金融机构在美国开设代理账户或通汇账户，或对其施加严格条件；冻结其所有在美国境内的财产和财产权益，而且此类财产和财产权益不得转让、支付、出口、撤回或以其他方式处理。

第七项是对伊朗人权问题进行相关制裁。条款规定的违规行为主要包括：（1）在 2013 年 1 月 2 日当天及以后，参与腐败或与挪用伊朗人民的商品（包括农产品、食品、药品和医疗器械）有关的活动；（2）在 2013 年 1 月 2 日当天及以后参与腐败或与挪用前面所述商品销售或转售所得收益有关的其他活动；（3）在 2012 年 8 月 10 日当天及以后，故意向伊朗、根据伊朗法律组建的任何实体或受伊朗政府管辖的任何实体或伊朗国民转让或协助转让货物或技术，如果这些货物或技术被用于严重侵犯伊朗人民人权的行为；（4）在 2012 年 8 月 10 日当天及以后，故意为已转让给伊朗的货物或技术提供服务，包括与硬件、软件或专业信息、工程等相关的服务，因为这些服务有可能被伊朗政府或其相关机构，或代表伊朗政府或此类机构的任何其他人用于严重侵犯伊朗人民人权；（5）在 2009 年 6 月 12 日当天及以后，禁止、限制或惩罚伊朗公民行使言论或集会自由，或限制接触印刷或广播媒体，包括协助或支持伊朗政府或伊朗政府拥有或控制的实体故意操纵频率，干扰或限制国际信号；（6）为被冻结资产的任何人提供实质性协助、赞助或提供金融、物质或技术支持，或向其提供商品和服务等；（7）由其财产和财产权益根据本部分被冻结的任何人直接或间接拥有或控制，或已直接或间接为其行事或意图为其行事。美国对于上述其认为的违规行为将进行制裁，其制裁措施主要是冻结财产及其权益。

行政令还规定，由美国人拥有或控制并在美国境外建立或维持的任何实体，不得故意直接或间接与伊朗政府或受伊朗政府管辖的个人和实体进行被禁止的交易。第 9 节是撤销和取代先前的行政令。有些行政令被撤销和取代，如 2012 年 10 月 9 日第 13628 号行政令和 2016 年 1 月 16 日第 13716 号行政令，前者授权实施 2012 年《减少伊朗威胁和叙利亚人权法》中规定的某些制裁以及对伊朗的额外制裁，后者为美国履行《联合全面行动计划》作出的承诺而取消制裁伊朗的第 13574 号、第 13590 号、第 13622 号、第 13645 号行政令。此外，捐款也被禁止，因为某些物品的捐款被认为会损害美国总统行使应对国家紧急状态权力的能力。此外，对于一些违规的外国人限制其进入美国，不管他是以移民还是非移民为目的入境。该行政令同时规定，为了防止那些财产和财产权益根据该命令应被冻结的人提前转移资产，无须事先通知。

该行政令还对一些概念做了清晰的界定。尤其是对"伊朗人""伊朗政府"等规定得非常详细。如"伊朗汽车部门"指的是在伊朗制造或组装轻型和重型车辆，包括乘用车、卡车、公共汽车、小巴、皮卡车和摩托车，以及与此类车辆相关的设备制造和售后零件制造的原材料的部门。"伊朗"指的是伊朗政府、伊朗领土以及伊朗政府主张主权、主权权利或管辖权的任何其他领土或海域，包括专属经济区和大陆架，前提是伊朗政府根据国际安排对该地区实行部分或全部事实控制，或从该地区的经济活动中获益。"伊朗政府"指的是伊朗政府及其任何政治分支机构、代理机构等，包括伊朗中央银行，以及由伊朗政府拥有或控制，或代表伊朗政府行事的任何个人和实体。"伊朗存款机构"指的是无论其位于何处，根据伊朗法律或伊朗境内任何司法管辖区组建，或由伊朗政府拥有或控制，或在伊朗境内，或由上述任何人拥有或控制，主要从事银行业务的任何实体（例如银行、储蓄银行、储蓄协会、信用合作社、信托公司和银行控股公司，包括外国分支机构）。"伊朗人"是指伊朗公民或根据伊朗法律组建的实体或受伊朗政府管辖的其他实体。关于行为、情况或结果的术语"知晓"和"知情"是指一个人实际了解或应该知道该行为、情况或结果。"伊朗国家石油公司"是指伊朗国家石油公司和由伊朗国家石油公司拥有或控制，或代表伊朗国家石油公司经营的任何实体。术语"石化产品"是指任何芳烃、烯烃和合成气及其衍生物，包括乙烯、丙烯、丁二烯、苯、甲苯、二甲苯、氨、甲醇和尿素。术语"石油"（也称为原油）是指天然地下储层中液相存在的碳氢化合物混合物。术语"石油产品"包括未加工油、液化石油气、戊烷、航空汽油、车用汽油、石脑油型喷气燃料、煤油型喷气燃料、煤油、馏出燃料油、残余燃料油、石化原料、特殊石脑油、润滑油、蜡、石油焦、沥青、道路油、静止气体，以及从加工中获得的杂项产品。该术语不包括天然气、液化天然气、生物燃料、甲醇和其他非石油燃料。

2018年11月5日，三个月窗口期结束，美国财政部外资控制办公室制裁了700多名（个）个人和实体，是针对伊朗有史以来规模最大的单日制裁行动。与此同时，美国还加强了对伊朗伊斯兰革命卫队的制裁。2019年3月26日，外资控制办公室对25名（个）个人和实体进行制裁，其中包括伊朗、阿联酋和土耳其的公司。据美国有关部门称，这些公司已将10亿多美元转移到伊斯兰革命卫队、伊朗国防部和武装部队后勤部，还为后者采购了价值数百万美元的车辆。据称，伊朗政府通过由伊斯兰革命卫队控制的安萨尔银行（Ansar Bank）建立了一个分层网络以规避制裁，由设在伊朗、土耳其和阿联酋的"皮包公司"组成，以此进入国际金融体系，并将伊朗里亚尔兑换成美元或欧元。安萨尔银行利用设在伊朗的外汇部门安萨尔交易所及其网络进行货币兑换，和该交易所有业务往来的四家"皮包公司"分别是位于阿联酋的萨坎综合贸易公司、勒布拉·穆恩综合贸易公司和纳里亚综合贸易公司，以及位于伊朗的希塔尔交易所，这四家公司均被制裁。同时安萨尔银行拥有或控制的一些伊朗公司也被制裁，其中包括伊朗阿特拉斯公司、安萨尔银行经纪公司、安萨尔信息技术公司。6月7日，外资控制办公室对伊朗石化控股集团海湾石化工业公司进行制裁，因为它向伊斯兰革命卫队下属的哈塔姆－安比亚建设集团提供了金融支持。12日，外资控制办公室对设在伊拉克的伊朗伊斯兰革命卫队圣城旅的金融渠道南方财富资源公司实施制裁，该公司被指控向伊朗伊斯兰革命卫队圣城旅支持的伊拉克民兵贩运了价值数亿美元的武器。[1]

2018年10月16日，外资控制办公室对向伊朗巴斯基武装提供财政支持的庞大企业网络采取了行动，根据第13224号行政令对其进行制裁。据美国有关部门报告，这个以伊朗为基地的网络被称为巴斯基合作基金会（Bonyad Taavon Basij），该基金会由至少20家公司和金融机构组成。巴斯基合作基金会利用"皮包公司"掩盖其在伊朗汽车、采矿、金属和银行业的投资经营，其中许多公司在中东和欧洲都有重要的国际交易。除了向巴斯基民兵提供社会福利服务包括住房和财政支持外，巴斯基合作基金会还通过资助小型公司来管理巴斯基民兵的经济活动。巴斯基合作基金会通过其金融和投资分支机构梅赫尔·艾克塔萨德银行建立了几个投资公司，从而扩大其经济影响力。梅赫尔·艾克塔萨德银行的前身是梅赫尔金融和信贷机构，每年以股息和无息信贷的形式向巴斯基合作基金会支付数亿美元的资金。[2]

---

[1] Kenneth Katzman, "Iran Sanctions," *Congressional Research Service*, April 6, 2021, pp. 75–78.

[2] Kenneth Katzman, "Iran Sanctions," *Congressional Research Service*, April 6, 2021, p. 76.

二 特朗普政府通过系列行政令制裁伊朗

随着第 13847 号行政令的通过,特朗普政府在恢复之前伊核协议中豁免制裁的基础上,通过颁布一系列行政令进一步加强了对伊朗的单边制裁。2019 年 5 月 8 日,美国颁布第 13871 号行政令,对投资伊朗钢铁、铝、铜行业的个人和实体进行制裁。该法令制裁伊朗的依据是,美国认为伊朗仍然在谋求核武器和洲际弹道导弹,并在中东地区产生了恶劣影响,而从伊朗钢铁、铝和铜部门出口产品所得的收入,"可能用于为大规模杀伤性武器、恐怖组织和网络的扩散提供资金和支持"。因此,美国将对以下几类个人和实体进行制裁:(1)在伊朗的钢铁、铝或铜行业经营,或拥有、控制或经营属于伊朗钢铁、铝或铜部门的实体;(2)故意参与向伊朗出售、供应或转让与伊朗钢铁、铝或铜行业相关的重要商品或服务的重大交易;(3)有意参与从伊朗购买、收购、销售、运输或营销铁、铁制品、铝、铝制品、钢、钢制品、铜、铜制品的重大交易;(4)用其财产和财产权益向被冻结的任何人提供实质性协助、赞助或提供金融、物质或技术支持,或提供商品和服务;(5)其财产和财产权益根据本部分被冻结的任何人直接或间接拥有或控制,或直接或间接为其行事或声称代表其行事。对于上述个人和实体,其在美国的财产将被冻结,外国金融机构如果参与上述活动也将受到制裁。[①]

2020 年 6 月 25 日,外资控制办公室对在伊朗金属行业内的四家钢铁、铝和铜业公司进行了制裁,其中包括莫巴拉基钢铁公司的一家伊朗子公司,还制裁了一家总部位于德国的塔拉钢铁贸易有限公司。该公司是莫巴拉基钢铁公司的全资子公司,在欧洲从事金属和金属矿石的批发业务。美国还制裁了三家位于阿拉伯联合酋长国的销售代理:太平洋钢铁公司、更好未来通用商贸有限公司和图卡金属贸易公司。这三家公司由莫巴拉基钢铁公司控股,在该地区从事伊朗金属产品的进出口。受制裁的还有一家位于伊朗的钢铁生产商和出口商梅蒂尔钢铁公司,莫巴拉基钢铁公司拥有该公司多数股权。制裁还针对伊朗的三家大型铝、钢和铁生产商,其中包括南方铝业公司(South Aluminum Company)、锡尔詹·贾汉钢铁联合企业(Sirjan Jahan Steel Com-

---

[①] Executive Order 13871, "Imposing Sanctions with Respect to the Iron, Steel, Aluminum, and Copper Sectors of Iran," May 8, 2019.

plex)、伊朗中央铁矿公司（Iran Central Iron Ore Company）。[1]

2019年6月24日，特朗普政府颁布第13876号行政令，对伊朗实施新的制裁，原因是美国认为伊朗政府及其代理人破坏中东稳定、支持"国际恐怖主义"，并推进弹道导弹计划，以及在国际水域内外进行不负责任和挑衅的行为，包括以美国军事资产和民用船只为目标。该行政令制裁的对象包括两类。第一类是伊朗最高领导人和伊朗最高领导人办公室。第二类是美国财政部部长与国务卿协商确定的个人和实体，其中包括：（1）由伊朗最高领导人或最高领导人办公室任命的国家官员、伊朗境内任何实体的领导人、境外由伊朗境内一个或多个实体拥有或控制的任何实体的负责人；（2）上述第（1）款所述人员控制的实体；（3）向其财产及权益根据本部分被冻结的任何个人和实体提供实质性协助、赞助或提供金融、物质或技术支持，或向其提供商品和服务的个人和实体；（4）其财产及权益根据本部分被冻结的任何人直接或间接拥有或控制，或直接或间接代表其行事或意图行事的个人和实体。根据本部分规定，其财产和财产权益被冻结的任何实体的董事会成员或高级执行官也将受到制裁。对于上述人员，其在美国境内的所有财产及其权益均将被冻结，并不得转让、支付、出口、撤回或以其他方式处理。该法令还对相关的外国金融机构进行制裁，如果该外国金融机构故意为财产及其权益被冻结的任何人或其代表进行或促成任何重大金融交易。对于违反该制裁行政令的外国金融机构，美国财政部部长可禁止其在美国开设代理账户或通汇账户，并对其施加严格条件。该行政令也无须提前通知，防止转移资金。[2] 美国财政部根据这一新的授权，将伊朗最高领袖哈梅内伊列入SDN制裁名单。2019年7月31日，外资控制办公室对伊朗外长扎里夫进行制裁，因为他被认为"直接或间接为伊朗伊斯兰共和国最高领袖行事或意图代表其行事"。

2020年1月30日，外资控制办公室制裁了伊朗原子能组织及其负责人萨利希，并更新了对伊朗的核限制。2月20日，外资控制办公室对伊朗宪法监护委员会及其选举监督委员会的五名成员进行了制裁，包括长期担任伊朗专家会议主席的艾哈迈·贾纳提，以及伊朗宪法监护委员会教法学家穆罕默德·亚兹迪、法律专家希亚马克·拉赫佩克和穆罕默德·哈桑·萨德吉·莫哈达姆、副主席阿巴斯·阿里·卡德霍达伊。

---

[1] Kenneth Katzman, "Iran Sanctions," *Congressional Research Service*, April 6, 2021, p. 88.

[2] Executive Order 13876, "Imposing Sanctions with Respect to Iran," June 24, 2019.

2020年10月26日,外资控制办公室根据第13224号行政令,对伊朗石油部、伊朗国家石油公司和伊朗国家油轮公司进行制裁,它们被美国指控向伊朗伊斯兰革命卫队圣城旅提供财政支持。制裁还包括与伊朗石油部、伊朗国家石油公司和伊朗国家油轮公司有关的个人和实体。伊朗国家油轮公司总经理纳斯罗拉·萨尔达什提被认为与真主党合作向叙利亚运输石油,卡提尔吉集团代表维扬·赞加内被认为为伊朗国家油轮公司运送数百万美元的石油提供便利,因此这两个人都受到了制裁。总部设在阿联酋的阿特拉斯船舶管理公司和大西洋船舶管理公司因受控于伊朗国家邮轮公司而受到制裁。伊朗国家石油公司设在瑞士的子公司纳夫提兰国际贸易公司的总经理阿里·阿克巴尔·普雷布拉欣也受到了制裁。被制裁的伊朗石油部的主要子公司包括伊朗国家炼油和分销公司、伊朗国家石油产品分销公司、伊朗石油管道和电信公司、伊朗国家石油工程和建筑公司、阿巴丹炼油公司、伊玛目·霍梅尼·沙赞炼油公司和国家石油化工公司。被制裁的官员包括石油部部长赞加内、伊朗国家石油公司总经理马苏德·卡巴西安、伊朗国家油轮公司总经理萨尔达什提、伊朗国家炼油和分销公司主任阿里雷扎·萨迪卡巴迪、国家石油化工公司总经理贝扎德·穆罕马迪。[①]

2020年1月10日,特朗普政府颁布第13902号行政令,下令扩大对伊朗相关行业的制裁。该行政令称,"伊朗仍然是世界上支持恐怖主义的主要国家,伊朗通过使用武力和其支持的民兵组织威胁美国的军事资产和平民"。行政令称,"美国的政策仍然是阻断伊朗获得核武器和洲际弹道导弹的所有途径,并减少伊朗在中东地区的全部恶意影响。为了实现这些目标,美国试图阻止伊朗政府的收入,包括伊朗经济关键部门产品出口的收入,这些收入有可能用于资助和支持其核计划、导弹开发、恐怖主义和恐怖主义代理网络,在中东地区产生恶劣影响"。根据该行政令,经美国财政部征询国务卿后被认定属于下列任一条件的个人和实体,其在美国境内的资产将被冻结,包括:"在伊朗的建筑、采矿、制造、纺织部门,或被指认的其他部门开展业务;在2020年1月10日当天及以后,在知情的情况下参与到向伊朗或从伊朗出售、供应或转移重要商品或服务而进行的重大交易。""行政令禁止为

---

① U. S. Department of the Treasury, "Treasury Sanctions Key Actors in Iran's Oil Sector for Supporting Islamic Revolutionary Guard Corps – Qods Force, " October 26, 2020, https://home.treasury.gov/news/press – releases/sm1165.

根据该命令被冻结资产的任何个人和实体提供实质性协助、赞助或提供金融、物质或技术支持，或向其提供商品和服务；禁止被冻结资产的任何人直接或间接拥有或控制，或直接或间接为其行事或声称为其行事的任何个人和实体。"①

此外，该行政令还扩大了对外国金融机构的制裁，如果从事下面两类活动将受到制裁：（1）在知情的情况下从事向伊朗或从伊朗出售、供应或转移重要商品或服务而进行的重大交易或为这些交易提供便利，而此类商品或服务被用于伊朗的建筑业、采矿业、纺织业或被指认的其他行业；（2）外国金融机构在知情的情况下为资产被冻结的任何个人和实体进行重大金融交易或为此类交易提供便利。对于违反该行政令的外国金融机构，美国将禁止其在美国开立代理账户或通汇账户，或禁止其在美国维持上述账户，或对其在美国维持此类账户设定严格的条件。对于违反本命令的外国人将被禁止入境，不管是基于移民还是非移民的目的。但如果国务卿征询国土安全部部长确认此类人入境不会与美国利益相悖后，可以获得制裁豁免。该行政令还禁止对被制裁行业进行捐赠，因为这些活动将损害总统行使应对国家紧急状态权力的能力。与此同时该行政令不适用于开展或促进向伊朗提供（包括任何销售）农产品、食品、药品或医疗器械交易的任何个人和实体，也不适用于联合国（包括其专门机构、计划署、基金和相关组织）雇员、受让人或承包商为开展联合国公务进行的交易。②

该行政令还对一些术语进行了界定，如"外国金融机构"指的是作为委托人或代理人从事接受存款、发放、授予、转让、持有或代理贷款或信贷业务，或买卖外汇、证券、商品期货或期权，或采购买方和卖方业务的任何外国实体。该术语包括但不限于存款机构、银行、储蓄银行、货币服务企业、信托公司、证券经纪人和交易商、商品期货和期权经纪人和交易商、远期合约和外汇交易商、证券和商品交易所、结算公司、投资公司、员工福利计划，以及贵金属、宝石或珠宝经销商以及上述任何公司的控股公司、附属公司或子公司。该术语不包括《美国法典》第 22 卷第 262r（C）（2）节中确

---

① Executive Order 13902, "Imposing Sanctions with Respect to Additional Sectors of Iran," January 10, 2020.

② Executive Order 13902, "Imposing Sanctions with Respect to Additional Sectors of Iran," January 10, 2020.

定的国际金融机构、国际农业发展基金、北美开发银行或由美国财政部部长确认的其他任何国际金融机构。①

在该行政令颁布的同一天，外资控制办公室在特别指定国民名单中增加了6名个人和20个实体。对于该行政令，参与有关伊朗建筑业、采矿业、纺织业交易存在90天的"过渡期"（wind-down period），受此行政令影响的个人和实体可以在90天内逐步减少此类交易以避免制裁风险。但在该行政令颁布以后达成的交易并不适用于这个过渡期。2020年1月10日，根据发布的第13902号行政令，美国扩大了受制裁的伊朗工业部门，外资控制办公室对伊朗政府的八名高级官员以及伊朗最大的钢铁、铝、铜和铁制造商进行制裁。被制裁的高级官员包括：伊朗最高国家安全委员会秘书阿里·沙姆哈尼、伊朗武装部队副总参谋长穆罕默德·礼萨·阿什蒂亚尼、伊朗伊斯兰革命卫队巴斯基武装负责人古拉姆雷扎·苏莱曼尼、伊朗最高领袖办公室的国际事务顾问和国际通信顾问穆赫辛·库米等。

2020年9月21日，第13949号行政令对伊朗常规武器相关活动进行制裁。该行政令认为，"武器或相关物资或军事装备进出口伊朗对地区和国际安全构成持续威胁"，美国指责伊朗通过加强与其他反美政权的关系，减少国际孤立，并从常规武器贸易中获得用于支持恐怖组织和资助恶意活动的收入。②

该行政令对以下个人和实体进行制裁：（1）直接或间接地向伊朗或从伊朗供应、出售或转让有利于伊朗的武器或相关物资，包括零配件；（2）向伊朗提供与武器供应、销售、转让、制造、维护、使用等相关的任何技术培训、服务、建议或援助等；（3）从事或试图从事任何实质性有助于伊朗政府（包括其拥有或控制或代表其行事的个人和实体）或伊朗政府财政或军事支持的军事组织进行武器扩散或相关材料和物品的扩散，或存在这种扩散风险的活动，而且这些武器目的是军事用途，包括制造、获取、拥有、开发、运输、转让或使用此类物品的任何努力；（4）向其财产及其权益被冻结的任何个人和实体提供实质性协助、赞助或提供金融、物质或技术支持；（5）财产

---

① U. S. Department of the Treasury, "Treasury Sanctions Key Actors in Iran's Oil Sector for Supporting Islamic Revolutionary Guard Corps – Qods Force," October 26, 2020, https://home.treasury.gov/news/press-releases/sm1165.

② Executive Order 13949, "Blocking Property of Certain Persons with Respect to the Conventional Arms Activities of Iran," September 21, 2020.

及其权益根据本命令被冻结的任何人拥有或控制,或直接或间接为其行事或声称代表其行事的任何个人和实体。对于从事上述活动的人,其在美国的财产将被冻结,并且其将被限制入境,无论是基于移民或非移民的目的,但是如果此人入境被认为不会威胁美国利益可以免于制裁。此外,向伊朗提供农产品、食品、药品或医疗器械交易的任何个人和实体,以及美国政府或联合国雇员等拥有豁免权。①

就在同一天,外资控制办公室制裁了伊朗原子能组织的三名副主任和该组织的一些子公司。为伊朗航空工业组织的弹道导弹生产提供设备的公司和从事伊朗导弹项目的高级官员也被制裁,其中包括伊朗原子能组织核规划和战略监督部副部长穆罕默德·甘纳迪·马拉赫、伊朗原子能组织核科学技术研究所所长贾瓦德·卡里米·萨贝特、伊朗原子能组织发言人贝鲁兹·卡马尔万迪及副主任佩兹曼·拉希米安,后者是受制裁的伊朗原子能组织下属的核燃料和原材料生产公司的负责人。总部位于伊朗的玛穆特工业集团及其子公司玛穆特内燃机车公司因向伊朗弹道导弹计划的一个实体提供支持而被制裁。

2020年12月3日,外资控制办公室制裁了隶属于伊朗国防创新和研究组织的沙希德·迈萨米集团及其主管迈赫兰·巴布里。8日,外资控制办公室制裁了伊朗伊斯兰革命卫队圣城旅派往也门胡塞武装的特使哈桑·伊尔鲁。14日,美国财政部对伊朗情报和安全部的两名高级官员穆罕默德·巴塞里和艾哈迈德·哈扎伊进行制裁,理由是他们参与了2007年3月9日前后在伊朗基什岛绑架美国前特工罗伯特·A.鲍勃·列文森的活动。

三 伊朗《反制裁战略法案》通过

面对美国对伊朗长期以来的制裁,伊朗在国内采取抵制经济政策,在国外大力发展与其他世界大国和地区国家的关系,对抗美国的孤立和制裁。2017年特朗普上台后,美国以导弹试射为由对伊朗采取新的制裁,2018年11月恢复对伊朗的全面制裁。2019年11月,美国取消了福尔多铀浓缩设施的制裁豁免。作为报复,2019年5月以来伊朗以60天为一个阶段逐步中止

---

① Executive Order 13949, "Blocking Property of Certain Persons with Respect to the Conventional Arms Activities of Iran," September 21, 2020.

履行核协议，向国际社会施压。2020年2月，美国出台了明显偏袒以色列的新版中东和平计划。5月13日，蓬佩奥成为新冠疫情以来首个访问以色列的政要，强调了美以共同对付伊朗威胁的伙伴关系。面对美国的"极限施压"政策，伊朗国内主张反制美国的呼声越来越高，保守势力的影响力也逐步扩大。

美国退出伊核协议后，伊朗国内矛盾进一步激化。鲁哈尼政府及其支持者认为伊朗应该继续执行伊核协议，但保守派多次在公开场合批评鲁哈尼政府软弱，认为此时执行伊核协议是海市蜃楼。在2019年、2020年议会选举中，伊朗国内保守势力获得越来越多的支持。2019年12月，约15000名候选人申请参加议会选举，伊朗宪法监护委员会取消了近一半候选人的资格，其中包括90名政府在任官员，他们大多数自称是温和派或改革派。鲁哈尼的女婿卡姆比兹·梅赫迪扎德也是不被允许参选的改革派。最终保守派在290个席位中赢得了压倒性的230席。随着保守派势力的上升，伊朗在核问题上的立场越来越强硬。

随着美国退出伊核协议，伊朗与美国及其盟友以色列之间的冲突也越来越多。2019年5月以来中东紧张局势显著加剧。12月27日，伊拉克北部基尔库克附近的一个基地遭到火箭袭击，一名美军士兵丧生，4名美国军人和2名伊拉克军人受伤。两天后，美国对伊朗支持的真主党使用的5个设施（3个在伊拉克，2个在叙利亚）发动了报复性空袭。31日，真主党和伊朗支持的伊拉克民兵的支持者包围了美国驻巴格达大使馆，强行进入使馆，并纵火焚烧了一些外部建筑。据报道，没有美国人员在大使馆事件中受伤。

2020年1月3日，伊朗伊斯兰革命卫队圣城旅指挥官卡西姆·苏莱曼尼被美国无人机暗杀。美国称，苏莱曼尼对"数百名美国人和联军士兵的死亡"负有责任，声称他"正在积极制定袭击在伊拉克和整个地区的美国外交官和军人的计划"。[1] 伊朗领导人包括最高领袖哈梅内伊和总统鲁哈尼发誓要为苏莱曼尼报仇。哈梅内伊宣布了为期3天的公众哀悼，大批民众参加了伊朗各地为苏莱曼尼举行的葬礼游行。8日，伊朗发射了数枚弹道导弹，目标是美军所在的伊拉克军事基地。美国国防部证实，有十多枚导弹是从伊朗发射的，但美国和伊拉克军方均报告未有人员伤亡。

---

[1] Clayton Thomas, "U. S. Killing of Qasem Soleimani: Frequently Asked Questions," *Congressional Research Service*, January 8, 2020, p. 1.

自美国 2018 年退出伊核协议以来，伊朗国内保守人士一直呼吁采取反制裁措施。2020 年 8 月，《反制裁战略法》被提交到伊朗议会，直到 11 月底一直处于审议中。11 月 27 日，伊朗国防部副部长、顶级核科学家莫森·法赫里扎德（Mohsen Fakhrizadeh）在德黑兰被刺杀身亡。伊朗常驻国际原子能机构代表于 30 日严厉指责国际原子能机构对伊朗核科学家被刺一案保持沉默，对国际原子能机构的保密能力表示不满，导致伊朗核信息泄露、核科学家暴露在"恐怖分子"的目标下。暗杀事件发生后，12 月 2 日伊朗议会通过了《反制裁战略法》。伊朗宪法监护委员会也于次日通过了这一法案。伊朗总统鲁哈尼虽然认为该法案不利于国家的外交工作，也不利于取消制裁，但根据伊朗的相关法律，法案生效后政府必须执行。

《反制裁战略法》的快速通过，一方面是回应当时伊朗国内的民情激愤的局势，另一方面是加大伊朗在伊核协议上的违约力度来迫使美国取消制裁和获得欧洲国家的支持。该法案的内容主要包括以下 9 项。（1）伊朗原子能组织有权利出于和平目的立即开始每年生产和贮存 120 千克丰度为 20% 的浓缩铀。此外，还需全面、毫不拖延地满足伊朗出于和平目的，获得丰度超过 20% 的浓缩铀的能力。（2）伊朗原子能组织有义务出于和平目的，提高铀浓缩能力及不同丰度浓缩铀的生产能力至每月至少 500 千克。（3）伊朗原子能组织需在法案生效后 3 个月内，在纳坦兹地下核设施安装至少 1000 台 IR–2M 型离心机，并开始相关的注气、浓缩和储存工作。同时，利用福尔多核设施的 164 台 IR–6 型离心机开展浓缩、开发和研究工作，并将该型离心机增加至 1000 台。（4）伊朗原子能组织有权利在法案生效后的 5 个月内在伊斯法罕运营金属铀生产厂。（5）在优化和启动阿拉克总装机容量 40 兆瓦重水反应堆的同时，伊朗原子能组织有义务设计一座新的 40 兆瓦重水反应堆，用于生产医用放射性同位素。法案生效 1 个月后，伊朗原子能组织需告知议会具体实施时间。（6）如果伊核协议签署国违反协议内容、伊朗与国际银行的关系没有完全正常化、没有完全消除伊朗石油及化工产品的出口障碍且伊朗无法快速获取石油收入，则伊朗政府有义务在法案生效 2 个月后，暂停自愿履行"全面保障协定"之外的核查，包括自愿履行附加议定书。（7）如果"P4＋1"国家（法国、英国、中国、俄罗斯、德国）履行伊核协议承诺，全面解除关于核能、军事、人权及其他制裁措施，则政府需向议会提供准确报告，国家安全和外交政策委员会及国会能源委员会将评估这份报告。（8）总统和有关官员负责法案的准确、全面执行。（9）对于拒绝执行该法案的人，应根据伊朗宪法，以拒绝或阻止执行的程度，被判处二级至五级重罪。①

第三节　美国对伊朗政策的再酝酿

美国对伊朗的制裁在特朗普政府下台后出现新的转机。新总统上台后美国的伊朗政策出现调整，拜登表示希望带领美国重返伊核协议，修正特朗普政府所做的错误行为。但美国和伊朗关于美国重返伊核协议的谈判仍然举步维艰。伊朗对重新谈判伊核协议表示不满，尤其是美国附加了很多新的条件。而且恰逢伊朗国内也进行总统大选，新总统伊布拉欣·莱希刚上任就在核问题上态度强硬，对外公开表示美国对伊朗的非法制裁必须解除。制裁与解除制裁的斗争仍是美伊关系演变的重要线索。

一　拜登政府对美国中东政策的调整

自2021年初拜登上台后，其中东政策既有对前任政府政策的继承也有新的变化。拜登政府初期，中东地区持续动荡，从中东地区抽身是拜登政府与奥巴马政府和特朗普政府时期中东政策的相似之处。拜登明确指出："在无法取胜的冲突中固守根基，只会削弱我们在其他需要我们关注的问题上发挥领导作用的能力，也会阻碍我们运用重建美国力量的其他工具。"② 从阿富汗撤军则是一个典型的例子。2021年4月14日，美国总统拜登宣布将于5月1日起从阿富汗撤军，计划于9月11日前撤回所有驻阿富汗美军，结束这场"美国最漫长的战争"。对此，美国情报部门曾表示，一旦美国撤出阿富汗，塔利班将在美军撤出后的两年至三年内控制阿富汗。在美军撤军首日，阿富汗塔利班攻陷了贾兹尼省的阿尔佐军事基地。美国中央司令部在5月18日宣布已完成整个撤军进程的13%~20%，从阿富汗撤走了相当于115架波音

---

① 戴定、李颖涵：《伊朗核科学家遇刺对伊核协议影响分析》，《国外核新闻》2020年第12期，第18~19页。
② 唐志超：《拜登政府的中东政策发展趋向》，《当代世界》2021年第4期，第31页，转引自 Jr. Joseph R. Biden, "Why America Must Lead Again, Resuing U. S. Foreign Policy After Trump," *Foreign Affairs*, March/April, 2020。

C-17运输机载量的装备,同时将5000件无法带走的装备就地销毁,防止落入阿富汗塔利班手中。随着美军撤离,塔利班每天对阿富汗政府军发动多次攻击。对此,美国参谋长联席会议主席马克·米利表示,美国已部署6架B-52远程轰炸机和12架F-18战斗机,并延长艾森豪威尔号航母在北阿拉伯海的任务,掩护美军从阿富汗撤离。

当然,美国国内在阿富汗撤军问题上分歧很大。拜登政府的支持者和部分共和党人同意美国从阿富汗撤军,以结束美国史上最长的战争。共和党参议院少数党领袖麦康奈尔、众议员利兹·切尼和前国务卿希拉里反对美国从阿富汗撤军,认为美国撤军将导致塔利班在短期内重新掌权,美国在阿富汗的反恐战争将功亏一篑。美国中央司令部司令肯尼思·麦肯齐认为,美国从阿富汗撤军将导致阿富汗政府很快垮台。中情局局长威廉·伯恩斯则警告说,从阿富汗撤军将削弱美国的情报收集能力。2021年4月15日,美国官员已与塔吉克斯坦、哈萨克斯坦和乌兹别克斯坦当局就使用该地区军事基地的可能性进行了接触。

在拜登政府的中东政策中,"民主"和"人权"再次被提上日程。拜登上任后不久宣布将结束对也门战争的支持,将胡塞武装从"恐怖组织"名单上删除;指责沙特王储在卡舒吉事件上负有责任并将被制裁;批评土耳其镇压博斯普鲁斯大学的抗议活动;等等。拜登政府不仅敦促沙特继续进行改革,释放"人权"分子,而且向沙特传递信号称人权问题会破坏美沙关系。

虽然拜登并没有放弃对伊朗的遏制战略,但与特朗普政府时期有所不同。他一上台就指出要纠正特朗普政府时期的中东政策,恢复美国在中东地区的领导地位,维护地区盟友的安全,重新与伊朗达成核协议。2021年2月,兰德公司发布研究报告,建议美国政府应该重塑中东政策,将长期以来"拉一派打一派"的策略转向减少冲突与紧张局势,支持增长与发展,将长期过度使用的军事和制裁转向投资经济、治理、外交和以人为本的项目。① 3月,英国《经济学人》刊文称,前两任美国总统都认为美国过度卷入中东事务,希望摆脱中东,但中东拒绝让其离开,拜登政府同样如此。

---

① Dalia Dassa Kaye, Linda Robinson, Jeffrey Martini, Nathan Vest, Ashley L. Rhoades, "Reimagining U. S. Strategy in the Middle East," RAND, February 23, 2021, https://www.rand.org/pubs/research_reports/RRA958-1.html.

二 美国重返伊核协议谈判的开启

拜登上台后，美国重返伊核协议的问题一直是美国国内争论的焦点，国内高层也释放出不同的信号。2021年1月27日，美国国务卿布林肯指出，美国将在伊朗完全履行其义务的前提下重返核协议。29日，美国总统安全事务助理沙利文提出了"放核于盒"的概念，认为当前应当先考虑将伊朗核计划收入"盒中"，限制伊朗的核计划，暂时不要预设其他前提。2月2日，美国国务院发言人普莱斯指出，美国在与国会和地区盟国沟通前不会轻易解除对伊朗的制裁，与此同时主张将伊朗核问题作为一个多方对话平台，在此基础上达成涵盖内容更广的协议。3月初，美国常驻联合国代表格林菲尔德表示，如果伊朗遵守核协议，美国愿意重返该协议。美国国内保守主义力量，尤其是共和党和亲犹太势力反对取消对伊制裁，并希望达成一项更加严格的伊核协议。据《耶路撒冷邮报》报道，拜登任期内的共和党议员已提出8项决议，阻止美国政府重返伊核协议。2021年5月10日，50多位民主党全国委员会领导人致信拜登，敦促总统解除对伊朗的恶意制裁，重新加入伊核协议。[1] 美国伊朗问题特使罗伯特·马利（Robert Malley）曾担任《联合全面行动计划》的美国首席谈判代表，他表示如果伊朗准备扭转其核措施，华盛顿必须解除那些与伊核协议不符的制裁。[2]

2018年5月美国宣布恢复对伊朗制裁后，伊朗国内经济环境恶化，里亚尔汇率断崖式下跌，国内资本大量流出，通货膨胀和失业严重，民众对政府表现失望，游行示威活动不断。6月12日，伊朗议长拉里贾尼表示，美国的行为已经影响外资进入伊朗，伊朗正着手采取措施吸引外资。为防止货币外流，保护国内生产商，6月伊朗下令禁止进口20大类1339种商品，其中包括机器器具、电气设备、纺织原料及纺织制品、车辆、航空器、船舶及有关运输设备、塑料及其制品等。由于美国开始恢复对伊朗的全面制裁，伊朗政府发展抵抗型经济，限制进口，伊朗民众购买商品的范围缩小，购买能力也

---

[1] Aida Chavez, "Democrats Are Calling on Biden to Renew Diplomacy with Iran," The Nation, May 10, 2021, https://www.thenation.com/article/world/biden-iran-/etter/.

[2] "U. S. and Iran Agree to Talks on Returning to the 2015 Nuclear Deal," https://www.pbs.org/newshour/show/u-s-and-iran-agree-to-talks-on-returning-to-the-2015-nuclear-deal.

不断下降。由于汇率暴跌，无论是从欧洲进口的汽车家电还是从中国进口的义乌小商品，商家不断调价，价格一涨再涨。很多伊朗本土商品价格也跟着疯涨，矿泉水、牛羊肉、鸡蛋等价格都有不同程度的上调，伊朗民众怨声载道，甚至发生了骚乱。因此，对于核问题，伊朗一开始主张伊核协议不容谈判，但 11 月 5 日伊朗外长扎里夫表示，伊朗愿意有条件与美国开启新的核谈判。

2021 年 2 月，欧盟提议举行伊核协议参与方非正式会谈，美国称将接受欧盟的邀请。20 日，国际原子能机构总干事格罗西在德黑兰与伊朗外长扎里夫、伊朗原子能组织主席萨利希举行会谈，最终达成了一个最长 3 个月的临时协议。格罗西称，这是一个"临时技术性谅解"，是切实可行的，外界称这为谈判解决伊朗核问题提供了 3 个月的窗口期。2 月 17 日，扎里夫表示，根据《反制裁战略法》，如果相关方在规定时间内仍不履行核协议的义务，尤其是美国不取消前总统特朗普 2018 年以来实施的制裁，伊朗从 2 月 23 日起将停止执行核协议下有关透明度的自愿措施。

2021 年 4 月 6 日，有关伊核协议的多边会谈在维也纳举行，但美国和伊朗未就关键性分歧达成一致。美国取消制裁和伊朗重新履行伊核协议的先后顺序问题成为谈判的关键。伊朗政府多次表明，美国必须首先取消全部制裁，在核实制裁确实被取消后，伊朗将会重新履行伊核协议。而美国则表示只有伊朗重新履行伊核协议，美国才会取消对伊制裁。

对于美国重返伊核协议的谈判，阻力一方面在于美国提出了新的条件，另一方面是伊朗如何重新履行伊核协议的问题。伊朗从 2019 年 5 月起逐步突破了伊核协议条款的约束，在已安装的离心机数量、浓缩铀库存、铀浓缩丰度等方面超过了伊核协议规定的限制。与此同时，伊朗还安装了更先进的离心机，这些新型离心机可以使伊朗更快生产浓缩铀。而美国重返伊核协议的谈判须确定伊朗是否重新遵守伊核协议的规定。与此同时，美国重返伊核协议还有一个重要阻力是以色列和犹太院外组织的极力反对。对于美国有可能重新返回伊核协议，以色列积极开展外交斡旋，压缩伊朗谈判空间，联合地区反伊势力抗衡伊朗。以色列总统鲁温·瑞夫林（Reuven Rivlin）在国防军总参谋长阿维夫·科查维（Aviv Kochavi）的陪同下于 2021 年 3 月 16 日至 18 日访问了德国、奥地利和法国，讨论了伊朗的核威胁以及地区安全威胁等问题，致力于阻碍美国重返伊核协议的谈判。以色列情报机构摩萨德负责人于 2021 年 5 月 6 日访问巴林，会见了巴林国家情报和战略安全主管，与巴林就最突出的安全议题、地区发展和共同关心的问题进行商讨。

此外，以色列利用犹太游说集团通过国会议员向拜登政府施压，为美国重返伊核协议制造障碍。2020年10月30日，美国民主党众议员乔什·戈特海默（Josh Gottheimer）与共和党众议员布莱恩·马斯特（Brian Mast）向美国国会提出一项法案，要求美国国防部考虑向以色列出售掩体炸弹来提升以色列的军事实力。2021年3月9日，由140名国会议员组成的两党小组致信国务卿布林肯，表示如果拜登政府计划达成一项遏制伊朗核项目的新协议，那么美国应该在该协议中和其他方面推动形成更强有力的制裁。4月7日，4名共和党参议员致信拜登总统，敦促他不要重新加入2015年《联合全面行动计划》，他们认为这一协议存在重大缺陷。而且共和党的一些参议员正在积极推动立法，确保总统达成的任何新协议都采取条约的形式，这样就需要国会批准，目的在于阻止拜登政府重新加入伊核协议。

与此同时，以色列和伊朗的场外博弈也持续加码。美国退出伊核协议后，以色列迅速对伊朗在叙利亚的武器储存设施、后勤基地和伊斯兰革命卫队的情报中心进行轰炸。以色列针对伊朗核设施和核科学家实施打击，限制伊朗发展核武器的能力。2021年4月11日，伊朗纳坦兹核设施发生断电故障，伊朗怀疑是以色列所为。在此之前也发生过多起针对伊朗纳坦兹核设施的攻击，如2010年的"震网"蠕虫病毒侵入纳坦兹核设施离心机的工业软件以及2020年7月2日纳坦兹核设施发生的爆炸事故，伊朗认为其幕后黑手多为以色列。2020年11月27日，伊朗首席核科学家莫森·法赫里扎德被袭击身亡，也被怀疑是以色列所为。

三　制裁与美伊关系的再塑造

制裁越来越成为美国在伊朗关系变化的风向标。美伊关系缓和时，美国对伊朗的制裁就会放松，甚至解除部分制裁，两国关系恶化时，制裁政策会进一步收紧。虽然两国在国际社会的共同努力下于2015年达成了解决伊朗核问题的《联合全面行动计划》，但核问题本身并不仅仅是美国和伊朗在核不扩散问题上的冲突，在核问题上的制裁与取消制裁虽然在技术上可行，但不能从根本上解决两国在核问题上的冲突。因为仅从技术上解决伊朗核问题并不能在美国和伊朗之间建立真正的互信。例如蓬佩奥在2018年新的核谈判中提出12项要求，将伊朗地区影响力与核问题进行捆绑谈判。在12项要求中，

5项与伊朗地区影响力有关，如伊朗应停止支持黎巴嫩真主党、解除伊拉克什叶派武装、停止支持也门胡塞武装、不再庇护阿富汗塔利班以及从叙利亚撤军等。因为美国认为对伊朗解除制裁获得的资金有可能被其用来支持中东"恐怖组织"，这也是美国国内反对伊核协议的主要原因。

随着美国对伊朗的制裁恢复，两国外交针锋相对。伊朗政府采取了去美元化政策，将美元从外汇兑换网站的名单中删除，停止公布美元汇率，与此同时选择欧元、人民币和阿联酋迪拉姆作为三种主要兑换货币。2019年2月13~14日，中东问题部长级会议在波兰华沙举行，以美国、以色列、海湾阿拉伯国家为核心的反伊朗国际联盟正式组建。对此，伊朗最高领袖哈梅内伊称："反伊朗国际联盟在波兰峰会上重申遏制伊朗导弹计划的必要性，现在伊朗也应讨论在叙利亚问题上和对以色列动用导弹的可能性。"[①] 22~24日，伊朗在霍尔木兹海峡举行了代号"守卫-97"的例行年度军事演习，其间伊朗试射多种类型的导弹，并首次成功发射潜射导弹，其目的在于回应美国退出伊核协议后于2018年8月6日和11月4日的两次制裁。从2019年5月开始，伊朗逐步中止履行《联合全面行动计划》的部分条款，7月宣布将提高浓缩铀的丰度，反制美国"极限施压"，但承诺所采取措施"可逆"。2019年7月1日，伊朗浓缩铀突破存量300千克的限制，8日突破浓缩铀丰度的上限3.67%。9月6日，伊朗政府宣布不再遵守伊核协议关于离心机的限制。11月5日，伊朗启动了福尔多的离心机。2020年1月，伊朗宣布不再受核计划的约束。

2020年5月27日，美国国务卿蓬佩奥发布了《使世界免受伊朗核计划伤害》的声明，声称将结束对伊朗核项目的制裁豁免，这些项目主要是阿拉克重水反应堆改造、德黑兰研究堆所需浓缩铀供应，以及伊朗研究堆乏燃料和废料转运至境外。这些制裁豁免在三个月过渡期后终止。伊朗浓缩铀领域的两名科研人员被列入美国的制裁名单。这一举措受到国际社会的批评，认为美国公然违反联合国安理会第2231号决议，违反《联合国宪章》。欧盟三国称，伊核协议是全球核不扩散框架的一项重要成就，也是当前确保伊朗核计划完全处于和平目的的最佳和唯一途径，对美国制裁伊朗核项目深表遗憾。俄罗斯也对此表示反对。

---

① 刘中民、赵跃晨：《伊朗高调军演背后的核协议困局》，《中国社会科学报》2019年3月14日，第3版。

2020年8月24日，国际原子能机构总干事格罗西访问伊朗，伊朗表示允许国际原子能机构两次进入伊朗疑似核设施场址，并为其核查提供便利，希望以此缓和核谈判的僵局。但同月，美国向安理会提交草案要求无限期延长对伊朗的武器禁运。根据2007年3月联合国安理会通过的第1747号决议，禁止向伊朗出口武器，并呼吁所有国家对伊朗出口重型武器保持警惕和克制。伊核协议签订后，联合国安理会通过第2231号决议声明联合国维持对伊朗武器禁运至2020年10月18日。美国单方面退出伊核协议后担心武器禁运一旦被解除，伊朗将重启军事采购。但美国的提案最终被多数成员国否决，安理会15个成员国只有美国和多米尼加支持，中国和俄罗斯投了反对票，英国、法国、德国等投了弃权票。对此，伊朗外长扎里夫说："对国际社会来说，这是一个重要的日子。国际社会无视美国的恶意努力，保护了联合国安理会2231号决议和全面协议。今天，伊朗与世界的防务合作正常化是多边主义事业的胜利，也是和平与安全的胜利。"①

2020年10月21日，联合国宣布禁止对伊朗武器禁运后，伊朗防空部队举行"天空卫士-99"演习。2021年1月初，伊朗宣布福尔多核设施将浓缩铀丰度提高到20%。从4月6日开始，伊核协议相关代表就美伊恢复履约问题举行会谈，但伊朗坚持认为美国应率先解除所有对伊朗的制裁。4月10日，鲁哈尼下令启动纳坦兹核设施内的164台IR-6型离心机。11日，伊朗纳坦兹核设施发生故障，伊朗政府指责以色列发动了这次破坏活动。对此，鲁哈尼于14日在内阁会议上宣布伊朗将把铀浓缩丰度提高到60%，并启动更多IR-6型离心机，称这是对"邪恶行径的回应"。

目前，有关美国重返伊核协议的谈判困难重重。第一，两国在新的谈判中都不肯首先让步。围绕伊朗核问题的制裁，2021年2月7日伊朗最高领袖哈梅内伊表示，如果想要伊朗重新履行伊核协议，美国必须取消全部制裁。拜登在接受媒体采访时表示，伊朗铀浓缩活动不停止，制裁就不会解除。第二，要求美国取消全部制裁很难实现。从1979年以来美国对伊朗进行了长达40多年的单边制裁，制裁的法律体系完备，制裁已经成为美国对伊政策的重要内容，即使是伊核协议中也只是规定取消二级制裁，除非特别豁免，美国对伊朗的单边制裁大多数没有被取消。第三，谈判削弱伊朗地区影响力效果有限。伊朗对黎巴嫩真主党、伊拉克什叶派和也门胡塞武装等组织的支持，

---

① 兰顺正：《联合国正式终止对伊朗武器禁运》，《世界知识》2020年第22期，第49页。

是其干预中东事务、获取地区影响力的国家战略,也是其与美国多年对抗的砝码。而这些组织被美国列为"恐怖组织",被认为对美国中东政策及其盟友安全产生威胁。因此,将核谈判和伊朗地区影响力捆绑在一起,双方在这个问题上很难达成一致。

小 结

美国退出伊核协议后,美伊关系再次跌至冰点,虽然国际核谈判小组的多数国家表示将留在核协议框架内,但美国的退出使核协议的效果大打折扣。美国退出协议并提出新的条件如要求限制伊朗的地区影响力等,在一定程度上表明签署伊核协议并不能消除美国对伊朗产生威胁的看法。因此,核问题只是美国和伊朗之间冲突的一个缩影,既不能代表美伊之间宿怨的全部,也不可能通过达成伊核协议来彻底缓解美伊关系。美国重返伊核协议困难重重。一方面,美国国内对伊朗政策不具有稳定性和连续性,在是否解除制裁或者解除制裁能否消除美国对伊朗的疑虑方面并没有达成一致。另一方面,即使伊核协议解除了对伊朗的部分制裁,美国仍然保留了对伊朗在弹道导弹、反恐、人权等其他方面的制裁。对于美国来说,这些领域的制裁与核问题一样代表了美国对伊朗威胁的担忧。对于伊朗来说,伊朗与地区反美组织的亲密关系和在弹道导弹等国防高科技上的发展,是维持其地区大国地位的重要战略,因此双方都很难让步。此外,美国重返伊核协议面临地区盟友以色列等国的压力。随着伊朗在叙利亚、黎巴嫩、也门、伊拉克影响力的上升,伊朗与以色列对抗的风险也在增加。因此,拜登政府重返伊核协议仍将面临诸多挑战。

结论
制裁与美伊关系

就目前的制裁来看，伊朗核问题以及当前的核协议，并不是制裁或取消制裁的问题，而是牵扯到整个美伊关系问题。而且制裁本身从来都没有影响美国和伊朗之间的秘密交往，如"伊朗门"事件。美国制裁伊朗的不成功或者说制裁效果不明显，原因并不在于制裁政策的好坏，或是手段方式的不高明，而是制裁不能解决美伊关系涵盖的许多关键问题。伊核协议可以说是在国际社会努力下以核问题为载体改善美伊关系的国际性外交胜利，但最终美国退出伊核协议，寻求对伊朗进行全面制裁。伊核协议只是在技术上解决了美国和伊朗在核问题上的分歧，缓解了伊朗在核问题上带来的焦虑，但伊朗在弹道导弹问题、与中东地区反美组织的关系、地区影响力等方面对美国的挑战并没有通过伊核协议的达成得以解决。

因此，核问题只是美国和伊朗关系对抗的一种集中表现，制裁也只是解决美国和伊朗对抗关系的一种表象。国际原子能机构前总干事巴拉迪认为，美国过于注重通过制裁和抵制来阻止伊朗发展核武器，而这种政策并不奏效。他在回忆录中写道，他曾同美国国务卿鲍威尔及副国务卿理查德·阿米蒂奇举行会谈，他说："我认为惩罚措施无法解决一个国家谋求发展核武器的内在动因，算不上是政策，从实用的角度看，也算不上什么策略，其作用最多不过是将伊朗的核武器研发推迟一段时间而已。如果伊朗这样的国家想要获取核武器，美国的处理方式根本无法阻止。"[1] 事实上，美伊关系不改善，双方之间的不信任感可以随时压倒任何问题的临时协议。正如蓬佩奥于2018年提出的12项要求一样，它很清晰地表明了美国对伊朗的关切，这一

---

[1] 〔埃及〕穆罕默德·巴拉迪：《谎言与交锋——揭秘全球核较量的真实世界》，蒋宗强译，中信出版社，2011，第88页。

点即便是全面制裁也无法消释,因此,在美伊关系中,任何单个问题的解决都不能促进两国关系的相互信任。

这实际上也是一种安全困境,要使美国完全信任伊朗,伊朗需要在核问题、导弹问题、反恐问题、人权问题甚至政权体制上满足美国的要求。而伊朗满足美国提出的要求就需要放弃在国防技术上威慑战略的优势,就需要放弃多年来构建的中东反美联盟,这就意味着要放弃对抗美国的砝码,而一旦放弃这些不对称的威慑能力,伊朗也就没有了与美国谈判的资本,因此伊朗不会轻易让步。多年来,美国与伊朗关系的演变本身就展现了你进我退、时进时退的曲折历程。这种安全困境的确很难突破,主要原因在于以下四方面。

第一,两国之间政治体制不同导致相互之间产生威胁认知。伊朗爆发伊斯兰革命之前是美国的亲密盟友,采取的是亲西方、世俗化的政策,不仅在对外政策上追随美国,而且是美国冷战时期反苏的前沿阵地,世俗化的政治制度更符合美国的价值观。伊斯兰革命后,伊朗为了寻求国内政治稳定和地区发言权,提出"不要东方,不要西方"的外交政策,将美国称为"大撒旦",反美先锋的态度显而易见,这与美国的全球和地区战略相去甚远。在政治制度上,伊朗主张政治与宗教高度合一的做法与美国倡导的西方式民主政治截然相反。尤其是伊朗人质危机后,美国针对伊朗的挑战宣布国家进入紧急状态,将伊朗定义为"对美国的国家安全、经济、外交以及盟友安全产生非同寻常威胁"的国家,从而确立了对伊朗制裁体系的法理基础。

第二,两国之间战略利益有共同点,但分歧更多。伊朗地处中东北层地区,位于亚洲大陆的西南部,自古以来就是东西方文化交流的枢纽。伊朗作为中亚—里海和中东—海湾能源区的地区大国,一方面具有能源优势,另一方面具有良好的地理贯通优势,既是国际能源的重要市场,又把守着国际石油运输线上的咽喉霍尔木兹海峡。美国和伊朗关系恶化时,伊朗经常声称将封闭霍尔木兹海峡。不管在中东地区还是中亚地区,伊朗在伊拉克、阿富汗、黎巴嫩、叙利亚、巴勒斯坦甚至高加索地区都有势力存在,对该地区的稳定起着重要作用。美国长期陷入战后的阿富汗和伊拉克的泥沼,需要中东和中亚地区的稳定,而周边地区的稳定对于伊朗的政治经济发展也非常重要,因此两国之间存在利益共同点。伊朗与伊拉克的什叶派、黎巴嫩的真主党、巴勒斯坦的哈马斯以及叙利亚巴沙尔政权的亲密关系虽然对地区稳定有重要作用,但在美伊关系恶化时反而会成为对美国地区利益的威胁,这也是美国要将伊核谈判与伊朗的地区影响力捆绑的重要原因。

第三,两国之间冲突时间太长,积怨甚多,甚至对两国国内政治产生重要影响,有些冲突呈现结构性特征,和解难度大。如美国对伊朗长期进行经济封锁、政治孤立,伊朗为突破重围长期奉行抵制经济政策,发展与反美国家的联盟关系。国内很多利益集团受惠于这种经济政策和联盟关系,因此即使是伊朗民众愿意美伊和解,也经常会受到利益集团的阻碍。同样,美国国内在对伊朗政策上一直不具有连续性,既有一些利益集团得益于美伊之间的联盟关系,希望两国关系可以回到前巴列维时代,也有一些人得益于美伊敌对关系。

第四,以色列以及犹太院外组织深度介入两国关系,导致两国关系极不稳定。自1979年巴列维王朝倒台后,美国在中东地区失去了"两根支柱"政策中的一个重要国家,同时伊朗与以色列的结盟关系也土崩瓦解。伊朗作为一个以波斯人为主体民族、以伊斯兰教什叶派为国教的中东北层国家,要在中东这个阿拉伯人主导、伊斯兰教逊尼派为多数的地区拥有发言权,反美反以成为伊朗伊斯兰政权介入中东事务的重要楔子。为压制伊朗在中东地区推行的反以色列政策,推动美国加强对伊朗的全面制裁成为犹太院外组织在美国政坛活动的重要内容。

拜登上台后,美国对伊朗政策出现新的迹象,他曾表示:"我将为德黑兰提供一条回归外交的可靠途径。如果伊朗重新严格遵守核协议,美国将重新加入该协议,作为后续谈判的起点。我们将与盟友一道努力加强和扩大核协议的条款,同时解决其他令人关切的问题。"[①] 美国重返核协议的谈判出现曙光的同时,美国国内的反对呼声仍然很高。一些国会议员认为《联合全面行动计划》对伊朗核活动的限制不足,或只解决伊朗的核计划,而没有解决伊朗构成的广泛威胁。参议员罗伯特·梅内德斯说:"现在,我知道拜登政府有兴趣回到外交道路上来,我支持这一点,但我担心,如果没有具体努力解决伊朗其他危险和破坏稳定的活动,回到伊核协议是不够的。我相信两党都支持与伊朗建立全面的外交关系,包括在考虑到其他问题的情况下与我们

[①] Kenneth Katzman, Paul K. Kerr, Jennifer K. Elsea, Dianne E. Rennack and Clayton Thomas, "Possible U. S. Return to Iran Nuclear Agreement: Frequently Asked Questions," *Congressional Research Service*, January 29, 2021, p. 1.

的欧洲地区伙伴密切合作。"① 参议员克里斯·库恩斯说："在解决导弹计划和支持代理人问题上,并非没有明确的道路。"他还表示："在我支持重新加入伊核协议之前,需要找到一条前进的道路,限制他们的导弹计划和他们对代理人的支持,这些需要同时进行。"②

事实上,美国退出伊核协议后主张将核问题与其他问题捆绑,在一定程度上也是将国际社会与美伊关系捆绑,因为美国对伊朗实施制裁的域外条款早已将世界其他国家捆上了美伊对抗的战车。美国的动机很容易理解,就是要让世界各国和美国一起孤立伊朗,将他国的国家利益与美国的制裁进行交换,支持美国制裁伊朗,就不受美国制裁,不支持美国制裁伊朗,将受到美国制裁。实际上,只要有域外条款的存在,不管是支持还是不支持美国制裁伊朗,都不符合其他主权国家的利益。如果支持美国制裁伊朗,不仅本国主权受到挑战,与伊朗的正常往来带来的经济利益也不能保证;而在政策上屈服于美国,经济主动权也会丧失,例如断绝与伊朗的石油贸易,改为向美国的石油盟国进口石油,这样美国更容易扼住该国的经济命脉。然而,伊核问题说到底仍是两国关系问题,一旦将核问题与美伊之间其他问题捆绑起来,等于要突破整个美伊关系,核问题解决的难度将会大大增加。如若美国返回核协议,也就可以将伊朗核问题保留在国际社会见证的多边合作协议下,这样二级制裁就会被取消,第三国的国家利益将不被牵扯,但这需要国际社会的足够耐心和高超的集体智慧。

---

① Kenneth Katzman, Paul K. Kerr, Jennifer K. Elsea, Dianne E. Rennack and Clayton Thomas, "Possible U. S. Return to Iran Nuclear Agreement: Frequently Asked Questions," *Congressional Research Service*, January 29, 2021, pp. 3 – 4.

② Humeyra Pamuk, "U. S. 's Coons Would Back Resuming Iran Nuclear Deal, with Caveats," *Reuters*, November 20, 2020.

参考文献

一 外文资料

(一) 外文著作

Alerassool, Mahvash, *Freezing Assets: The USA and the Most Effective Economic Sanction*, New York: St. Martin's Press, 1993.

Alikhani, Hossein, *Sanctioning Iran: Anatomy of a Failed Policy*, London and New York: I. B. Tauris, 2000.

Alsaif, Tawfiq, *Islamic Democracy and Its Limits: The Iranian Experience Since 1979*, London, San Francisco and Beirut: Saqi Books, 2008.

Amirahmadi, Hooshang and Nader Entessar, *Iran and the Arab World*, New York: St. Martin's Press, 1993.

Arjomand, Said Amir, *After Khomeini: Iran Under His Successor*, New York: Oxford University Press.

Askari, Hossein G. , John Forrer, Hildy Teegen, and Jiawen Yang, *Economic Sanctions: Examining Their Philosophy and Efficacy*, Praeger, 2003.

Brzenzinski, Zbigniew, Brent Scowcroft, and Richard Murphy, *Differentiated Containment: U. S. Policy Toward Iran and Iraq, the Council on Foreign Relaitons*, Council on Foreign Relations Press, 1997.

Brzezinski, Zbigniew, *Power and Principle: Memoirs of the National Security Adviser, 1977 – 1981*, New York: Farrar, Strauss and Giroux, 1983.

Carter, Jimmy, *Keeping Faith: Memoirs of a President,* New York: University of Arkansas Press, 1982.

Christopher, Warren, Harold H. Saunders, Gary Sick, Robert Carswell, Richard J. Davis, John E. Hoffman, Jr. , Roberts B. Owen, *American Hostages in Iran: The Conduct of a Crisis*, New Haven and London: Yale University Press, 1985.

Chubin, Shahram, *Whither Iran? Reform, Domestic Politics and National Security*, New York: Oxford University Press, 2002.

Cordesman, Anthony H. , "Threats and Non-Threats from Iran, " in Jamal S. Al-suwaidi, *Iran and the Gulf: A Search for Stability*, The Emirates Center for Strategic Studies and Research, 1996.

Ditto, Steven, *Reading Rouhani: The Promise and Peril of Iran's New President*, The Washington Institute for Near East Policy, 2013.

Downes, Mark, *Iran's Unresolved Revolution*, Farnham: Ashgate Publishing Limited, 2002.

Ebtekar, Massoumeh, *Takeover in Tehran: The Inside Story of the 1979 U. S. Embassy Capture*, Vancouver: Talonbooks, 2000.

Farber, David, *Taking Hostage: The Iran Hostage Crisis and America's First Encounter with Radical Islam*, New Jersey: Princeton University Press, 2006.

Fayazmanesh, Sasan, *The U. S. and Iran: Sanctions, Wars and the Policy of Dual Containment*, Routledge, 2008.

Figg, Robert K. and Danielle A. Wilson, *U. S. Led Sanctions on Iran: Foreign Policy of the United States*, Nova Science Pub Inc. , 2012.

Ghamari-Tabrizi, Behrooz, *Islam and Dissent in Postrevolutionary Iran: Abdolkarim Soroush, Religioius Politics and Democratic Reform*, London and New York: I. B. Tauris & Co Ltd. , 2008.

Hamzeh, Ahmad Nizar, *In the Path of Hizbullah*, Syrscuse University Press, 2014.

Hiro, Dilip, *Iran Under the Ayatollahs*, London, Melbourne and Henley: Routledge & Kegan Paul, 1985.

Hufbauer, Gary Clyde and Schott, Jeffrey J. , *Economic Sanctions Reconsidered: History and Current Policy*, Peterson Institute, 1991.

Jordan, Hamiltom, *Crisis: The Last Year of the Carter Presidency*, New York: Berkley, 1983.

Khomeini, Imam, *Islam and Revolution: Writings and Declarations*, Translated and Annotated by Hamid Algar, London: Melbourne and Henley, 1981.

Marschall, Christin, *Iran's Persian Gulf Policy: From Khomeini to Khatami*, London and New York: Routledge Curzon, 2003.

Moses, Russell Leigh, *Freeing the Hostages: Reexamining U. S. – Iranian Negotiations and Soviet Policy, 1979 – 1981*, Pittsburgh: University of Pittsburgh Press, 1996.

Moslem, Mehdi, *Factional Politics in Post-Khomeini Iran*, New York: Syracuse University Press, 2002.

Mousavian, Seyed Hossein and Shahir Shahidsaless, *Iran and the United States: An Insider's View on the Failed Past and the Road to Peace*, Bloomsbury Academic, 2015.

Mousavian, Seyyed Hossein, *Iran – Europe Relations: Challenges and Opportunities*, London and New York: Routledge, 2008.

Murray, Donnette, *US Foreign Policy and Iran: American – Iranian Relations Since the Islamic Revolution*, London: Routledge, 2009.

Parsi, Trita, *Treacherous Alliance: The Secret Dealings of Israel, Iran, and the United States*, New Haven and London: Yale University, 2008.

Popper, Karl, *The Open Society and Its Enemies*, One – Volume Edition, Princeton, Oxford: Princeton University Press, 2013.

Rajaee, Farhang, *Islamic Values and World View: Khomeini on Man, the State and International Politics*, Lanham, MD: University Press of America, 1983.

Rapoport, David C. and Yonah Alexander(eds.), *The Morality of Terrorism: Religious and Secular Justifications*, New York: Columbia University Press, 1989.

Saad-Ghorayeb, Amal, Azza Karam, and Ziauddin Sardar, *Hizbu'llah: Politics and Religion*, London: Pluto Press, 2002.

Sanders, Harold, "The Crisis Begins," in Warren Christopher(ed.), *American Hostages in Iran: Conduct of a Crisis*, New Haven and Loudon: Yale University Press, 1986.

Schirazi, Asghar, *Constitution of Iran—Politics and States in the Islamic Republic*, London: I. B. Tauris Publishers, 1997.

Shambaugh, George E., *States, Firms and Powers: Successful Sanction in United States Foreign Policy*, Suny Press, 1999.

Shay, Shaul, *The Axis of Evil: Iran, Hizballah, and The Palestinian Terror*, New Brunswick, NJ: Transaction Publishers, 2005.

Sick, Gary, *All Fall Down: America's Tragic Encounter with Iran*, New York: Random House, 1986.

Starr-Deelen, Donna G. , *Presidential Policies on Terrorism: From Ronald Reagan to Barack Obama*, New York: Palgrave Macmillan, 2014.

Taylor, Brendan, *Sanctions as Grand Strategy*, London: Routledge, 2017.

Teslik, Kennan Lee, *Congress, The Executive Branch and Special Interests: The American Response to the Arab Boycott of Israel*, Westport: Greenwood Press, 1982.

Vance, Cyrus, *Hard Choice: Four Critical Years in Managing America's Foreign Policy*, New York: Simon and Schuster, 1983.

Wills, David C. , *The First War on Terrorism: Counter – Terrorism Policy During the Reagan Administration*, Lanham, Boulder, New York, Oxford: Rowman & Littlefield Publishers, Inc. , 2003.

（二）论文与研究报告

Amuzegar, Jahangir, "Nuclear Iran: Perils and Prospects, " *Middle East Policy*, Vol. XIII, No. 2, 2006.

Anthony, John Duke, Jean-Francois Seznec, Tayyar Ari, and Wayne E. White, "War with Iran: Regional Reactions and Requirement, " *Middle East Policy*, Vol. XV, No. 3, 2008.

"Anti Terrorist Petroleum Acquisition Act of 1982, " *Congressional Record – Senate*, June 21, 1982.

Carleton, David and Michael Stohl, "The Foreign Policy of Human Rights: Rhetoric and Reality from Jimmy Carter to Ronald Reagan, " *Human Rights Quarterly*, Vol. 7, No. 2, 1985.

Carswell, Robert, "Economic Sanctions and the Iran Experience, " *Foreign Affairs*, Vol. 60, No. 2, 1981.

Clawson, Patrick, "The Continuing Logic of Dual Containment, " *Survival*, Vol. 40, No. 1, 1998.

Cordesman, Anthony H. , "U. S. and Iranian Strategic Competition: The Sanctions Game: Energy, Arms Control, and Regime Change, " *Center for Strategic & International Studies*, April 26, 2012.

Dehghan, Saeed Kamali, "Iranian President-elect Rouhani Promises Better Relations with West, " *The Guardian*, June 17, 2013.

Eisenstadt, Michael, "Can the United States Influence the WMD Policy of Iraq and Iran?" *The Nonproliferation Review*, Vol. 7, No. 2, 2000.

Emery, Christian, "The Transatlantic and Cold War Dynamics of Iran Sanctions 1979 – 80," *Cold War History*, Vol. 10, No. 3, 2010.

Emery, Christian, "United States Iran Policy 1979 – 1980: The Anatomy and Legacy of American Diplomacy," *Diplomacy & Statecraft*, Vol. 24, No. 4, 2013.

Forte, David F., "The Foreign Affairs Power: The Dames & Moore Case," *Cleveland State Law Review*, Vol. 31, No. 1, 1982.

Gause III, F. Gregory, "The Illogic of Dual Containment," *Foreign Affairs*, Vol. 73, No. 2, 1994.

Green, Jerrold D., "Ideology and Pragmatism in Iranian Foreign Policy," *Journal of South Asian and Middle Eastern Studies*, Vol. XVII, No. 1, 1993.

Hemmer, Christopher, "Historical Analogies and the Definition of Interests: The Iranian Hostage Crisis and Ronald Regan's Policy Toward the Hostages in Lebanon," *Political Psychology*, Vol. 20, No. 2, 1999.

Hiltermann, Joost R., "Outsiders as Enablers: Consequences and Lessons from International Silence on Iraq's Use of Chemical Weapons During the Iran – Iraq War," in Lawrence G. Potter and Gary G. Sick(eds.), *Iran, Iraq, and the Legacies of War*, New York: Palgrave Macmillan, 2004.

Hiltermann, Joost R., "Outsiders as Enablers: Consequences and Lessons from International Silence on Iraq's Use of Chemical Weapons During the Iran – Iraq War," in Lawrence G. Potter and Gary G. Sick(eds.), *Iran, Iraq, and the Legacies of War*, New York: Palgrave Macmillan, 2004.

Hollis, Rosemary, "The U. S. Role: Helpful or Harmful?" in Lawrence G. Potter and Gary G. Sick(eds.), *Iran, Iraq, and the Legacies of War*, New York: Palgrave Macmillan, 2004.

Hufbauer, Gary C., "Economic Sanctions: America's Folly," in Solveig Singleton & Daniel T. Griswold(eds.), *Economic Casualties: How U. S. Foreign Policy Undermines Trade Growth and Liberty*, Cato Institute, 1999.

Inouye, Daniel K. and Lee H. Hamilton, "Report of the Congressional Committees Investigating the Iran – Contra Affair with Supplemental, Minority, and Additional Views," *Committee of the Whole House on the State of the Union*, November

17, 1987.

Kamrava, Mehran, "Iranian National – security Debates: Factionalism and Lost Opportunities, " *Middle East Policy*, Vol. XIV, No. 2, 2007.

Katzman, Kenneth, "Iran: Internal Politics and U. S. Policy and Option, " *Congressional Research Service*, December 9, 2020.

Katzman, Kenneth, "Iran's Foreign and Defense Policies, " *Congressional Research Service*, January 11, 2021.

Kemp, Geoffrey, "The Impact of Iranian Foreign Policy on Regional Security: An External Perspective, " in Jamal S. Al – suwaidi(ed.) , *Iran and the Gulf: A Search for Stability*, The Emirates Center for Strategic Studies and Research, 1996.

Kerr, Paul K. and Kenneth Katzman, " Iran Nuclear Agreement and U. S. Exit, " *Congressional Research Service*, July 20, 2018.

Kifner, John, "Bitter Hatred—of the Shah and the US—Re-unities Iran, "*New York Times*, November 18, 1979.

Lake, Anthony, " Confronting Backlash States, " *Foreign Affairs*, Vol. 73, No. 2, 1994.

McCarthy, Max, "Iraqi Irresponsibility, "*New York Times*, April 5, 1984: A23.

Passman, Cristy, "International Security Assistance and Arms Export Control Act of 1976, " *The International Trade Law Journal*, Vol. 2, No. 2, 1977.

Rajaee, Farhang, "Iranian Ideology and Worldview: The Cultural Export of Revolution, " in John L. Esposito (ed.) , *The Iranian Revolution: Its Global Impact*, Florida International University, 1990.

Ramazani, R. K. , "Iran's Export of the Revolution: Its Politics, Ends and Means, " *Journal of South Asian and Middle Eastern Studies*, Vol. XIII, No. 1&2, 1989.

Reisman, Michael, "The Legal Effect of Vetoed Resolutions, " *The American Journal of International Law*, Vol. 74, No. 4, 1980.

Rennack, Dianne E. , "Iran: U. S. Economic Sanctions and the Authority to Lift Restrictions, " *Congressional Research Service*, February 4, 2014.

"Report of The DOD Commission on Beirut International Airport Terrorist Act, October 23, 1983, " U. S. Gvt. Printing Office, December 20, 1983.

Rezaian, Jason and Joby Warrick, "Prospects for Nuclear Talks with Iran Dim, "*Washington Post*, January 16, 2013.

Sagan, Scott D. , "How to Keep the Bomb from Iran, " *Foreign Affairs*, Vol. 85, No. 5, 2006.

Salisbury, Daniel, "Arming Iran from the Heart of Westminster? The Iranian Military Procurement Offices, Rumours and Intelligence, 1981 – 1987, "*Intelligence and National Security*, Vol. 35, No. 7, 2020.

Sammi, William, "Tehran, Washington, and Terror: No Agreement to Differ, " *Middle East Review of International Affairs*, Vol. 6, No. 3, 2002.

Schwerin, Ulrich von, "Mehdi Hashemi and the Iran – Contra – Affair, "*British Journal of Middle Eastern Studies*, Vol. 42, No. 4, 2015.

Sick, Gary, "The Clouded Mirror: The United States and Iran, " in John L. Esposite and R. K. Ramazani(eds.) , *Iran at the Crossroads*, New York: Palgkave, 2001.

Sick, Gary G. , "Iran's Quest for Superpower Status, "*Foreign Affairs*, Vol. 65, No. 4, 1987.

Slackman, Michael, "In Iran, a Chorus of Dissent Rises on Leadership's Nuclear Strategy, " *New York Times*, March 15, 2006.

Tabaar, Mohammad Ayatollah, "Causes of the US Hostage Crisis in Iran: The Untold Account of the Communist Threat, " *Security Studies*, Vol. 26, No. 4, 2017.

Tessler, Mark, "Israel, Arms Exports, and Iran: Some Aspects of Israeli Strategic Thinking, "*Arab Studies Quarterly*, Vol. 11, No. 1, 2016.

Title 18, 2331, "United States Code Annotated, " Thomson Reuters, 2015.

Toaldo, Mattia, "The Reagan Administration and the Origins of the War on Terror: Lebanon and Libya as Case Studies, " *New Middle Eastern Studies*, Vol. 2, April 4, 2012.

Walker, David M. , "' An Agonizing Death': 1980s U. S. Policy on Iraqi Chemical Weapons During the Iran – Iraq War, "*The Journal of the Middle East and Africa*, Vol. 8, No. 2, 2017.

Williams, Daniel, "Tehran Courts Support of Arabs, " *Washington Post*, March 20, 2006.

(三) 档案资料

CIA Intelligence Memorandum, "Iran, Khomeini's Prospects and Views, " January 19, 1979, DNSA: IR02131. CIA Report, "Iran in the 1980, "August 1, 1977,

Declassified Documents Reference System(Hereafter DDRS) CK3100225219.

Sullivan to Department of State (003016) , "The Barzagan Government One Month Later and Prospects for the Future, " March 17, 1979, DNSA: IR02382.

Vance cable to Embassy Tehran (004510) , "Further Report of Richard Cottam, " January 7, 1979, DNSA: IR02021.

Christopher Cable to Laingen (156833) , "Guidance, " June 18, 1979, DNSA: IR02690.

"Operation Staunch, " National Security Council, August 19, 1987, Declassified NLS F97 – 107/1#24.

Sanders Memorandum to Vance, "Policy Towards Iran, " September 5, 1979, DNSA: IR02996.

（四）总统行政令

Executive Order 12170, "Blocking Iranian Government Property, "November 14, 1979.

Executive Order 12205, "Prohibiting Certain Transactions with Iran, "April 7, 1980.

Executive Order 12211, "Prohibiting Certain Transactions with Iran, "April 17, 1980.

Executive Order 12276, "Direction Relating to Establishment of Escrow Accounts, " January 23, 1981.

Executive Order 12277, "Direction to Transfer Iranian Government Assets, " January 23, 1981.

Executive Order 12278, "Direction to Transfer Iranian Government Assets Overseas, " January 23, 1981.

Executive Order 12279, "Direction to Transfer Iranian Government. Assets Held By Domestic Banks, " January 23, 1981.

Executive Order 12280, "Direction to Transfer Iranian Government Financial Assets Held By Non – Banking Institutions, " January 23, 1981.

Executive Order 12281, "Direction to Transfer Certain Iranian Government Assets, " January 23, 1981.

Executive Order 12282, "Revocation of Prohibitions Against Transactions Involving Iran, " January 23, 1981.

Executive Order 12283, "Non – Prosecution of Claims of Hostages and for Actions at the United States Embassy and Elsewhere, " January 23, 1981.

Executive Order 12284, "Restrictions on the Transfer of Property of the Former Shah of Iran, " January 23, 1981.

Executive Order 12294, "Suspension of Litigation Against Iran, " February 26, 1981.

Executive Order 12613, "Prohibiting Imports from Iran, " October 30, 1987.

Executive Order 12957, "Prohibiting Certain Transactions with Respect to the Development of Iranian Petroleum Resources, " March 15, 1995.

Executive Order 12959, "Prohibiting Certain Transactions with Respect to Iran, " May 6, 1995.

Executive Order 13059, "Prohibiting Certain Transactions with Respect to Iran, " August 19, 1997.

Executive Order 13224, "Blocking Property and Prohibiting Transactions with Persons Who Commit, Threaten to Commit, or Support Terrorism, " September 23, 2001.

Executive Order 13382, "Blocking Property of Weapons of Mass Destruction Proliferators and Their Supporters, " June 28, 2005.

Executive Order 13438, "Blocking Property of Certain Persons Who Threaten Stabilization Efforts in Iraq, " July 17, 2007.

Executive Order 13553, "Blocking Property of Certain Persons with Respect to Serious Human Rights Abuses by The Government of Iran and Taking Certain Other Actions, " September 28, 2010.

Executive Order 13572, "Blocking Property of Certain Persons with Respect to Human Rights Abuses in Syria, " April 29, 2011.

Executive Order 13574, "Authorizing the Implementation of Certain Sanctions Set Forth in the Iran Sanctions Act of 1996, as Amended, " May 23, 2011.

Executive Order 13590, "Authorizing the Imposition of Certain Sanctions with Respect to the Provision of Goods, Services, Technology, or Support for Iran's Energy and Petrochemical Sectors, " November 20, 2011.

Executive Order 13599, "Blocking Property of the Government of Iran and Iranian Financial Institutions," February 5, 2012.

Executive Order 13606, "Blocking the Property and Suspending Entry into the United States of Certain Persons with Respect to Grave Human Rights Abuses by the Governments of Iran and Syria via Information Technology," April 22, 2012.

Executive Order 13608, "Prohibiting Certain Transactions with and Suspending Entry into the United States of Foreign Sanctions Evaders with Respect to Iran and Syria," May 1, 2012.

Executive Order 13622, "Authorizing Additional Sanctions with Respect to Iran," July 30, 2012.

Executive Order 13628, "Authorizing the Implementation of Certain Sanctions Set Forth in the Iran Threat Reduction and Syria Human Rights Act of 2012 and Additional Sanctions with Respect to Iran," October 9, 2012.

Executive Order 13645, "Authorizing the Implementation of Certain Sanctions Set Forth in the Iran Freedom and Counter-Proliferation Act of 2012 and Additional Sanctions with Respect to Iran," June 3, 2013.

Executive Order 13846, "Reimposing Certain Sanctions with Respect to Iran," August 6, 2018.

Executive Order 13871, "Imposing Sanctions with Respect to the Iron, Steel, Aluminum, and Copper Sectors of Iran," May 8, 2019.

Executive Order 13876, "Imposing Sanctions with Respect to Iran," June 24, 2019.

Executive Order 13902, "Imposing Sanctions with Respect to Additional Sectors of Iran," January 10, 2020.

Executive Order 13949, "Blocking Property of Certain Persons with Respect to the Conventional Arms Activities of Iran," September 21, 2020.

（五）国会法案

Antiterrorism and Effective Death Penalty Act of 1996(AEDPA), 18 U. S. C. § 2332d, April 24, 1996.

Comprehensive Iran Sanctions, Accountability, and Divestment Act of 2010, Public Law 111-195, As Amended through Public Law 112-239, Enacted January 2, 2013.

Countering America's Adversaries through Sanctions Act(CAATSA), Public Law 115-44, August 2, 2017.

International Emergency Economic Powers Act(IEEPA), 50 U.S.C. §§1701-1706, Enacted October 28, 1977.

International Security and Development Cooperation Act of 1985(ISDCA), 22 U.S.C. § 2349aa-9, Enacted August 8, 1985.

Iran Freedom and Counter-Proliferation Act of 2012(IFCA)(Public Law 112-239), January 2, 2013.

Iran Sanctions Act of 1996, As Amended, 50 U.S.C. § 1701 Note, Enacted December 15, 2016.

Iran Threat Reduction and Syria Human Rights Act of 2012 H.R. 1905(Public Law 112-158), August 10, 2012.

National Emergencies Act(NEA), 50 U.S.C. §§ 1601-1651, Enacted September 14, 1976.

Section 1245 of the National Defense Authorization Act for Fiscal Year 2012, P.L. 112-81, As Amended through Public Law 115-91, Enacted December 12, 2017.

Trade Sanctions Reform and Export Enhancement Act of 2000(TSRA), 22 U.S.C. §§ 7201-7211, Enacted October 28, 2000.

二 中文资料

(一) 联合国安全理事会制裁决议

联合国安理会第461（1979）号决议，1979年12月31日。

联合国安理会第2251次大会，第S/PV.2251文件，1980年10月17日。

联合国安理会第598号决议，1987年7月20日。

联合国安理会第661（1990）号决议，1990年8月6日。

第54届联合国大会，A/54/116号文件，2000年5月16日。

联合国安理会第1696（2006）号决议，2006年7月31日。

联合国安理会第1737（2006）号决议，2006年12月23日。

联合国安理会第1747（2007）号决议，2007年3月24日。

联合国安理会第1803（2008）号决议，2008年3月3日。

联合国安理会第 1929（2010）号决议，2010 年 6 月 9 日。

（二）中文著作

陈安全：《伊朗伊斯兰革命及其世界影响》，复旦大学出版社，2007。

杜涛：《国际经济制裁法律问题研究》，法律出版社，2015。

范鸿达：《伊朗与美国：从朋友到仇敌》，新华出版社，2012。

哈米德·安萨里：《伊玛姆霍梅尼生平》，德黑兰：伊玛姆霍梅尼著作整理出版社，2000。

黄风：《金融制裁法律制度研究》，中国法制出版社，2014。

冀开运、蔺焕萍：《二十世纪伊朗史：现代伊朗研究》，甘肃人民出版社，2002。

蒋真：《后霍梅尼时代伊朗政治发展研究》，人民出版社，2014。

李慎明、张宇燕主编《国际形势黄皮书：全球政治与安全报告（2014）》，社会科学文献出版社，2014。

柳剑平、刘威：《美国对外经济制裁问题研究——当代国际经济关系政治化的个案分析》，人民出版社，2009。

彭树智主编，王新中、冀开运著《中东国家通史·伊朗卷》，商务印书馆，2002。

彭树智主编，王铁铮、黄民兴等著《中东史》，人民出版社，2010。

阮建平：《战后美国对外经济制裁》，武汉大学出版社，2009。

唐宝才：《冷战后大国与海湾》，当代世界出版社，2002。

王明芳：《冷战后美国的伊朗政策研究》，社会科学文献出版社，2015。

王铁崖主编《国际法》，法律出版社，2019。

吴成：《两伊战争》，线装书局，2009。

吴成：《伊朗核问题与世界格局转型》，时事出版社，2014。

肖宪：《传统的回归——当代伊斯兰复兴运动》，中国社会科学出版社，1994。

杨兴礼、冀开运、陈俊华、杨珊珊：《现代中国与伊朗关系》，时事出版社，2013。

杨兴礼、冀开运、陈俊华：《伊朗与美国关系研究》，时事出版社，2005。

张振国主编《未成功的现代化——关于巴列维的"白色革命"研究》，北京大学出版社，1993。

赵克仁：《美国与中东和平进程研究（1967～2000）》，世界知识出版社，2005。

赵伟明等：《中东核扩散与国际核不扩散机制研究》，时事出版社，2012。

赵学功：《当代美国外交》，社会科学文献出版社，2001。

周士新：《伊朗核问题中的强制性外交研究》，兵器工业出版社，2013。

（三）中文译著

〔法〕阿里·拉伊迪：《隐秘战争：美国长臂管辖如何成为经济战的新武器》，法意译，中信出版社，2019。

〔法〕热拉德·德·维利埃等：《巴列维传》，张许苹、潘庆舲译，商务印书馆，1986。

〔美〕罗伯特·杰维斯：《国际政治中的知觉与错误知觉》，秦亚青译，世界知识出版社，2003。

〔美〕约翰·J. 米尔斯海默、斯蒂芬·M. 沃尔特：《以色列游说集团与美国对外政策》，王传兴译，上海人民出版社，2009。

〔美〕兹比格纽·布热津斯基：《大棋局——美国的首要地位及其地缘战略》，中国国际问题研究所译，上海人民出版社，1998。

〔英〕戴维·P. 霍顿：《败退德黑兰：吉米·卡特的悲剧外交》，蒋真译，社会科学文献出版社，2018。

（四）期刊论文和重要报纸文章

才建、沈珏新、王晓瑜：《中国—伊朗油气资源合作战略分析》，《石油规划设计》2009年第2期。

蔡鹏超：《美国制裁伊朗及其对中国的影响》，《现代国际关系》2012年第4期。

陈曦：《为避连带制裁，法石油巨头道达尔退出伊朗市场几成定局》，《华夏时报》2018年6月23日。

陈正煜：《伊核协议濒危，奥巴马"政治遗产"保得住吗？》，《人民日报》（海外版）2016年12月8日。

戴定、李颖涵：《伊朗核科学家遇刺对伊核协议影响分析》，《国外核新闻》2020年第12期。

杜涛：《美国单边域外经济制裁的国际法效力问题探讨》，《湖南社会科学》2010 年第 2 期。

顾国良：《美国对伊政策——伊朗核与导弹问题》，《美国研究》2006 年第 1 期。

何志龙：《伊朗视野中的以色列》，《国际论坛》2006 年第 6 期。

黄磊：《美国新旧"伊朗制裁法案"的比较及其影响》，《国际经济合作》2011 年第 4 期。

蒋真：《伊朗核强硬政策的逻辑分析》，《西亚非洲》2010 年第 10 期。

焦玉奎：《核危机凸显伊朗的中东大国地位》，《西亚非洲》2006 年第 3 期。

康磊：《两伊战争：二战后最惨烈的化学战》，《环球军事》2004 年第 17 期。

黎斌：《伊朗为"核"面临战火》，《环球军事》2006 年第 2 期。

李红旗：《两伊战争进入第五年伊朗策略发生变化》，《国际展望》1984 年第 18 期。

李庆明：《论美国域外管辖：概念、实践及中国因应》，《国际法研究》2019 年第 3 期。

李绍先：《当前西亚北非地区局势透视》，《阿拉伯世界研究》2014 年第 1 期。

李卫杰、杨兴礼：《中国与欧盟在伊朗的能源博弈》，《重庆工商大学学报》（社会科学版）2009 年第 5 期。

李治国：《美国反恐政策的演变》，《现代国际关系》2001 年第 12 期。

刘今朝、杨兴礼、孙钰霞、熊小庆：《大国在伊朗的能源博弈及中国的对策》，《重庆工学院学报》2006 年第 6 期。

刘志鹏、程燕林：《瓦森纳安排的运行机制及启示》，《科技中国》2021 年第 7 期。

刘中民、赵跃晨：《伊朗高调军演背后的核协议困局》，《中国社会科学报》2019 年 3 月 14 日。

陆瑾：《鲁哈尼政府外交政策与地区稳定》，《西亚非洲》2013 年第 6 期。

罗承先：《伊朗石油工业现状与引进外资情况》，《当代石油石化》2005 年第 8 期。

罗会钧：《里根主义、人权外交与里根政府对第三世界的政策》，《湘潭大学社会科学学报》2002 年第 5 期。

马宏：《"卡特主义"剖析——兼论缓和政策》，《国际政治研究》1990 年第 4 期。

莫盛凯：《特朗普政府中东政策的特点》，《战略决策研究》2020 年第 5 期。

唐志超：《拜登政府的中东政策发展趋向》，《当代世界》2021 年第 4 期。

汪波、伍睿：《"以色列优先"与特朗普中东政策的内在逻辑》，《阿拉伯世界研究》2021 年第 3 期。

王鸿余、陈和丰：《美国卡特政府和伊朗国王关系内幕》，《国际问题资料》1982 年第 22 期。

王佳：《美国反恐进程中的国家豁免立法研究：实践与挑战》，《国际法学刊》2020 年第 2 期。

王锦：《试析美国对伊朗制裁的有效性》，《现代国际关系》2014 年第 4 期。

王珂、杨兴礼、赵伟红、曾丽：《我国与伊朗油气资源贸易的影响因素及战略选择》，《经济纵横》2008 年第 7 期。

魏亮：《伊朗人质危机起因再析》，《西亚非洲》2011 年第 1 期。

吴成：《美国对伊朗制裁效果分析》，《西亚非洲》2008 年第 11 期。

徐俨俨：《伊朗核问题仍在底线上较量》，《瞭望新闻周刊》2006 年第 35 期。

杨成玉：《反制美国"长臂管辖"之道——基于法国重塑经济主权的视角》，《欧洲研究》2020 年第 3 期。

杨明星：《试论两伊战争及其遗产》，《阿拉伯世界》2005 年第 2 期。

《英国加强对伊朗"两用"技术出口的控制》，叶文译，绍杰校，《国外核新闻》1993 年第 4 期。

张新利、翟晓敏：《20 世纪 70 年代美国对波斯湾的"双柱"政策》，《世界历史》2001 年第 4 期。

钟友文：《霍梅尼的接班人蒙塔泽里》，《世界知识》1986 年第 3 期。

（五）学位论文

杜冲：《论伊斯兰革命后伊朗与以色列的关系》，硕士学位论文，西北大学，2008。

孙铭若：《美国以色列公共事务委员会对美以关系的影响》，硕士学位论文，天津师范大学，2010。

王玄：《冷战后的美国经济制裁分析——以美国对伊拉克的经济制裁为例》，硕士学位论文，复旦大学，2011。

叶开：《瓦森纳安排机制评析》，硕士学位论文，外交学院，2019。

美国制裁伊朗大事年表

1979年11月4日，伊朗学生占领美国驻伊大使馆，52名美国外交官和平民被扣留为人质达444天。

1979年11月8日，美国国务卿万斯在总统卡特的指示下，暂停运送伊朗已经支付价值300万美元的武器零部件。

1979年11月9日，美国致信联合国安理会，要求联合国干预伊朗人质危机。

1979年11月12日，美国声称取消进口伊朗原油和原油精制产品，卡特政府成立一个由财政部部长米勒领导的工作组，审议制裁伊朗的范围及其可能实施的资产冻结。

1979年11月14日，总统卡特颁布第12170号行政令《冻结伊朗政府资产》，宣布冻结伊朗政府在美国辖区内的所有资产及其权益，包括伊朗政府控制的实体和中央银行的资产。

1979年11月23日，伊朗总统巴尼萨德尔发布声明，称将不予偿还在前国王巴列维统治下伊朗签订的海外债务。

1979年11月29日，美国向国际法庭起诉伊朗，指责伊朗扣押美国人质。

1979年12月4日，联合国安理会通过了第457号决议，号召美国和伊朗遵循联合国相关原则，通过和平方式解决人质危机。

1979年12月10~16日，美国国务卿万斯访问英国、联邦德国、法国、意大利和北约总部，希望盟国与美国一起对伊朗进行制裁，但效果并不明显。

1979年12月31日，联合国安理会通过第461号决议，要求伊朗立即释放被扣押的美国人质，并指出如果伊朗不尽快释放人质将面临国际制裁。

1980年1月10日，美国向联合国提交了制裁伊朗的决议草案，主张对伊朗进行制裁，但遭到苏联和民主德国的反对，最终草案流产。

1980年2月20日，美国财政部法律顾问罗伯特·蒙德海姆和国务院法律顾问罗伯茨·欧文开始讨论利用冻结的伊朗海外存款清算银行贷款的可能性，并制定了相关计划。

1980年4月7日，美国宣布与伊朗断交，并发布第12205号行政令，扩大制裁范围。

1980年4月8日，美国要求其盟国正式加入制裁，通过美国驻欧共体国家的大使向各国外交部长提供了详细的制裁清单。

1980年4月11日，美国召开营救人质会议，最终决定采取武力营救被扣人质。

1980年4月17日，美国政府颁布第12211号行政令，加强对伊朗的经济制裁。该行政令在重申第12205号行政令的同时，加入金融制裁的内容。

1980年5月，欧共体颁布制裁措施，减少伊朗石油进口。

1980年9月12日，霍梅尼发表演讲，提出释放美国人质的四个条件，要求美国最迟于1980年12月解冻140亿美元的伊朗资产。

1981年1月19日，《阿尔及尔协定》达成，协定规定协议签署后伊朗释放美国人质，美国则解除对伊朗的制裁。

1981年1月20日，美国人质离开伊朗，作为回报，美国同意尽可能将伊朗的财政状况恢复到危机前的水平。

1981年1月19日，卡特总统发布一系列行政令，如第12276号行政令"关于建立托管账户的指示"、第12277号行政令"有关伊朗政府资产转移的指示"、第12278号行政令"向海外转移伊朗政府资产的有关指示"、第12279号行政令"有关转让国内银行持有的伊朗政府资产的指示"、第12280号行政令"关于转让非银行机构持有的伊朗政府金融资产的指示"、第12281号行政令"关于某些伊朗政府资产的转让指示"、第12282号行政令"撤销对涉及伊朗的交易的禁令"、第12283号行政令"不起诉对人质的索偿以及在美国大使馆和其他地方采取的行动"、第12284号行政令"限制转让伊朗前国王财产"、第12285号行政令"建立总统人质赔偿委员会"。

1981年2月24日，里根颁布了第12294号行政令，批准了卡特的命令，并规定根据该协定暂停向美国—伊朗索赔仲裁法庭提出的所有索赔诉讼。

1982年6月21日，美国国会参议员萨瑟提交了《反恐怖主义石油获取法》提案，该法案将 52 名美国人被伊朗扣押了 444 天定性为恐怖主义行为，要求美国不要从伊朗再进口石油。

1984 年 9 月，美国对向伊朗出口的飞机及其零部件、大功率舷外发动机实施了新的限制。国防部还禁止向伊朗提供所有旨在"军事最终用途"的商品和技术。

1985 年 12 月 5 日，里根总统签署了一项继续向伊朗输送武器的命令。

1986 年 2 月 20 日，美伊双方讨论释放人质以换取 3000 枚牵引导弹的条件。

1986 年 11 月 13 日，里根总统公开承认向伊朗出售武器。

1987 年 2 月 28 日，里根总统颁布了一项行政令，将伊朗列为未能采取适当措施控制毒品生产、贩运和洗钱的国家，因此禁止进出口银行和海外私人投资公司对伊朗进行援助，美国在国际多边银行的代表被指示投票反对对伊朗的贷款或其他金融援助。

1987 年 8 月 19 日，美国国家安全委员会召开关于"坚定行动"的会议，其目的包括搜集、整理、评估和提供所有关于伊朗武器获取的可靠情报等。

1987 年 10 月 23 日，里根扩大了对伊朗的出口管控，禁止 15 个高科技产品出口到伊朗。

1987 年 10 月 29 日，里根政府颁布了第 12613 号行政令，对伊朗的商品和服务实施进口禁令。

1992 年 10 月 23 日，美国国会通过了《伊朗—伊拉克武器不扩散法》，该法案对支持伊朗和伊拉克获取大规模杀伤性武器的人和国家进行制裁。该法案规定 1990 年《伊拉克制裁法案》也适用于伊朗。

1992 年 12 月 12 日，欧共体理事会提出与伊朗进行"批评性对话"，主要内容包括：双方定期举行一年两次的对话，主要由英、法、德三国代表欧盟与伊朗进行会晤；双方会晤的议题涉及移民、毒品走私、有组织犯罪、恐怖主义等问题。

1992 年 12 月，在七国首脑会议上，美国总统布什提出不同于"巴统"组织的多边机构管制两用物品出口，要求对伊朗实施常规武器禁运，并扩展到两用物品。

1993 年 5 月 18 日，马丁·安迪克在华盛顿近东政策研究所的研讨会上提出双遏政策。

1994 年底，美以公共事务委员会炮制了《美国全面制裁伊朗：一份行动计划》，要求对伊朗进行全面制裁，并对与伊朗进行贸易的外国公司进行二级制裁。

1995年1月25日，美国参议员达马托在参议院提出了《全面制裁伊朗法案》，主张全面禁止美国与伊朗之间的贸易。

1995年3月15日，克林顿颁布了第12957号行政令，禁止美国的个人与实体和伊朗签订资助其石油资源发展的合同，也禁止为伊朗提供担保，还禁止任何美国个人与实体有意规避制裁。

1995年3月27日，达马托向参议院提交了更为严厉的《伊朗对外制裁法》，对违反美国禁令的外国人进行制裁。

1995年5月6日，克林顿颁布了第12959号行政令，对与伊朗进行的相关交易进行制裁。

1995年10月11日，达马托和众议院国际关系委员会主席本杰明·A. 吉尔曼分别向参议院和众议院提交了1995年《伊朗对外石油制裁法》，该法案将对与伊朗进行任何形式贸易的外国公司实施制裁。

1995年12月20日，参议院通过了1995年《伊朗对外石油制裁法》的修正案，要求总统对在一年内对伊朗油气领域投资超过4000万美元的任何外国公司实施制裁。

1996年3月21日，众议院国际关系委员会通过1995年《伊朗对外石油制裁法》，要求总统对每年向伊朗或利比亚提供4000万美元或以上投资或向这些国家出口关键油田产品和技术的任何人实施制裁。

1996年8月5日，克林顿总统签署了《对伊朗和利比亚制裁法》，即《达马托法》。

1996年11月22日，欧盟理事会根据《欧盟条约》和《欧共体条约》颁布了专门针对《赫尔姆斯-伯顿法》和《达马托法》的第"2271/96"号条例《关于应对第三国法案域外适用的保护条例》。

1997年8月19日，克林顿总统发布了第13059号行政令，禁止美国人（无论位于何处）通过第三国的个人和实体向伊朗或伊朗政府出口、再出口、销售或供应任何商品、技术和服务，如果这个第三国的个人和实体知道或有理由知道此类商品、技术和服务用于直接或间接提供给伊朗。

1998年7月28日，克林顿政府颁布了第13094号行政令，并修正了1994年11月14日通过的第12938号行政令，对为任何大规模杀伤性武器扩散作出重大贡献或企图作出重大贡献的外国个人和实体实施制裁。

2006年7月31日，联合国安理会通过第1696号决议，要求伊朗在8月31日前停止所有核活动。

2006年12月23日，安理会第5612次会议通过第1737（2006）号决议决定对伊朗核计划和弹道导弹项目进行制裁。第1737号决议要求伊朗立即停止所有与铀浓缩、重水反应堆有关的活动。

2006年，《对伊朗和利比亚制裁法》更名为《对伊朗制裁法》，进一步加强对伊朗的制裁。

2007年3月24日，安理会第5647次会议通过了第1747（2007）号决议，敦促伊朗立即执行第1737号决议。

2008年3月3日，安理会第5848次会议通过第1803（2008）号决议，进一步加大对伊朗的制裁力度。

2008年9月27日，安理会第5984次会议通过了第1835（2008）号决议，敦促伊朗中止敏感核燃料相关活动，重申安理会此前通过的有关伊朗核问题的决议，要求伊朗立即予以全面执行。

2010年2月，伊朗宣称铀浓缩达到20%；7月，美国颁布《全面制裁伊朗、问责和撤资法》，对伊朗实施全面制裁。

2010年6月9日，联合国安理会第6335次会议通过了第1929号决议。

2010年7月26日，在联合国安理会通过第1929号制裁决议后不久，欧盟对伊朗展开了制裁。

2010年7月，欧盟决定配合美国对伊朗进行单边制裁后，伊朗为抵制西方制裁宣布将美元和欧元从伊朗的外汇交易中剔除。

2011年11月20日，美国颁布第13590号行政令，对向伊朗能源和石化部门提供商品、服务和技术等支持的个人和实体进行制裁。

2011年12月31日，美国颁布《2012财年国防授权法》，进一步加强对伊朗中央银行和能源领域的制裁。

2012年4月22日，美国颁布第13606号行政令，对于伊朗和叙利亚政府通过信息技术手段违反人权的个人和实体进行制裁，禁止其入境美国并冻结其资产。

2012年8月，美国国会通过《减少伊朗威胁和叙利亚人权法》，要求政府积极推进多边合作，与联合国和美国盟国一起扩大对伊朗的制裁。

2012年1月23日，在美国的压力下，欧盟通过了伊朗石油禁运令，宣布不再与伊朗签署新的石油合同，冻结伊朗中央银行在欧盟境内的资产。

2012年2月5日，美国政府颁布了第13599号行政令，对伊朗政府、伊朗银行和相关个人进行制裁。所有伊朗政府在美国或委托美国人控制的资产及其权益，以及伊朗银行在美国的资产将受到制裁，包括其海外分支机构。

2012年5月1日，美国政府颁布第13608号行政令，对在伊朗和叙利亚制裁问题上的外国规避者进行制裁，禁止其相关交易和入境美国。

2012年7月30日，美国政府颁布了第13622号行政令，对与伊朗有关的外国金融机构进行制裁。

2012年10月15日，欧盟对伊朗进行制裁，禁止进口伊朗天然气，禁止欧盟成员国向伊朗出口海军设备和造船技术等。

2013年9月，在联合国会议期间，法国总统奥朗德与伊朗总统鲁哈尼进行会谈，讨论了叙利亚危机、黎巴嫩问题和伊朗核计划，奥朗德成为首个与鲁哈尼会晤的西方国家首脑。

2013年11月24日，伊朗与国际核谈判小组在日内瓦达成了一份临时协议《联合行动计划》。协议规定，在半年内伊朗通过削减一部分核计划换取六国减少对其经济制裁。

2014年6月18日，伊朗与国际核谈判小组有关核问题的第五轮谈判在维也纳召开。

2015年5月22日，美国国会通过了《伊朗核协议审查法》，根据该法案美国总统必须每90天证明伊朗遵守了核协议，只有证明伊朗遵守了核协议才能减轻对伊制裁。

2015年7月14日，在国际社会的共同努力下，《联合全面行动计划》达成，为全面解决伊朗核问题提供了框架。

2015年7月20日，联合国安理会第7488次会议通过第2231（2015）号决议，鼓励和支持国际原子能机构会员国在《联合全面行动计划》框架内与伊朗开展合作

2016年12月1日，美国参议院通过决议延长即将到期的《对伊朗制裁法》，有效期延长10年至2026年年底。

2016年1月16日，国际原子能机构在伊核协议的"执行日"发布报告，证实伊朗完成执行全面协议的必要准备步骤，美国和欧盟随即宣布，解除对伊朗的相关经济和金融制裁。

2017年1月3日，美国国会通过《通过制裁打击美国对手法》，对伊

朗、俄罗斯和朝鲜进行制裁，其中第一部分为 2017 年《打击伊朗破坏稳定活动法》。

2017 年 10 月，特朗普政府发布《伊朗新战略》，认为伊朗不仅发展核武器和弹道导弹技术，而且支持"国际恐怖主义"、支持阿萨德政府、威胁以色列、阻碍海湾和红海的航海自由、非法扣押外国人等。

2018 年 5 月，特朗普政府宣布美国将退出《联合全面行动计划》，恢复对伊朗实施全面经济制裁。

2018 年 5 月 16 日，为了满足伊朗留在协议中的要求，欧盟宣布继续实施《联合全面行动计划》中的"实际措施"。

2018 年 5 月 21 日，蓬佩奥在其作为国务卿的第一次演讲中阐明了伊朗必须在修订后的《联合全面行动计划》中满足 12 项要求，将反恐问题、大规模杀伤性武器问题、人权问题以及伊朗的地区影响力与核问题捆绑在一起。

2018 年 6 月 27 日，美国财政部外资控制办公室禁止进口原产于伊朗的地毯和食品，暂停与伊朗商业客运航空服务相关的合同。

2018 年 8 月 6 日，特朗普颁布了第 13846 号行政令，恢复对伊朗的全面制裁。

2018 年 8 月 16 日，美国国务卿蓬佩奥宣布成立"伊朗行动小组"，负责协调国务院与伊朗有关的活动。9 月，"伊朗行动小组"发布了关于伊朗为"非法政权"的报告。

2018 年 10 月 3 日，美国政府废除了 1955 年的《美国和伊朗友好、经济关系和领事权利条约》。

2018 年 10 月 16 日，美国财政部外资控制办公室对向巴斯基武装提供财政支持的企业进行制裁。

2018 年 11 月 5 日，《联合全面行动计划》中美国暂停的所有制裁重新生效。

2019 年 3 月 26 日，美国财政部外资控制办公室对 25 个个人和实体进行制裁，其中包括伊朗、阿联酋和土耳其的多家皮包公司。

2019 年 4 月 8 日，美国政府将伊朗伊斯兰革命卫队指定为"外国恐怖组织"，指责它参与支持"恐怖主义"和反美活动。

2019 年 4 月 22 日，美国政府宣布不再为根据《2012 财年国防授权法》承诺减少伊朗石油采购的国家提供豁免。

2019年5月8日，美国颁布第13871号行政令，对投资伊朗钢铁、铝、铜行业的相关个人和实体进行制裁。

2019年6月7日，美国财政部外资控制办公室对伊朗石化控股集团海湾石化工业公司进行制裁。

2019年6月12日，美国财政部外资控制办公室对设在伊拉克的伊斯兰革命卫队圣城旅的金融渠道南方财富资源公司实施制裁，该公司被指责向伊拉克什叶派民兵贩运了价值数亿美元的武器。

2019年6月24日，特朗普政府颁布第13876号行政令，指责伊朗破坏中东地区稳定、支持"恐怖主义"、推进弹道导弹计划，以及在国际水域内外不负责任的挑衅行为，决定对伊朗实施制裁。

2019年7月31日，美国财政部外资控制办公室对伊朗政府的外交部部长穆罕默德·贾瓦德·扎里夫进行制裁。

2019年11月，美国取消了对福尔多铀浓缩设施的制裁豁免。

2020年1月3日，美国发动袭击，暗杀了伊斯兰革命卫队圣城旅武装部队指挥官卡西姆·苏莱曼尼。

2020年1月10日，美国财政部外资控制办公室对八名伊朗政府的高级官员以及伊朗最大的钢铁、铝、铜和铁制造商进行制裁。

2020年1月30日，美国财政部外资控制办公室对伊朗原子能组织及其负责人阿里·阿克巴·萨利希进行制裁，并更新了对伊朗的核限制。

2020年5月27日，美国国务卿蓬佩奥发布了《使世界免受伊朗核计划伤害》的声明，称将结束对伊朗核项目的制裁豁免。

2020年6月25日，美国财政部外资控制办公室对在伊朗金属行业内经营的四家钢铁、铝和铁业公司进行制裁。

2020年8月，《反制裁战略法》被提交至伊朗议会，12月2日伊朗议会通过了这一法案。

2020年9月21日，美国颁布第13949号行政令，对伊朗常规武器进行制裁。

2020年9月21日，美国财政部外资控制办公室对伊朗原子能组织的三名副主任和该组织的子公司进行制裁。

2020年10月21日，联合国宣布禁止对伊朗进行武器禁运。

2020年10月26日，根据反恐授权的第13224号行政令，美国财政部外资控制办公室对伊朗石油部、伊朗国家石油公司和伊朗国家油轮公司进行制裁。

2020 年 11 月 27 日，伊朗国防部副部长、顶级核科学家莫森·法赫里扎德在德黑兰被刺杀身亡。

2020 年 12 月 14 日，美国财政部对伊朗情报和安全部的两名高级官员穆罕默德·巴塞里和艾哈迈德·哈扎伊进行制裁。

2021 年 1 月 27 日，美国国务卿布林肯指出，美国将在伊朗完全履行其义务的前提下重返核协议。

2021 年 2 月，欧盟提议举行伊朗核问题全面协议参与方非正式会谈，美国称将接受欧盟邀请。

2021 年 2 月 20 日，国际原子能机构总干事格罗西在德黑兰与伊朗外长扎里夫、伊朗原子能组织主席萨利希举行会谈，最终达成了一个为期 3 个月的临时协议。

2021 年 3 月初，美国常驻联合国代表格林菲尔德表示，如果伊朗遵守核协议，美国愿意重返该协议。

2021 年 4 月 6 日，有关伊核协议的多边谈判在维也纳举行。

附录一
美国总统颁布对伊朗制裁行政令一览

行政令	主要内容
E.O. 12170 （1979年11月14日）	冻结美国辖区内的所有伊朗政府财产，包括伊朗中央银行的财产，总额约120亿美元
E.O. 12205 （1980年4月7日）	禁止向伊朗出售和运输除人道主义或医疗以外的所有商品；禁止向伊朗提供信贷或贷款
E.O. 12211 （1980年4月17日）	禁止向美国进口伊朗商品和服务
E.O. 12276 （1981年1月23日）	规定在阿尔及利亚中央银行设置托管账户，美国人质安全离开伊朗后被冻结资产将归还伊朗
E.O. 12277 （1981年1月23日）	纽约联邦储备银行获得许可将伊朗政府或其代理机构、受控实体保管的所有黄金和其他资产转移到托管账户
E.O. 12278 （1981年1月23日）	按照《阿尔及利亚民主人民共和国宣言》的规定，美国银行或其子公司的任何分支机构或办事处应将涉及伊朗政府的资金、证券和存款转移至托管账户
E.O. 12279 （1981年1月23日）	美国境内银行及其分支机构所持有的与伊朗政府、机构有关的资产根据财政部长的指示持有或转让
E.O. 12280 （1981年1月23日）	任何受美国非银行机构管辖的人拥有或控制伊朗或其代理机构、受控实体的资金或证券，将转移到纽约联邦储备银行
E.O. 12281 （1981年1月23日）	任何美国拥有或控制的有关伊朗的资产均须在美国财政部的授权下处理此类财产
E.O. 12282 （1981年1月23日）	撤销第12205号和第12211号行政令以及1979年11月12日第4702号公告中的禁令

续表

行政令	主要内容
E. O. 12283 （1981年1月23日）	禁止任何受美国管辖的人在美国任何法院或其他地方就人质危机向伊朗政府提出索赔
E. O. 12284 （1981年1月23日）	禁止伊朗方面寻求归还前国王巴列维在美国的财产
E. O. 12294 （1981年2月26日）	暂停索赔或提交美国—伊朗索赔仲裁法庭进行裁决的诉讼
E. O. 12613 （1987年10月30日）	指控伊朗"积极支持恐怖主义"，重新对包括石油在内的伊朗货物实施进口禁令；但这项禁令并不排除美国公司与第三国交易伊朗石油
E. O. 12957 （1995年3月15日）	禁止美国投资伊朗石油部门
E. O. 12959 （1995年5月6日）	禁止美国进口所有伊朗商品，禁止向伊朗出口美国商品，禁止美国在伊朗投资
E. O. 13059 （1997年8月19日）	扩大对伊朗的出口禁令，禁止美国公司将商品、技术或服务出口给第三国的个人和实体，如果这些个人和实体知道或有理由知道这些货物最终是要运往伊朗
E. O. 13224 （2001年9月23日）	冻结任何被认定"实施了威胁美国国民安全或国家安全的恐怖主义行为或构成实施恐怖主义行为的重大风险"的外国人的财产。对那些为恐怖主义行为"提供财政、物质或技术支持"的个人和实体进行制裁
E. O. 13382 （2005年6月28日）	冻结与大规模毁灭性武器或运载系统扩散有关的个人和实体的财产，或为这些努力提供财政支持的个人和实体的财产。受制裁的对象包括伊朗原子能组织、国防工业组织、伊斯兰革命卫队、国民银行、赛帕银行，以及伊朗伊斯兰共和国船运公司等
E. O. 13438 （2007年7月17日）	冻结"威胁伊拉克和平与稳定"或"破坏促进经济重建和政治改革的努力"的个人财产，制裁名单包括伊朗伊斯兰革命卫队圣城旅的三名指挥官
E. O. 13553 （2010年9月28日）	冻结被认为在2009年6月12日伊朗"绿色革命"开始后参与"在伊朗严重侵犯人权"的伊朗人在美国的资产。至此，美国已根据《行政令》制裁了19个人和13553个实体，包括伊朗伊斯兰革命卫队、巴斯基武装、情报和安全部、国家警察部队及其领导人
E. O. 13572 （2011年4月29日）	冻结那些对"在叙利亚实施侵犯人权行为"负有责任或同谋的个人和实体的财产，其中包括圣城旅及其指挥官卡西姆·苏莱曼尼
E. O. 13574 （2011年5月23日）	澄清了财政部实施制裁的权力

续表

行政令	主要内容
E. O. 13590 （2011年11月20日）	对那些提供的商品和服务"可以直接或显著地帮助维持或提高伊朗开发石油资源的能力"的个人和实体实施制裁
E. O. 13599 （2012年2月5日）	列举了"伊朗反洗钱制度的缺陷"和伊朗银行的"欺骗行为"，冻结伊朗政府的所有财产，冻结任何伊朗金融机构在美国的所有财产
E. O. 13606 （2012年4月22日）	冻结利用信息技术在伊朗助长侵犯人权行为的个人和实体的财产。美国已经指认了四个伊朗实体，包括伊朗伊斯兰革命卫队、情报和安全部以及伊朗执法部队
E. O. 13608 （2012年5月1日）	该命令针对违反或帮助他人违反美国对伊朗和叙利亚制裁的个人和实体。该命令禁止特定个人和实体进口或出口"由美国人提供或向美国人提供的任何商品、服务或技术"。根据这项行政令，财政部列了一份"逃避外国制裁者"名单，名单上有13个伊朗个人和实体
E. O. 13622 （2012年7月30日）	制裁"明知故犯地进行或协助任何重大金融交易"的外国金融机构，这些交易涉及从伊朗购买石油或石化产品。被制裁的实体包括与伊朗国家石油公司或纳夫蒂朗国际贸易公司有业务来往的外国金融机构
E. O. 13628 （2012年10月9日）	扩大《国内安全法》规定的金融制裁，加强《减少伊朗威胁和叙利亚人权法》。根据该行政令，美国指认20名被控协助"严重侵犯伊朗人民人权"的个人和实体，包括伊朗网络警察、伊朗电子工业公司和伊朗伊斯兰共和国广播公司等
E. O. 13645 （2013年6月3日）	该命令针对伊朗汽车和金融部门，对向伊朗汽车工业提供服务的公司实施制裁，还禁止在美国开展业务的银行与该行业进行交易
E. O. 13846 （2018年8月6日）	该命令对相关行为进行制裁，制裁对象包括：支持伊朗政府购买或收购美国纸币或贵金属；伊朗的能源、航运、造船部门和港口运营商；伊朗的汽车行业及与伊朗的汽车行业有关的应付款账户；伊朗石油、石油产品和石化产品等。该行政令将替代第13574号、13590号、13622号、13645号行政令
E. O. 13871 （2019年5月8日）	禁止属于美国境内或以后属于任何美国人拥有或控制的所有资产与伊朗钢铁、铝、铜等行业开展业务
E. O. 13876 （2019年6月24日）	对伊朗伊斯兰共和国最高领导人和伊朗最高领袖办公室（SLO）、被伊朗最高领导人或SLO任命为伊朗国家官员、其拥有或控制的伊朗境内任何实体的负责人实施制裁
E. O. 13902 （2020年1月10日）	禁止与伊朗建筑、采矿、制造或纺织部门，或由财政部部长与国务卿协商确定的伊朗其他经济部门开展业务
E. O. 13949 （2020年9月21日）	禁止从事任何直接或间接向伊朗或为伊朗使用或转让武器或相关物资的重大活动

附录二
美国对伊朗伊斯兰革命卫队制裁摘要

- 根据第 13382 号行政令，伊斯兰革命卫队（IRGC）被指定为扩散活动支持实体；根据第 13553 号行政令，IRGC 被指定为人权滥用者；根据《通过制裁打击美国对手法》（P. L. 115-44）和第 13224 号行政令（2017 年 10 月 13 日），IRGC 被指定为"恐怖主义支持者"。伊斯兰革命卫队圣城旅是伊斯兰革命卫队在国外协助亲伊朗运动的实体，根据第 13324 号行政令被指定为支持恐怖主义的实体。根据第 13572 号行政令，圣城旅被指定为镇压叙利亚人民的实体。根据这些命令，数百个与伊斯兰革命卫队有联系的实体包括公司、合伙人、金融伙伴和指挥官均将受到制裁。
- 《伊朗自由和防扩散法》（第 1244 节）规定，任何有意与指定的伊朗实体进行交易的个人和实体，其在美国的资产将被冻结。
- 《减少伊朗威胁和保障叙利亚人权法》（第 302 节）规定，在融资或技术方面实质性协助伊斯兰革命卫队，或协助或参与其任何附属公司的"重大"交易的人将受到制裁。
- 《减少伊朗威胁和保障叙利亚人权法》（第 311 节）要求承包商向美国政府提供证据，证明其并非故意与伊斯兰革命卫队或其任何代理人、附属公司进行重大交易，否则这些代理人或附属公司将受到制裁。
- 《减少伊朗威胁和保障叙利亚人权法》（第 301 节）要求总统确定与伊朗伊斯兰革命卫队相关的"官员、代理人或附属机构"，并根据第 13382 或第 13224 号行政令实施制裁。
- 《减少伊朗威胁和保障叙利亚人权法》（第 303 节）要求对向伊斯兰革命卫队受制裁的成员或附属机构提供技术或财政支持、货物和服务的外国政府或机构实施制裁。制裁措施包括禁止美国向该外国政府或机构提供援助或信贷、禁止向其出售国防物品、禁止美国向其出售武器以及禁止向其出口受美国控制的技术。

- 《伊朗全面制裁、问责和撤资法》第 104 节制裁与伊斯兰革命卫队或其任何代理或附属机构进行重大交易的外国银行，制裁任何协助伊朗中央银行努力帮助伊朗革命卫队获取大规模杀伤性武器或支持"国际恐怖主义"的实体。
- 2018 年 10 月，20 个经济实体因向伊斯兰革命卫队下属的巴斯基武装提供资金而受到第 13224 号行政令的制裁。
- 2019 年 4 月 8 日，特朗普政府根据《移民和国籍法》（8 U.S.C. 819）第 219 节将伊斯兰革命卫队指定为"外国恐怖组织"，对其进行相应的反恐制裁。
- 2019 年 9 月 4 日，美国官员宣布，他们正在实施国务院的"正义奖励"计划，该计划为伊朗潜在"恐怖阴谋"的信息提供奖励资金，这笔资金将用于中断伊朗的石油运输，并获取伊斯兰革命卫队财务运作的信息。

附录三
美国对违反制裁伊朗法案的银行进行惩罚

银行	日期	支付金额	违反条例
瑞银集团（瑞士）	2004 年	1 亿美元	未经授权向伊朗和其他国家转移美元
荷兰银行（荷兰）	2005 年 12 月	8000 万美元	未能全面报告涉及银行的金融交易
瑞士信贷（瑞士）	2009 年 12 月	5.36 亿美元	非法处理伊朗与美国银行的交易
荷兰国际集团（荷兰）	2012 年 6 月	6.19 亿美元	为伊朗和古巴客户隐瞒通过美国金融系统转移数十亿美元
渣打银行（英国）	2012 年 8 月	3.4 亿美元	代表伊朗处理交易
明讯银行（卢森堡）	2014 年 1 月	1.52 亿美元	帮助伊朗规避美国银行业限制
莫斯科银行（俄罗斯）	2014 年 1 月	950 万美元	非法允许伊朗中央银行进入美国金融体系
法国巴黎银行（法国）	2014 年 6 月	90 亿美元	帮助伊朗（以及苏丹和古巴）而违反了美国的制裁
渣打银行（英国）	2019 年 4 月	6.39 亿美元	渣打银行迪拜分行通过渣打银行纽约分行处理伊朗相关交易
德国裕信银行（德国、奥地利、意大利）	2019 年 4 月	13 亿美元	代表伊朗伊斯兰共和国航运公司通过美国金融系统非法处理交易
哈尔克银行（土耳其）	2019 年 10 月	无	司法部起诉哈尔克银行涉嫌帮助伊朗逃避美国制裁

附录四
根据《联合全面行动计划》美国解除对伊朗制裁摘要

美国承诺停止适用并寻求采取适当立法行动，终止或为切实终止而修改下文第1节至第9节所述所有与核有关的制裁，并根据附件五终止第13574、13590、13622和13645号行政令和第13628号行政令第5节至第7节和第15节。

1. 金融和银行措施

1.1 对与本附件附文3所列个人和实体进行交易的制裁，其中包括伊朗中央银行和其他明定伊朗金融机构、伊朗国家石油公司、伊朗国际石油贸易公司、伊朗国家油轮公司以及被外国资产管制处认定为伊朗政府的其他特定个人和实体，以及被特别指认国民和被阻禁者名单［2010年《全面制裁伊朗、问责和撤资法》第104（c）（2）（E）（ii）（I）款；《2012财年国防授权法》第1245（d）（1）和（3）款；2012年《伊朗自由和防扩散法》第1244（c）（1）和（d），1245（a）（1）（A），(a)（1）（C）（i）（II）和（c），1246（a）和1247（a）款；第13622号行政令第1（a）（i）和5（a）节；第13645号行政令第2（a）（i）和3（a）（i）节］所列特定个人和实体；

1.2 对伊朗里亚尔的制裁［《2012财年国防授权法》第1245（d）（1）和（3）款；《伊朗自由和防扩散法》第1244（c）（1），1246（a），1247（a）款；第13622号行政令第5（a）节；第13645号行政令第2（a）（i）和3（a）（i）节］；

1.3 对向伊朗政府提供美钞的制裁［《2012财年国防授权法》第1245（d）（1）和（3）款；《伊朗自由和防扩散法》第1244（c）（1）和（d），1246（a），1247（a）款；第13622号行政令第5（a）节；第13645号行政令第2（a）（i）和3（a）（i）节］；

1.4 对国外持有伊朗收入的双边贸易限制，包括对转移此种收入的限制［《2012 财年国防授权法》第 1245（d）（1）和（3）款；《伊朗自由和防扩散法》第 1244（c）（1）、（d）和（h）（2），1246（a），1247（a）款；第 13622 号行政令 1（a）（i）和（ii），2（a）（i），5（a）节；第 13645 号行政令第 2（a）（i）和 3（a）（i）节］。

1.5 对购买、认购或协助发行伊朗主权债务包括政府债券的制裁［《2012 财年国防授权法》第 1245（d）（1）和（3）款；2012 年《减轻伊朗威胁和保障叙利亚人权法》第 213（a）款；《伊朗自由和防扩散法》第 1244（c）（1）和（d），1246（a），1247（a）款；第 13622 号行政令 1（a）（i）和 5（a）节；第 13645 号行政命令第 2（a）（i）和 3（a）（i）节］。

1.6 对本附件附文 3 所述向伊朗中央银行和伊朗金融机构提供金融通信服务的制裁［《2012 财年国防授权法》第 1245（d）（1）和（3）款；《减轻伊朗威胁和保障叙利亚人权法》第 220 款；《伊朗自由和防扩散法》第 1244（c）（1）和（d），1246（a），1247（a）款；第 13622 号行政令第 5（a）节；第 13645 号行政令第 2（a）（i）和 3（a）（i）节］。

1.7 对上文各类相关服务的制裁（见上文所列各项具体制裁）。

2. 保险措施

2.1 对提供与符合《联合全面行动计划》的活动，包括与本附件附录 3 所列个人和实体的活动有关的承保服务、保险或再保险的制裁［《对伊朗制裁法》第 5（a）（7）款；《2012 财年国防授权法》第 1245（d）（1）和（3）款；《减轻伊朗威胁和保障叙利亚人权法》第 211（a）和 212（a）款；《伊朗自由和防扩散法》第 1244（c）（1）和（d），1246（a），1247（a）款；第 13622 号行政令第 5（a）节；第 13645 号行政令第 2（a）（i）和 3（a）（i）节］。

3. 能源和石化部门

3.1 减少伊朗原油销售的努力，包括对伊朗原油销售量和可以购买伊朗原油的国家的限制［《对伊朗制裁法》第 5（a）（7）款；《2012 财年国防授权法》第 1245（d）（1）和（3）款；《减轻伊朗威胁和保障叙利亚人权法》第 212（a）款；《伊朗自由和防扩散法》第 1244（c）（1）和（d），1246（a），1247（a）款；第 13574 号行政命令第 1 节；第 13590 号行政令第 1 节；第 13622 号行政令第 1（a）（i）和（ii），2（a）（i）至（iii），5（a）节；第 13645 号行政令第 2（a）（i）和 3（a）（i）节］。

3.2 对在伊朗石油、天然气、石化部门进行合资企业、货物、服务、信息、技术和技术专长投资，包括进行参与，以及为之提供资助进行的制裁[《对伊朗制裁法》第5（a）（1）、（2）、（4）至（8）款；《减轻伊朗威胁和保障叙利亚人权法》第212（a）款；《伊朗自由和防扩散法》第1244（c）（1）、（d）和（h）（2），1245（a）（1）（B）、（a）（1）（C）（i）（I）和（II）、（a）（1）（C）（ii）（I）和（II）和（c），1246（a），1247（a）款；第13574号行政令第1节；第13622号行政命令第1（a）（i）和（ii），2（a）（i），5（a）节；第12628号行政令第5节；第13645号行政令第2（a）（i）和3（a）（i）节]；

3.3 对购买、获取、销售、运输或营销伊朗石油、石化产品和天然气的制裁[《2012财年国防授权法》第1245（d）（1）和（3）款；《减轻伊朗威胁和保障叙利亚人权法》第212（a）款；《伊朗自由和防扩散法》第1244（c）（1）、（d）和（h）（2），1246（a），1247（a）款；第13622号行政令1（a）（i）至（iii），2（a）（i）和（ii），5（a）节；第13645号行政令第2（a）（i）和3（a）（i）节]；

3.4 对向伊朗出口、销售或供应精炼石油产品和石化产品的制裁[《对伊朗制裁法》第5（a）（3）款；《2012财年国防授权法》第1245（d）（1）和（3）款；《减轻伊朗威胁和保障叙利亚人权法》第212（a）款；《伊朗自由和防扩散法》第1244（c）（1）和（d），1246（a），1247（a）款；第13574号行政令第1节；第13622号行政令第1（a）（i）和5（a）节；第12628号行政令第5节；第13645号行政令第2（a）（i）和3（a）（i）节；第13622号行政令1（a）（i）和5（a）节；第13645号行政令第2（a）（i）和3（a）（i）节]；

3.5 对与伊朗能源部门包括与伊朗国家石油公司、伊朗国际石油贸易公司和伊朗国家油轮公司进行交易的制裁[《2012财年国防授权法》第1245（d）（1）和（3）款；《伊朗自由和防扩散法》第1244（c）（1）、（d）和（h）（2），1246（a），1247（a）款；《减轻伊朗威胁和保障叙利亚人权法》第212（a）款；第13622号行政令1（a）（i）至（iii），2（a）（i）和（ii），5（a）节；第13645号行政令第2（a）（i）和3（a）（i）节]；

3.6 对上文各类相关服务的制裁（见上文所列各项具体制裁）。

4. 航运、造船和运输部门

4.1 对与伊朗航运和造船部门和港口营运者，包括伊朗伊斯兰共和国船运公司、伊朗南方航运公司和伊朗国家油轮公司以及班达尔阿巴斯港口营运者进行交易的制裁［《减轻伊朗威胁和保障叙利亚人权法》第211（a）和212（a）节；《伊朗自由和防扩散法》第（c）（1）和（d），1245（a）（1）（B）、(a)（1）（C）（i）（I）和（II）、(a)（1）（C）（ii）（I）和（II）和（c），1246（a），1247（a）款；第13622号行政令第5（a）节；第13645号行政令第2（a）（i）和3（a）（i）节］。

4.2 对上文各类相关服务的制裁（见上文所列各项具体制裁）。

5. 黄金和其他贵金属

5.1 对伊朗黄金和其他贵金属贸易的制裁［《2012财年国防授权法》第1245（d）（1）和（3）款；《伊朗自由和防扩散法》第1244（c）（1），1245（a）（1）（A）和（c），1246（a），1247（a）款；第13622号行政令第5（a）节；第13645号行政令第2（a）（i）和3（a）（i）节］；

5.2 对上文各类相关服务的制裁（见上文所列各项具体制裁）。

6. 软件和金属

6.1 对与伊朗进行与符合《联合全面行动计划》的活动有关的石墨、铝和钢材等金属原料或半成品金属、煤以及集成工艺软件贸易，包括与本附件附录3和4所述个人和实体进行贸易的制裁［《2012财年国防授权法》第1245（d）（1）和（3）款；《伊朗自由和防扩散法》第1244（c）（1），1245（a）（1）（B）和（C）和（c），1246（a），1247（a）款；第13622号行政令第5（a）节；第13645号行政命令第2（a）（i）和3（a）（i）节］。

6.2 对上文各类相关服务的制裁（见上文所列各项具体制裁）。

7. 汽车部门

7.1 对销售、供应或转让伊朗汽车部门所用货物和服务的制裁［《国防授权法》第（d）（1）和（3）款、《伊朗自由和防扩散法》第1244（c）（1）、1245（a）（1）（B）、(a)（1）（C）（i）（II）、(a)（1）（C）（ii）（II）和（c）、1246（a）和1247（a）款、第13622号行政令第5（a）节和第13645号行政令第2（a）（i）和3（a）（i）节］；

7.2 对上文各类相关服务的制裁（见上文所列各项具体制裁）。

8. 指认和其他制裁列名

8.1 取消被特别指认国民和被阻禁者名单（被指禁者名单）、外国逃避制裁者名单和（或）非被指禁者伊朗制裁法名单所列个人和实体的制裁［取消《对伊朗制裁法》第5（a）款、《伊朗自由和防扩散法》第1244（d）

(1) 款和《减轻伊朗威胁和保障叙利亚人权法》第 212 款规定的名单和（或）制裁；以及根据《国际紧急状况经济权力法》取消第 13382、13608、13622 和 13645 号行政命令所列的某些人］。

9. 核扩散相关措施

9.1 根据《伊朗、朝鲜和叙利亚不扩散法》对购置核相关商品和服务用于从事《联合全面行动计划》中考虑的核活动所进行的制裁，以便与美国对《不扩散核武器条约》下的其他无核武器国家采取的办法相一致；

9.2 对铀矿开采、生产或运输相关合资企业的制裁［《对伊朗制裁法》第 5（b）（2）款］；

不允许伊朗公民参与核科学、核工程或能源部门职业相关高等教育课程的规定（《减轻伊朗威胁和保障叙利亚人权法》第 501 款）。

后 记

当今世界，相互联系、相互依存是大潮流。人类社会是一个利益共同体，有了共同利益，国际合作与交往才会发生。然而，随着国际竞争的日益激烈，制裁逐步成为常态化的博弈工具。它反映的不仅是制裁国与被制裁国对国家利益的不同界定，也是对国际和地区秩序的深刻分歧。中东地区作为国际和地区冲突的频发区，也是美国制裁的重要区域。美国对伊朗的制裁长达40多年，是研究美国对外制裁政策的典型案例。本书的写作一方面是想为国内学术界研究国际制裁提供一个详细案例；另一方面也希望从历史学的角度探究国际制裁的规律性认知，从而为经济学、政治学、法学等学科研究国际制裁提供一个新视角，并为从理论和实践上探索国际新秩序提供一点思考。

本书的出版首先感谢西北大学"双一流"建设项目资助，感谢中东研究所领导和同事们的关心和支持。尤其感谢社会科学文献出版社总编辑耿显家、责任编辑郭白歌、文稿编辑郭锡超的辛勤付出。他们在工作上的严谨细致和精益求精的工匠精神让我受益良多。

本书也是国家社科基金重点项目"美国制裁伊朗问题研究"（16ASS004）的结项成果，成稿于2021年底，相关研究及文献资料大多截至于此。由于著者水平有限，文中仍有许多疏漏，不足之处请专家读者批评指正。

蒋 真
2025年1月

图书在版编目(CIP)数据

美国制裁伊朗问题研究 / 蒋真著 . -- 北京：社会科学文献出版社，2025.3. -- ISBN 978 - 7 - 5228 - 4148 - 9

Ⅰ . D871.20

中国国家版本馆 CIP 数据核字第 20254KX854 号

美国制裁伊朗问题研究

著　　者 / 蒋　真

出 版 人 / 冀祥德
责任编辑 / 郭白歌
文稿编辑 / 郭锡超
责任印制 / 岳　阳

出　　版 / 社会科学文献出版社·区域国别学分社（010）59367078
　　　　　　地址：北京市北三环中路甲29号院华龙大厦　邮编：100029
　　　　　　网址：www.ssap.com.cn
发　　行 / 社会科学文献出版社（010）59367028
印　　装 / 三河市龙林印务有限公司
规　　格 / 开本：787mm × 1092mm　1/16
　　　　　　印　张：21　字　数：365千字
版　　次 / 2025年3月第1版　2025年3月第1次印刷
书　　号 / ISBN 978 - 7 - 5228 - 4148 - 9
定　　价 / 128.00元

读者服务电话：4008918866

版权所有 翻印必究